청소년 문화론

성열준 오진석 강병연 이채식 강세현 황수주 김종찬 김재원

•

공저

양성원

P R E F A C E

머 리 말

요즘 시시각각 변하는 정보의 홍수와 급속한 변화의 시대에 우리는 살고 있습니다. 오늘도 새로운 역사의 흐름 속에서 문화 또한 급한 물살을 타고 흘러가고 있습니다. 이러한 역사 속에서 희망을 안고 매일 급속도로 성장해가는 청소년들이 구심점에 또한 서 있음을 볼 수 있습니다. 그러므로 청소년문화론에 있어서도 변화 속에 다시 새로운 뿌리를 튼실하게 내려 보고자 하는 소박한 바람으로 다시금 청소년문화론의 집필을 하게 되었습니다.

어린이가 자라 어른이 되고 그 어른이 다시 다음 세대에 좋은 영향을 끼쳐나가도록 청소년들을 일선에서 직접 지도하시는 존경하는 교수님들과 청소년지도사 과정을 준비하는 모든 분들에게 조금이나마 힘이 되고 도움이 되기를 다시 한 번 더 소망하며, 사랑과 배려의 자양분을 통해 자라나는 무한 가능성의 청소년들을 향하여 우리의 갈 길을 재촉해 봅니다. 우리는 청소년들 각자의 개별성을 인정하고 존중하며 질풍노도의 특성에 맞는 맞춤지도로 통하여 사랑과 관심을 가지고 성장하도록 돕는 일에 그 실제와 전문지식의 방향이 바람직한 결과로 나타나기를 바랍니다.

본서는 최근의 통계 자료와 도표, 참고문헌 등을 제시하므로, 현장중심의 현실대응을 위한 강의가 되도록 심혈을 기울이고자 했습니다. 그러므로 본서의 구성은 다음과 같습니다.

제Ⅰ부, 제Ⅱ부, 제Ⅲ부로 나누었으며, 제Ⅰ부는 청소년문화의 기초로 구성을 해서 현대사회와 청소년, 문화 이론과 청소년문화, 청소년의 심리발달과 정신건강으로 청소년들을 이해하고 그들의 문제를 통해 도울 수 있는 방향으로 조명해 보았습니다.

제Ⅱ부에서는 요즘 청소년들의 문화를 알아보고, 실체를 이해하며, 지도할 수 있는 전문적 수월성을 위하여 청소년과 여가문화, 청소년과 성문화, 청소년의 의복문화, 청소년의 음식문화, 청소년의 인터넷 문화, 청소년의 스마트폰 문화, 청소년과 학습(학교)문화, 청소년과 다문화, 청소년과 팬클럽문화 등, 각 문화의 개념을 이해하므로 청소년문화의 방향성과 과제를 조망해 보고자 노력하였습니다.

제Ⅲ부는 청소년문화의 지도와 방향으로서 청소년의 비행문화, 청소년지도의 과제를 다룸으로써 청소년문화의 실제원리를 통해 청소년문제를 해결하고자 했습니다. 이로써 다년간 청소년지도 현장에서 청소년들을 직접지도하고 경험한 내용들을 통해 청소년지도사의 진로의 방향을 새롭게 전개하므로 청소년지도사 과정의 한 분야에 전문성을 미흡하나마 제시하였습니다.

이로써 청소년문화론의 전체적인 방향성과 대략을 살펴보았습니다. 청소년 전문분야인 한 부분을 통해 꿈과 소망을 가지고 나아가는 청소년지도자들에게 더 큰 비전과 소명의식을 심어 훌륭한 인재들이 더욱 발굴될 수 있는 계기와 전진이 있으시길 바랍니다.

본서를 집필하기까지 제 미력한 삶에 끝없는 용기와 비전을 날마다 공급해 주시는 우리 주 하나님께 오늘도 영광을 돌립니다. 또한 아낌없는 배려와 사랑으로 저의 집필을 도우신 양성원의 사랑 많으신 직원들과 강철원사장님께 진심한 감사를 돌려 드립니다.

2016년 1월

대표저자 南泉 성 열 준

CONTENTS
차 례

머리말 … 3

제 I 부 청소년문화의 기초

제1장 현대사회와 청소년 ••• 11

1. 현대사회의 특징 11
2. 청소년의 이해 16
3. 스트레스에 대한 이해 20
4. 청소년의 스트레스 31

제2장 문화 이론과 청소년문화 ••• 35

1. 문화 이론 35
2. 청소년문화에 대한 이해 57
3. 청소년문화의 양태 64

제3장 청소년의 심리발달과 정신건강 ••• 69

1. 청소년기의 발달 69
2. 청소년기의 사회적 맥락 79
3. 청소년기의 정신건강 문제 88
4. 청소년의 병리현상 96

제 II 부 청소년문화의 실제

제4장 청소년과 여가문화 ••• 107

1. 청소년의 여가문화에 대한 이해 ······ 107
2. 청소년 여가문화의 실태 ······ 123
3. 청소년 여가문화의 향후 과제 ······ 128

제5장 청소년과 성문화 ••• 131

1. 사랑의 분류와 유형 ······ 131
2. 청소년의 성문화에 대한 이해 ······ 135
3. 청소년 성문제의 현황 ······ 139
4. 청소년 성문화의 향후 과제 ······ 153

제6장 청소년의 의복문화 ••• 163

1. 청소년세대의 의복문화에 대한 이해 ······ 164
2. 청소년 의복문화의 이해 ······ 169
3. 청소년 의복문화의 문제점과 과제 ······ 176

제7장 청소년의 음식문화 ••• 179

1. 청소년의 음식문화에 대한 이해 ······ 179
2. 청소년 음식문화의 실태 ······ 181
3. 청소년 음식문화의 향후 과제 ······ 186

제8장 청소년의 인터넷 문화 ••• 189

1. 인터넷 문화 ······ 189
2. 인터넷 이용 현황 ······ 193
3. 인터넷중독의 실태 ······ 200
4. 인터넷 게임중독 청소년의 문제점과 과제 ······ 216

제9장 청소년과 스마트폰 문화 ••• 223

1. 스마트폰의 이해 224
2. 스마트폰 이용 현황 225
3. 청소년 스마트폰 문화의 정책과 향후 과제 253

제10장 청소년과 학습(학교)문화 ••• 257

1. 사회변화와 교육 258
2. 청소년의 일상생활과 학습현황 262
3. 학교교육 위기와 학습문화 269
4. 청소년 학습문화의 과제 273

제11장 청소년과 다문화 ••• 275

1. 다문화에 대한 이해 275
2. 다문화가족의 현황 277
3. 다문화정책의 현황과 방향 287

제12장 청소년과 팬클럽문화 ••• 301

1. 청소년 팬문화의 주요 개념 303
2. 미디어와 팬문화 304
3. 청소년의 팬클럽 유형과 참여 309
4. 청소년 팬문화의 과제 315

제Ⅲ부 청소년문화의 지도와 방향

제13장 청소년의 비행문화 ··· 319

1. 청소년과 비행 ··· 319
2. 청소년 비행의 실태 ··· 325
3. 청소년의 비행문화의 향후 과제 ··· 346

제14장 청소년지도의 과제 ··· 349

1. 청소년지도의 과제 ··· 349
2. 청소년단체시설 운영의 과제 ··· 354
3. 청소년정책과 행정의 과제 ··· 355

참고문헌 / 358
찾아보기 / 364

제 I 부

청소년 문화의 기초

제 1 장 현대사회와 청소년

제 2 장 문화 이론과 청소년문화

제 3 장 청소년의 심리발달과 정신건강

청 소 년 문 화 의 기 초

제1장 현대사회와 청소년

1. 현대사회의 특징

세계는 현재 정보화와 세계화라는 거대한 사회적 변화의 과정 속에서 있으며, 그 가운데 한국의 사회도 예외는 아니다. 한국 사회도 급변하는 변화의 물살 속에서 적응하며 살아가야 한다. 우리 사회의 주요한 사회적 변화의 특성들에 대해서 고찰해 보기로 한다.

1) 사회학적 특징

(1) 세계화

글로벌화는 다양한 측면에서 확산된다. 예컨대 FTA, 다국적 기업의 세계화 전략 등으로 전 세계의 단일시장으로 통합 가속화된다. 또한 국가 간 공동체 실험이 새로이 벌어지고 있다. 아울러 교통·통신의 발달로 국가 간 인적·물적 교류와 소통이 급속히 증가하였다. 그런데 글로벌화는 이중적인 특성을 지닌다. 전 지구적인 상호 의존성을 높이는 한편, 상호 경쟁도 치열하게 전개될 가능성 역시 높인다(한국청소년개발원, 2007).

(2) 정보지식사회

21세기는 디지털 정보지식사회이다. 21세기는 과거 세대와 달리 지식의 양과 특성 및 습득방식에서 엄청난 차이를 보인다. 역사상 모든 과학자의 총인원 가운데 95%가 현시대에 살고 있다고 할 만큼 우리는 새로운 지식과 정보에 노출되어 있다. 정보지식사회라는 측면에서 볼 때 현시대는 과거에 비해 "보이는 지식"보다 "보이지 않는 지식"이 급속히 증가하고 있는 특징을 보인다. 과거에는 눈으로 직접 관찰하면서 지식을 쌓았지만, 현세대는 직접 관찰이 불가능한 지식을 습득해야 한다. 결국 21세기 사회는 엄청난 양의 지식과 정보, 보이는 지식보다 보이지 않는 지식의 급속한 증가, 가르치는 정보보다 많은 양의 지식 공유 등의 특징을 보인다고 할 수 있다.

(3) 인간 소외(alienation) 문제

현대인은 기계화되고 자동화되는 생산과정에 있어서 노동으로부터 소외되고 있으며, 현대인은 인격적 유대를 갖는 공동체(community)를 상실하였으며, 이에 현대인은 주체적인 인간으로서의 본질을 잃고 자동인형적 인간이 되어 가고 있다. 또한, 현대산업사회에서는 거대화(maximization)는 인간을 더욱 소외시키는 경향이 있다(이위환, 김용주, 2010).

(4) 자원문제

산업사회에 있어서의 자원문제는 날로 증가하는 산업사회들이 경쟁적으로 성장을 추구하면서 자원보유국들은 자원민족주의를 내세워 자원을 무기화하기에 이르렀다. 자원의 위기는 궁극적으로 산업사회의 주된 에너지가 재생 불가능

에너지라는 것에서 연유한다. 그러나 오늘날의 산업사회들은 자원문제를 근본적으로 해결하기 위한 제2의 과학 기술혁명을 준비하고 있으며, 컴퓨터, 유전공학, 해양과학, 우주과학 등의 분야에서 획기적인 발전과 발명이 예상되고 있다.

(5) 환경문제

현대 산업사회의 환경문제는 범지구촌적으로 이슈화되어 있는 문제로 인식하고 있다. 산업사회에서는 끊임없이 확대재생산을 계속하여 지속적으로 성장을 추구하고 있으며, 끊임없이 소비를 증대시키고 새로운 소비양식을 창출하기까지 한다. 그 결과 자연환경은 무제한으로 인간에 의해 착취되고 오염되어 진다고 해도 과언이 아니다. 그러므로 2015년 12월 파리에서 개최되는 제21차 기후변화협약당사국 총회에서 신기후체제에 대한 합의문이 도출될 예정이며, 이에 앞서 각국은 자발적 온실가스 감축목표(Intended Nationally Determined Contributions, 이하 INDC)를 제출할 의무가 있다. 또한, 선진국만 온실가스 감축의무를 지는 '교토의정서'를 대신하여, 2020년 이후부터 적용되는 신기후체제에서는 개도국과 선진국 모두 온실가스를 감축해야 하기 때문에 2015년 7월 총 46개국(EU 28개국 공동제출 포함)이 INDC를 제출한 상태이며, 앞으로 온실가스 감축으로 말미암은 저탄소 경제체제로 전환하여 새로운 경제도약 계기로 활용할 필요성이 요구되고 있다.

(6) 가치관의 혼란

현대 산업사회에 있어서의 가치관의 문제는 주로 물질주의와 개인주의의 가치관에서 비롯되는 것이라고 볼 수 있다. 그리고 한국 사회에서 일어나고 있는 가치관의 혼란의 또 다른 측면은 전통문화의 단절과 외래문화의 무비판적 수용에서 온 것이라고 볼 수 있다.

또 한 가지는 이기적 개인주의이다. 이것 역시 한국의 사회질서를 더욱 혼란하게 하고 사회윤리와 도덕의 기초를 흔들리게 하는 중대한 사회문제인 것이며, 하루속히 개인윤리 · 가족윤리 · 직업윤리 · 시민윤리가 잘 정립되어서 건전하고 도덕적인 사회질서를 재건하지 않으면 안 되는 중요한 과제를 우리에게 당면케 하고 있는 것이다.

2) 한국 가족구조적 특징

(1) 저출산고령화 사회

한국은 2001년부터 초저출산 사회[1)]로 진입했으며 평균수명 연장 등으로 65세 이상 노인인구가 지속적으로 증가하여 2018년 고령사회로 진입이 예상된다. 요컨대, 문제는 장래의 경제활동을 짊어질 청소년들이 점차 줄어들고 있는 대신, 부양을 받아야 하는 노년층이 급속히 증가하고 있기 때문에 생산가능인구 감소에 따른 미래 성장 동력이 약화될 것이라는 점이다. 이에 따라 장래의 경제활동을 짊어질 청소년들의 역량 강화에 대한 요구는 증대한다(국가청소년위원회, 2006).

(2) 노인인구의 증가

국제연합에서는 65세 이상 노인인구가 전체 인구의 7% 이상을 차지할 때 고령화사회(aging society), 14% 이상이면 고령사회(aged society), 20% 이상이면 초고령사회(super aged society)에 분류한다. 통계청에 의하면 65세 이상 인구는 1990년 219만 5천 명(5.1%)에서 지속적으로 증가, 2014년 현재 638만 6천 명(12.7%)이며, 향후 2030년 1,269만 1천 명(24.3%), 2060년 1,762만 2천 명(40.1%) 수준으로 증가할 것으로 전망하고 있다(통계청, 2011). 우리나라는 2008년 고령인구 비

1) 초저출산 사회은 합계출산율이 1.3명 이하인 사회를 말한다.

중이 전체 인구의 10%를 넘어선 후 2026년에 고령인구 비중이 20%에 접어들 전망으로 앞으로 12년쯤 후면 인구 5명 중 1명이 고령자인 시대가 도래할 것으로 예측하고 있다. 특히, 우리나라의 80세 이상의 노인인구수는 2014년 기준으로 전체 인구 중 2.6%이며, 향후 2024년에는 4.4%, 2034년에는 6.4%로 증가할 것으로 예측하고 있다(통계청, 2014).

또한, 2014년 노년부양비[2]는 17.3명으로 생산가능인구(15~64세 인구) 5.8명이 고령자 1명을 부양하고 있으며, 향후 현재처럼 저출산이 지속될 경우 2018년에는 생산가능인구 5명이 1명을, 베이비붐세대의 고령인구 진입 및 기대수명 증가로 인하여 2030년에는 2.6명이 1명을, 2060년에는 1.2명이 1명을 부양해야 할 것으로 전망하였다. 2014년 노령화지수[3]는 88.7명으로 유소년인구(0~14세 인구) 100명당 65세 이상 고령자는 88명이었으며, 2017년에 이르면 104.1명으로 고령인구가 유소년인구를 앞지를 것으로 전망하고 있다(통계청, 2011).

그런데 이에서 더 나아가 노인인구의 증가뿐만 아니라 그 증가에 있어 속도가 빠르다는 점이다. 현재 우리의 노인인구 비율은 아직 초고령국가인 일본, 이탈리아 등의 절반에 미치지 못하지만, 2030년에는 선진국 평균 수준을 넘어서고 2050년에는 이탈리아를 추월하고 일본에 이어 세계 2위의 초고령국가가 될 것으로 추정된다. 이는 19년 만에 '고령화사회'에서 '고령사회'로 진입하게 되는 것으로 프랑스의 115년, 스웨덴의 85년, 미국의 71년, 일본의 24년에 비해 유례없이 빠른 속도이다.

(3) 노부모 부양의식의 변화

통계청(2014)에 의하면, 부모의 노후 생계는 「가족과 정부・사회」가 함께 돌보아야 한다는 견해가 47.3%로 가장 많고, 다음은 「가족」 31.7%로 나타났다.

---

2) 생산가능인구 100명 당 65세 이상 고령자 인구

3) 유소년인구 100명 당 65세 이상 고령자 인구

부모의 노후를 「가족」이 돌보아야 한다는 생각은 40.7%(2008) ➡ 36.0%(2010) ➡ 33.2%(2012) ➡ 31.7%(2014)로 지속적으로 감소하는 추세인데, 가족 중 부모 부양 책임자는 「모든 자녀(75.4%)」, 「자식 중 능력 있는 자(14.2%)」 순으로 나타났다.

(4) 1인 가구 수의 증가

우리나라의 가장 주된 가구 유형은 부부+자녀가구(696만 5천 가구)로 전체의 41.8%를 차지하고 있으나, 1인 가구(335만 7천 가구)는 2001년도에는 16.5%, 2005년도에는 20.1%, 2008년 기준으로 20.1%로 해마다 증가하고 있는 추세이다. 우리나라는 독거노인의 수는 증가 추세로, 2008년 독거노인은 93만 명으로 65세 이상 전체 노인의 18.6%를 차지하며, 매년 5만 명씩 증가할 것으로 예측하고 있다(통계청, 2008). 한편, 이러한 독거노인이 거주하고 있는 양로시설 노인의 56.5%가 보살펴 줄 사람이 없어서 현재 거주하는 시설에 입주하고 있다(국토해양부, 2009).

2. 청소년의 이해

1) 청소년의 연령

국내 법률상 아동청소년에 대한 호칭과 그 연령범주는 표 1-1 에서 보는 바와 같이 다양하다. 아동복지법에 의한 청소년의 연령은 18세 미만의 자를 가리키며, 청소년기본법[4]에 의해서는 9세 이상 24세 이하의 자를 가리킨다. 또한 근로기준법에 의하면 청소년의 연령은 18세 미만의 자를 가리킨다. 본 서에서는 청소년의 연령을 9~24세로 정한다. 표 1-1 은 우리나라 법률상 청소년의 명칭 및 연령 구분을 요약·정리해 놓은 것이다.

4) 청소년기본법 전부 개정 법률안의 아동청소년기본법, 제3조 1항

표 1-1 우리나라 법률상 청소년 연령(2008년 11월 기준)

법률 명칭	연령기준	청소년 명칭	제정 연도	시행 연도	비 고
청소년기본법	9세 이상 24세 이하	청소년	1991. 12. 31.	1993. 1. 1.	2005년 개정
청소년보호법	만 19세 미만	청소년	1997. 3. 7.	1997. 7. 1.	• 1997년 제정 : 18세 미만 • 1999년 제정 : 19세 미만 • 2000년 개정 : 만 19세 미만
청소년활동 진흥법	9세 이상 24세 이하	청소년	2004. 2. 9.	2005. 3. 9.	2006년 개정
청소년복지 지원법	9세 이상 24세 이하	청소년	2004. 2. 9.	2005. 3. 9.	2005년 개정
청소년의 보호에 관한 법률	만 19세 미만	청소년	2000. 2. 3.	2000. 7. 1.	2005년 개정
성매매알선 등 행위의 처벌에 관한 법률	만 19세 미만	청소년	2004. 3. 22.	2004. 9. 22.	2005년 개정
성매매방지 및 피해자 보호 등에 관한 법률	만 19세 미만	청소년	2004. 3. 22.	2004. 9. 22.	2005년 개정
윤락행위 등 방지법	만 20세 미만	소년	1961. 11. 9.	1961. 11. 9.	성매매알선 등 행위의 처벌에 관한 법률에 의해 폐지 (2004. 3. 22)
음반, 비디오물 및 게임물에 관한 법률	18세 미만	청소년 (고등학생 포함)	1999. 2. 8.	1999. 5. 8.	음반에 관한 법률(1967년 제정) →음반 및 비디오물에 관한 법률(1991년 제정)
영화 및 비디오물의 진흥에 관한 법률	18세 미만	청소년 (고등학생 포함)	2006. 4. 28.	2006. 10. 29.	영화진흥법, 영화 및 비디오물의 진흥에 관한 법률
공연법	18세 미만	연소자 (고등학생 포함)	1961. 12. 30.	1961. 12. 30.	2006년 개정
소년법	20세 미만	소년	1958. 7. 24.	1958. 7. 24.	1995년 개정
	19세 미만			2008. 6. 22.	2007. 12. 21 일부개정
근로기준법	18세 미만	소년(미성년자)	1997. 3. 13.	1997. 3. 13.	15세 미만 근로자 사용 금지
미성년자 보호법	만 20세 미만	미성년	1961. 12. 13.	1961. 12. 13.	청소년보호법에 의해 폐지 (1999. 2. 5.)
아동복지법	18세 미만	아동	1961. 12. 30.	1962. 1. 1.	아동복리법(1961)에서 아동복지법으로 개정(1981)
민법	만20세 미만	미성년자	1958. 2. 22.	1960. 1. 1.	2005년 개정
형법	14세 미만	형사 미성년자	1958. 9. 18.	1958. 10. 3.	2005년 개정

＊ 자료: 김청송(2009), 청소년심리학의 이론과 쟁점.

2) 청소년기의 발달과업

발달과업(developmental tasks)이란 개인의 정상적인 성장 발달을 이루기 위해 일정한 시기에 있어서 발달하지 않으면 안 되는 과업을 말한다. Havighurst는 발달과업을 개인의 생애 중 어떤 일정한 시기나 혹은 그 가까이에서 나타나는 과업으로서 그 과업을 훌륭하게 성취하면 행복을 누릴 수 있고 후일에 겪게 될 다른 과업을 잘 달성할 수 있다고 하였다. 그러나 만일 실패하면 개인에게 불행을 초래할 뿐만 아니라, 사회의 인정도 받지 못하고 후일에 겪게 될 다른 과업도 곤란을 초래하게 된다는 것이다.

Havighurst(1980)가 제시한 청소년기의 발달과업은 다음과 같다(한국청소년개발원, 2009).

① 자기의 체력을 인정하고 자기의 신체를 효과적으로 구사하는 것을 인식한다.
② 남녀 간의 새롭고 보다 성숙한 관계를 이룩하는 것을 배운다.
③ 남성으로서의 역할과 여성으로서의 역할이 무엇인지를 학습한다.
④ 부모나 다른 성인과의 정서적 독립을 이룩한다.
⑤ 경제적 독립의 필요성을 절실히 느낀다.
⑥ 직업의 선택과 그 준비에 몰두한다.
⑦ 시민적 자질로써 필요한 지적 기능과 개념이 발달한다.
⑧ 결혼과 가정생활의 준비를 한다.
⑨ 사회적으로 책임 있는 행동을 요망하고 이를 실천하는 습관을 기른다.
⑩ 적절한 과학적 지식에 맞추어 가치관과 윤리체계를 습득한다.

3) 청소년기의 특징

(1) 신체적 특성

청소년기의 가장 중요한 특징 중 하나는 신체적 변화를 경험하는 것인데, 청소년기는 사춘기 변화로 시작된다. 사춘기의 시작은 일반적으로 여자가 남자보다 2년 정도 빠른데, 사춘기가 되면 남자는 몽정, 여자는 초경과 같은 이차적 성징이라 부르는 여러 현상이 나타나고 신장과 체중이 급속하게 늘어나며 성기관이 발달하여 생식기능이 가능하게 된다. 그러나 이 시기는 일시적이지만 불균형적으로 신장과 체중이 발달하기 때문에 매우 어색하고 급격한 체격의 변화에 적응하여야 하는 어려움이 있다.

(2) 인지적 특성

Piaget에 의하면 소년기의 초기에 형식적 조작기(formal operation)에 들어간다. 즉, 여러 가지 사상, 문제, 사실들의 유기적인 관계에 대해 논리적으로 생각을 할 수 있게 되는 것이다. 자신의 생각 자체에 대해 생각을 할 수 있으며, 가능성만을 가지고도 얼마든지 생각을 꾸려 갈 수 있다.

(3) 사회 · 정서적 특성

① 자율성과 동조성

자아결정을 위한 자율성(autonomy)에 대한 청소년의 요구의 증가는 성인과 비슷해지려는 인식이 성장함으로써 성인의 지도를 그대로 수용하려 하지 않는다. 그러므로 이 시기의 청소년들로 하여금 선택을 허용함으로써 청소년들이 더 많은 책임감을 가질 수 있도록 돕는다. 그리고 청소년들은 그들의 부모와 다른 성인들로부터의 자율성을 추구하는 동시에 흔히 그들의 동료집단에 일치하기를 추구한다.

② 대인관계

대인관계는 청소년기의 초점이 되어 청소년의 시간과 에너지의 중요한 부분이 된다. 청소년기의 대인관계에 대한 설명은 흔히 설리반(Sullivan)의 대인관계 이론(interpersonal theory of psychiatry)으로 설명된다. 즉, 설리반에 의하면 청소년기는 두 가지의 새로운 욕구가 발생한다. 첫 번째는 다른 사람과 같은 느낌과 사고를 공유할 수 있는 관계에 대한 친밀성(intimacy)의 욕구이다. 두 번째는 성적 만족(sexual gratification)에 대한 욕구이다. 청소년기의 과제는 친밀성의 기술을 발달시키는 것이며 그리고 성적 만족의 배우자 선택을 위한 관계를 발달시키기 시작한다(김남순, 2003).

3. 스트레스에 대한 이해

1) 스트레스의 정의

스트레스란 무엇인가? 스트레스라는 단어는 영어권에서 15세기경부터 압력 또는 물리적 압박이라는 의미로 사용되기 시작했으며, 17세기경에는 공학이나 건축분야로부터 일반화되기 시작하여 역경 또는 곤란의 의미로 받아들여졌다. 그러다가 20세기에 들어 질병이나 정신질환의 원인으로 스트레스라는 개념이 사용되었다. 스트레스에 대한 개념 규정 방식을 살펴보면 반응으로서의 스트레스, 역동적 상호작용으로서의 스트레스, 그리고 자극으로서의 스트레스의 세 가지로 나눌 수 있다.

(1) 반응으로서의 스트레스

반응으로서의 스트레스 개념은 생물학이나 의학에서 사용되는 것으로 초기의 스트레스에 대한 정의들은 주로 이 입장을 취해 왔다. 스트레스를 이러한 신체 반응으로 정의하는 반응으로서 스트레스에 대한 연구는 스트레스 상태에서 이에 반응하는 유기체의 스트레스 경험으로 인한 고통을 의미하는 것으로 개인의 반응에 중점을 두는 입장이다.

Selye는 매우 다양한 이질적인 상황이 스트레스 반응을 일으킬 수 있지만 그 반응은 항상 동일한 다음의 세 단계로 진행된다고 하였다.

첫째, 경보반응 단계(alarm reaction stage)이다. 이 단계에서 신체는 교감신경계를 주로 활용해서 긴급한 상황에 대비할 수 있는 일종의 전시동원체제를 마련한다. 에피네프린(일명 아드레날린)이 급속하게 방출되고 심장박동과 혈압이 증가하며 호흡이 빨라지고 혈액이 내장기관에서 골격근으로 몰리며 땀샘이 활성화되고 위장기관의 활동이 감소하는 등, 자신이 가진 힘을 총동원해서 위급상황에 대해 준비태세를 갖추게 해준다.

둘째, 저항 단계(resistance stage)이다. 이 단계에서 유기체가 스트레스에 대하여 나름대로 적절한 반응을 보인다. 따라서 신체적으로 특별한 반응 상태를 보이지 않으며 겉으로 보기에는 잘 적응하고 있는 것처럼 보인다. 단기적이고 적응 자원을 크게 초과하지 않는 경우는 별문제가 없는 것처럼 보이지만 스트레스가 지속되면 셋째 단계인 소진 단계로 진행된다.

셋째, 소진 단계(exhaustion stage)는 지속적으로 스트레스를 받으면 결국 적응에너지의 소진으로 귀결된다. 이 단계에서 비정상적으로 높은 수준의 교감신경 활성화를 보상하기 위해 비정상적으로 높은 수준의 부교감신경계 활성화가 일어난다. Selye는 이런 단계에서 신체의 자원이 새로 보충되지 않거나 추가로 스트레스원이 발생하면 질병이나 죽음에 이르게 된다고 보았다.

그러나 이 이론은 스트레스의 적용과 생리학, 해부학, 생리조직에 대한 이해를 증진시키는 데 큰 공헌을 하였으나, 동일한 스트레스의 반응이라 하더라도 이 정의에 의하면 요구에 응하는 거의 모든 신체적 반응이 스트레스가 되기 때문에 일상생활의 반응과 스트레스 반응을 구분하기가 모호하다는 한계점을 가지고 있다.

(2) 역동적 상호작용으로서의 스트레스

스트레스를 역동적 상호작용으로 보는 입장은 개인은 환경의 자극 요소에 의해 직선적으로 반응할 뿐 아니라 개인의 지각, 인지, 생리적 특징도 환경에 영향을 준다고 보아 역동적 상호작용으로 보는 입장이다. 즉, 이 입장에서 보는 인간은 환경에 대해 적극적으로 대처할 수 있는 능동적 존재로 본다. 그러므로 이들의 입장에 따르면, 상황은 끊임없이 변화되기 때문에, 모든 사람에게 스트레스를 일으키는 사건이란 있을 수 없으며, 동일한 사건에 대해서도 개인마다 느끼는 스트레스의 정도와 양상이 달라지게 된다.

(3) 자극으로서의 스트레스

자극으로서의 스트레스 개념은 최근까지도 심리학자들에 의해 가장 보편적인 개념으로, 스트레스 반응을 일으키는 상황을 의미한다. 이와 같은 자극으로서의 스트레스는 개인의 특성과는 무관하게 발생하며 주어진 기간 내에서 경험하는 객관적인 사건의 수가 스트레스 지수가 된다.

Lazarus 등(1977)은 스트레스를 다음의 세 가지 유형으로 구분 지었다(이민규, 2008).

① 많은 사람에게 격변을 일으키거나 영향을 주는 중대한 변화로 여기에는 천재지변, 전쟁, 투옥과 같은 어느 누구도 통제할 수 없는 사건들이 포함된다.

② 일부 사람들에게 영향을 주는 변화로, 사랑하는 사람의 죽음, 생명을 위협하는 병이나 무력하게 만드는 질병, 직장에서의 해고, 이혼, 출산, 중

대한 시험과 같이 해롭거나 위협을 줄 수 있는 부정적인 경험들이 포함된다.

③ 일상의 골칫거리로서 일상생활에서 경험하는 사건들이다.

또한 Lazarus와 Folkman(1984)은 사람들이 상황을 평가할 때 1차 평가(primary appraisal), 2차 평가(secondary appraisal), 그리고 재평가(reappraisal)를 거쳐 간다고 보았다. 1차 평가는 더 중요하다는 뜻이 아니라, 시간적으로 볼 때, 최초라는 의미로 1차 평가는 특정 상황이나 사건이 "나에게 어떤 의미가 있는가"에 초점이 맞추어져 있다.

2차 평가는 스트레스적으로 평가된 상황에 대하여 자신이 사용할 수 있는 대처자원과 관련된다. 2차 평가는 "내가 이 상황이나 사건에 대하여 무엇을 할 수 있는가"에 초점이 맞추어져 있다. 그래서 2차 평가에서는 흔히 세 가지 질문을 하게 된다. '내가 이용 가능한 대처안에는 어떤 것들이 있는가?', '내가 이런 대처안을 성공적으로 적용할 수 있는 가능성은 어느 정도인가?', '그것이 스트레스를 경감시켜 줄 확률은 어느 정도인가?' 등의 질문이 그것이다.

재평가란 새로운 정보가 입수되어 평가가 변화하는 것을 의미한다. 재평가는 스트레스를 늘 감소시키는 것만은 아니다. 종전에는 긍정적으로 평가되던 상황이 변하거나 다르게 보이기 시작하면 위협적이거나 도전적인 양상으로 다가올 수 있다.

2) 스트레스의 원인

생활 속에서 일어나고 있는 많은 사건들이 어느 정도는 우리에게 스트레스를 느끼게 한다. 사람들은 심한 스트레스를 느끼지 않는 상황에는 쉽게 적응하나, 계속적인 갈등과 좌절의 연속을 경험해야 할 경우에는 스트레스가 심각한 문제로 발전될 수 있다. 스트레스가 어떤 상황에서 유발되어 발전하게 되는지에 초점을 맞추어 스트레스의 주요 원인을 좌절감(frustration), 과잉부담, 갈등(conflict), 생활의 변화 등의 네 가지 요인으로 살펴보고자 한다(이민규, 2008; 김지현 외, 2009; 박선환 외, 2008).

(1) 좌절감(Frustration)

좌절감이란 원하는 목표가 지연되거나 차단될 때 경험하는 부정적인 정서 상태로 좌절을 경험하게 되면 정도의 차이는 있지만 어느 정도의 스트레스를 경험한다. Coleman과 Hammen(1974)는 욕구좌절의 원인을 다음과 같이 제시하였다.

첫째, 시간의 가치를 강조하는 사회에서 지연에 의해 욕구좌절을 느낀다.

둘째, 재원의 부족으로 좌절을 경험한다. 우리는 경우에 따라서 물품구입의 필요를 느끼지만 경제적 사정 때문에 원하는 물건을 살 수 없을 때 좌절을 경험한다.

셋째, 사랑하는 사람과의 이별로 인한 상실 때문에 좌절감을 경험한다.

넷째, 우리는 살아가면서 누구나 실패를 한 번쯤은 경험한다. 그러나 경쟁사회에서 여러 번의 실패의 경험은 좌절감을 유발한다.

다섯째, 자신의 인생에서 삶의 진정한 의미를 찾기란 쉽지 않고, 사람들은 이로 인해 좌절감을 경험한다.

(2) 과잉부담(Overload)

개인차가 있기는 하지만 개인의 처리용량을 벗어난 자극이나 요구도 중요한 스트레스의 원인이 될 수 있다. 개인의 느끼는 과잉부담의 요인으로는 시간적 압력, 과도한 책임감, 지원의 결여, 주변 사람들의 자신을 향한 지나친 기대 등이 있다. 더구나 현대의 도회지 생활은 너무 복잡하고 갈수록 비인간화되어 가기 때문에 현대사회인들에게 이것이 과잉부담으로 인한 스트레스에 대한 대응 기제의 하나로 해석할 수 있다.

(3) 갈등

두 가지의 동기들이 갈등을 일으킬 때 스트레스를 받을 수 있다. 이러한 갈등관계의 유형에는 접근-접근 갈등(approach-approach conflict), 회피-회피 갈등(avoidance-avoidance conflict), 접근-회피 갈등(approach-avoidance conflict) 등이 있다.

① 접근-접근 갈등(approach-approach conflict) : 이 갈등은 두 가지의 정적 유인가를 갖는 대상 중 하나를 선택해야 할 때를 말한다.

② 회피-회피 갈등(avoidance-avoidance conflict) : 이 갈등은 두 가지의 부정적인 유인가를 갖는 것 중 하나를 선택해야 할 때 경험하는 것이다.

③ 접근-회피 갈등(approach-avoidance conflict) : 이 갈등은 한 가지의 대상에 두 가지 유인가가 동시에 존재할 때 경험하는 것으로, 양가적인 반응을 보이는 경우이다.

(4) 생활의 변화

생활의 변화도 스트레스를 유발시키는 중요한 요인이 될 수 있는데, 결혼을 하거나 이사 등의 생활상의 변화가 모두 여기에 포함된다. 왜냐하면 생활의 변화는 적응을 요구하기 때문이다.

3) 스트레스의 증상

(1) 신체적 반응

사람은 누구나 과중하거나 지속적인 스트레스를 받게 되면 신체의 면역기능이 저하되어, 신체의 취약한 부분에 이상이 생기게 되는데, 교감신경계의 작용으로 인해 심장은 빨리 뛰고, 많은 양의 혈액이 근육으로 흘러들어 가게 된다. 또한 호르몬 체계에도 영향을 증가시키는 스트레스 호르몬을 방출하게 된다. Selye(1956, 1976)는 과다한 스트레스에 시달리다 보면 누구에게나 일반적으로 일어날 수 있는 증후가 있다는 것을 발견하고, 스트레스에 대한 전형적인 3단계의 신체반응 단계를 만들었다.

① **경계 단계**(Alarm reaction stage)

위협적이라고 인식되는 사건에 노출되면 일단 신체는 즉각적으로 가능한 대처방안을 준비한다. 이 시기는 신체적 위협에 대항할 수 있도록 생리적 변화가 나타나는 시기로 정서적 흥분, 긴장과 같은 변화를 가져오는 단계이다. 스트레스원에 직면하거나 회피하는 데 필요한 에너지를 준비한다.

② **저항 단계**(Resistance stage)

스트레스원에 대한 두 번째 반응 단계로서 내적 평형을 이루려는 신체의 시도라고 할 수 있다. 이 시기는 계속하여 스트레스 대한 반응을 보여야 할 때 정상 수준 이상의 반응을 나타내는 시기이다. 이를 적응의 특이성이 일어난다고 하며, 초기 경계 단계의 일반화된 반응과 반대되는 것으로 특수기관에 대한 신체의 반응이 초점이 된다.

③ **탈진 단계**(Exhaustion stage)

스트레스에 장기간 노출되면 신체가 적응하는 데 과부담이 발생한다. 이 시기를 소진기라 하며 신체적 방어능력이 떨어져 그 결과로 퇴화하거나 병들게 되는 단계를 말한다. 탈진의 최악의 경우는 생리적 기능을 무력하게 만들어 결국 지속적인 스트레스는 사망의 원인이 된다.

(2) 심리적 반응

심리적 반응에 대한 대표적 증상으로 무기력, 외상후 스트레스 장애(PTSD: Post Traumatic Stress Disorder)가 있다(장연집 외, 2010).

자기 생활의 여러 가지 조건들을 통제할 수 없다고 생각하는 데서 오는 희망 상실이나 대처할 수 없다는 데서 오는 무기력감은, 개인의 살아가려는 의지 및 결정에 영향을 미친다. 그중 가장 대표적인 것은 Seligman의 연구이다. Seligman은 1960년대 중반 대학원에서 실험심리학 연구를 하다가 '개의 공포 실험'을 통해 '학습된 무기력(learned helplessness)'이라는 개념을 만들어 냈다. 그에 의하면 "하나의 유기체가 스스로 통제할 수 없는 외상적 경험을 하게 되면, 후에 이러한 외상적 경험에 대처하여 반응하려는 동기가 감소하게 되어, 비록 자극을 회피할 수 있는 길이 있다 하더라도 그것을 학습하는 데 매우 어려움을 겪게 된다. 결국 정서적인 평형이 깨지게 되며 우울증과 불안이 고조된다. 개들이 왕복상자에서 도망칠 수 없도록 하는 것은 전기 충격 그 자체가 아니라, 충격을 통제할 수 없었던 경험, 즉 통제에 대한 무력감이다."라고 말하였다(Seligman, 1996).

그런데, Seligman은 이러한 학습된 무기력은 비단 동물에만 국한된 증상이 아니고, 사람에게도 동일하게 적용되고 있음을 발견했다. 그에 따르면 스트레스에 성공적으로 대처하는 것은, 학습과 연습의 결과라는 것이다. 성공적인 대처방법을 학습하지 못해서, 그들이 어떤 일을 하든지 아무런 변화가 없음을 여러 번 경험한 사람은, 무력감이 생기고 무감동해진다.

4) 스트레스의 결과

우리는 매일 수많은 크고 작은 스트레스를 겪지만 이들 대부분은 지속적인 영향을 주지 않고 일시적으로 끝난다. 그러나 때로 장기간 영향을 미치기도 한다(현성용 외, 2010).

(1) 인지적 기능의 손상

스트레스의 일반적인 영향은 인지적 기능의 손상이다. 흔히 인지적 기능의 손상은 전반적인 문제해결능력의 감소를 초래하며, 사고의 융통성이 감하며 주의집중과 기억의 효율성이 떨어진다.

(2) 충격과 방향성 상실

극심한 강도의 스트레스는 사람을 망연자실하게 하고 방향성을 상실하게 한다. 극심한 스트레스 상황에서 사람들은 무감각해지는 경향이 있으며, 조리 있는 사고를 하기가 어렵다.

(3) 소진

소진(burnout)증후군은 신체적·정서적·심리적 소진 상태를 말한다. 신체적 소진은 만성 피로, 기운 없음, 허약함 등을 특징으로 하며, 정서적 소진은 무기력감, 절망감 및 우울감 등을, 심리적 소진은 자신이나 일에 대한 부정적인 태도 등을 특징으로 드러낸다. 논란이 있기는 하지만 만성적 스트레스가 소진증후군의 일차적 원인으로 지목되고 있다.

(4) 사회적 관계의 붕괴

스트레스가 정상적인 사회적 관계들을 손상시킬 수 있다. 이런 관계의 손상은 소외감, 배우자나 친구들과의 관계 유지의 어려움 및 타인에 대한 신뢰와 사랑, 능력의 상실 등으로 나타난다.

5) 스트레스 대처

스트레스 대처는 스트레스에 직면한 유기체가 안녕을 위협받게 되면 어떤 형태로든 유기체의 평형을 유지하려고 노력하는 동시에 그에 대응하는 어떤 행동을 하게 됨을 의미한다. 인간은 어떤 갈등이나 욕구불만이 생기면 이것을 해소하기 위하여 대처방안을 강구한다. 이러한 대처에 대한 개념은 전통적으로 방어적 관점, 성격 특성의 관점, 상황지향적 관점 등의 세 가지 개념이 있다(Silver & Wortman, 1980).

첫째, 방어적 관점으로 대처를 파악하려는 입장은, 개인이 내적 혹은 외적으로 부딪치는 갈등상황에서 이를 해결하기 위해 역동적 심리학의 근간을 이루고 있는 방어기제를 통해 스트레스를 다루는 대처과정으로 파악하고 있다. 그러나 이 입장은 문제해결보다는 긴장 감소에 초점을 맞춘 것으로, 대처에 있어서 정서적 균형은 중요하나 문제해결 기능의 적극적 방식을 간과한다는 문제점을 갖는다.

둘째, 대처를 성격적 혹은 기질적 특성으로 보는 입장은 어떤 유형의 스트레스에 어떻게 대처하는가에 따라, 개인의 대처양식이나 성격 등으로 구분된다. 따라서, 어떤 성격 특성을 가진 사람은 모든 상황에서 일관된 태도나 행동을 보일 것이라고 예측한다. 하지만 대처가 상황이 변함에 따라 어떤 때는 전략에 어떤 때는 문제해결적 전략에 크게 의존해야 하는 하나의 변화하는 과정이라는 점을 간과하고 있다.

셋째, 상황지향적 관점에서는 개인이 취하는 대처 과정은 주어진 상황에 따라 개인 내에서도 변화한다고 본다. 하지만 이러한 입장은 흔치 않은 상황에서의 적응결과를 매개하는 대처전략을 알아보는 시도였기 때문에, 다른 상황에서의 일반화가 어렵다.

(1) 스트레스 대처양식

Lazarus와 Folkman(1984)은 스트레스에 대한 대처양식을 크게 문제집중적 대처, 정서집중적 대처 그리고 문제-정서혼합 대처로 분류하였다(설진화, 2010).

① **문제중심적 대처**

문제중심적 대처는 문제규정, 정보수집, 의사결정, 목표 설정, 실천적 행동 등과 같은 방법을 통하여 자신이 직면하는 스트레스를 다루어 나가는 것을 말하는 것으로, 스트레스를 해결하려는 가장 적극적이고 효율적인 스트레스 대처방식이다. 창의적 문제해결과정은 다음과 같다.

- 문제의 정의 : 해결해야 할 문제가 무엇인가? 문제가 무엇인지에 대한 출처를 파악한 후 이에 대한 해결책을 강구할 수 있는 간단명료한 진술이 필요하다.
- 대안 설정 : 문제상황에 대한 해결책을 모색하는 데 있어서 가능한 많은 대안들을 검토해 보는 것이다. 대안 설정에 있어서 브레인스토밍 기법의 활용은 매우 유익하다.
- 결과 예견 : 여러 가지 아이디에 대한 평가방법이다.
- 해결책 선택 : 문제를 가장 잘 해결하고 관련자들의 욕구를 가장 잘 충족시켜 줄 수 있는 방법을 선택한다.
- 재평가 : 모든 결과를 예측할 수 없으므로 자신이 선택한 결정에 대해 재평가를 할 준비가 되어 있어야 한다.

② **정서중심적 대처**

정서중심적 대처는 스트레스를 일으키는 문제나 상황을 직접 통제하기보다 회피, 부정, 감정적 대응 등과 같은 방법을 통하여 스트레스 상황에서 발생하는 정서적 고통을 감소시키려는 방식을 말한다.

- 소망적 사고 : 스트레스는 기왕에 일어난 일이니 나의 행동이나 생각을 바꾸려고 노력한다.
- 거리 두기 : 스트레스를 유발하는 곤란하고 어려운 상황에 대해 모든 것

을 잊어버리려고 노력한다.

- 책임감 수용 : 스트레스를 유발한 문제를 일으킨 사람이 자신이라는 것을 깨닫고 자신의 책임이었음을 생각하고 이를 받아들이려고 한다.
- 긴장 해소 : 스트레스로 인하여 발생한 불안, 갈등, 긴장을 없애기 위해 운동, 오락, 예술 등의 다른 일에 몰두한다.
- 고립 : 다른 사람이 알지 못하게 내 마음속에만 숨겨둔다.
- 사회적 지지 추구 : 다른 사람의 동정과 이해, 지지를 얻으려고 노력한다.

③ 문제-정서혼합 대처

일반적으로 사람들은 스트레스 상황에서 문제집중적 대처와 정서집중적 대처를 혼용하려 사용한다. 문제-정서혼합 대처의 기술에는 성장지향과 직면하기가 있다.

- 성장지향 : 스트레스를 받은 상황으로부터 자신의 성장에 도움이 되는 효과를 찾으려고 한다.
- 직면하기 : 스트레스를 일으키고 있는 상황을 바꾸기 위해 어려움에 맞서 공격적으로 행동한다.

4. 청소년의 스트레스

청소년의 13세 이상 인구의 66.6%가 전반적인 일상생활에서 스트레스를 받고 있다고 응답하였다. 스트레스 정도를 부문별로 살펴보면, 「직장생활」에서 받는 스트레스가 72.9%로 가장 높게 나타났다. 성별로는 여자는 「가정생활」과 「학교생활」에서 남자보다 스트레스를 더 받는 것으로 나타났으며, 남자는 「직장생활」에서 여자보다 더 스트레스를 받는 것으로 나타났다.

표 1-2 스트레스 정도

(단위: %)

		계[1]	느낌	매우 많이 느낌	느끼는 편임	느끼지 않음	느끼지 않는 편임	전혀 느끼지 않음
전반적인 생활	2014년	100.0	66.6	10.4	56.1	33.4	30.1	3.4
	남 자	100.0	66.3	10.5	55.9	33.7	30.1	3.6
	여 자	100.0	66.8	10.4	56.4	33.2	30.0	3.2
가정생활	2014년	100.0	45.3	6.5	38.7	54.7	43.7	11.1
	남 자	100.0	38.9	5.0	33.9	61.1	47.8	13.3
	여 자	100.0	51.4	8.0	43.4	48.6	39.7	8.9
직장생활	2014년	100.0	72.9	18.0	54.9	27.1	22.7	4.4
	남 자	100.0	74.3	19.0	55.3	25.7	21.2	4.5
	여 자	100.0	70.9	16.6	54.4	29.1	24.8	4.3
학교생활	2014년	100.0	54.3	8.7	45.6	45.7	34.7	11.0
	남 자	100.0	50.0	6.8	43.2	50.0	36.9	13.1
	여 자	100.0	58.9	10.7	48.1	41.1	32.4	8.7

주: 1) 지난 2주일 동안 스트레스 여부에 대한 응답임.
출처: 통계청(2014), 사회조사.

13~24세의 청소년이 가장 고민하는 문제는 표 1-3 에서 보는 바와 같이 「공부(35.3%)」이며, 그 다음으로 「직업(25.6%)」, 「외모(11.5%)」 등의 순으로 나타났다. 그중 13~18세는 「공부(52.6%)」와 「외모(13.1%)」에 대해, 19~24세는 「직업(42.1%)」과 「공부(16.7%)」에 대해 가장 많이 고민하고 있는 것으로 나타났다(통계청, 2014).

표 1-3 청소년이 고민하는 문제(13~24세)

(단위: %)

	계	외모	신체적 정신적 건 강	가정 환경	가 계 경 제 어려움	용돈 부족	공부 (성적, 적성)	직업	친구 (우정)	이성 교제 (성문제)	기타[1]	고민 없음
2012년	100.0	13.6	4.2	2.5	6.4	4.6	35.9	22.1	2.0	1.6	1.5	5.6
2014년	100.0	11.5	5.4	2.1	5.3	4.3	35.3	25.6	2.1	2.1	1.6	4.6
남 자	100.0	8.0	6.5	2.0	5.5	4.8	36.9	25.2	1.8	2.2	2.1	5.0
여 자	100.0	14.9	4.3	2.1	5.2	3.8	33.8	26.0	2.5	2.1	1.1	4.2

	계	외모	신체적 정신적 건 강	가정 환경	가 계 경 제 어려움	용돈 부족	공부 (성적, 적성)	직업	친구 (우정)	이성 교제 (성문제)	기타[1]	고민 없음
13~18세	100.0	13.1	5.1	1.9	2.6	4.9	52.6	10.3	2.8	1.4	1.6	3.9
19~24세	100.0	9.8	5.7	2.2	8.3	3.7	16.7	42.1	1.4	3.0	1.7	5.4
〈주관적 만족도〉												
만 족	100.0	11.7	4.8	0.8	3.1	3.8	40.0	23.8	2.5	2.3	1.8	5.5
보 통	100.0	11.3	5.6	2.8	7.0	5.0	31.8	26.9	1.9	1.9	1.5	4.3
불만족	100.0	11.4	7.9	6.3	11.0	4.5	22.9	30.6	1.2	2.0	1.2	0.9

주: 1) '흡연, 음주', '학교(원)폭력', '인터넷중독' 포함
출처: 통계청(2014), 사회조사.

2008년 15~24세 청소년이 가장 고민하는 문제는 '공부(38.5%)'와 '직업(24.1%)'이었다. 연령별로 보면 20~24세 청소년의 10명 중 4명이 '직업' 때문에 고민하는 것으로 나타났다(통계청, 2010 청소년통계).

표 1-4 청소년(15~24세)이 고민하는 문제

(단위: %)

구분	계	외모/ 건강	가정 환경	용돈 부족	공부 (성적, 적성)	직업	친구 (우정)	이성 교제	학교 폭력	흡연, 음주	기타[1]	고민 없음
〈2002〉												
15~24세	100.0	19.7	8.9	5.4	39.8	6.9	3.3	7.8	1.9	1.8	4.2	0.3
15~19세	100.0	18.4	6.8	5.7	48.9	5.2	3.3	5.5	1.2	1.5	3.1	0.4
20~24세	100.0	21.0	10.9	5.0	30.8	8.6	3.3	10.2	2.6	2.1	5.3	0.2
〈2008〉												
15~24세	100.0	16.2	5.1	5.2	38.5	24.1	2.2	2.8	0.1	0.2	0.9	4.7
15~19세	100.0	15.8	4.3	5.4	57.5	9.2	2.4	1.8	0.1	0.1	0.8	2.6
20~24세	100.0	16.7	6.1	5.0	16.1	41.6	1.9	4.0	0.1	0.3	1.1	7.2

주: 1) 인터넷중독 포함.
자료: 통계청, 「사회조사」 각 년도.

청 소 년 문 화 의 기 초

제2장 문화 이론과 청소년문화

청소년기에 나타나는 변화가 다양하고 광범위하며 이에 영향을 미칠 수 있는 요인들도 다양한 까닭에 청소년기의 발달을 설명하는 이론도 다양하다. 본 장에서는 청소년의 발달과 특성을 설명하는 생물학적 이론, 정신분석 이론, 심리사회적 발달 이론, 인지발달 이론, 사회학습 이론, 인본주의 이론, 생태학적 이론, 절충적 이론 등에 대해서 살펴보고자 한다.

1. 문화 이론

1) 생물학적 이론

청소년기를 설명하는 많은 이론들 중 생물학적 이론들은 주로 청소년기의 신체적인 변화에 초점을 맞추고 있다. 이러한 청소년기의 생물학적 이론을 주장한 학자들로는 홀(S. Hall), 게젤(L. Gesell), 맥켄들리스(P. MgCandless) 등이 있다.

(1) 홀(S. Hall)

청소년기에 관한 과학적인 연구는 1904년 홀에 의해서 시작되었다고 할 수 있다. 홀의 재현 이론(recapitulation)에 의하면 개인의 발달은 인류의 발달 역사를 재현한다는 것이다. 즉, 개인의 발달도 원시적인 유아기에서부터 청소년기를 거쳐 성인기로 발달한다는 것이다. 홀은 또 청소년교육을 강조하면서, 청소년기를 과도기적 단계의 "질풍노도의 시기(a period of storm and stress)"로 묘사하면서 청소년의 감성적인 삶을 모순된 성향들 간의 심한 동요로 인식하였다.

(2) 게젤(L. Gesell)

미국의 심리학자인 게젤은 발달이란 타고난 유전적 요인의 결과로 이루어진다고 보았다. 그는 또 개개인의 발달 속도와 시기는 차이가 있지만, 발달의 순서는 모든 사람에게서 동일하다고 주장하였다. 그래서 준비되지 않은 훈련은 아이에게 해로울 수 있으며, 모든 개인은 새로운 행동이나 능력이 언제 나타날 것인가가 이미 결정되어 있다고 하였다. 그러므로 아이들의 신호에 주의를 기울여 준다면 아이들은 스스로 자기 일을 잘 해 나갈 수 있다고 믿는다.

(3) 맥켄들리스(P. MgCandless)

맥켄들리스는 청소년기를 추동 이론(동기 이론)으로 설명하고 있는데 그에 의하면 사춘기가 시작되면 성적인 추동이 증가함에 따라 유기체의 일반적인 추동 수준이 증가한다. 따라서 추동 수준이 낮은 아동기보다 청소년기에 더욱 강한 강도로 반응하게 된다는 것이다. 그러므로 청소년기의 이성교제는 아동기의 이성교제와는 그 수준에서 차이가 난다.

2) 정신분석 이론

프로이트(S. Freud)의 정신분석 이론은 20세기의 인류문명에 많은 영향을 주었는데 특히 정신치료와 성격 이론 구성의 기반이 되고 있다. 프로이트는 인간의 의식 상태 수준을 원초아(id), 자아(ego), 초자아(superego)로 구분하였으며, 또 리비도(libido)가 집중된 부위에 따라 인간의 발달단계를 구강기(oral stage, 출생~18개월), 항문기(anal stage, 18개월~3세), 남근기(phallic stage, 3~6세), 잠복기(latency stage, 6~12세), 생식기(genital stage, 사춘기~성인기 이전)의 5단계로 분류하였다. 이러한 프로이트의 성격구조 이론을 도식적으로 표현하면 그림 2-1 과 같다.

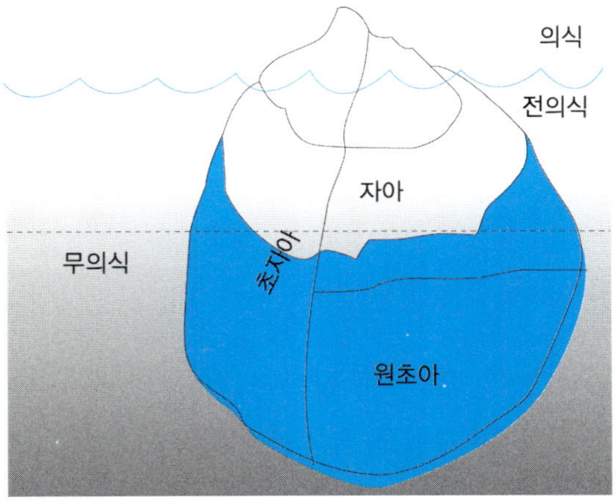

그림 2-1 프로이트의 성격구조

3) 심리사회적 발달 이론

홀(Hall), 게젤(Gesell), 프로이트(Freud)의 이론들은 주로 청소년의 생물학적 발달에 초점을 두고 있다. 그러나 설리반(Sullivan), 에릭슨(Erikson), 마르시아(Marcia)와 같은 심리사회적(psychosocial) 발달 이론가들은 유기체에서 중요한 생활사건과 그 사건의 발생 시기, 타인과의 관계, 문화적인 특성 등과 같은 심리사회적인 요인이 인간의 발달에 중요한 영향을 미친다고 생각한다.

(1) 설리반(S. Sullivan)

설리반(Sullivan, 1953)은 인간은 타인과 상호작용을 하면서 사회적 관계를 형성하고 유지하려는 욕구를 가지고 있으며, 인간은 정상적이든 병리적이든 모두 다른 사람과 상호작용을 하며 살아가고 있는데, 각 개인은 다른 사람과 어떠한 관계를 갖느냐에 따라 상이한 발달을 경험한다고 주장하였다. 그의 이러한 대인관계의 특성은 그의 이론의 핵심이다. 타인과의 이러한 상호작용은 연령에 따라 형태와 욕구가 달라지는데 그는 유아기(infancy, 출생~2세), 아동기(childhood, 3~6세), 소년기(juvenile, 7~10세), 전 청소년기(preadolescence, 11~12세), 초기 청소년기(early adolescence, 13~16세), 후기 청소년기(late adolescence, 17~20세)의 6단계로 구분하여 상호작용의 욕구에 대해 설명하였다.

(2) 에릭슨(E. Erikson)

에릭슨은 인간의 발달을 8단계로 나누고 각 단계별로 극복해야 할 위기와 발달과업이 있으며, 이러한 과업과 위기를 성공적으로 달성할 때 개인은 비로소 건강한 발달을 할 수 있다고 하였다. 그가 제시한 심리사회적 8단계는 다음과 같다(Erikson, 1968).

① 제1단계(유아기) : 신뢰감 대 불안감(Trust vs. Mistrust)

② 제2단계(아동기 전기) : 자율성 대 수치심과 회의(Autonomy vs. Shame and Doubt)

③ 제3단계(아동기 후기) : 주도성 대 죄책감(Initiative vs. Guilt)

④ 제4단계(학령기) : 근면성 대 열등감(Industry vs. Inferiority)

⑤ 제5단계(청소년기) : 정체감 대 정체감 혼미(Identity vs. Identity Confusion)

⑥ 제6단계(청년기) : 친밀감 대 고립감(Intimacy vs. Isolation)

⑦ 제7단계(장년기 또는 중년기) : 생산성 대 침체성(Generativity vs. Stagnation)

⑧ 제8단계(노년기) : 통합감 대 절망감(Integrity vs. Despair)

이 중 에릭슨의 인생주기에서 청소년기는 다섯 번째 단계인 '정체감 대 정체감 혼미'이다. 에릭슨은 이 시기를 인생의 가장 중요한 시기로 보았다. 에릭슨에 의하면 이 시기에 기본적인 사회적, 직업적, 개인적 정체감을 형성하게 되는데, 그렇지 못할 때는 '정체감 혼미'가 초래된다. 에릭슨은 그래서 이 시기를 "심리사회적 유예기(moratorium)"라고 하면서 이 시기에 긍정적 자아정체감을 확립하게 되면 이후 단계의 심리적 위기를 무난히 극복할 수 있으나, 그렇지 못할 때에는 '부정적 정체감'을 형성하게 된다고 하였다.

(3) 마르시아(Marcia)

마르시아(Marcia, 1991)는 자아정체감을 정체감 성취, 정체감 유예, 정체감 유실, 정체감 혼미의 네 범주로 나누었다(정옥분, 2006).

① 정체감 성취(identity achievement) : 자아정체감의 위기를 성공적으로 극복하여 심리적으로도 건강하며 많은 문제에 대해 스스로 결정할 수 있는 능력이 있는 상태이다.

② 정체감 유예(identity moratorium) : 현재 정체감 위기의 상태에 있으나 이를 위해 많은 노력을 하고 있는 상태를 말한다.

③ 정체감 유실(identity foreclosure) : 자신의 신념, 직업 선택 등의 중요한 의사결정에 앞서 수많은 대안에 대해 생각해 보지 않고 부모나 다른 역할모델의 가치나 기대 등을 그대로 수용하여 그들과 비슷한 선택을 하는

경우를 말한다.

④ 정체감 혼미(identity diffusion) : 자신의 문제에 대해 탐구나 결정도 하지 않았으며, 이러한 문제에 대해 아무런 관심도 없는 가장 부정적인 상태를 말한다.

4) 인지발달 이론

정신분석 이론이 인간의 무의식을 강조한 반면, 인지발달 이론에서는 청소년의 무의식적 사고를 강조한다. 즉, 지적인 발달은 유전적인 요인과 사회, 문화적인 요인의 상호작용 결과로 보았다. 대표적인 인지발달 이론가로 피아제(J. Piaget)와 콜버그(L. Kohlberg)가 있다.

(1) 피아제(J. Piaget)

피아제는 인지발달 단계를 다음과 같은 4단계로 구분하였는데, 그의 인지발달단계의 특징으로는 첫째, 나타나는 순서가 일정하다. 둘째, 일정한 단계에서 만들어진 정신구조는 다음 단계의 일부가 된다. 셋째, 전체 구조를 가진다. 넷째, 하나의 단계에는 반드시 준비기와 동시에 완성기가 있다. 다섯째, 각 단계에는 발전과정과 완성된 안정 상태가 존재한다.

① **감각운동기**(Sensory motor period)

0~2세의 유아는 주로 사물을 만져보고, 그것들을 조작해 보고 환경을 직접 탐색해서 학습을 한다.

② **전조작기**(Pre-operational period)

전조작기에 해당하는 2~7세의 아동들은 언어를 사용하게 되면서 사물이나 사건을 기억하고 표현하는 능력이 가능해지지만, 그 사고가 논리적이지 못하기 때문에 수, 액체, 질량의 보존개념을 논리적으로 이해하는 조작(operation)능력에는 한계가 있다.

③ 구체적 조작기(Concrete operational period)

구체적 조작기는 6세에서 약 11세까지를 의미하는데, 이 단계에서는 논리적으로 조작할 수 있는 능력을 획득한다. 구체적 조작기 아동의 조작행동에 나타나는 논리적 사고의 가장 중요한 특징은 가역성의 개념인데, 이러한 가역적 사고가 가장 잘 드러나는 조작 형태는 보존(conservation), 유목화(classification), 조합능력(combination skill)이다.

- 보존(conservation) : 전조작기의 아동과 구체적 조작기의 아동의 중요한 차이는 논리적 조작이나 규칙의 적용 여부이다. 이 변화를 보여 주기 위해서 실험이 피아제의 보존개념 실험이다. 보존개념은 물체의 외형상의 변화에도 불구하고 이것에서 가감하지 않는다면 그 물체의 특정한 양은 그대로 보존된다고 판단할 수 있는 능력이다.
- 유목화(classification) : 유목화란 전체와 부분 간의 공통점과 차이점, 관련성을 이해할 수 있는 능력을 말하며, 유목화 과정은 일반화(generalization)와 변별(discrimination)을 통해 이루어진다.
- 조합능력(combination skill) : 이것은 보존의 능력 중 숫자에 대한 보존능력을 획득한 후에 어린이가 갖게 되는 개념적 기술로, 이것은 일정한 수의 사물이 있으면 그것을 펼쳐 놓든지 모아 놓든지 또는 형태를 바꾸더라도 그 숫자는 마찬가지라는 것을 이해하는 것이다. 조합의 능력을 획득함으로써 더하기, 빼기, 곱하기, 나누기와 같이 수를 다루고 조작할 수 있는 능력을 갖게 된다.

④ 형식적 조작기(Formal operation period)

12세에서 15세까지의 '형식적 조작기'는 논리적 사고의 시기로 추상적인 사고와 연역적 사고가 가능하다. 또 이 시기가 되면 청소년들은 철학적 가치와 문제 등을 이해하기 시작하고, 또 더 이상 자신의 부모가 절대적인 존재가 아니라는 사실을 알게 되며, 부모와 다른 자기만의 의견을 관철시키려 한다.

(2) 콜버그(Lawrence Kohlberg)의 도덕적 발달단계

콜버그(Kohlberg)는 피아제의 이론에 대한 관심에서 출발하여 도덕적 사고에 초점을 두고 연구하였다. 도덕적 추론에서 가장 많이 사용되는 도덕적 딜레마는 하인츠(Heinz)의 이야기로서, 그가 사용한 도덕적 딜레마는 다음의 상황을 아동들에게 제시하고 갈등 상황에서 아동이 어떻게 판단하고 추론하는가를 연구·분석하여 3수준 6단계의 도덕발달단계를 구분하였다(Kohlberg, 1984).

유럽의 한 부인이 특이한 종류의 암으로 죽어 가고 있었다. 그 부인의 병을 치료하는 데는 오직 한 가지 약밖에 없는 것으로 알려져 있었다. 이 약은 같은 마을에 사는 어느 약사가 발명한 약으로서 그 약을 만드는 데 원가는 200달러가 들었지만, 그 약사는 약값을 원가의 10배인 2,000달러나 요구하였다. 병든 부인의 남편인 하인츠는 돈을 구하기 위해 아는 사람을 모두 찾아다녔지만, 그 약값의 절반인 1,000달러밖에 마련하지 못했다. 할 수 없이 하인츠는 그 약사를 찾아가서 사정을 설명하고, 그 약을 반값에 팔거나, 아니면 다음에 나머지 돈을 갚겠다고 간청하였다. 그러나 그 약사는 돈을 벌어야 한다며 거절하였다. 절망에 빠진 하인츠는 결국 약방 문을 부수고 들어가서 자기 부인을 위하여 약을 훔쳤다.

도덕적 추론을 위해 하인츠의 딜레마에 대해 몇 가지 질문을 해 볼 수 있다.

'남편은 약을 훔쳤기 때문에 벌을 받아야 하는가?'

'약사는 그렇게 비싼 약값을 요구할 권리가 있는가?'

'만약 약사가 그 약을 주지 않아서 부인이 죽게 된다면 그 약사가 부인을 죽

인 것이나 다름없다고 비난할 수 있는가?'

'부인이 중요한 인물이라면, 약을 주지 않은 약사는 더 심하게 처벌받아야 하는가?'

① 수준1(전(前)인습적 수준, pre-conventional level, 4~10세)

규칙을 어겼을 경우 벌을 받게 되며 벌을 받는 것은 나쁜 것이라고 생각한다. 따라서 훔치는 일은 나쁘고 벌을 받기 때문에 하인츠의 행동이 나쁘다고 판단한다. 도덕적 가치는 외적이고 물리적인 결과에 의존하며, 자기중심성의 특징을 보인다. 어떤 행동의 의미를 생각하지 못하며, 다른 사람의 규칙을 완전히 이해하지 못한다.

• 1단계 : 복종과 처벌 지향

이 단계는 행동의 외적, 물리적인 결과가 옳고 그름의 판단기준이 된다. 처벌을 피하려 하고, 힘을 가진 사람에게 순종한다. 잘못을 저지른 놀이 친구를 고자질할 것인가에 대한 질문을 받는다면, 이 나이 또래의 아동은 "말하겠어. 그렇지 않으면 매 맞을 거야."라고 말할 것이다.

찬성	반대
하인츠가 약을 훔쳐야 한다. 그가 처음부터 돈을 안 내겠다고 한 것도 아니고 그 약의 원가가 200달러밖에 안되므로 그가 2,000달러를 훔친 게 아니다.	하인츠가 약을 훔치는 것은, 그건 큰 범죄다. 그는 허락을 받지도 않았고 힘으로 약국을 부수고 들어갔다. 그는 약국에 큰 피해를 끼쳤고 매우 비싼 약을 훔쳤다.

• 2단계 : 상대적 쾌락주의

1단계가 처벌을 회피하고자 하는 단계라면 2단계에서는 보상(reward)을 추구하는 단계로서, 이 단계에서는 자신과 타인의 욕구충족이 도덕 판단의 기준이 되는데, 우선 자신의 욕구가 충족되고 나면 다른 사람의 욕구도 고려하게 된다. 이 단계에서는 순진한 도구적 상대주의(instrumental relativism)가 나타난다. 이 단계의 아동은 공평성, 상호성이 중요하다고 생각하므로, 어떤 환경에서든지 모든 사람이 동등한 대우를 받아야 한다고 생각한다.

예를 들면, 아동은 자신에게는 잠을 자야 할 시간이라고 하면서 왜 어른은 더 늦은 시간까지 자지 않아도 되는지를 이해하지 못한다. 따라서 하인츠는 아내를 구하기 위한 것이었으므로 훔치는 것이 정당하다고 생각할 수 있으나, 약제사의 입장에서는 도둑질이 나쁘다고 생각할 수 있다고 본다. 즉 어느 쪽의 입장에서 생각하느냐에 따라 결과가 달라질 수 있다는 것이다.

찬성	반대
하인츠 아내가 아프므로 자기 아내의 생명을 구하기 위해 약을 훔쳐도 된다. 하인츠가 훔치는 것을 원하지 않지만 아내의 생명을 구하기 위해서 훔칠 수밖에 없다.	하인츠는 약을 훔쳐서는 안 된다. 약사는 나쁜 사람이 아니고, 단지 약을 팔아 돈을 벌려는 정당한 사업가이다.

② **수준2(인습적 수준,** conventional level, 10~13세)

인습적 수준에서 사람들은 계속해서 사회적 규칙을 따르는 것에 대해 중요하게 생각하지만, 그 이유가 자신의 이익 때문만은 아니다. 타인의 인정을 얻기 위해 또는 사회질서를 유지하기 위해 규칙이나 규범을 따르려고 한다. 자신이 속한 집단, 국가의 기준과 기대에 근거하여, 도덕적 가치를 판단하며 사회규칙과 사회계약을 유지하려고 노력하는 단계이다.

• 3단계 : 착한 소년/소녀 지향 또는 대인 간 조화

인습적 수준에서는 사회적 승인과 사회질서를 염두에 둔 판단을 하는데 행위자가 '착한가'에 따라 판단한다. 즉 동기와 감정이 정의로운가에 비추어 생각하며, 결국 타인으로부터 얼마나 인정받을 수 있는가에 따라 판단한다. 따라서 하인츠에게는 동정을 보내고 약제사를 감옥에 보내야 한다고 응답한다. 올바

른 행동이란 다른 사람을 기쁘게 하고 도와주는 것이며, 이를 다른 사람이 착한 행동으로 인정하는 것이다. 3단계의 아동, 청소년은 다른 사람의 관점과 의도를 이해할 수 있으므로 다른 사람의 기대에 부응하는 것을 중시한다. 그러므로 신뢰, 충성, 의리가 대인관계를 유지하는 데 매우 중요하다고 생각한다. 행동은 의도에 의하여 판단되기 시작한다.

찬성	반대
아내를 사랑하기에 약을 훔친 것은 비난할 수 없다. 만약 그가 아내의 생명을 구할 정도로 아내를 사랑하지 않지 않는다면 그를 비난해야 한다.	약을 훔치면 안 된다. 그의 아내가 죽는 것은 그의 잘못이 아니며 그가 아내를 사랑하지 않는 것이 아니며 약사가 이기적이고 무정한 사람이다.

• 4단계 : 사회적 질서와 권위의 지향

일반적인 사회질서에 대해 보다 광범위하게 사고하며, 사회질서가 유지되기 위해서는 법에 복종해야 한다는 것을 강조한다. 따라서 하인츠에게 동정적이기는 하지만 약을 훔치는 나쁜 행위는 그에 따른 처벌도 함께 받아야 한다고 생각한다. 따라서 이 4단계에서는 법과 질서를 준수하며, 사회 속에서 개인의 의무를 다한다. 이 단계는 법과 질서를 기준으로 도덕 판단을 한다. 친구의 비행이 법을 어기거나 공공의 질서를 심각하게 방해하였는가에 따라 그 비행을 말할 수도, 하지 않을 수도 있다. 법과 사회의 질서를 지키는 것이 자신의 의무라고 생각한다.

찬성	반대
하인츠가 약을 훔치지 않으면 그는 아내를 죽게 내버려 두는 것이다. 아내가 죽는다면 그의 책임이 크다.	하인츠가 아내를 살리고자 하는 것은 당연하다. 그러나 훔치는 것은 잘못된 것이다. 법은 반드시 지켜야 하며 그의 행동은 정당하지 못하다. 그는 그가 도둑질했다는 것과 약사에게서 가치 있는 것을 빼앗았다는 것을 알고 있다.

③ 수준3(후(後)인습적 수준, post-conventional level, 13세 이후)

사회규칙에 제한되지 않으며, 보편적인 원리와 윤리에 초점을 두어 판단한다. 이 단계 사람들의 행동 기저에는 그 사람의 양심이 있다.

• 5단계 : 사회적 계약 지향

법이란 사람들이 화목하게 살기 위해 공동체가 동의한 장치이므로 사람들이 필요로 하는 바를 충족시키지 못하면 상호동의나 민주적인 절차를 통해 변경시킬 수 있다고 본다.

따라서 하인츠 아내의 살 권리가 중요하다는 것은 알지만, 그렇다고 도둑질을 해서는 안 되며, 법은 사람들이 합의하여 만든 것이므로 융통성이 있고, 고칠 수도 있다는 사실을 인식한다. 사회규칙이 도덕적 행동의 근거가 되지만, 개인의 내면화된 도덕원칙과 사회규칙 간에 갈등이 있을 때 내면화된 도덕원칙이 우선시 된다.

법은 개인의 자유와 존엄성의 원리에 대한 믿음 때문에 따라야 하는 것이다. 이 단계의 사람들은 소수라고 하더라도, 개인의 권리를 보호하는 것이 정의라고 생각한다. 어떤 친구의 비행을 말할 것이냐, 아니냐 하는 문제는 이제는 그 친구가 그 행위를 하게 된 이유에 달려 있게 되고, 일어날 수 있는 여러 행동이 그 친구와 보다 넓은 공동체에 끼칠 영향력을 고려하게 된다.

찬성	반대
하인츠가 약을 훔친 것은 잘못이나 인명을 구하기 위한 일이므로 정당화될 수 있다.	극단적인 상황이 이를 정당화해주지 않는다. 누구든지 절망적일 때는 도둑질을 해도 된다고 인정할 수는 없다. 약을 훔쳐서 결과가 좋을 수는 있으나 그렇다고 훔치는 것이 정당화될 수 없다.

• 6단계 : 보편적 원리 지향, 궁극화

보통사람에게는 거의 찾아볼 수 없는 단계로 극히 소수만이 이 단계에 도달한다. 가장 높은 도덕단계로 옳고 그름을 개인의 양심에 비추어 판단하여야 한다는 것이다. 이 양심의 원리는 구체적인 규칙이 아니고, 법을 초월하는 '인간의 존엄성'이나, '정당성'과 같은 보편적 정의의 원리이다. 따라서 하인츠가 도둑질을 할 법적 권리는 없지만, 보다 상위의 도덕적 권리를 갖고 있다고 응답한다. 법이나 관습을 넘어서서 정의, 평등, 생명의 가치와 같은 추상적이고, 보편적인 원리를 지향한다. 도덕원리는 논리적으로 포괄적이며, 일관성 있는 것으로 추상적이다. 스스로 선택한 도덕원리, 양심의 결단에 따라 도덕적 판단이 이루어진다.

한편, 우리나라 고등학생의 도덕성 발달 수준은 콜버그의 도덕발달 6단계에서 3단계 수준인 것으로 나타났다(최홍만, 2000). 이는 옳은 행위란 다른 사람을 기쁘게 하고 도와주는 행위이며, 타인에게서 인정받는 행위이며, 실례를 판단의 기준으로 삼는 단계이다. 또한 우리나라

중·고등학생의 도덕성을 건전성, 정직성, 신뢰성, 책임성, 준법성으로 구분하여 보았을 때, 건전성은 높게 나타난 반면, 책임성, 정직성, 신뢰성은 보통으로, 그리고 준법성은 낮게 나타났다(구본행, 김을교, 2003).

찬성	반대
이 상황은 하인츠가 약을 훔치거나 아내를 죽게 내버려 두는 것 사이에서 선택을 하도록 강요받는 상황이다. 생명을 존중하고 지키기 위해서는 훔치는 것도 도덕적으로 옳을 수 있다. 그는 생명을 존중하고 지키기 위한 행동을 해야 한다.	하인츠는 그의 아내처럼 절실하게 그 약이 필요한 다른 사람을 고려할 것인지 고려하지 않을 것인지 결정해야 한다. 그는 자신의 아내를 향한 사적인 감정에 따라서 행동할 것이 아니라 모든 생명의 가치를 고려하여 행동해야만 한다.

콜버그의 이론에서 하인츠라는 아동의 갈등상황을 통해, 4~10세 정도의 전인습적 수준(pre-conventional level)의 아동은 아직 규칙이 내면화되어 있지 않으므로, 벌을 피하기 위해 주어진 규칙을 따르며, 10~13세 정도의 인습적 수준

(conventional level)의 아동은 외부적 권위를 포함한 타인들의 사회적 기대와 규칙을 내면화해서 다른 사람의 인정을 얻기 위해 규칙을 따른다. 이때는 칭찬과 비난이 도덕적 행위의 동기가 된다. 13세 이상의 후인습적 수준(post-conventional level)의 아동은 법적으로 옳은 것과 법적으로 타당한 것이 항상 같은 것이 아니라는 사실을 깨달으면서 옳고 그름을 정의의 원리에 의해 판단한다. 콜버그에 의하면 모든 사람이 6단계까지 나아갈 잠재력을 갖고 있으나, 실제로 아주 적은 수의 사람만이 후인습적 도덕 판단의 시기까지 도달한다고 하였다. (Kohlberg, 1984).

한편, 콜버그는 하인츠 갈등에 대한 반응을 분석하고 다음 표 2-1 과 같은 다섯 가지 유형의 도덕적 상대주의 사고를 식별하였다(임영식, 한상철, 2000).

표 2-1 도덕적 상대주의 사고의 다섯 가지 유형

급진적 상대론	선악, 권리, 의무, 규범 등과 같은 인습적 도덕률과 관련되는 사고 자체를 배격하고 이를 준수하는 도덕적 행위에 대해서도 의미를 부여하지 않음.
개인적 상대론	타인의 도덕적 행위에 대한 판단은 근본적으로 자신의 입장과 감정에 기초한 것이므로 타인의 도덕성을 평가할 수 없다고 생각함.
이기주의적 상대론	인간은 근본적으로 이기주의적 도덕률에 지배되므로, 개인 자신에게 도덕이면 그것이 곧 도덕이라고 생각함.
정치적 상대론	사회정의를 인정하지 않고 모든 사회에 보편적인 도덕적 원리의 존재를 부정함.
결정주의적 상대론	스스로 절대적인 선과 보편적 도덕률을 수행할 자신이 없기 때문에 타인의 도덕적 행위의 당위성에 대해 판단하기를 주저함.

자료: 임영식, 한상철(2000). 청소년심리의 이해.

이러한 콜버그의 도덕성 발달과 도덕교육은 청소년 문제의 중요한 시사점을 주고 있는데, 교사는 학생들의 사고와 판단을 진전시키는 환경을 조성해야 하고, 또 학생들의 합리적인 판단과 선택을 강조하는 도덕교육의 인지적 접근을 시도했다는 점에서 높이 평가받고 있다.

(3) 길리건(C. Gilligan)

미국의 여성 심리학자인 길리건은, 도덕성 발달에 관한 지금까지의 설명이 여성들의 경험에는 적합하지 않다는 사실에 주목하면서, 새로운 도덕성 발달 이론을 발전시켰다. 길리건은 십대들이 실제로 경험할 수 있는 상황과 그들이 쉽게 알 수 있는 상황을 묘사하는, 세 개의 새롭고 개인적으로 적용 가능한 성 관련 딜레마를 개발했다.

> 여고생의 부모가 주말에 집을 비웠고 그녀는 집에 홀로 있게 되었다. 약속도 없이 그날 밤 남자친구가 와서 둘은 집에서 저녁을 함께 보내다가 애무를 하게 되었다.
>
> ① 이것이 옳은 일인가 아니면 잘못된 일인가? 이것을 올바르게(잘못되게) 만드는 상황에는 어떤 것이 있을까?
>
> ② 만일 그들이 성관계를 가지게 되면 어떻게 되는가? 이것은 옳은 일인가 아니면 잘못인가? 왜?
>
> ③ (만일 적용 가능하면) 왜 여러분은 애무는 괜찮다고 생각하면서 성관계는 나쁘다고 생각하느냐?
>
> ④ 성관계가 옳은(잘못된) 것이 될 수 있는 상황이 있는가?
>
> ⑤ 여자 청소년이 남자 청소년보다 성관계를 가지는 것을 별로 탐탁지 않게 생각한다고 하자. 여자 청소년은 결혼 전의 성관계가 남자 청소년에게는 괜찮지만 여자 청소년은 안 된다고 생각하자. 왜 그렇게 생각할까? 이것에 관해서 여러분은 어떻게 생각하는가?
>
> ⑥ 여자 청소년의 부모가 돌아와서 둘이 성관계하는 것을 보았다. 부모는 어떻게 해야 하는가?

길리건은 폭력, 낙태 등 여러 가지 도덕적 사태에서 청소년들이 보여 주는 여성 특유의 도덕적 사고를 분석하여 여성의 도덕 추론과정을 2개의 이행과정을 포함한 3단계의 수준으로 단계화하였다(한국청소년개발원 편, 2008).

① 수준 1 : 자기 이익 저항

여성이 자신의 이익과 생존에 자기중심적으로 몰두하는 단계이다. 이 수준에서는 어떤 사태가 자신의 욕구와 갈등을 일으킬 때에만 도덕적 사고와 추론이 시작되며, 어느 쪽이 자신에게 중요한가 하는 것이 판단의 준거가 된다.

② 제1 이행기 : 이기심에서 책임감으로

제1 이행기 동안에 여성들은 자신이 하고 싶은 개인적 욕구와 자신이 해야 하는 책임을 구별하기 시작한다. 이처럼 자기중심적 이기심으로부터 보다 성숙한 수준의 도덕적 추론이 시작된다.

③ 수준 2 : 타인에 대한 책임으로부터 선의 식별

이 수준에서 여성들은 이기심으로부터 벗어나 타인에 대한 배려, 책임감, 자기희생을 지향하게 된다. 또한 이 단계에서 여성들은 자기희생과 타인에 대한 배려를 동등하게 선한 것으로 간주한다.

④ 제2 이행기 : 동조로부터 새로운 내재적 판단으로

제2 이행기 동안 자신의 가치에 대한 비판적 의문이 생겨나면서 선함의 본질에 대한 새로운 인식이 시작된다.

⑤ 수준 3 : 자신과 타인 간의 역동

이 수준에 개인의 권리주장과 타인에 대한 책임이 조화를 이루게 된다. 이 시기의 여성은 의사결정과정의 적극적 참여자로 인식한다. 이 시기의 도덕성의 주요 지표는 비폭력, 평화, 박애 등이다.

5) 사회학습 이론

반두라(Bandura, 1969)와 같은 사회학습 이론가들은 개인의 사고, 행동, 느낌의 형성은 다른 사람의 사고, 행동, 느낌을 모방함으로써 형성한다고 주장한다.

만일 아동이 자신의 행동에 대해서 직접적 강화를 받지 않더라도 다른 아동이 보상이나 벌을 받는 것을 관찰함으로써 간접적으로 강화를 받기 때문에 보상 받는 행동은 학습하게 되고, 벌 받는 행동은 학습하지 않게 된다는 설명이 된다. 반두라의 사회학습 이론의 주요 개념은 다음과 같다.

(1) 모델링(Modeling)

다른 사람이 행동하는 것을 보고 들으며 그 행동을 따라서 하는 것으로 관찰자는 모델을 통해 특정 행동을 배운다.

(2) 자기규제(Self-regulation)

자기규제란 "자기 자신의 행동을 감독하고, 채찍질하고 자부심을 갖는 것"으로, 인간은 스스로가 정한 내적 표준에 의해서도 지배를 받는데, 그 내적 표준은 유의미한 타인들이 부과한 보상 및 처벌을 통해 학습된다.

(3) 자기효능감(Self-efficacy)

반두라는 자기효능감의 역할을 점점 더 강조해 왔는데, 자기효능감이란 "어떤 행동을 성공적으로 수행할 수 있다는 신념"으로, 높은 자기효능감을 가진 사람은 성공적 인생각본을 연출하여 많은 문제점들에 대해서 스스로 해결책을 연출한다. 반면, 자기효능감이 낮은 사람은 쉽게 포기하기 때문에 결과적으로 실패할 가능성이 높다.

(4) 관찰학습의 과정

인간의 학습과정은 직접적인 강화에 의하여 학습되는 행동도 있지만, 타인의 행동을 관찰하고 이를 모방함으로써, 새로운 행동을 학습할 수 있다. 반두라는 관찰학습의 과정으로 다음과 같이 4단계를 제시한다(김혜선, 유안진, 2009;

김완래, 2010).

① **주의집중 단계**(Attentional processes)

관찰학습의 첫 단계로 어떠한 행동이 관찰을 통해서 학습되려면 모델에게 주의를 기울여야 한다. 그런데 어떤 모델들은 우리의 주의를 끌기도 하지만 동일한 모델이라 할지라도 어떤 관찰자에게는 아무런 주의도 끌지 못할 수도 있다.

② **보존유지 단계**(Retention processes)

보존과정은 기억과정이라고도 부르며, 관찰을 통해 얻은 정보를 사용하기 위해서는 인간의 기억은 어느 정도의 시간이 지나면 희미하거나 사라지기 때문에 모델을 관찰한 후 모델의 행동을 상징적인 형태로 기억하는 어떤 방식을 가져야만 한다는 것이다.

③ **운동재생 단계**(Motor reproduction processes)

관찰학습과 관련된 세 번째의 기본 요소는 상징적으로 부호화된 기억을 외형적인 적절한 행동으로 전환시키는 것이다.

④ **동기화 단계**(Motivational processes)

관찰학습은 강화 없이 관찰만으로도 학습은 가능하며 관찰한 것을 재현할 수 있다. 그러나 그 반응들은 수행할 수도 있고, 수행하지 않을 수도 있다. 이때 관찰한 것을 수행할지 말지는 동기의 영향을 받는다.

6) 인본주의 이론

정신분석 이론이 인간의 본능과 갈등을 중요시하여 인간의 행동은 무의식에 의해 통제된다고 한 반면, 인본주의적 관점에서는 인간은 원래 선하며, 적절한 환경이 주어지면 자신의 잠재능력을 실현하려는 경향성이 있다고 보았다. 인본주의의 대표적인 학자로는 로저스(C. Rogers)와 매슬로우(A. Maslow)가 있다.

(1) 로저스(C. Rogers)

로저스는 개인의 창조성, 독특성, 성장에 대한 잠재력에 초점을 맞추고 자아(self)의 역할을 강조하였는데, 특히 그는 청소년은 자기 이해에 대해 놀라울 정도의 잠재력을 가지고 있다고 하였다(Rogers, 1974). 로저스 이론의 핵심적인 개념은 "충분히 기능하는 사람(fully functioning person)"이다. 충분히 기능하는 사람은 삶의 과정에서 공통적으로 다음과 같이 다섯 가지 특징을 가진다고 하였다.

① 경험에 대한 개방성(An openness to experience)

가치의 조건에 아무런 제재를 하지 않는 사람은 모든 감정과 태도를 자유로이 경험할 수 있기 때문에 자신의 내면의 소리를 들을 수 있다.

② 자신의 유기체에 대한 신뢰(A trust in one's own organism)

자신의 유기체에 대해 신뢰할 수 있는 사람은, 유기체 전체로 하여금 한 상황의 모든 측면을 고려할 수 있게 한다. 그 결과 현재 상황에서 욕구를 최대로 만족시키는 행동을 한다.

③ 실존적인 삶(Existential living)

충분히 기능하는 사람은 모든 경험을 이전에 결코 경험하지 않았던 것처럼 신선하고 새롭게 느낀다.

④ 자유의식(A sense of freedom)

로저스는 충분히 기능하는 사람일수록 미래는 자기 자신에게 달려 있다고 믿는다. 그래서 자신의 삶에 대해 지배적이다.

⑤ 창조성(Creativity)

로저스는 충분히 기능하는 사람들은 그들이 존재하는 모든 영역에서 창의적인 삶으로 스스로를 표현한다고 하였다.

(2) 매슬로우(A. Maslow)

매슬로우는 인간 행동의 많은 부분을 의식적인 과정으로 설명하였는데 그는 사람은 태어나면서부터 욕구(need)를 가지고 태어난다고 하였다. 그는 인간의 욕구를 생리적 욕구(physiological needs), 안전의 욕구(safety needs), 애정과 소속의 욕구(love & belonging needs), 자존감 욕구(self-esteem needs), 자아실현 욕구(self-actualization needs) 등의 5단계로 구분하였다(Maslow, 1971).

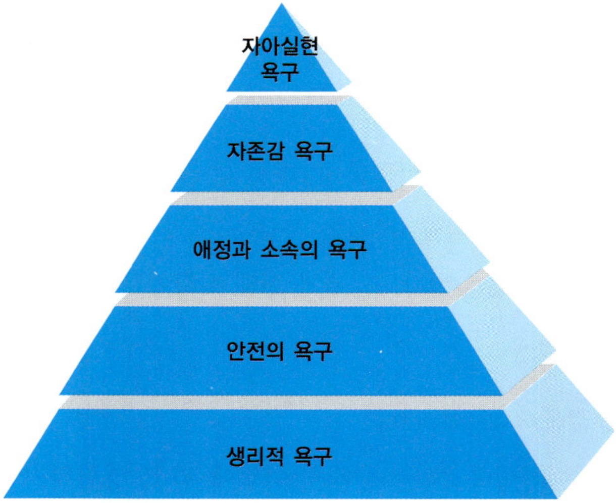

그림 2-2 매슬로우의 욕구 단계

7) 생태학적 이론

생태학적 이론(ecological theory)에서는 유전적 요소, 가정의 역사, 사회경제적 수준, 가정생활의 질, 인종, 문화적인 배경 등과 같은 가능한 모든 요인들이 청소년의 발달과 관련된다고 본다. 생태학적 이론의 대표적 학자로는 브론펜브레너(Bronfenbrenner)가 있다(한상철, 2009).

(1) 브론펜브레너(Bronfenbrenner)

브론펜브레너(1977)에 의하면 사회체계는 다음의 4체계로 구성된다. 미시체계, 중간체계, 거시체계, 외적 체계의 네 가지 환경적 체계가 상호작용하며 발달에 영향을 미친다.

① **미시체계**(Micro system)

미시체계란 개인에게 가장 인접한 수준의 환경으로 집과 가족, 학교, 친구, 형제관계, 그 밖의 교사나 이웃과 같은 환경을 말하며, 청소년들은 이들과 상호작용하며 이는 발달에 영향을 미친다.

사회집단에서 만나는 사람들 등이다. 사회복지실천에서 미시적 접근은 개별 클라이언트의 심리사회적 갈등과 이러한 문제를 해결하는 데 개인의 기능 향상에 관여한다.

② **중간체계**(Mezzo system)

중간체계는 가정에서의 경험과 학교 경험의 관계, 가정생활과 친구와의 관계 등과 같은 미시체계들 간의 관계성 있는 맥락 간의 연결을 의미한다.

③ **외적 체계**(Exo system)

어떤 사회적 상황에서의 개인적 경험이 다른 상황에서의 경험에 영향을 미치는 것을 의미한다.

④ **거시체계**(Macro system)

개인(개별 미시체계)은 사회환경 속에서 상호작용하는 거시체계의 지속적인 영향을 받는데 문화, 지역사회, 제도, 조직은 네 가지 주요 거시체계이다.

8) 문화인류학적 이론

문화인류학적 관점에서는 청소년기의 발달에서 생물학적인 요인을 강조한 홀(Hall)이나 프로이트(Freud) 등의 견해를 강하게 부정한다. 문화인류학자들은 발달에서 생리학적인 변화의 역할 역시 문화적인 맥락 안에서 결정된다고 주장한다. 이러한 문화인류학자로는 미드(M. Meed)와 베네딕트(F. Benedict) 등이 있다(김청송, 2009: 한상철, 2009).

(1) 미드(M. Meed)

미드는 청소년기를 문화인류학적 관점에서 바라보았고, 이를 입증하기 위하여 태평양 사모아에서 자신의 연구를 수행하였다. 미드는 자신의 연구를 바탕으로 문화적 요인이 성격발달을 위한 중심 요소이고, 청소년들의 갈등과 혼란의 경험은 특정한 문화의 소산일 뿐 보편적 발달 현상이 아니라고 주장하였다. 즉, 미드에 의하면 서구사회의 청소년들은 복잡한 많은 선택 상황들 때문에 불안을 느낀다. 그래서 청소년들이 선택 상황에 직면했을 때, 청소년들에게 더 많은 선택권을 주기 위해서 부모가 자녀에게 복종을 덜 요구하고, 덜 의존하게 만들고, 가족 내에서의 개인차를 수용하여 청소년과 부모 간의 갈등과 긴장이 최소화될 수 있도록 노력해야 한다고 하였다. 그러나 이러한 미드의 연구결과는 일반화시키기에는 한계가 있다.

(2) 베네딕트(F. Benedict)

미국의 여성 문화인류학자인 베네딕트(1938)는, 미드에 비해 청소년기 발달을 보다 이론화하였다. 그녀는 인간의 발달에 미치는 문화의 영향은 특정 문화권에서 아동기의 역할과 성인의 역할이 얼마나 유사하고 차이가 있는가에 따라 달라진다고 하였으며, 발달에 따른 역할의 변화는 특히 청소년기에 더욱 어려운데, 역할에 대한 문화적인 기대가 많은 차이가 있을수록 청소년들은 갈등을 더 많이 경험하게 된다고 하였다.

2. 청소년문화에 대한 이해

문화는 세대에서 세대로 전달되는 특정 집단의 행동 형태, 신념 그리고 그 밖의 모든 산출물이다. 집단의 크기가 어떠하든 집단의 문화는 집단 구성원들의 정체성, 학습, 사회적 행동에 영향을 미친다(Goodnow, 1995; LeVine & Shweder, 1995).

1) 문화의 특성

문화는 인간생활의 본질이며 문화를 통하지 않고는 인간 행동을 이해하기 힘들다. 문화의 특성으로는 창조성, 후천성, 축적성, 공유성, 체계성, 보편성, 다양성, 변동성 등이 있다.

① 창조성 : 인간이 만든 창조물, 문화의 내용이 다양하더라도 모두 인간이 만든 것이다. 문화는 자연이 인간에게 베풀어 준 혜택이 아니라, 인간이 스스로 만들어 낸 고안물이다.

② 후천성 : 인간은 누구나 태어난 후 사회 사고에서 다른 사람과 상호작용을 하면서, 그 사회의 문화를 학습하게 된다. 문화는 학습되고 세대에서 세대로 전승된다는 특징이 있다. 이때 전승은 그대로 옮겨 가는 것이 아니라, 새로운 지식과 새로운 생활방식이 쌓이면서 이어져 나간다.

③ 축적성 : 인간은 기존의 문화 내용에 계속 새로운 내용을 첨가시킨다. 전세대에서 물려받은 문화를 당세대는 학습하고, 학습한 문화의 내용에 그 세대가 만든 새로운 문화내용을 첨가하여 다음 세대에게 물려준다.

이렇게 문화는 축적되면서 사회적 상호작용에 의해서 학습되는 것이다.

④ 공유성 : 특정 집단 혹은 사회구성원들은 모두 유사하다고 느끼고, 행동하고, 표현하며 유사한 생활습관을 보인다. 이것은 이들이 동일한 문화를 공유하기 때문이다. 개인의 특수한 행동이나 습관을 문화라고 부르지 않는다.

⑤ 체계성 : 문화는 그 자체로 홀로 존재하는 것이 아니라 사회의 다른 부분들과 서로 관련을 맺으며 하나의 종합적인 체계 속에서 조화를 이루는 방향으로 형성된다. 문화의 특성은 그 문화만의 독특한 역사적·사회적 요인과 자연환경이 복합적으로 작용한 가장 적합한 적응방식을 택한 것이라고 할 수 있다.

⑥ 보편성과 다양성 : 문화는 보편적인 사회현상이다. 문명사회이건, 미개사회이건 간에 세계 어느 사회나 문화가 존재하고 사회 성원 모두에게 영향을 미친다. 즉, 사람은 독특한 개인으로 존재하지만 그 개인은 국가, 조직, 가족 등의 성원들이 추구하는 문화를 수용함으로써 공통의 문화를 가진다. 문화는 또한 표현의 다양성과 더불어 가치관의 상대성을 갖고 있다. 즉, 문화는 국가별, 지역별, 개인별로 여러 유형의 문화를 보이고 있는데 이러한 모습은 문화의 다양성을 보여 주는 것이다.

⑦ 변동성 : 인간의 지식축적능력은 기존의 문화에 점점 새로운 지식을 첨가해 간다. 새로운 지식이 첨가되고 보급되면, 거기에 맞추어 인간의 인지 내용도 달라지고 표현방법도 변한다. 이런 과정을 거쳐 문화는 고정되지 않고 계속 변한다.

2) 청소년문화의 시각

1980년 후반에 청소년에 대한 사회적 인식과 그들 문화에 대한 관심이 생겨나기 시작했다. 그러나 청소년이나 청소년문화에 대한 이론적 연구가 전혀 이루어지지 않은 상황에서 포스트모더니즘을 맞이하였다. 이로 인해 1990년대는 사회적·문화적 영역을 포함한 대부분의 영역에서 기존의 가치관이 붕괴되거나 변화하는 격변의 시대를 경험하게 되었다. 1990년대 중반부터 시작된 가상공간에서의 새로운 문화는 한국 사회의 문화 지도를 바꾸어 놓았다. 가상공간의 등장은 아날로그적 문화를 디지털 문화로 재편하였고, 문화를 이끄는 세대 또한 점차 연령이 낮아져 오늘날에는 청소년들이 새로운 문화적 경향성들을 주도하고 있다. 이러한 청소년문화는 청소년세대 특유의 삶의 방식으로서 청소년 나름대로의 독특성을 가지고 있다(김신일, 1993; 한상철, 2007).

3) 청소년문화의 구성요소

문화는 수많은 요소들로 구성되어 있다. 이 구성 요소들은 음악의 연주목록에 비유하여 인류학자들은 문화 레퍼토리라고 부르기도 한다. 사람들은 이 문화 레퍼토리에 의하여 사고하고 행동하게 된다. 문화 레퍼토리에서 가장 중요하게 꼽히는 것으로는 가치, 규범, 상징, 언어, 이데올로기 등을 들 수 있다(박진규, 2005; 정하성, 유진이, 2010).

(1) 가치

가치란 옳고 그름, 선과 악, 바람직하냐 바람직하지 못하느냐의 문제에 대해 보통 사람들이 가지고 있는 평가기준이나 신념체계, 그리고 행동을 지배하는 중요한 감정의 체계를 말한다. 하나의 사회에는 그 성원들 사이에 공유된 가치가 있기 마련이다.

사회집단과 각 영역에 따라 어떤 가치관을 갖고 있는가를 측정하기란 매우 어려운 일이지만 학자들은 모형을 만들어 이를 시도하고 있다.

(2) 규범

사회성원은 가치에 입각하여 주어진 상황에서 옳고 그른 것의 규칙을 만들고 그것을 체계화시켰다. 이런 행위규칙을 일컬어 규범이라고 한다. 규범이란 다시 말하면 사람들이 다른 사람과의 관계에서 따라야 할 규칙을 뜻한다. 규범에 따라 사람들은 특정한 상황에서 해야 할 또는 해서는 안 될 기준을 제시받을 뿐만 아니라 상대방이 나의 말과 행동에 대해 어떻게 반응할 것인지를 예견할 수도 있다. 따라서 규범은 고도의 사회성을 가지게 된다. 가치가 추상적인 수준에서 행동의 방향을 설정해 준다면 규범은 행동의 구체적인 지침을 제공해 준다. 또한 가치에는 벌칙이 따르지 않는 반면, 규범을 위반할 때는 일정한 사회적 제재가 내려지게 된다.

(3) 상징

상징이란 의미를 나타내는 대상물이나 몸짓, 소리, 색깔, 또는 디자인을 말하는 것으로, 상징은 다분히 자의적이며 상대적인 성질을 갖는다. 따라서 상징에서는 의미 부여가 매우 중요하다.

(4) 이데올로기

이데올로기란 사람의 사고 특성의 일반적 태도, 특히 조직인의 구체적인 체제를 지원하는 이념이나 가치를 말한다. 신념체제로서의 이데올로기는 문화의 근본문제에 대한 방향지시적 역할을 담당한다.

(5) 언어

언어는 집단의 산물이며 표준화된 의미를 가진 발음 형식으로서 사회적으로 구조화된 체계이다. 상징으로서 언어는 단순한 의사소통 이상의 기능을 수행한다. 비록 언어가 인간 사회의 산물이기는 하지만 일단 하나의 언어체계로 정형화되면 이는 사회성원들의 생각과 행동에 영향을 미치는 관념화 기능을 수행한다. 즉, 언어를 통해 개인의 욕구에 필요한 다양한 환경요소들을 서로 결합시킬 수 있다. 사회성원들이 어떤 언어를 사용하느냐에 따라서 대상 세계를 인식하는 방법과 이를 해석하는 관점도 달라진다.

4) 청소년문화의 특성

우리나라 청소년문화의 특성을 살펴보면 다음과 같다(홍성봉, 남미애, 2009).

첫째, 한국의 청소년문화는 기본적으로 학교의 영역과 밀접하게 관련되어 있다. 학생 신분의 청소년들은 생활시간의 가장 많은 부분을 학교와 학원 등 학업 중심의 삶이며 학업의 성취를 가장 중요한 목표로 강요받고 있다.

둘째, 대중문화에 대한 의존성이 매우 크다. 그런 점에서 대중문화는 청소년을 둘러싸고 있는 가장 중요한 문화환경이며 청소년들이 스스로의 정체성을 형성하고 표현하는 가장 중요한 기제이다.

셋째, 청소년은 단순히 문화소비자로 존재하지 않고 문화생산자로 존재한다. 청소년들은 대중음악, 영상 제작, 만화 창작 등에 전문적인 실력을 겸비하여 문화현장에 참여하고 있다. 청소년에게 문화는 소비와 수용의 대상만이 아닌 생산과 참여의 대상이 된 것이다.

넷째, 청소년세대의 힘은 그들이 창조하는 새로운 문화에서 나온다고 해도 과언이 아니다. 정보화의 진전과 함께 문화·지식의 축적과 생산에 있어서 연소자세대와 연장자세대의 지위와 역할 그리고 그 상호관계가 역전되는 조짐이 뚜렷하다. 지식정보사회로 표현되는 오늘의 사회에 있어 젊은 세대는 연장자세대들에 의해 축적된 문화·지식의 단순한 전수자가 아니며, 오히려 많은 측면에서 새로운 것의 창출자와 전달자의 위치를 점하고 있다. 문화매체가 확장되고 휴대폰과 인터넷이 일반화되며 자발적 동호회가 급성장하면서 세대 간 차이도 한층 가시화되고 있으며, 문화현상을 세대변수와 연관시켜 이해해야 할 필요성 또한 증대되고 있다.

5) 포스트모더니즘과 청소년문화

포스트모더니즘은 모더니즘에 회의와 도전을 하면서 20세기 후반에 들어 뚜렷하게 모습을 드러내고 있는 문화 상황, 의식, 상태 혹은 삶의 형식이라 할 수 있다.

포스트모던 철학자들에 따르면 유일무이한 진리는 없으며, 사실 그 자체를 있는 그대로 드러낼 수 있는 초월적 언어나 개념적 틀은 존재하지 않을 뿐 아니라, 세계나 사물은 우리가 만들어 낸 언어와 개념에 의해 어떤 모습으로 파악되고 해석된다고 주장한다. 이러한 경향은 특히 1990년대에 들어 등장한 신세대문화는 포스트모더니즘의 문화 양식에 젖어 있는 대표적인 모습이라 볼 수 있다.

신세대들의 문화는 포스트모던적 문화 논리 아래에 있는 포스트모던 문화로 볼 수 있으며 자본주의 경제구조, 소비사회화, 영상문화화, 이데올로기의 퇴조화라는 등장 아래 문화적 정전의 거부적 해체, 자아의 결여, 감각적 행복의 추구 등의 특징이 있는데 이러한 특징들은 포스트모더니즘의 문화적 특징과도 대부분 일치하고 있다. 이제 이러한 청소년 문화는 기성세대들의 문화와 맞지 않는다고 해서 무조건 배척할 수만도 없는 실정이다. 그러므로 청소년을 지도하는 데 있어서 청소년지도자들은 이러한 오늘날 청소년의 포스트모더니즘 접근의 사고를 수용하여 그들과의 눈높이 의사소통을 구사할 수 있어야 할 것이다(배규한 외, 2008).

6) 사회변화가 생활양식에 미치는 영향

변화하는 사회현상은 청소년의 삶과 경험에도 변화를 가져와 새로운 삶의 모습과 생활양식을 출현시키고 있다(노용오, 2005).

첫째, 청소년의 삶의 양식이 개별화(individualization)되고 있다. Michel Mitteraurer (1992)는 청소년 문화 속에 형성되는 개별화 현상을 다음과 같이 설명하고 있다. 청소년의 집단성이나 공동 범주들이 해체되어 가고 있으며, 미디어 시스템은 전 세계적 음악 표현이나 패션 스타일을 전파시킴으로써 청소년들로 하여금 지역적 환경의 구속이나 의식들로부터 벗어나게 하는 역할을 하고 있다. 또한 인간관계에 있어서도 공적 관계보다 사적 관계가 더 중요해지고 성역할의 구분이 해체되는 현상도 나타난다(Miles, 2000).

둘째, 이러한 청소년의 경험의 개별화 현상은 이제 탈지역적(deterritionalized)이고 세계화(globalization)된 모습으로 나타나고 있다. 글로벌 매스미디어의 영향으로 개별화가 전 세계적으로 진행되고 있으며, 이로 인해 청소년들은 개별적으로 의미 있는 문화 경험을 선택하며 소비한다.

셋째, 탈지역화되어 가는 청소년들의 개별화 현상의 이면에는 청소년들로 하여금 점점 고립시키는 양상이 나타나고 있다. 이제 청소년들은 공식적 또래그룹이나 하위문화로부터의 지지와 동조, 이들과의 연대를 기대하기 어려워졌으며, 각자가 고립되어 스스로 결정하고 판단해야 하는 것이다. 그리고 자신이 내린 판단과 결정에 따른 결과에 대한 책임과 비난도 스스로 감당해야 하는 심리적 함정에 빠질 수도 있다.

넷째, 청소년 삶의 개별화와 세계화 그리고 연계된 위험요인의 증가는 청소년들이 주관적으로 느끼는 자신들의 개별화 정도와 객관적인 상황 사이에 많은 거리감을 만든다.

3. 청소년문화의 양태

청소년문화활동은 청소년활동진흥법 제2조(정의)에 따라 청소년이 예술 활동·스포츠 활동·동아리 활동·봉사활동 등을 통하여 문화적 감성과 더불어 살아가는 능력을 함양하는 체험활동을 말한다. 청소년문화활동은 청소년들에게 문화적 감수성 증진을 통하여 입시 위주의 환경 속에서 청소년의 삶의 질을 향상하고자 추진되고 있다.

청소년문화활동은 청소년들이 상시적이고 자율적인 참여를 통해 지역사회 중심으로 청소년 건전 문화를 형성하는 데 목적을 둔다. 청소년문화활동은 지방자치단체와 연계하여 운영되고 있다(여성가족부, 2013).

1) 청소년 동아리 활동

청소년 동아리 활동은 문화·예술·스포츠 등 다양한 취미활동을 통해 건강한 또래관계를 형성하고 자신의 특기·소질을 개발할 수 있는 자율적 활동이다. 여성가족부는 전국 시·도별 청소년시설 및 각급학교(초·중·고·대학교)의 동아리 활동의 활성화를 위하여 인근 청소년수련 시설과 연계하여 우수청소년 동아리를 선정하여 지원하고 있다.

2) 청소년문화존

청소년문화존은 주5일 수업제의 확대 실시에 따라 청소년이 생활권 주변에서 문화적 감수성을 높일 수 있는 다양한 문화·예술·놀이 체험의 장으로서 운영되고 있다. 청소년문화존은 청소년들이 주체가 되어 기획하고 진행하는, 청소년의 다양한 문화표현의 장으로서 운영될 수 있도록 하고 있으며, 모니터링을 통해 청소년 눈높이에서 청소년들의 욕구가 적극 반영될 수 있도록 유도

하고 있다. 청소년문화존은 중앙과 지방에서 40 : 60 매칭펀드로 예산을 투입하여 운영되고 있다.

3) 청소년 영화관람 현황

2013년 문화예술 및 스포츠를 한 번이라도 관람한 청소년(13~24세)은 87.1%로 2011년 대비(82.6%) 4.5%p 증가하였다. '영화 관람'이 90.1%로 가장 많았으며, '연극·마당극·뮤지컬 관람'은 27.5%, '박물관 관람'은 23.7%로 나타났다. 연령대별로 보면, 20~24세 청소년은 '무용 관람', '박물관 관람'을 제외하고는 13~19세 청소년보다 문화예술 및 스포츠 관람 비율이 모두 높았다(통계청, 2014).

표 2-2 청소년의 문화예술 및 스포츠 관람(복수응답)

(단위: %)

	관람함	음 악 연주회	연 극 마당극 뮤지컬	무용	영화	박물관	미술관	스포츠
2011	82.6	23.8	24.6	3.0	88.8	22.9	20.7	22.4
2013	87.1	22.6	27.5	3.1	90.1	23.7	19.7	22.6
13~19세	86.1	22.0	24.7	3.5	88.4	25.8	18.2	20.7
20~24세	88.6	23.3	31.4	2.4	92.5	20.6	21.9	25.3

자료 : 통계청, 「사회조사」 각 년도.

4) 청소년수련시설 현황

청소년수련시설은 수련활동에 필요한 여러 시설, 설비, 프로그램 등을 갖추고 청소년지도자의 지도하에 체계적이고 조직적인 수련활동을 실시하는 시설을 말한다. 이러한 청소년수련시설은 기능이나 수련거리 및 입지적 여건 등에 따라 다양한 유형으로 구분된다. 2005년부터 청소년수련관, 청소년수련원, 청소년문화의집, 청소년특화시설, 청소년야영장, 유스호스텔로 구분된다. 청소년

수련시설을 보다 자세히 살펴보면, '청소년수련관'은 다양한 수련활동을 실시할 수 있는 각종시설 및 설비를 갖춘 종합수련시설을 의미한다. '청소년수련원'은 숙박기능을 갖춘 생활관과 다양한 수련활동을 실시할 수 있는 각종시설과 설비를 갖춘 종합수련시설을 말한다. '청소년문화의집'은 간단한 수련활동을 실시할 수 있는 시설 및 설비를 갖춘 정보·문화·예술중심의 수련시설을, '청소년특화시설'은 청소년의 직업체험·문화예술·과학정보·환경 등 특정 목적의 청소년활동을 전문적으로 실시할 수 있는 시설과 설비를 갖춘 수련시설을 의미한다. '청소년야영장'은 야영에 적합한 시설 및 설비를 갖추고 수련활동 또는 야영편의를 제공하는 수련시설을, '유스호스텔'은 청소년의 숙박체제에 적합한 시설·설비와 부대·편의시설을 갖추고 숙식편의 제공, 여행 청소년의 활동지원 등을 주된 기능으로 하는 시설을 말한다. 1992년 이전에는 수련시설이 150여 개에 불과하였지만 매년 지속적으로 증가하여 2009년 3월 기준 723여 개의 시설이 설치되어 있다(여성가족부, 2013).

표 2-3 청소년수련시설 현황

(단위: 개소)

구분	총계	청소년수련관	청소년문화의집	청소년수련원	청소년야영장	유스호스텔	청소년특화시설
계	753	181	219	173	45	127	8
공공	485	177	215	42	27	16	8
민간	268	4	4	131	18	111	0

자료: 여성가족부(2012.12.31. 기준).

5) 청소년이용시설

청소년이용시설은 청소년수련시설이 아닌 시설이지만, 설치 목적의 범위 내에서 청소년활동 실시와 청소년의 건전한 이용 등을 위하여 제공할 수 있는 시설을 의미한다.

청소년이용시설로는 ①「문화예술진흥법」 제2조제1항제3호의 규정에 의한 문화시설, ②「과학관육성법」 제2조제1호의 규정에 의한 과학관, ③「체육시설의 설치 · 이용에 관한 법률」 제2조제1호의 규정에 의한 체육시설, ④「평생교육법」 제2조제3호의 규정에 의한 평생 교육시설, ⑤「산림문화 · 휴양에 관한 법률」 제13조, 제14조 및 제19조의 규정에 의한 자연휴양림, ⑥「수목원조성 및 진흥에 관한 법률」 제2조제1호의 규정에 의한 수목원, ⑦「사회복지사업법」 제34조제4항의 규정에 의한 사회복지관, ⑧ 시민회관 · 어린이회관 · 공원 · 광장 · 고수부지와 그 밖에 이와 유사한 공공시설로서 수련활동 또는 청소년 여가선용을 위한 이용에 적합한 시설 등이 해당된다.

시장 · 군수 · 구청장은 청소년이용시설 중 청소년지도사를 배치한 시설에 대해서는 청소년이용 권장시설로 지정하여 다른 청소년이용시설에 우선하여 지원할 수 있다.

제3장 청소년의 심리발달과 정신건강

21세기의 범람하는 정보화 시대에 살고 있는 현대인들은 과거 그 어느 시기보다도 더 급격한 정보에 따른 변화를 겪고 있으며, 그에 따른 변화를 요구하고 있다. 이러한 현대사회에서의 사회적 적응과 그 대처능력은 정신건강 문제에 더욱 관심을 기울이게 하고 있다. 특히 청소년 시기는 아동기에서 성인기로의 전환되어가는 시기로서 인생의 긴장과 혼란을 경험하게 된다. 그러므로 청소년기의 정신건강 문제는 지속적으로 향후에도 더욱 관심을 기울여야 할 것으로 생각된다.

1. 청소년기의 발달

1) 생물학적 발달

청소년기의 신체 발달적 특징은 다음과 같다(송명자, 1996).

① 사춘기의 신체 성장

성장 급등기 동안 성인이 된 후의 신장의 98%가 자라는 것으로 보고되고 있다. 여아는 대체로 10세경, 남아는 12세경에 시작되고 여아의 경우 남아보다 10세경에 신체발육이 앞서기 시작하지만 대략 13세경부터 남아의 급격한 신체 발육이 시작되면서 성별간 격차는 그 반대 양상으로 심화된다.

② 사춘기 청소년의 성숙

청소년기의 신체 · 생리적 발달은 개인차가 심하다. 신체나 생리적 발달의 순서에 있어서도 개인차가 있다. 남자의 경우 고환과 음낭이 발달하고 음모가 발생하고 겨드랑이털과 턱수염이 나는 것이 보편적이다. 여자의 경우도 역시 음모가 발생되고 가슴이 커지고 겨드랑이털이 나고 초경이 시작되는 순으로 진행되지만 초경이 먼저 시작되거나 가슴이 먼저 발달하기도 한다.

③ 사춘기 청소년의 신체적 성숙의 영향

청소년기 신체적 · 성적 성숙 속도가 심리적 적응에 미치는 영향은 남녀에 따라 차이가 있는데 남아의 경우 조기 성숙은 긍정적 신체상을 증대시키며 사회적 적응에 바람직한 영향을 미치는 것으로 알려져 있으며, 여아의 경우에는 문제행동 경향이 높고, 이성관계에 빨리 몰입되는 것으로 나타나 있다.

2) 심리사회적 발달

청소년기 자아중심성은 형식적 조작사고가 발달하는 11~12세경에 시작되며, 15~16세경에 정점을 이루다가 청소년들이 다양한 대인관계의 경험을 통해 자신과 타인에 대한 객관적인 이해를 증가시켜 나가면서 점차 사라지게 된다.

(1) Loevinger의 자아발달 단계 이론

Loevinger는 자아발달 단계들이 순서적 유형으로 나타나고 불변의 위계적 순서로 이루어져 있으며, 보다 낮은 연령에서의 자아 수준과 보다 높은 연령에서의 자아 수준 간에 상관관계가 존재한다고 하였다(한상철, 2007).

① 전사회적 공생 단계

자아발달의 초기 단계는 두 개의 하위 단계로 나누어진다. 첫 번째 전사회적 단계는 주변의 생물과 무생물이 아직 분화되지 않는 자폐적 단계이다. 이 단계의 영아는 주변의 욕구와 기대를 인식하지 못하며, 자기의 욕구충족에만 관심을 갖는다. 두 번째 공생적 단계는 어머니에 대해 강한 공생적 의존관계가 형성되기 시작하는 시기이다. 이 수준의 아동은 어머니와 환경을 구분할 수는 있으나 자아와 어머니 사이는 아직 구별하지 못한다.

② 충동적 단계

충동적 자아라고 불리는 이 수준은 아동 초기에 전형적으로 나타나며, 때때로 중학교 시기에서도 보여지나, 청소년 후기나 성인기에서는 외상적 경험이나 특정한 문제가 있는 경우를 제외하고는 거의 나타나지 않는다.

비행청소년들의 경우 일반적으로 충동적 단계에 많이 속해 있다. 충동적 개인은 깨끗함과 더러움과 같은 개념을 좋음과 나쁜 개념과 혼동할 수 있으며, 전자의 의미를 후자의 의미로 해석한다. 대인관계의 세계는 나에게 도움이 되는 것을 의미하는 좋은 사람들과 나에게 혐오스러움을 의미하는 비열한 사람들은 양분된다. 충동적 자아욕구의 어떤 측면은 불끈하는 기질에서 보여지듯이 성인기까지도 여전히 안정적인 성격특성으로 잔재해 있을 수 있다. 특정적인 형용사로는 요구적, 원초적, 무분별한 등을 들 수 있다.

③ 자기보호적 단계(Delta : 기회주의적 단계)

기회주의적-쾌락주의적 단계의 제1전환기에서 타인에 대한 통제와 지배에 대한 욕구가 나타난다. 쾌락-고통의 원리가 여전히 행동을 지배하는 것처럼 보이지만, 아동은 이제 규칙이 있음을 이해하고 개인적 이익을 위해 규칙을 조종한다. 자기보호적인 개인이 나쁜 것으로 보는 것은 규칙을 깨는 것이 아니라 붙잡히는 것이다. 잘못에 대해서도 개인은 책임을 떠맡기보다는 적대적인 유머감각을 사용하여 자신을 보호하고 타인을 비난한다.

④ 순응주의자 단계

보편적으로 청소년 초기에 나타나는 특성이다. 순응주의자는 자신의 복지를 타인의 복지와 동일시하는데, 이는 그들 자신이 사회적 인정과 수용에 대해 크게 관심을 갖기 때문이다. 그들은 타인이 자신들을 어떻게 생각하는지에 대해 몰두한다. 따라서 외모와 피상적인 고상함을 중요시한다. 순응주의자의 자아의식은 거의 전적으로 타인으로부터 받는 평가적인 피드백에 근거한다. 그리고 이들은 물질적인 것에 많은 관심을 갖는다.

⑤ 자아인식 단계

이 단계는 양심적-순응주의자 수준으로도 불리는 제2전환기의 단계이다. 의식적인 자아인식이 가능해지면서 순응주의자 단계의 특성의 타인 인식을 대체하기 시작한다. 이제 그들은 자신의 개성과 개인차를 인식하기 때문에 대인 간 상호작용에 보다 민감해진다. 그들은 남성성과 여성성에 관심을 나타내기도 한다.

⑥ 양심적 단계

이 단계에서는 대인관계 면에서 보다 복잡한 세계관이 출현된다. 양심적인 사람은 이전 단계의 특성인 기회주의적 특성이 없다. 보다 명확한 내적 자아의식이 형성되며, 내면화된 도덕적 책임은 집단이 인정한 규칙들보다 더 중요해진다. 개인은 이제 사람들이 각기 다른 욕구, 다양한 행동 유형 그리고 독특한 특성을 가지는 것으로 지각한다. 대인관계 면에서 행동보다 감정과 동기가 더 중요해지며, 다른 사람들에 대해 관용적이다. 자아비판 능력은 확대되고 어떤 일에 대해 장기적 목표를 가지고 몰두하게 된다. 개인은 내면화된 규칙을 갖지만 규칙과 역할 모두가 다면적이며 변화 가능하다고 지각한다. 책임감은 가족과 친구의 범위를 넘어서 보다 더 큰 사회로 확장된다.

⑦ 개인주의적 단계

제3전환기 단계 동안 개별성에 대한 존중과 각기 다른 유형의 사람에 대한 관용이 더욱 증가하게 되어지므로 각기 다른 사람들은 서로 다른 역할을 충족시킨다는 실제적 인식을 하게 된다.

⑧ 자율적 단계

자율적인 개인은 다른 사람에 대해 보다 더 관용적이다. 이들의 경우 개인 내적 충동을 조절하는 것은 너무나 쉽다. 그들은 내부지향적인 행동을 보이며, 모호성을 참아내고 내적 갈등을 다룰 수 있는 능력을 가지며, 갈등을 인간 사회에서 발생될 수밖에 없는 불가피한 것으로 인식하기 시작한다.

양심적 단계의 어머니는 자녀들로 하여금 실수를 하지 못하게 해야 한다고 느끼는 반면, 자율적 단계의 전형적인 어머니는 그들 자신의 실수로부터 학습하고자 하는 자녀들의 욕구를 인정한다. 이 단계의 특성의 복잡한 객관적, 차별적, 자기실현적, 타인에 대한 존중 등으로 나타난다.

⑨ 통합적 단계

이 수준의 자아발달은 무선적으로 표집된 성인들에게 거의 발견되지 않는다. 대부분의 사회집단에서 1% 이하의 사람들이 통합적 수준에 속한다. Maslow가 언급한 진실로 자아실현을 한 사람에 해당된다. 이들은 강력한 개인적 정체감을 가지고 있으며, 자신의 개인적 욕구를 사회적 현실과 통합할 수 있게 된다. 개인의 자신의 동기와 행동 모두에 대해 책임을 진다.

(2) 자아정체감(Ego-identity)의 의미

청소년기는 지금까지 부모로부터 의존하던 아동기적 관계에서 벗어나 자신의 판단과 의지로 행동을 하려는 과정이다. 유능하고 책임 있는 존재로서 자신을 지각하는 자아정체감의 확립은 청소년기의 중요한 발달과업(developmental tasks)이라 할 수 있다.

① 자아정체감의 의미

Erikson(1963, 1968)에 의하면, 자아정체감은 전 생애에 걸쳐 인간이 획득해야만 할 발달과업임과 동시에 청소년기의 중심적인 과업이다. 따라서 청소년기는 자아정체감 확립의 결정적 시기(critical period)라고 할 수 있다(한상철, 2003).

한상철 등(1995, 1997, 1998)은 Erikson의 다양한 문헌들에 나타나고 있는 정체감의 의미를 다음과 같이 정리하였다.

첫째, 한 개인은 다양한 지위와 역할을 부여받고 있다. 정체감은 바로 이러한 다양한 지위에 따른 역할들 간의 동질감을 의미한다. 즉, 어떠한 지위의 어떠한 역할을 수행하더라도 동일한 '나'를 유지할 수 있는 상태를 말한다. 이것은 곧 지위와 역할에 따라 부초처럼 흔들리는 인간이 아니라, '나'에 대한 자신감에 기초하여 자신의 지위와 역할을 수행해 나가는 인간의 진실한 모습이라고 할 수 있다.

둘째, 자아정체감은 인간이 과거와 현재 그리고 미래를 살아가면서 일관된 '나'의 모습이 아니라, 자신의 행동에서 항상 신뢰감을 느낄 수 있는 자아의 시간적 연속감을 말한다. 이것은 자신과 타인에게 믿음을 주고, 정신적 안정감을 주며, 삶의 가치를 명료하게 할 수 있는 요인이라고 할 수 있다.

셋째, 자아정체감은 '나는 나다'라는 실존의식을 의미한다. 이러한 존재는 누구로부터의 간섭도 배제할 수 있는 절대적 자유를 지님과 동시에 오직 나 혼자라는 근원적인 소외감과 불안감을 수반하고 있다. 이때 근원적인 소외감과 불안감으로부터 벗어나지 못하면 영원한 자기방종에 빠지게 될 것이다. 그러므로 절대적 자유와 자기선택, 참만남, 그리고 완전한 책임을 수반하는 실존적 자아의 상태를 자아정체감이라고 할 수 있다.

② 청소년기의 정체감 위기의 형성 요인

첫째, 청소년기에 들면서 내적 충동의 질적·양적 변화가 일어나기 때문이다.

청소년들은 사춘기의 시작과 더불어 신체 발달과 성적 성숙의 급격한 발달이 이루어진다. 이러한 양적 변화와 함께 신체 내부에서는 여러 가지 질적인 변화가 일어난다. 양적인 변화는 쉽게 관찰할 수 있는 부분이지만 질적인 변화는 다소 복잡한 양상을 띤다.

심리역동적인 국면에서 개인의 자아는 자아통합을 이루어야 할 필요성에 직면하게 된다. 그러나 이 시기의 청소년들은 자아의 힘이 부족하고 자아구조를 통합할 능력이 부족하기 때문에 근본적으로 자기존재감에 대해 회의적이고 부정적임과 동시에 나는 누구인가, 나는 어디서 와서 어디로 가는 존재인가를 반문하게 된다. 이것이 곧 그들의 정체감 위기이며, 피할 수 없이 그들 자신의 정체감 확립을 위해 노력해야 할 운명해 처하게 된다.

둘째, 청소년들이 경험하는 상충적인 사회적 요구 때문이다.

청소년들은 아이도 성인도 아닌 이른바 주변인으로서의 존재적 특징 때문에 많은 양가적인 상황에 처하게 된다. 가정에서 그들은 아직 미혼이면 경제적 독립이 성취되기 전인 만큼 어쩔 수 없이 부모에게 의존적일 수밖에 없다. 그러나 다른 한편으로 어른들은 나이와 체구에 걸맞게 독립적이기를 기대하고 책임 있는 행동을 요구한다.

셋째, 청소년기가 되면서 선택을 강요받게 된다는 점이다.

'진학을 할 것인가 포기할 것인가. 진학한다면 어떤 전공을 택할 것인가. 만일 취업을 한다면 어떤 직종을 택할 것인가' 등의 선택적 상황을 수없이 경험한다. 이와 같은 상황에서 청소년들은 잠정적인 결정이든 최종적인 결정이든 간에 자기 스스로 결정을 내려야 한다. 그들은 아직 완전한 성인은 아니지만 이전 시기처럼 전적으로 부모와 혹은 다른 성인에 의지할 수만도 없다. 스스로의 선택에는 책임이 수반될 뿐만 아니라 미래의 삶의 방향이 좌우될 수 있다는 점에서 불안감과 초조감은 커질 수밖에 없다.

넷째, 청소년기에 증대되는 인지능력이 그 원인이 될 수 있다.

청소년기는 인지능력에 있어서 이전 시기와는 질적으로 다른 발달 양상을 보인다. 시간적 제한은 현재에 제한되지 않고 과거와 미래가 확장되는데, 이것은 그들의 사고가 현실 구속을 벗어나 가능성의 세계로 확대됨을 의미한다.

인지적 능력의 발달은 자기 자신에 대한 탐색과정, 예컨대, 자신의 위치, 역할, 가능성, 가치 및 이념 등에 대한 검토와 확인, 재규정 등에 영향을 미치게 된다. 그러므로 이 시기의 청소년들은 자신의 문제를 검토하는 데 있어서 예리하고 심도 깊고 다면적이다. 이러한 특성으로 인해 청소년들은 다른 어떤 시기보다 자아정체감 확립과정에서 더 많은 고민과 갈등을 경험한다고 할 수 있다.

다섯째, 동일시 대상의 변화를 들 수 있다.

청소년들은 지금까지 자신의 심적 참조체계로서 간직해 왔던 이전의 동일시 대상들이 그 유용성을 상실하게 됨으로써 새로운 대상을 동일시하거나 이전 동일시 대상들을 새로운 참조체제로 통합하게 된다. 사람들은 성장하는 과정에서 자기가 좋아하거나 중요한 의미를 부여하는 사람을 동일시하여 그들의 행동양식, 기호, 가치 등을 내면화해 가기 마련이지만, 청소년기가 되면서 좋아하는 인물이나 의미 있는 대상이 크게 바뀜으로써 정체감의 위기를 경험하게 되는 것이다(한상철, 2007).

(3) 감성의 개발

감성지능은 아직 측정방법이 없는 상태이지만 향후 청소년지도자가 감성지능을 개발하여 청소년들의 활동 지도에 대해 유의미성을 높여 줄 것이다. 감성지능이란 한 마디로 인간의 감성적 능력, 즉 자신의 감정을 조절하는 능력을 지칭하는 것으로서 다음의 개념들을 포함한다(한상철, 2007).

① 자신의 감정을 아는 것(Knowing one's emotions)

감정이 일어날 때를 바로 알아차리는 것, 자기를 감시(monitor)할 수 있는 능력, 자신의 결정에 대한 자신의 느낌을 아는 것, 감정이 일어나는 조건과 상황을 아는 것 등을 포함한다.

② 자신의 감정을 다루는 것(Managing emotions)

부정적 감정을 스스로 조절하는 능력(진정시키는 능력, 과도한 불안이나 우울, 짜증을 떨쳐버릴 수 있는 능력), 충동을 조절하는 능력(충동을 대상, 시기, 정도에 알맞게 조절), 현재의 욕망을 장래의 어떤 목표를 위해 잠시 미루는 것 등을 포함한다.

③ 스스로 동기화하는 것(Motivating oneself)

자신의 감성적 에너지를 어떤 한 곳에 초점을 맞추어 정렬시키는 능력, 자신의 과제수행력에 대한 개인적 신념 등을 포함한다.

④ 다른 사람의 감정을 알아차리는 것(Recognizing emotions in others)

공감능력을 말한다. IQ가 높으면 일을 잘하지만 EQ가 높으면 일 잘하는 사람들을 잘 다루는 능력이 있다.

⑤ 대인관계 능력(Handling relationships)

다른 사람의 감정을 다루는 능력, 집단을 조정해 갈 수 있는 능력(지도력), 자발성과 협동성을 북돋을 줄 아는 능력, 협상능력, 결합능력, 사회적 분석능력 등을 포함한다.

(4) 창의성의 발달

유아기는 놀이로서의 창의성이 발달하는 단계이며, 아동기는 창의성의 잠재기와 부화기라 할 수 있다. 반면 청소년기는 창의성이 질적으로 변하는 시기이고 성인기는 본격적인 창의적 산물이 생산되는 시기라 할 수 있다. 마지막으로 노년기는 높은 수준의 인지적 기술과 정서적 상태가 유지되고 해당 분야나 기법의 변화가 이루어지는 경우 성인기의 창의성이 유도될 수 있는 시기이다. 다시 말해, 창의성은 연령에 따라 질적·양적으로 변하지만, 아동기나 청소년기의 창의성은 성인기 창의성의 첫 번째 발판이 되는 중요 시기로서 이 시기의 인지발달과 인성발달은 이후의 창의성 발달에 중요한 영향을 미치게 된다(한국청소년개발원, 2008).

(5) 성역할정체감(Gender-role identity)의 형성

사회는 사회구성원들에게 남성과 여성에 대한 요구와 기대를 가진다. 성역할정체감이란 자신의 사회문화권에서 통용되는 남성다움이나 여성다움을 자신의 것으로 수용하고 내면화하는 정도를 말한다.

청소년들은 다양한 신체적·사회적 변화를 경험함으로써 자신들의 성역할에 대한 새로운 정의를 내린다. 사춘기에 신체적 성장과 더불어 성호르몬의 분비가 급증하면서 청소년들은 남자와 여자로서의 자신의 성적 감정을 키우는 계기를 맞게 된다. 즉, 청소년기가 되면 청소년들에게 사회는 전통적인 남성과 여성의 성역할에 동조하도록 사회화 압력을 증가시키고 이를 통해 성역할 사회화가 이루어진다(한국청소년개발원, 2008).

2. 청소년기의 사회적 맥락

청소년을 둘러싼 가정과 학교, 주변 친구, 지역사회 등의 생태학적 환경은 청소년의 발달과 밀접한 관련이 있다.

1) 가정환경

현대사회로 오면서 전통적 의미의 대가족제도에서 점점 부부와 자녀 중심의 핵가족화로 변화하고 있다. 이에 가족관계의 변화는 부모역할에서의 변화를 초래하여 부와 자녀의 관계도 수직적 관계에서 수평적 관계로 변하고 있어서 부모와 자녀 간에 세대 간의 갈등이 생기고 있다.

(1) 부모의 양육태도

청소년기 부모의 양육태도는 청소년의 성격과 행동에 중요한 영향을 미친다. 이러한 부모의 양육태도는 학자마다 다양하게 정의하여 분류하지만 여기에서는 바움린드(Baumrind)의 분류를 설명하고자 한다.

바움린드(1991)는 부모의 양육태도를 권위 있는(authoritative), 권위주의적(authoritatrian), 허용적(pemissive), 무관심한(rejecting)의 네 가지 유형으로 분류하였다(배규한 외, 2008).

① 권위 있는 부모

가장 이상적인 부모의 양육태도이다. 이러한 부모는 자녀를 양육함에 있어 애정적·반응적이고, 자녀와 항상 대화를 갖는 사람이다. 그러므로 부모는 일방적으로 자녀에게 지시하지 않으며, 매사에 초연한 자세와 일관성 있는 자세로 자녀를 대한다.

② 권위주의적 부모

권위주의적 부모는 자녀를 양육하는 과정에서 통제를 많이 하고 엄격하고 경직된 규칙에 자녀가 무조건적으로 따르도록 하며, 자녀에게 설명이나 설득보다는 강압적이고 명령적인 방식으로 행동을 제한한다.

③ 허용적인 부모

허용적인 부모는 자녀를 양육하는 과정에서 애정적이고 반응적으로 대하나, 통제가 거의 없고 지나치게 허용적으로 대하는 특징이 있다. 이들은 자녀를 애정적으로 대할 때와 꾸중할 때 양육방식에 있어 일관성이 부족하다. 이러한 유형의 부모의 자녀들은 후에 대인관계에서도 협력하는 법을 배우지 못하여 다른 사람과 함께 생활하는 데 어려움을 가진다(이주희 외, 2008).

④ 무관심한 부모

무관심한 부모는 아동에게 냉담하다. 따라서 무관심한 부모 아래서 자란 아동들은 애정을 바탕으로 새로운 세상으로 나아가면 독립심을 획득하지 못하여 독립심이 없고 자기통제력도 부족하다.

(2) 부모-자녀 간의 갈등

인간관계에서는 다양한 갈등이 늘 존재하기 마련이지만 부모와 자녀 사이에도 갈등이 발생할 수 있다.

① 세대차

부모-자녀 간에는 세대차가 존재한다. 따라서 부모와 자녀는 성장해 온 사회적 또는 교육적 배경이 다름으로 인한 가치관, 사고방식, 행동규범, 생활습관, 감정표현방식 등에 현저한 차이가 있게 된다. 이러한 세대차는 서로에 대한 이해와 공감영역의 괴리를 의미한다. 한편, 손승영(2000)은 이러한 부모와 자녀 간의 세대차이를 다음의 표 3-1 과 같이 설명하였다.

표 3-1 부모와 청소년자녀의 세대차이

항목	부모세대	청소년세대
사회 변화의 수용	느림	매우 민감함
대중매체의 이해	약간 부정적	매우 긍정적
	부정적 반응	긍정적 반응
소비문화의 수용	절제 미덕으로서의 저축	현재의 소비가 중요 소비를 통한 개성 추구
유행의 수용	민감하지 않음 개인차이로 나타남	필수사항으로 여김 겉모양 중시, 외모 경쟁
학교에 대한 태도	높은 신뢰	저항과 순응의 공존
규제 및 규율	비교적 순응	반항적 태도
선생님에 대한 태도	존경과 복종	선별적 태도
인간관계의 중요한 측면	행동의 통일	관심의 공유
공동체의식	강함	약함
또래압력	약함	강함
주된 경쟁의 종류	공부, 성공	소비, 외모, 상식
부모-자녀 관계	의무와 책임	관심은 OK, 간섭은 NO
궁극적 목적	자녀의 성공 기대	자신의 실익 중시
자녀생활의 개입에 대한 태도	필요하다고 인식	긍정적 개입만 허용
미래에 대한 태도	구체적 목표 설정	추상적 목표 설정
목표추구과정	노력하는 태도 중시 수단 마련 과정	인간관계, 느낌, 취향 등 정서적 측면 중시

자료: 손승영(2000). 청소년과 부모세대 간 의식차이: 청소년의 학교생활을 중심으로. 한국청소년연구, 11(2), 144.

② 독립과 보호의 갈등

부모는 자녀를 보호하게 되고 자녀는 부모에게 의존하게 된다. 그러나 자녀는 청소년기에 접어들면서부터 자율적인 존재로 독립하고자 하는 욕구가 생겨난다. 특히 청소년자녀를 둔 오늘의 부모세대들은 자녀들로 하여금 어릴 때부터 자신의 의사를 자유롭게 표현하도록 했으며, 개성 등에 강조점을 두고 자녀를 양육해 왔기 때문에 그들 자녀들은 부모에 대한 불만이나 요구 등을 자유스럽게 표현하는 경향이 있어 때로 이런 갈등이 표면화되기도 한다(권석만, 2008).

③ 부족한 의사소통

우리나라의 부모-자녀 간에 충분한 의사소통이 원활하지 못하여 종종 갈등이 발생한다. 부모-자녀 사이의 의사소통 장애요인으로는 부모-자녀 상호 간의 수용 결여, 세대차이로 인한 단어 사용의 차이, 부모의 권위주의적이고 독단적인 태도, 부모의 불쾌한 정서 표현, 자녀에 대한 무관심 혹은 편견 등의 요인이 있다.

(3) 부모-자녀 간의 갈등 해결방법

① 부모-자녀 관계

첫째, 부모는 자녀의 모델링이어야 한다. 부모역할의 궁극적인 목표는 자녀가 하나의 독립적인 개체로서의 독립성, 자유성, 책임감, 자제력이 있는 성인이 되도록 안내하는 것이다. 이러한 이유로 부모는 자녀의 모델링이 되어야 한다.

둘째, 부모와 자녀 사이에는 신뢰관계가 이루어져야 한다. 모든 부모는 자녀가 올바르게 성장할 수 있다는 기본적인 신뢰가 있어야 한다.

셋째, 부모는 자식을 대할 때 사랑과 훈육, 허용과 규율 사이를 분명한 매듭을 보여 줘야 한다. 사랑과 훈육을 동시에 적용하되 자녀들의 발달단계에 따라 다른 사랑과 훈육을 적절히 적용해야 한다.

넷째, 부모와 자녀 간에는 원만한 상호작용 관계가 형성되어야 한다. 부모와의 긍정적인 상호작용은 긍정적인 자아상을 형성하고 부정적인 상호작용은 부정적인 자아가 형성되기 때문이다.

다섯째, 부모는 자녀와의 관계에서도 부모들도 자녀들에게 무조건 지시만

하지 말고 자녀를 하나의 인격체로 대하여 그 인격을 존중해 주어야 한다.

여섯째, 부모는 자녀에 대하여 관심을 가지고 자녀의 전체 생활을 통찰할 수 있어야 한다(권이종 외, 2008).

② 형제자매 관계

혈연에 의한 형제자매 관계는 같은 부모를 공유하며 오랜 시간 함께 생활하는 동안 많은 경험을 공유하면서 서로에게 영향력을 미친다. 따라서 형제자매 관계에서 배우는 다양한 상호작용 방식은 이후 가족 이외의 또래집단, 학교, 직장문화에 적응해 갈 때 중요한 자원이 된다.

그런데 청소년들의 형제자매 관계는 아동기에 비해 친밀감, 지지, 동료의식은 약해지는 경향이 있다. 그 이유는 청소년이 되면 심리적 독립성을 추구하고, 가족 외의 다른 집단에 대한 관심이 커지면서 자연히 가족관계의 친밀도가 약해지기 때문이다.

③ 가족관계에 대한 인식

청소년은 자기 자신과 친구에게 의존하기 시작하면서 부모와 가족으로부터 점차 멀어지기 시작한다(김익균, 2008). 이러한 과정에서 청소년기 부모-자녀 관계의 새로운 변화를 요구하며 이러한 변화를 수용하지 못했을 때에는 갈등이 생길 수 있다. 청소년의 가족과의 친밀도를 살펴보면 2010년 및 2012년 모두 90%를 상회하는 청소년들이 가족과 친밀하다는 반응을 보여 대다수의 청소년들이 가족과 긴밀한 관계를 유지하는 것으로 확인되었다.

성별에 따른 차이는 거의 관찰되지 않는 데 비해 경제적 수준에 따른 차이는 좀 더 두드러진다. 그리하여 가족과 친밀하지 못하다는 부정적 응답(별로 그렇지 않다, 전혀 그렇지 않다) 비율이 경제적 수준이 낮을수록 높고, 경제적 수준이 높을수록 낮은 경향을 보인다(여성가족부, 2013).

표 3-2 가족관계 만족도

(단위: 명, %)

연도	구분		매우 그렇다	다소 그렇다	별로 그렇지 않다	전혀 그렇지 않다	전체
2010	성별	남	581(50.8)	467(40.9)	86(7.5)	9(0.8)	1,143
		여	623(56.1)	396(35.7)	82(7.4)	9(0.8)	1,110
	경제적 수준	상	53(67.9)	21(26.9)	4(5.1)	0(0.0)	78
		중상	272(60.6)	152(33.9)	23(5.1)	2(0.4)	449
		중	630(55.1)	429(37.5)	79(6.9)	5(0.4)	1,143
		중하	203(44.2)	208(45.3)	43(9.4)	5(1.1)	459
		하	48(41.0)	47(40.2)	17(14.5)	5(4.3)	117
2012	성별	남	1,560(58.4)	900(33.7)	181(6.8)	28(1.0)	2,669
		여	1,484(61.5)	745(30.9)	163(6.8)	19(0.8)	2,412
	경제적 수준	상	291(83.4)	47(13.5)	8(2.3)	3(0.9)	349
		중상	902(67.7)	379(28.5)	48(3.6)	4(0.3)	1,332
		중	1,491(57.2)	928(35.6)	170(6.5)	17(0.7)	2,606
		중하	310(45.5)	254(37.2)	100(14.7)	17(2.5)	682
		하	48(44.9)	36(33.6)	18(16.8)	6(5.6)	107

주: 무응답은 제외하고 산출한 비율임.
자료: 여성가족부. 「청소년가치관조사」. 각 년도.
출처: 통계청 국가통계포털(http://kosis.kr).

2) 교우관계

청소년의 고민상담 대상을 보면 표 3-3 에서 보는 바와 같이, 13~24세 청소년은 고민을 상담하는 대상으로 '친구 · 동료(44.5%)', '부모(24.0%)', '스스로 해결(21.9%)', '아버지(3.4%)'보다는 '어머니(20.6%)'와 상의하는 것을 알 수 있다. 그러므로 청소년 시기의 고민상담 제1위의 대상자가 친구 · 동료인 것을 보듯이 청소년들의 친구관계가 얼마나 중요한지를 알 수 있다.

표 3-3 청소년의 고민상담 대상

(단위: %)

	계	부모			형제자매	친구·동료	선후배	스승	스스로 해결	기타1)
			아버지	어머니						
2010 2)	100.0	20.7	2.9	17.8	6.2	51.1	2.6	1.4	16.9	1.1
2012	100.0	24.0	3.4	20.6	5.2	44.5	1.7	1.5	21.9	1.3
13~19세	100.0	26.7	3.6	23.0	4.9	40.7	1.2	2.2	23.0	1.3
20~24세	100.0	19.7	3.1	16.6	5.7	50.5	2.5	0.3	20.1	1.2

주: 1) '성직자', '청소년 전문 상담가' 포함.
2) 15~24세 대상.
자료: 통계청, 「사회조사」 각 년도.

(1) 친구의 기능

친구는 자기 자신과 자신의 삶을 평가하는 주요한 비교준거가 된다. 자신과 여러 가지 조건에서 비슷한 사람과의 비교자료가 자신을 평가하는 신뢰로운 자료가 될 수 있다.

Berndt와 Perry(1990)는 청소년기의 친구관계의 특징을 다음과 같이 언급하였다(임영식, 한상철, 2000).

- 가장 친한 친구의 수는 청소년 초기 동안 다섯 명 정도가 가장 많고 그 이후 점차 감소한다.
- 친구관계 발달은 개인적인 차이가 있다.
- 청소년들의 친구관계는 매우 지속적이다.
- 청소년들, 특히 여자 청소년들은 아동들보다 서로에 대한 충성심이나 신뢰를 더 중요하게 고려한다.
- 청소년들은 아동들보다 더 많이 공유하고 덜 경쟁한다.
- 여자 청소년들은 남자 청소년들에 비해 친구에게 더 많은(특히 정서적 기대) 것을 기대한다.

- 여자 청소년들의 친구관계에 대한 기대는 너무 높아서 종종 실망할 때가 있다.
- 소년들은 스포츠와 같은 레저 활동을 선호하고 소녀들은 이야기를 나누는 것을 선호한다.
- 청소년들은 친구들과 대인관계, 가족, 학교, 사랑, 미래의 계획과 목표에 대해 토의한다.
- 상호작용의 질적 특성은 친밀감을 유지할 때 중요한 역할을 한다.

(2) 친구관계에서의 갈등 해소

친구 사이의 갈등을 어떻게 해소하고 해결할 수 있을 것인가? 친구관계는 두 사람 간의 관계이므로 상호 노력해야 한다(강문희 외, 1999).

① 갈등을 인정하고 서로 솔직하자.

친구 사이에 갈등이 존재할 때 서로 말을 하지 않고 침묵의 시위를 하지 말고 솔직한 대화를 나누는 것이 좋다. 설령 상대방에 대해 상한 감정이 말로는 표출되지 않는다 하더라도 시간이 지날수록 표정이나 태도로 드러나기 마련이다. 나쁜 감정을 쌓아둘수록 또 다른 갈등이 유발될 수도 있기 때문이다.

② 친구와 나의 차이점을 인정하자.

사람은 다 저마다 다른 성격과 특성들을 지니고 있으며, 친구관계도 예외가 아니다. 그러므로 서로의 차이점들을 인정하면서 갈등의 깊이를 조금씩 좁혀 나가는 지혜가 필요하다.

③ 필요하다면 다른 사람의 도움을 받도록 하자.

친구와의 갈등관계를 혼자서 고민하고 괴로워하기보다는 객관적인 입장에서 둘의 사이를 봐줄 수 있다면, 그 사람이 또 다른 친구이든 선배이든, 도움을 청해 볼 필요가 있다. 만일, 보다 심각한 갈등을 가지고 있을 경우 상담전문가의 도움을 받을 수도 있다.

④ 관계가 개선되지 않을 때는 관계에서 멀어질 필요도 있다.

나름대로 친구관계 갈등을 해결하는 노력을 기울였음에도 불구하고 관계가 개선되지 않는다면 새로운 친구 사귀기를 선택하고 결정하는 대안이 있다. 또 혼자만의 생활을 얼마간 유지하면서 그동안의 인간관계를 정리해 보고, 새로운 만남을 준비하는 시간을 갖도록 노력하는 것도 좋은 방법이다.

3) 청소년기와 학교환경

청소년기의 생활이 대부분 학교생활을 통해 이루어지기 때문에 학업과 학교생활은 청소년기의 사회적 행동과 밀접하게 관련되어 있다.

청소년기에 학교는 가족 밖의 중요한 관계, 즉 교사와 또래와 관계를 형성하고 학업성취를 통해 자아를 실현하고 미래 직업생활을 개척할 수 있는 매우 중요한 환경이며 때문에 청소년의 발달과 적응에 매우 밀접한 관련이 있는 환경이라 할 수 있다.

또한 학교환경은 청소년의 기질과 성향이 반영되며 중요한 사회화의 장으로서 사회문화적 환경을 제공하고 긍정적·부정적 경험을 얻을 수 있는 장으로서 청소년들의 공격성이 표출되고 폭력적 행동이 표면화될 수 있는 중요한 환경이다.

4) 청소년기와 정보환경

정보화 사회에서 살아가고 있는 청소년은 텔레비전이나 인터넷과 같은 다양한 미디어가 쏟아내는 엄청난 정보의 홍수로 삶의 질적인 변화를 경험하고 있다.

오늘날 많은 청소년들은 가정에서 혼자 온라인 게임을 즐기는 경향을 보이고 청소년들이 온라인 게임을 하는 주요 동기는 캐릭터의 매력, 오락, 현실 도피, 외로움 달래기, 시간 때우기 등이며 가정·학교·사회에서 받는 스트레스를 해소할 수 있는 대안을 찾지 못한 청소년들이 온라인 게임에 몰두하고자 한다는 것은 정보화 사회 청소년 적응의 특징이라고 할 수 있다. 청소년의 삶의 질을 나타내는 가족의 경제력과 친척관계에 대한 만족도는 온라인 게임 이용 동기와 부적인 상관관계를 맺고 있는 반면, 미디어 내용에 대한 만족도는 온라인 게임 이용 동기와 정적인 관계를 맺고 있다. 청소년의 삶의 질과 게임 후의 심리적 갈등과 만족도는 서로 부적이면서도 밀접한 관계를 맺고 있는 것으로 나타나며 삶의 질이 높은 청소년일수록 게임 후 심리적 갈등을 더욱 느끼며 게임 뒤 시간 낭비와 심리적 갈등을 느끼지만 또 대화와 정보를 얻게 되었다는 긍정적인 생각을 하는 것은 청소년의 정보복지 정책적 측면에서 청소년의 게임 몰입과 중독 문제는 밀접한 관계가 있음을 시사한다(성윤숙, 2003).

3. 청소년기의 정신건강 문제

1) 우울증(Depression)

우울은 마음이 편하지 않고 기(氣)가 몰려 있는 병증으로, 공연히 불안해하고 슬퍼하거나 고민에 빠지며, 모든 일에 의욕을 잃게 된다(Daum국어사전). 이로 인해 다양한 인지적, 정신적, 신체적 증상을 수반하여, 일상기능의 저하를 가져오는 질환이라고 정의한다(김도연 외, 2011).

소아 청소년 우울증은 성인과는 다르게 겉으로 쉽게 드러나지 않고 감추어져 있는 가면성 우울증 형태로 나타난다. 가면성 우울증이란 증상이 겉으로 드러나지 않는 숨겨진 양상의 우울증으로, 특별히 우울한 감정 없이 식욕부진, 가슴 두근거림, 피로감 등의 신체적 증상으로 우울증을 앓고 있는 상태를 말한다. 그래서 자주 사춘기로 착각하여 대수롭지 않게 넘기는 경우가 많다(현명선, 김경희, 김선아, 2004).

우울증 청소년들은 혼자 지내거나 친구들과의 놀이에 흥미를 잃은 경우가 많으며, 죽고 싶다는 말을 하거나 자살에 대해서도 이야기하는데, 우울은 자해행동과 자살시도로도 표출될 수 있기에 더욱 그 문제가 심각하다. 특히 충동성이 강한 청소년들은 우울증 상태에서 자살을 하는 경향이 높다(임영식, 1997).

여성가족부(2013)에 따르면 우울감 경험률은 남학생 25.2%, 여학생 37.1%로 여학생이 남학생보다 높았으며, 학년이 올라갈수록 증가하여 고3 여학생의 우울감 경험률은 40.3%로 나타났다.

DSM-IV 정신장애에 대한 진단 및 통계 편람우울증은 적어도 다음과 같은 9개의 증상 중에서 최소한 5가지를 2주 이상의 기간 동안 나타날 때이다.

표 3-4 우울진단척도

1. 하루의 대부분, 그리고 거의 매일 우울한 기분이 지속된다.
2. 거의 모든 일상 활동에 대한 흥미나 즐거움이 하루의 대부분 또는 거의 매일 같이 뚜렷하게 저하 되어 있다.
3. 체중조절을 하고 있지 않은 상태에서 현저한 체중감소나 체중증가가 나타난다. 또한 현저한 식욕의 감소가 거의 매일 나타난다.
4. 거의 매일 불면증 또는 수면과다증(잠을 너무 많이 잠)이 나타난다.
5. 거의 매일 비정상적인 불안증(안정감 감소) 또는 신체활동의 지체가 나타난다.
6. 거의 매일 피로감이나 활력상실이 나타난다.
7. 거의 매일 무가치함이나 과도하고 부적절한 죄책감을 느낀다.

8. 거의 매일 사고력이나 집중력의 감소 또는 우유부단함이 나타난다.
9. 죽음에 대한 반복적인 생각이나 특정한 계획 없이 반복적으로 자살에 대한 생각이나 자살 시도를 하거나 자살하기 위한 구체적인 계획을 세운다.

출처 : 김도연 외 (2011). 우울청소년을 위한 First Aid. 3p. 한국청소년상담원.

White(1989)는 청소년 우울증의 주요 특징을 다음과 같이 구분하였다(김성이, 조학래, 노충래, 2005).

- 정서 · 감정적인 측면에서 살펴볼 수 있다. 심각한 슬픔, 비애감, 의기소침, 좌절감, 낙심 등에 빠져 있으며, 감정의 기복이 심하고 화를 잘 낸다든지, 신경질적이든지, 즐거운 일이 없는 상황에서 이유 없이 행복해하거나 칭찬을 하여도 반응이 없다.
- 인지 · 사고적인 측면에서 살펴볼 수 있다. 자아개념(self-concept)이 낮으며, 자기비하, 자기비판적인 태도를 가지며, 극도의 죄책감과 수치감으로 휩싸이게 된다. 또한 아무도 자신을 돌보지 않는다든지 혹은 누구를 돌봐 주는 것도 가치가 없다는 생각을 하게 된다. 나아가 불길한 예감에 싸여 있고 희망이 없으며, 장래에 대한 계획이 부재하며, 삶의 가치가 없다고 생각하여 자살이나 죽음에 대한 생각을 하게 된다.
- 행동적인 측면에서 살펴볼 수 있다. 무기력감에 빠져 있고, 무슨 일을 시작하지 못하거나 시도하지 않으며, 일에 집중하는 능력이나 활동에 참여하려는 의욕이 떨어진다. 특히 즐겨하던 사회활동으로부터 자신을 격리시키며, 일상생활에 대한 관심을 잃기 쉽다. 또한 일의 생산성이 저하되며, 자주 운다.
- 신체적인 측면에서 살펴볼 수 있다. 극도의 피로감을 느끼고 쉽게 지치게 되며, 망각이 잦아진다. 또한 식욕이 저하되거나 지나친 과식을 하

고, 불면증으로 고생하거나 지나치게 잠을 많이 잔다. 그리고 두통, 복통 또는 뚜렷한 증상 없이 자주 고통을 호소한다.

2) 자살

세계보건기구(WHO, 1968)에서는 자살을 '치명적인 결과를 초래하는 자해행위'라고 정의하고 있으며, 자살행위란 '어느 정도의 자살의도를 가지고 그 동기를 인지하면서 자기 자신에게 가한 상해'라고 하였다.

(1) 자살의 특징

청소년 자살은 특유의 인지적 · 정서적 · 행동적 특징으로 인하여 성인들과는 다른 이유로 자살을 시도할 수 있다. 이러한 청소년 자살의 특징을 살펴보면 다음과 같다(고지홍, 윤경란, 2007).

첫째, 성인의 경우 우울증과 정신분열증 등의 정신병적 원인으로 인해 자살을 시도하는 경우가 많지만, 청소년의 경우는 정신질환의 표현이라고만 볼 수 없다(Sheidman, 1987). 평소에 잘 기능하던 정상 청소년들도 갑작스러운 스트레스나 어려움을 회피하려는 충동적인 욕구 혹은 남을 조종하려는 의도, 자신에게 부당하게 대했다고 지각하는 가족이나 친구에 대한 보복이 자살의 중요한 결정요인이 될 수 있다(홍나미, 정영순, 1999; Glaser, 1981).

둘째, 대부분이 사전 계획 없이 충동적으로 시도된다는 점이다(Brent, 1987). 이것은 청소년기에 성취해야 할 과업은 많은 데 비하여 인지적으로 미성숙하면서 정서적으로는 충동성이 심화되는 시기로 한순간의 우울한 기분에 의해 충동적으로 자살을 시도할 위험이 높기 때문이다(신민섭 외, 1990).

셋째, 청소년들은 실제 자살하려는 의도를 가지고 자살하기보다는 자신의 괴로움을 극단적으로 표현하는 수단으로 자살을 선택하는 경우가 많다.

(2) 청소년의 자살 전조 징후

청소년의 자살은 충동적이고 우발적이어서 예측이 불가능하지만, 자살 징조를 미리 파악하여 방지할 수 있는 방안이 마련되어야 한다.

- 자살하겠다고 위협하거나 혹은 과거에 자살을 시도한 일이 있었던 경우, 다시 자살을 기도할 가능성이 크다.
- 부모나 다른 가족 구성원이 자살을 시도한 경우, 또는 주변에 자살한 친구가 있는 경우에 가족은 주의를 기울여야 한다.
- 죽음과 관련된 활동을 하는 경우는 주의를 해야 한다. 일기장이나 친구에게 죽음이나 자살에 관한 내용을 자주 이야기하고, 자살에 관한 책을 읽거나 쓰는 경우는 자신도 모르는 사이에 점차 죽는 의지를 다져가는 경우이다.
- 청소년 스스로 자신을 받아들이지 못하거나, 심한 열등의식에 사로잡혀 있는 경우라든지, 자신이 신체적 결함이 있다거나 이상과 현실 간에 심각한 차이를 가질 때에도 주의 깊게 살펴보아야 한다.
- 학교 등교 등 평상시 해오던 일상 활동을 거부하거나, 학업성적이 지속적으로 떨어지거나, 낙제, 장기결석, 가출 등을 보일 때에도 관심을 가지고 주의를 기울여야 한다.
- 행동에 커다란 변화가 있을 때, 가령, 평소 순종적인 아이가 사소한 일로 부모에게 짜증을 내고 반항적이거나, 무모한 행동으로 평상시와 다른 파괴적 행동으로 급격한 성격 변화를 보일 때에도 주의를 기울여야 한다.
- 상당 기간 지속되는 우울 증상이 있을 때에도 특히 관심을 기울여야 한다.
- 몰래 약을 사 모으거나, 위험한 물건을 감춘 것이 발견되는 경우 또는 알코올, 담배, 향정신성 약물 등을 섭취하는 경우 주의 깊게 살펴보아야

한다.

- 마음의 상처를 받았거나, 자신이 소중하다고 생각하던 것을 잃었을 때, 갑작스러운 가족의 죽음이나 친구 혹은 짝사랑하던 연예인의 갑작스러운 죽음, 또는 갑작스러운 사고에 의해서 심각한 정신적인 충격을 받았을 때에도 주의를 요한다.
- 오랫동안 불안정하고 침울해 하던 아이가 뚜렷한 이유도 없이 갑자기 평화스럽게 보이며 자기 주변을 정리할 때, 평소 아끼던 소유물을 다른 사람들에게 줄 때에 주의를 요한다.
- 입시의 실패 전후에도 관심과 주의를 요한다.
- 자살에 대한 로맨틱한 환상과 모험적 사고를 가지고 있는 청소년들을 특히 주의하여 살펴야 한다. 청소년들이 TV에서 방영되는 자살 뉴스에서 자살 충동을 받기도 한다. 미국의 경우 뉴스를 통해, 10대의 자살 소식이 나간 후에는 예외 없이 타지방에서도 평균 자살 통계 이상의 자살 소동이 일어난다는 것이다.

표 3-5 청소년 자살 위험 징후의 특징

(단위: 개소, 2008. 12. 31)

징후	특징
성격변화	현저하게 슬프고 비사교적, 화를 잘 내고, 냉담하던 청소년이 심각한 우울감 호소 후 성격이 갑자기 변해서 증상들의 상당 부분이 개선됨
우울	극도의 불행과 무기력을 나타냄
죽음에 관하여 이야기함	죽음에 관해 유달리 몰두함. 죽음 후에 무슨 일이 일어나는지 질문. 결심을 적어두거나 변화시킨 것에 관해 이야기함
자살에 대한 직접적/간접적 암시들	자신의 삶이 무가치하거나 아무도 관심을 가지지 않는다고 말함
분위기나 행동의 이유 없는 변화	대개 삶에 관한 감각이 극도로 부정적임. 통상적인 활동이나 취미 생활에 참여하지 않거나 그것을 즐기지 못함. 한때 즐거움을 주던 컴퓨터 게임이나 농구 같은 취미생활에 더 이상 흥미가 없음

징후	특징
수면, 식사 습관의 변화	잠을 더 많이 자거나 잠이 없어지며 식사를 더 많이 하거나 적게 하는 것 등의 변화가 있음
용모의 변화	머리카락이나 옷차림에 신경을 안 쓰거나 꾀죄죄함. 체중이 급격히 증가/감소함. 얼굴 표정이 무감각해 보이고 변화가 없어 보임. 눈빛이 분명하게 움직이지 않고 생기가 없고 어두움
후퇴와 단절	주변 사람들과 의사소통을 거의 하지 않음. 가족과 친구를 피함
절망감	현재의 상황이나 미래에 대해 희망이 없음
약물 증가	약이나 알코올을 지나치게 복용함
화, 공격적 행동	성격이 급해지거나 쉽게 화를 냄
불안	안절부절못함. 안달함. 전전긍긍함
소유물 정리	특별히 좋아하거나 귀하게 여기던 것들을 남에게 줌

출처: 2012 청소년 통계, 통계청; 청소년 자살, 어떻게 예방할 것인가?, 한국자살예방센터.

(3) 청소년 자살의 특성

통계청 자료(2009)에 의하면 2008년도에는 인구 십만 명당 26.0명이 자살하여 전체 사망 원인 중 자살이 4위를 차지하였고 만 5세 이상 인구 자살 사망자 수가 12,858명이었다. 2008년도 청소년 자살은 10대에서 교통사고에 이어 2위의 높은 사망 순위를 차지하고 있다. 아동청소년의 자살률(0~19세)은 십만 명당 4.6명으로 다른 연령층에 비해 상대적으로 낮아 그 심각성이 간과되기 쉬우나 다음과 같은 특징에 비추어 볼 때 적극적인 대처가 필요하다(배주미 외, 2009).

- 그 자체가 자기파괴적인 행동으로서 우울과 독립적으로 사전 계획 없이 충동적으로 이루어지는 경우가 많아 예측하기가 매우 어렵다(김용분, 정영조, 2003; 신민섭, 1993; Brent, Holder, Kolko, Nimaher, Baugher, Roth et al., 1997; Bridge, Goldstein, & Brent, 2006).
- 장노년층처럼 정신과적 질환이 주요 원인이라기보다(Glaser, 1981; Sheiman, 1987), 자신의 심리적 고통을 극단적인 방법으로 표현하기 위해, 즉 도움

을 청하는 방법으로 자살 행동을 선택하는 경우가 많다(하상훈, 2000).

- 청소년기 특성상 다른 연령층에 비해 자신의 내적 자살 동기보다 외적 요인의 영향을 받아 모방 자살이거나 동반 자살을 감행하는 경우가 상대적으로 많으며(남민, 1997; 오승근, 2006), 또한 그 결과 남아 있는 사람들과 주변 사람들에게 치명적인 고통을 주고 사회 불안을 야기하며 전염성이 강하다는 점에서 심각한 사회문제라고 할 수 있다.

(4) 청소년 자살의 실태

2012년 13~24세 청소년의 10명 중 1명(11.2%)은 지난 1년 동안 한 번이라도 자살하고 싶다는 생각을 해 본 적이 있는 것으로 나타났다. 자살하고 싶었던 주된 이유는 13~19세 청소년은 '성적 및 진학문제(39.2%)', '가정불화(16.9%)' 순이고, 20~24세 청소년은 '경제적 어려움(27.6%)'과 '직장문제(18.7%)' 순이었다.

표 3-6 청소년의 자살에 대한 충동 여부 및 이유

(단위: %)

	있다	자살하고 싶었던 주된 이유						
		계	경제적 어려움	직장 문제	외로움, 고독	가정 불화	성적, 진학문제	기타[1]
2010[2]	8.8	100.0	17.0	6.8	12.7	11.8	37.8	13.8
2012	11.2	100.0	20.5	6.7	14.1	13.6	28.0	17.1
13~19세	12.1	100.0	16.7	0.4	12.5	16.9	39.2	14.2
20~24세	9.9	100.0	27.6	18.7	17.1	7.3	6.6	22.6

주: 1) '이성문제', '질환 · 장애', '친구불화' 포함
2) 15~24세 대상
자료: 통계청, 「사회조사」 각 년도.

또한, 2012년 9~24세 청소년의 사망원인은 '고의적 자해(자살)'가 가장 많고, 다음은 '운수사고', '악성신생물(암)' 순이었다.

표 3-7 청소년(9~24세)의 사망원인

(단위: 인구 10만 명당)

		1위	2위	3위
2002	사망원인	운수사고	고의적 자해(자살)	악성신생물(암)
	사 망 률	9.8.	5.8	4.5
2011	시망원인	고의적 자해(자살)	운수사고	악성신생물(암)
	사 망 률	8.9	5.5	3.3
2012	사망원인	고의적 자해(자살)	운수사고	악성신생물(암)
	사 망 률	8.0	4.9	3.4

자료: 통계청, 「사망원인통계」 각 년도.

4. 청소년의 병리현상

1) 학교폭력 현황

학교폭력이나 학생들의 일탈 또는 비행은 일반적으로 사회의 복합적 요인에서 발생하는데, 그 결과는 학생 개인 또는 사안에 따라 학생에게 큰 부정적 영향을 주기 때문에 예방하지 않으면 안 될 것이다. 먼저 학교폭력을 보면 현재 학교폭력은 「학교폭력 예방 및 대책에 관한 법률」에 따라 학교 내외를 불문하고 학생 간에 발생한 폭력으로 규정되고 있다.

(1) 청소년 폭력 피해 경험

여성가족부(2012)의 조사에 의하면 2012년 중·고등학생의 최근 1년간 폭력(폭행, 갈취, 협박, 왕따 등) 피해경험은 5.6%로 전년 대비 1.1%p 감소하였다. 폭력 피해 이유로는 '특별한 이유없다'가 51.8%로 가장 많고, '성격 때문(12.4%)' 순으로 나타났다. 중학생의 폭력 피해 경험률은 7.6%로 고등학생의 경험률 3.7%보다 높게 나타났다.

표 3-8 청소년(중 · 고등학생) 폭력 피해 경험률 및 이유

(단위: %)

구 분		폭력 피해 경험률[1)]	폭력 피해를 당한 이유							
			계	특별한 이유없다	몸이 작거나 힘이 약해서	내가 잘못해서	외모나 장애 때문에	성격 때문	금품 요구에 응하지 않아서	기타[2)]
2010		7.1	100.0	43.5	13.6	11.4	4.4	10.8	7.0	9.3
2011		6.7	100.0	42.5	14.2	9.6	3.7	10.5	6.2	13.2
2012		5.6	100.0	51.8	9.5	9.6	3.7	12.4	2.4	10.5
	중학생	7.6	100.0	51.1	10.0	9.7	2.2	12.1	2.1	12.7
	고등학생	3.7	100.0	52.7	9.0	9.5	5.5	12.7	2.8	7.8

주 : 1) 조사시점 기준 최근 1년간의 '욕설/협박', '폭행', '돈/물건 갈취', '집단 따돌림(왕따)' 등
2) 무응답 포함

자료 : 여성가족부, 「청소년 유해환경 접촉 종합 실태조사」 각 년도.

(2) 학교폭력 피해 유형

폭력 유형별 피해 경험률은 '욕설 · 폭언'이 56.2%로 가장 높았고, '집단따돌림(38.2%)', '돈 · 금품 갈취(29.6%)', '구타(28.1%)' 순이었다. 중학생의 '집단따돌림' 피해 경험률은 40.4%로 고등학생의 35.6%보다 높게 나타났다.

표 3-9 청소년(중 · 고등학생) 폭력 피해 유형(복수응답)

(단위: %)

		구타	욕설 · 폭언	돈 · 금품 갈취	집단따돌림
2012		28.1	56.2	29.6	38.2
	중 학 생	22.0	55.8	27.2	40.4
	고등학생	35.5	56.7	32.4	35.6

자료 : 여성가족부, 「청소년 유해환경 접촉 종합 실태조사」 2012.

(3) 학교폭력 근절을 위한 예방대책

우리나라는 세계적으로 높은 교육열을 가지고 있으며, 성공제일주의 사고로

공부만 잘하면 성공할 수 있다는 생각에서 벗어나 자녀의 개별적 장단점을 파악하여 재능과 소질을 따라 양육하는 올바른 부모의 교육관이 정립되어야 한다. 또한 성적제일주의는 사교육을 부추기고 입시교육에 지나치게 편중되어 성적의 상위층 학생만을 총애하고 관심을 갖게 되는 경향성이 짙어진다, 그렇다 보니 그 밖의 하위권 학생들은 관심 밖으로 밀려나게 되어, 소외되는 경향으로 인해 학생들 스스로 학교 밖으로 밀려나가는 지식 편중의 교육 풍토에서 벗어나도록 해야 한다.

청소년들을 유해환경으로부터 보호하는 기능들과 안전장치가 교육의 현장에서 있어야 하며, 학교 주변에 있는 유해환경업소를 철저히 조치해야 한다. 청소년들이 TV 드라마나 영화에서 보는 바와 같이 폭력이 미화되거나, 정당한 것으로 인식되지 않도록 매스컴이 청소년의 폭력에 미치는 영향을 다각적으로 고려하여, 프로그램 제작 시 반영해야 한다. 특히 사회 정의에 위배되는 사회현상을 보도할 때에는 청소년들로 하여금 폭력 등 일탈 행위에 대해 바르게 인식하도록 유도할 필요가 있다. 또한 폭력성의 매체로 인한 청소년 모방폭력 범죄가 급증하는 가운데에서 가해학생과 피해학생 모두에게 교육 및 치료프로그램의 확충이 절실히 요구되어진다.

① 학교폭력 가해학생 조사 시 전문가 참여제 확대 실시

현재 학교폭력 심리전문가제도는 재범가능성 낮은 가해 학생, 즉 저위험군에 속하는 학교폭력 가해학생을 대상으로 하고 있으며, 이들이 각 시 · 도 경찰서 주변 청소년 선도기관에서 프로그램에 따라 교육을 받게 하고 있다. 따라서 학교폭력의 가해학생 조사 시 전문가 참여제도는 재비행 방지를 위한 선도 교육용으로 활성화 시킬 필요가 있다.

② 학교폭력 전문 경찰관의 활성화 방안

학교폭력 범죄의 능동적인 대응과 처리를 위하여, 전문 경찰관 중심의 경찰

활동 제도가 마련되어 폭력을 예방할 수 있는 실제적인 교육이 필요하다. 학교폭력 사건의 초기 단계에서 학교폭력 사법전문가인 학교폭력 전문경찰, 학교폭력 전담검사 및 학교폭력 전문 법관 등이 참여하여 학생들의 인격과 특성에 대해서 고려할 수 있도록 충분한 여건을 조성해야 하고, 학교폭력 전담 경찰의 전문성제고를 위한 인적보강과 교육이 절실히 필요하다.

③ **전문상담교사 배치**

학교폭력예방법 제14조에는 전문상담교사의 배치가 규정되어 있으나, 이에 관해 배치 기준을 규정하고 있는 초·중등교육법 제19조의2(전문상담교사의 배치 등)에 따르면, 모든 학교에 의무적으로 배치되는 것은 아니다. 학교폭력 대책과 관련한 2013년 국정감사 자료에 의하면 전국의 초·중·고에 학교폭력 전문상담교사가 배치된 비율은 13.8%에 불과했다. 일선학교에서의 학생 상담이 가장 중요하다는 점을 생각한다면, 정부는 의지를 갖고 전문상담교사를 대폭적으로 충원해야 마땅하다.

④ **학교에서의 대책**

학교폭력 문제를 학교에서 효율적으로 해결하기 위해서는 먼저 낙후된 학교의 시설환경과 입시위주의 교육, 학교의 비교육적·비인격적인 현장 내용을 변화시켜야 한다. 또한 가해학생에 대한 선도·교육 및 피해학생에 절대적인 보호이다. 학교폭력 가해자는 학교폭력 이외의 심리적, 적응적 문제를 가지고 있는 경우가 많고, 시간이 지나면서 학교폭력 가해자와 피해자가 그 역할이 바뀌기도 한다. 그런데 교육력을 발휘하는 그 중심에 학교의 교사가 있고, 교사야말로 좋은 학급응집력과 학생들의 공동체 형성에 가장 중요한 역할을 발휘할 수 있다.

⑤ 가정에서의 대책

학교폭력예방 및 대책에 관한 법률 시행령 제17조6에 학부모 대상으로 하는 교육에서 학교폭력 징후 판별, 학교폭력 발생 시 대응요령, 가정에서의 인성교육에 관한 사항을 포함해야 한다고 정하고 있다. 가정에서는 이러한 내용을 숙지할 수 있도록 교육에 의무적으로 참석해 학교폭력으로부터 소중한 내 자녀들을 지키기 위한 노력을 해야 하겠다. 따라서 바른 인성 함양을 위한 가정의 교육적 기능 회복을 위해, '가족 사랑의 날'인 수요일과 주말을 활용하여 가족이 함께 식사와 대화를 나누며 기본예절교육, 부모-자녀와의 상호이해 시간을 마련하는 것이 필요하다고 사료된다. 뿐만 아니라 가정과 사회의 참여 확대를 위한 홍보 및 캠페인 추진도 필요하다.

⑥ 지역사회에서의 대책

학교폭력의 효율적인 예방 및 대책을 위해서는 지역사회 네트워크가 구축되어야 하겠다. 학교폭력대책자치위원회는 학교폭력 예방 및 대책을 위한 체계를 구축하고 피해학생의 보호, 가해학생에 대한 선도 및 징계를 학교장에 요청한다. 이와 함께 손해배상 관련 합의조정, 분쟁조정 관련 사항 조사기능, 재판상 화해의 효력은 없지만 분쟁조정 기능을 가진다. 따라서 이들 학교폭력전담기구 및 자치위원이 보다 전문성을 가질 수 있도록 의무적으로 학교폭력 교육을 이수하는 법적 근거를 마련할 필요가 있다.

2) 가출청소년

가출(家出, runaways)은 말 그대로 집을 나온 상황을 뜻하는 단어이다. 우리나라는 2012년 「청소년복지 지원법」의 개정으로 '청소년 가출 예방 및 보호·지원'에 관한 조항이 포함되면서 가출청소년의 정책지원 근거가 마련되었다(동법 제16조). 위기 및 가출청소년의 특징을 살펴보면 부모의 무관심으로 인한 심리적 · 정서적 방임으로 청소년들은 극히 낮은 자아 존중감, 자신감 결여, 열등감, 비판적이고 공격적인 태도, 부정적인 자아상, 쉽게 좌절하고 실망하며 쉽게 포기하는 태도, 좌절과 분노처리의 미흡, 대인관계에서의 근본적인 신뢰 형성의 어려움 등의 특징이 있다(한국청소년정책연구원, 2014).

(1) 청소년 가출의 실태

여성가족부(2012)의 조사에 의하면, 지금까지 한 번이라도 가출한 경험이 있는 청소년은 12.2%였다. 성별로는 남자(14.7%)가 여자(9.3%)보다, 교급별로는 고교생(13.7%)이 중학생(10.6%)보다 많은 것으로 나타났다.

표 3-10 생애가출경험

	사례 수(명)	가출 경험(%)				
		전체	성별		교급	
			남자	여자	중학생	고교생
2009	15,225	11.6	12.8	10.4	10.7	12.6
2010	16,572	13.7	15.1	12.1	11.9	15.5
2011	15,954	10.2	10.6	9.6	9.0	11.4
2012	15,350	12.2	14.7	9.3	10.6	13.7

출처: 여성가족부(2012), 청소년 유해환경 접촉 종합실태조사.

가장 최근의 경험을 기준으로 가출을 한 기간을 조사한 결과, 하루가 51.1%로서 가장 다수였고, 다음으로 2~5일(29.1%), 한 달 이상(8.5%), 6~9일(6.1%)의 순이었으며 10~30일이 가장 적었다(5.2%). 대다수의 가출청소년이 하루 또는 일주일 이내에 귀가했지만, 한 달 이상 장기간 가출한 경험이 있는 청소년도 적지 않은 수에 달하고 있음을 알 수 있다. 가출 기간은 대체로 남자가 여자보다, 고교생이 중학생보다 상대적으로 긴 편이었고, 학년별로는 한 달 이상 가출 경험자가 고 3은 17.4%에 달하는 반면, 중 1과 고 1은 5%에도 못 미쳐서 학년별로 큰 차이를 나타내었다.

가출의 원인에 대해서는 청소년들이 가출을 하게 된 원인으로는 부모님 등 가족과의 갈등이 61.3%로서 다수를 차지하였다. 이어서 자유롭게 살고 싶어서(12.8%), 가출에 대한 호기심으로(5.2%), 학교에 다니기 싫어서(4.6%), 공부에 대한 부담감(3.9%), 친구나 선후배의 권유(2.0%)의 순이었고 가정형편 때문(1.3%)에 또는 사회경험을 쌓기 위해(1.2%) 가출했다고 응답한 청소년은 매우 소수였다.

가출 후 청소년들이 잠을 잔 경험이 있는 장소로는 친구/선후배의 집이 62.9%로서 다수를 차지하였고, 이어서 찜질방/사우나(27.2%), 길거리/빈집/계단/역 건물(21.9%), 비디오방/만화방/PC방(10.9%), 여관/여인숙/모텔(10.4%), 가출팸(5.0%), 일/아르바이트하던 곳(4.0%)의 순이었으며 청소년보호시설이 3.6%로서 가장 적었다.

가출 후 청소년이 경험한 문제행동으로는 흡연이 34.6%로서 가장 많았고, 이어서 음주(27.4%), 절도(9.2%), 갈취(9.0%), 폭행(6.4%), 성관계(5.6%), 성희롱/성추행(4.8%), 환각성 물질 이용(2.8%) 등의 순이었다.

(2) 가출 예방

첫째, 가출청소년들 중에는 제도권 내의 지원을 받지 못하는 경우가 상당수 존재하고 있다. 청소년기본법에서는 청소년의 연령을 만 9~24세로 규정하고 있지만 현재 청소년 쉼터의 주된 서비스 대상은 만 9~19세의 청소년이다. 이에 20세를 전후한 가출청소년들이 청소년 쉼터를 거의 이용하고 있지 않으며, 쉼터를 이용하고자 하는 경우에도 현장의 수용능력이나 보호와 지도체계가 현실적으로 한계를 보이고 있는 실정이다. 10대 후반부터 20대 초반에 있는 가출청소년들은 대부분 자립이 불가능하여 사회적으로 보호와 지원책이 필요하다.

따라서 우리나라에서도 청소년기본법에서 보장한 연령 대상자들이 청소년 쉼터에서 제공되는 서비스를 적절하게 받을 수 있도록 쉼터의 여건을 보완하고, 특히 자립이 필요한 초기 성년에 대한 집중적인 개입이 고려될 필요가 있다. 또한 가출청소년은 가정으로부터의 경제적 지원이 끊긴 상태가 많아 이에 대한 대책이 필요하다. 보호와 지원이 필요한 가출청소년들에게 보다 실질적인 혜택이 돌아갈 수 있도록 노력해야 할 것이다.

둘째, 가출청소년, 특히 가출 초기이거나 가출 위험이 있는 청소년들 중 상당수는 가출청소년을 위한 정책과 지원 프로그램에 대한 정확한 정보가 부족하다. 그러므로 가출청소년을 위한 정책 및 지원프로그램에 대한 정확하고 대대적인 홍보가 필요함을 보여주고 있다.

셋째, 가출 빈도가 높은 만성 가출청소년들은 가출생활에서 겪는 여러 가지 어려움에도 불구하고 대부분 가정에 복귀할 계획이 없으며 집에서 받는 고통보다는 차라리 가출생활이 더 낫다고 표현하였다. 따라서 이러한 전반적인 만성 가출청소년들의 문제해결을 위한 맞춤형 지원 및 보호정책이 절실히 요구된다고 하겠다.

넷째, 청소년 가출은 자신들에 대한 사회적 지원이 부족할 경우 자신들을 지지해 줄 만한 또 다른 체계를 찾아 자신의 공간 밖으로 나서는 행위로 해석될 수 있을 것이다. 따라서 가출 경험이 있거나 가능성이 높은 청소년들을 위해서는 보다 성숙한 성인으로부터의 지지와 건전한 또래관계가 형성될 수 있는 여건을 마련해 줄 필요가 있다.

다섯째, 가출청소년 및 위험군 청소년들을 대상으로 한 '예방'과 '조기 개입'을 강조하는 서비스가 충분히 시행되지 못하고 있다. 가출청소년들의 일탈 및 피·가해 경험은 가출 전부터 이미 시작되는 경우가 대부분이며 또 가출을 하면 일단 가출청소년집단에 쉽게 노출되고 이들이 제공하는 왜곡된 정보에 의존하여 가출생활을 유지하는 경우가 많기 때문에 일탈행동 및 피·가해 경험이 더욱 증폭되는 것으로 나타났다. 따라서 이들을 대상으로 한 가출 예방 교육은 물론 조기개입 서비스가 보다 체계적으로 강화되어야 할 것이다.

여섯째, 가출청소년을 직접 상대하는 현장 전문가들의 처우가 열악하여 전문인력의 유출이 우려된다. 현장 실무자들의 경우 노동강도는 높은 데 비해 처우가 매우 열악하다 보니 이직률이 높은 것으로 나타났다. 따라서 가출청소년 또는 위험군 청소년들이 역량 있는 실무자들을 만나는 것이 무엇보다 중요함을 감안할 때, 현장전문가들, 특히 최일선에서 가출청소년을 만나는 실무자들의 역량을 높일 수 있는 방안을 강구할 필요가 있다.

일곱째, 이제 우리나라도 가출청소년에 대한 종합적 지원을 강화하고 독립이나 자립의 욕구가 강한 청소년들을 체계적으로 평가하는 틀을 개발하여 가출청소년들의 자립을 위해 주택과 지원금을 지원하는 등의 정책적 변화가 있어야 할 것이다.

제Ⅱ부

청소년 문화의 실제

제 4 장 청소년과 여가문화
제 5 장 청소년과 성문화
제 6 장 청소년의 의복문화
제 7 장 청소년의 음식문화
제 8 장 청소년의 인터넷 문화
제 9 장 청소년과 스마트폰 문화
제10장 청소년과 학습(학교)문화
제11장 청소년과 다문화
제12장 청소년과 팬클럽문화

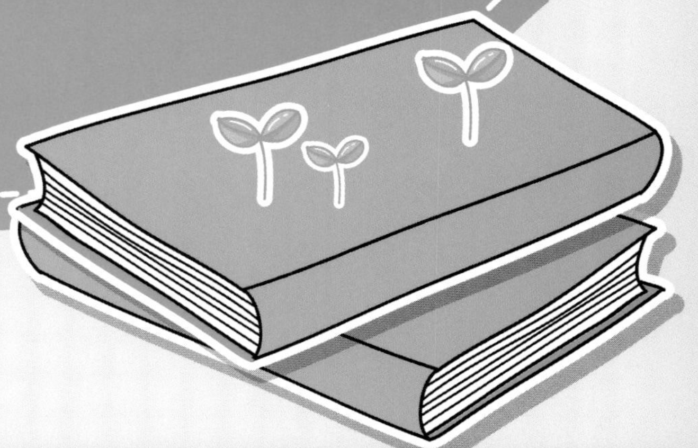

청 소 년 문 화 의 실 제

제4장 청소년과 여가문화

오늘날 청소년 문제는 심각한 사회문제로 부각되었고 전문적이며 체계적인 접근 방법의 모색이 필요하다. 그러므로 청소년들이 높은 이상과 희망을 가지고 올바르게 성장할 수 있도록 하기 위해서는 제도 및 서비스 부분에서 여러 가지 방법들이 강구되어야 하며, 그러한 방법들은 청소년들에게 주어진 여가 시간을 과연 얼마나 가치 있게 활용할 수 있도록 하는가 하는데 초점이 맞추어져야 할 것이다. 그 이유는 여가는 우리의 생활에서 삶을 구성하는 중요한 요소이기 때문이다.

1. 청소년의 여가문화에 대한 이해

1) 여가의 정의

여가에 대한 정의와 규정은 통일된 견해가 있는 것이 아니며, 학자의 관점과 시대의 변천, 사회 구조, 산업 구조 등에 따라서 다양하게 표현된다. 여가의 사전적 정의를 살펴보면 새 우리말 큰사전(신기철, 신용철, 1990)에서는 겨를, 틈이라고 풀이하고 있으며, 웹스터(Wedster)사전(유재환, 1978)에서는 일이나 의무에서 벗어난 시간, 즐겁고 자유로운 시간 등으로 설명하고 있다. 그리고 옥스포드(oxford)사전(Oxford University Press 1991: 516)에서는 여가를 일이나 다른 의무로부터 벗어난 자유로운 시간으로 정의하고 있다. 사회학 사전(dictionary of sociology)에 따르면, 여가는 일상생활 중 꼭 필요한 활동을 끝낸 후의 자유시간을 말한다. 여가가 뜻하는 것은 노동, 수면, 그리고 자기 보존을 위한 시간을 24시간에서 제외한 잉여 시간을 말하는데 그 양상은 상이하다. "여가의 일반적인 개념은 본인이 마음대로 사용하는 시간을 말한다."라고 풀이 되었다(김경철 1985).

(1) 여가의 기능

여가는 신체 건강에 도움이 된다. 성인은 물론 특히 성장기에 있는 청소년에게 있어서는 여가시간을 활용한 적당한 운동이 중요한 의미를 갖게 되며, 정신건강에 도움이 됨은 물론, 기본적 욕구의 달성으로 정서적 안정을 꾀할 수 있는 기능을 가지고 있다. 그러므로 쌓여진 스트레스로 인한 열등감, 무력감, 반항, 공격, 난폭, 폭언 등의 문제행동을 해소해 나갈 수 있는 기능이 여가 기능이라고 해도 과언이 아니다.

성장과정의 청소년들에게 사회성 발달에 공헌을 할 수 있는 기능을 하기도 하며 여가를 통해 타인과의 협력과 이해의 태도를 기르고, 자기 자신을 알게 되며, 규칙과 질서를 통해 바람직한 인간관계를 형성하게 되는 계기가 될 수 있다. 이로써 청소년들에게 재생산 능력의 기회를 제공하는 기능과 에너지의 재충전 기능을 통해 재생산 능력을 창출하는 기능을 가지게 되므로, 여가는 인간의 성장과 발전을 위해서도 매우 유용한 영향력으로 삶에 대한 특정 가치를 부여하는 데 있어 촉진제 역할을 한다.

그러므로 여가의 기능을 정리하면 다음과 같다(권이종, 1996).

① 청소년의 여가생활은 사회교육을 통하여 청소년들에게 학교 공부에서 오는 비교와 입시, 평가 경쟁의 강박관념과 그에 따르는 메마른 정서생활의 균형을 잡게 하고 건전한 여가생활을 할 수 있는 능력과 활동, 양보하는 정신으로 대화할 수 있는 능력을 길러 준다.

② 레크리에이션이나 스포츠 활동은 사회활동을 원활하게 하며 좋은 인간관계를 형성하게 한다.

③ 여가활동을 통해 사회의 불만, 기성세대에 대한 불신, 욕구불만, 심리적 압박감에서 벗어나고 그들의 욕구를 충족할 수 있는 기회와 신체적 발달, 인간관계, 학교공부에서 오는 긴장과 스트레스를 해소시켜 준다.

④ 여가활동은 자연스러운 활동 중에 협동과 공동체 의식을 길러 사람의 마음을 즐겁게 하고 정신적 긴장을 풀게 하여 마음의 문을 열게 한다.

⑤ 여가활동에 자발적·능동적으로 참여하기 때문에 각 개인의 잠재능력을 최대한 발휘할 수 있으므로 창의성을 계발할 수 있는 가장 좋은 방법 중의 하나다.

⑥ 여가활동, 즉 캠프활동을 통하여 지도자로서의 통찰력과 조직력, 추진력, 통솔력, 창의력이 길러진다.

⑦ 다양한 여가활동 프로그램을 통해서 인격형성과 인간애뿐만 아니라 신체적 성장, 지적 성장, 정서적 성장, 사회성 발달을 조화롭게 이루게 하여 균형 잡힌 인간을 육성하는 데 도움을 준다.

⑧ 여가활동을 통해 서로 대화하고 활동하는 가운데 자연스럽게 이성교제 방법을 배우게 되어 건전한 이성관을 갖게 한다.

⑨ 가족과 함께 건전한 여가활동을 보내다 보면 대화나 놀이를 통해 세대 간의 갈등을 이해하고 해결할 수 있는 능력을 기르게 한다.

⑩ 청소년들이 여가를 올바르게 선용하여 학교 공부와 여가활동을 양립시킬 줄 아는 훈련을 쌓을 때에, 명랑하고 개방적인 성격이 형성될 수 있고, 청소년문화의 발달에 기여할 수 있으며 사회생활에의 적응능력을 함양시킬 수 있다.

⑪ 여가활동은 학교교육의 제한된 배움의 기회를 보충하는 기능도 가지고 있으며, 청소년들이 계속적인 자기성장을 할 수 있도록 도와주며, 국가와 사회가 필요로 하는 국민의 자질을 신장시키므로 학교교육 못지않게 중요하다.

(2) 여가활동의 유형

여가활동은 그것의 분류방식에 따라 다양하다. Gold(1980)는 신체적 여가, 사회적 여가, 인지적 여가, 환경관계적 여가로 구분하였고, Epper son(1977)은 관람 활동, 야외 레크리에이션 활동, 개인 · 소집단 활동, 기계적 스포츠 활동, 클럽 · 리조트 · 별장활동으로, Szali(1972)는 준여가, 수동적 여가, 완전여가로 나누었다.

Murpy 등(1973)은 여가 행동을 보다 구체적으로 구분하여 사교적 행동, 조직적 행동, 모험적 행동, 탐험적 행동, 대체적 행동, 감각적 행동, 신체적 행동, 진단적 행동, 창작적 행동, 심미적 행동, 변화추구 행동, 예측적 행동-회상적 행동 등으로 유형화하였다. 이 Murpy 등에 의한 여가활동 분류는 거의 모든 일상생활상에 나타나는 여가활동을 포함하고 있으므로, 다른 분류에 비해 포괄적 특성을 지닌다.

Murpy의 여가 유형을 간략히 표로 정리하고 각 유형에 해당하는 여가내용을 예제로 제시해보면 표 4-1 과 같다(이연숙 외, 1999).

표 4-1 청소년여가활동의 유형

연구주체	유형	내용
대한체육회	지적활동	독서, 창작, 연설, 강연, 공부, 조사, 연구, 수집
	사교활동	예술, 문화, 음악, 연극, 무용, 장기자랑
	사회활동	대화, 놀이, 연회, 모임, 카드놀이
	신체활동	스포츠, 율동, 여행, 신체적 오락
	봉사활동	자원 활동, 지역 활동 참여, 사회 복지를 위한 모임 참여
고용복 · 김종선	활동형	운동, 낚시, 등산, 여행, 견학, 봉사활동, 종교 활동, 단체 활동
	소극형	독서, 음악 감상, 사색, 공상, 라디오 청취, TV시청, 바둑
	중간형	집안일 돕기, 산책, 쇼핑, 데이트, 취미활동, 수예, 뜨개질
	부정형	전자오락, 낮잠, 당구장, 음주, 화투, 카드놀이
Jensen	봉사활동	최고의 가치를 가진 유형으로 가장 만족스럽고 유용한 유형
	창조활동에 참여	자신이 계발하여 사용하는 잠재적 창조능력보다 많은 잠재력을 가짐
	타인 계획활동에 참여	중요한 여가활동의 하나이며 대부분 바람직한 활동
	타인활동, 창작에 몰입	바람직한 활동유형
	오락이나 여흥	영화관람, TV시청, 라디오 청취, 운동 경기 관람 등
	부정적 가치 활동 유형	자기 자신에게나 사회에 해가 되는 종류의 활동으로 범죄, 비행, 약물 남용, 알코올 중독, 도박 등

자료: 이미순(2007)의 관련 내용을 표로 재구성함.

(3) 청소년의 여가활동의 특성

청소년기의 여가활동과 관련하여 특성을 살펴보면 다음과 같다(권영길, 차상운, 2013).

첫째, 활발한 청소년기의 여가는 급격한 신체적 발달로 인해 정적인 행동보다는 동적 행동작용이 크게 일어나며, 이성에 대한 호기심도 증가하는 시기이다. 따라서 건전한 이성교제와 이성관을 갖는 데 도움이 된다. 둘째, 청소년 여가는 긴장과 스트레스 해소, 균형 있는 정서생활에 도움을 준다. 셋째, 청소년 여가는 청소년의 인지 발달에 촉매제 역할을 한다. 넷째, 청소년 여가는 청소년의 긍정적 자아 정체감을 갖게 해준다. 다섯째, 협동심은 물론 지도력을 향상시키고 세대 간의 갈등을 완화해 준다.

또한 청소년기의 여가활동을 통해 자기실현의 기회를 가지며, 개인에 대한 잠재력을 확인하는 계기로서 단순한 휴식을 취하거나 시간을 허비하는 것보다는 청소년기를 개인생활의 재충전과 자기 발전을 위한 기회로 만들고 여가활동의 틀을 마련해 가야 한다. 청소년들의 여가활동의 범위는 성인에 비해 미약하지만, 사회 환경이 어른들이 의도적으로 조성된 것이 아닌 만큼 서로의 이해의 폭을 넓히는 바람직한 청소년들의 여가활동에 활력을 줄 수 있는 동기가 마련되어야 한다(김지혜, 2008). 여가활동에 따른 각각의 내용은 각각의 유형에 따라 다소의 차이는 있지만 대체로 다음과 같다.

2) 청소년과 여가활동

청소년은 미래의 진로문제로 인해 지속적인 긴장감과 끊임없는 내면적 소외감 및 정서적 불안을 경험하고 있어서, 이들의 여가욕구는 성인에 비해 훨씬 강하다고 볼 수 있다. 따라서 청소년의 여가는 다음과 같은 보다 복합적이고 다양한 의미를 지니고 있다.

첫째, 개인적인 측면에서 청소년의 여가활동은 바람직한 인격형성에 도움을 주고 학업생활에서 누적된 육체적·정신적 피로를 회복시켜 새로운 활력을 얻는 재충전의 기회를 준다. 또한 이때 습득된 여가경험은 노년기에 이르기까지 일생동안 연속성을 지니는 것으로 보고되고 있으므로 건전한 성인문화의 초석이 될 수 있도록 청소년기에 사회적으로 수용 가능한 여가활동의 경험이 이루어져야 할 것이다.

둘째, 대인적인 측면에서 청소년의 여가활동은 개방적인 자아표현의 기회를 마련해 줄 뿐 아니라 집단 구성원들의 공동가치를 부여받음으로써 공동체 생활 속에서의 조화로운 인간관계의 기술을 습득하게 할 것이다.

셋째, 사회적인 측면에서 청소년기의 건전한 여가활동은 그가 속한 사회 규준을 학습하고 성인으로서의 책무를 이행하는 역할 경험의 장을 제공할 것이다.

넷째, 인지적인 측면에서 청소년기의 여가생활은 학교 수업에서 배운 지식 활용과 새로운 지식을 획득하는 기회가 되며, 주체적이고 적극적인 여가 참여는 청소년의 사고와 상상력, 창의력, 추리력, 문제해결력 등의 고등정신을 발달시키는 역할을 한다.

(1) 청소년과 제7차 교육과정

현재 학교교육과정인 제7차 교육과정에서는 특별활동과 특기적성교육을 비롯한 각종 현장체험학습을 통해 학생의 창의성교육과 여가활동을 강조하고 있다. 초·중·고등학교의 교육과정의 편제상에 나타나는 여가활동을 살펴보면, 여가는 현재의 초·중·고등학생에게 적용되는 제7차 교육과정의 특별활동과 연관이 있다. 제7차 교육과정은 교과활동, 재량활동, 특별활동의 세 가지 활동으로 편성되어 있는데 여가는 이 중 '특별활동'에 해당한다고 볼 수 있다.

특별활동은 교과와 상호 보완적 관련 속에서 학생의 심신을 조화롭게 발달시키기 위하여 실시하는 교과 이외의 활동으로 학생의 개성과 소질을 개발·신장하고, 건전한 취미를 가지게 하여 자아실현을 돕고 여가를 잘 활용할 수 있게 한다. 특별활동의 교육과정은 자치 활동, 적응 활동, 계발 활동, 봉사 활동, 행사 활동의 5개 영역으로 구성되며 각 영역별 구체적 활동 내용은 지역의 특성과 학교의 실정에 알맞게 선정되어야 한다.

제7차 '특별활동' 교육과정은 자치활동, 적응활동, 계발활동, 봉사활동, 행사활동의 5가지 영역으로 세분하여 구성되어 있으며, 여가는 그중 특히 '계발활동'과 그 성격, 특성, 내용 등에서 많은 공통점을 갖고 있다. 또한 학교 현장 밖에서 이루어지고 있는 '현장체험학습'도 학교 교육과정상에서 학교와 관련한 여가활동이라고 할 수 있다. 학교장은 교육상 필요한 경우 보호자의 동의를 얻어 교외체험학습을 허가할 수 있으며 이 경우 교외체험학습은 학칙이 정하는 범위 안에서 수업으로 인정할 수 있다. 체험학습 프로그램 내용은 실험, 관찰, 조사, 수집, 노작, 견학 등 직접적인 체험활동이 되도록 한다. 체험학습은 도·농간 교류학습, 체험학습의 날 운영, 가족행사 및 지역사회행사참가 등 다양한 형태로 실시할 수 있다.

(2) 청소년 여가의 필요성

청소년 여가의 필요성은 다음과 같다(노용구, 2002; 노용오 외, 2005).

① 신체적 능력 발달

여가를 통하여 신체적 능력을 발달시킬 수 있다. 소극적으로는 다분히 휴식을 취함으로써 에너지를 보충하고 생리적 리듬을 원활히 유지하게 한다. 적극적으로는 스포츠와 같은 활발한 신체활동을 통해서 신체의 건강유지와 운동능력을 향상시켜 준다. 여가는 장기적으로 청소년의 건강한 신체발달과 신체적성을 계발하고 발달시키는 데 중요한 역할을 한다.

② 인지적 능력의 발달

새로운 자극을 받아들인다는 것은, 자신의 인지체계가 확장되었음을 말한다. 여가에는 상상력과 창의적인 요소가 포함되어 있다. 여가를 잘 보내는 청소년들이 그렇지 못한 청소년들보다 훨씬 더 창조적이며 창의성이 높다는 것이 일반적인 견해이다.

③ 정서적 능력의 발달

여가를 통항 정서적 안정을 얻게 되고 스트레스를 극복할 수 있다. 여가에 참여하면서 소외감, 우울 혹은 무력감과 같은 부정적인 심리적 요소를 극복할 수 있다.

④ 사회적 능력의 발달

여가 속에서 합동과 조화를 통하여 사회적 태도를 학습하게 된다. 청소년들은 여가 속에서 경쟁집단과의 조화로운 태도를 학습하게 되어 올바른 대인관계의 기술을 습득할 수 있게 된다.

⑤ 문화창조의 기능

인간에게 여가가 없었다면 인류문화는 존재하기 어려웠을 것이다. 특히 청소년들은 여가시간에 더욱더 자신의 창의성과 개성을 발휘할 수 있다. 청소년들은 그들의 부모들과는 다른 여가를 가지게 됨으로써 그들만의 독특한 문화를 형성해 나가고 청소년문화를 보다 알차고 윤택하게 만드는 역할을 수행한다.

⑥ 사회체제와 윤리 확립

청소년에게 여가선용은 범죄나 비행을 감소시키고 사회의 구성원으로서의 소속감을 높이는 수단이 된다. 또한 여가가 제공하는 사회적 기능을 통해서 청소년들을 매우 효과적으로 사회의 질서와 규범 안으로 끌어들여 사회화를 시킬 수 있다. 여가는 일상생활의 권태감을 벗어나게 하고 새로운 활력과 재충전의 기회를 가져다준다.

⑦ 자아존중감의 확립

발달시기에 있는 청소년기의 여가활동은 아동기나 유아기의 놀이 형태와 달리 자아상을 표출하는 활동이거나 자아존중과 타인과의 관계를 형성하고자 하는 욕구에서 출발하는 활동이 많으며, 이러한 놀이에 적극적으로 참여하는 경향이 높은 청소년들이 자아정체감이나 자아존중감이 높다. 즉, 자아인식이 시작되는 청소년기에 경쟁적인 놀이나 사회적인 활동에 참여함으로써 청소년들은 놀이 내에서의 규칙과 그 안에서의 사회적 상호작용을 배우고 사회적 일원으로서의 자기를 인식할 뿐만 아니라 소속감을 느끼고 심리적 안정을 갖게 되며 그런 가운데 자아개념과 자신감을 형성한다.

(3) 청소년 여가문화의 의의

청소년들은 정신적・육체적 변화가 큰 시기를 살아가고 있으며, 미래를 위한 예비 단계에서 정서적・지적・신체적 성장기를 맞이한 이들 청소년들은 건전한 여가를 통해 그들의 다양한 성장과 향유의 욕구를 자유롭게 표출하고 창조적으로 승화시킬 수 있는 기회를 가질 수 있다. 그러나 현재 우리나라의 청소년들은 과중한 입시 부담으로 늘어가는 여가시간을 충분히 활용하기 어려운 실정이다. 그리고 가정에서는 부모들이 자녀들의 잠재력 및 적성을 외면하여 자율적이고 창의적인 생활을 경험하지 못하고, 외부의 간섭과 억압에 의해 기계적 생활을 하고 있다. 게다가 청소년 문화 특성에 대한 이해가 부족하여 개인의 독립된 시간이나 여가를 즐길 수 있는 기회를 허용하지 않고 있다.

바람직한 청소년문화의 한 영역인 여가문화는 성인들의 모범적인 여가활동을 학습・경험할 수 있는 기회가 주어질 때 무의미하거나 불건전하지 않은 질적 향상이 이루어진다. 그리고 여가를 통하여 청소년들은 학교・사회생활에서 받는 스트레스와 갈등, 정서불안 및 신체・정신적 피로를 해소하고 새로운 자신감과 의욕을 가질 수 있을 것이다(이연숙 외, 1995).

(4) 청소년과 가족여가

① 가족여가의 기능

청소년과 여가, 특히 가족여가의 긍정적 기능에 관해 다음과 같이 정리하고 있다.

첫째, 가족여가는 가족 구성원 간의 유대를 증진시키며, 가족 구성원들이 여가활동에 함께 참여함으로써 상호 이해와 친밀감을 증진시켜 가족 결속의 바탕이 된다.

둘째, 능동적이고 적극적인 여가활동에의 참여는 삶의 질적인 향상을 가져다줌으로써 가족 구성원의 심리적 안정에 영향을 미치게 된다. 가족의 여가활동은 가족의 이해와 행복을 가족 공동의 것으로 만들 뿐만 아니라, 구성원들에게 혼자서는 맛볼 수 없는 기쁨을 주게 된다. 가족은 여가생활의 단위로서 매우 중요하다는 인식 때문에 오늘날 가정이 직면하고 있는 많은 문제 발생에 대한 예방과 건전한 사회 풍토를 조성하기 위한 가족 중심의 여가생활과 건전한 여가문화의 정착이 필수적 과제라고 강조하였다(최길례, 2003).

셋째, 가족이 여가시간을 함께 보내 청소년들의 비행을 줄일 수 있다는 점도 제기되고 있다. Robertson(1999)은 여가와 가족에 관한 연구를 통하여 가족이 여가시간을 함께 보내지 않을 때 청소년들의 비행이 발생하는 경향이 있음을 발견하고, 부모가 비행청소년들과 여가시간을 공유하기를 권장하며, 자녀들의 여가 역할 모델로서 부모 역할의 중요함을 강조하였다.

넷째, 가족여가는 가족이 함께 여가를 계획하고 즐기는 가운데 상호작용과 의사소통을 도와주며, 여가에 관한 가족 구성원 간의 의사소통은 다른 주제에 관한 의사소통보다 더 개방적이고 덜 위협적인 것으로 인식되어 의사소통 기술을 강화하는 기회가 될 수 있다(문숙재 외, 2005).

② 가족여가활동 현황

우리나라에 '주5일 근무제'가 도입되면서 가족 단위의 여가활동에 대한 필요성을 전반적으로 인식하고 있지만, 그 문제점 또는 장애요인들도 상당하다. 2006년 국민 여가조사의 결과에 따르면 응답자의 92.9%가 여가를 통해 자신의 삶의 질이 향상될 수 있다고 응답하였고, 여가 자체가 자신의 전체적인 삶 또는 생활의 일부분에서 긍정적 영향을 준다고 인식하였다.

또한 주 40시간 근무제의 도입 후 여가생활 만족도의 변화에서 65.4%가 긍정적 평가를 하였으며 생활에 나타나는 가장 긍정적인 변화로 '가족과 함께하는 시간의 증가'라는 대답이 39%로 가장 높은 비율을 차지했다. 여가 관련 문제점으로는 '저렴하게 이용할 수 있는 여가시설이나 프로그램의 부족'으로 나타났다. 청소년의 경우에도 마찬가지로 주5일제 수업 실시 후 휴일 여가활동이 증가하였으며, 부모와 함께 다양한 여가활동을 희망함에도 불구하고 현실적으로 경험한 가족여가 활동은 TV 보기, 외식, 쇼핑 등 한정적인 범위로만 나타나고 있었다(한국문화관광연구원, 2006).

3) 외국의 가족여가정책

각 나라마다 여가정책은 처해 있는 사회·문화환경과 정책의 방향에 따라 특색을 갖고 있다. 미국의 경우 건강추구형, 캐나다는 정부주도 여가공급, 프랑스는 자기계발형, 호주는 가족과 클럽중심형 등으로 나타난다.

(1) 미국

미국에서의 여가활성화 정책은 주5일 근무제와 매우 밀접한 관련이 있는데, 이 제도의 정착은 전 국민의 적극적인 여가 참여의 기회로 작용된다(윤소영, 윤주, 2008). 적극적인 여가 참여는 미국인들의 일상생활의 중심으로, 그 결과 여가에 대한 적극적이고 긍정적인 참여, 향유, 삶의 질로 연계되었다(김오중, 2000). 미국의 여가 활성화 정책은 수없이 많으나, 그 중심적 여가 활성화 정책은 크게 세 가지로 말할 수 있다. 첫째, 아동을 위한 놀이센터 지원 정책, 근린 및 지역 레크리에이션 공원 활성화 정책, 학교시설 개방 정책 등으로 이러한 정책은 미국인들의 여가가치관, 관심, 참여, 만족 등에 매우 중요한 역할과 기능을 하였다(김오중, 2000).

미국은 건국 초기부터 모든 학교가 토요일에는 수업이 없었으므로 특별히 토요일 대체 프로그램이 없다. 초등학교의 방과 후 프로그램은 학생 보호를 위한 경우이고 중등학교의 경우는 학생들의 특기나 취미생활을 위한 것이다. 미국은 청소년 범죄와 폭력의 심각성은 지속되고 있으나 실제로 범인 체포율에 근거한 청소년 폭력 범죄의 비율은 1990년대 이후 꾸준히 감소하고 있고, 학교와 인근 지역의 강력사건의 빈도 역시 마찬가지로 감소 추세를 보이고 있다. 오늘날 많은 미국 청소년들이 양친-친부모 가정 이외의 가족구조를 경험하고 있으며 그로 인해 달라지는 부모-자녀 사이의 관계에 대한 이해가 요구되고 있다(김재은, 김상학, 2006).

(2) 캐나다

캐나다 국민의 여가활동의 대부분은 자연 속에서 행해지는 것이 일반적이다. 1990년대 말 21세기를 준비하며, 캐나다 정부는 '캐나다의 미래'라는 조사에서 정부는 여가시설 제공자로서의 역할을 하며, 또한 서적, 미술은행 등을 무료로 제공하는 공급자로서의 기능을 수행한다는 것을 강조하기도 하였다. 특히, 발레, 오페라, 스키팀 등에 대한 후원자로서 퍼레이드, 개국기념 축제 등의 주최자로서의 기능을 수행하는 등 조성자로서 정부의 역할을 하는 것이 특징이다. 캐나다의 여가 활성화 정책은 캐나다 공원 레크리에이션 협회(Parks and Recreation Association of Canada), 캐나다보건체육·레크리에이션협회(Canada Association for Health, Physical Education and Recreation) 등을 통해 이루어진다. 시의 공공적 성격으로 공원 및 레크리에이션의 상호 보완과 특화가 캐나다 여가 활성화 정책의 특징으로(김오중, 2000), 캐나다의 여가정책은 가족이 함께 여가활동을 즐길 수 있는 토대를 제공하고 있다.

(3) 프랑스

프랑스인의 삶에는 여가가 상당한 비중을 차지하고 있는데, 이는 프랑스 정부의 노력으로 이루어졌다. 프랑스 정부의 여가정책은 저렴하고 다양한 숙박시설 및 휴가촌 개발을 통한 복지관광의 확대를 들 수 있다(김오중, 2000). 프랑스는 일찍이 유급휴가제도를 채택함으로써 노동시간의 단축과 아울러 자유시간인 여가시간의 증가를 초래하였다. 이에 따라 늘어가는 여가시간을 어떻게 국민 교육 · 문화의 향상에 이바지할 수 있도록 활용할 것인가 하는 문제에 깊은 관심을 가졌다. 프랑스의 여가정책이념은, 증가된 여가시간을 국민교육과 문화 향상에 기여할 수 있도록 활용하는 것이다.

이에, 프랑스 정부는 과거의 청소년 서비스 · 여가부를 개편하여 자유시간성을 설치하였고, 여가에 대한 권리를 노동 · 교육의 권리 다음으로 비중을 두어 국민의 여가생활에 깊은 관심을 보여 주고 있다. 이 여가정책의 기본이념은 다섯 가지이다. 첫째, 국민정신교육, 특히 대중교육을 강화하며 사회 · 경제 · 정치의 구조에 관한 지식과 교양을 통하여 국민 자신의 권리를 충분히 행사하고, 국민 개개인의 의지와 능력에 따라 사회의 민주적인 운영에 공헌토록 한다. 둘째, 청소년에게 각종 정보를 제공하며, 사회 · 경제적인 생활에 진출을 돕고, 만남의 장소를 발전시켜 자신의 자유시간을 스스로 창조하는 책임을 고취시킨다. 셋째, 사회적 여가활동과 대인 여가활동을 통해서 소극성과 소외감을 제거시킨다. 넷째, 스포츠를 대중화하며 이를 여가생활의 주요 활동으로 유도한다. 다섯째, 관광활동을 강화하는 것이다.

이러한 프랑스의 여가정책은 상업관광과 회사나 클럽을 통한 관광 기회를 확장시키며 민간예술과 전통예술의 재발견, 기존 지방문화의 활용을 그 바탕으로 삼는다(김오중, 2000).

(4) 호주

호주인의 여가활동은 영국의 영향을 받아 가정과 클럽을 중심으로 전개된다. 호주인의 30%는 각종 클럽활동을 통하여 친구를 사귀는 사교활동이 호주인의 여가활동의 중요한 부분이 되고 있다. 호주는 바다가 근접해 있고 기후가 좋아 물과 관련된 여가활동을 쉽게 할 수 있으므로 수영, 요트, 수상스키, 낚시 등의 활동이 인기가 있다. 호주는 레크리에이션 진흥을 위해 연방정부 및 주정부가 레크리에이션 전담기구를 설치하고, 레크리에이션 시설, 프로그램을 담당하는 직원을 채용하여 운영함으로써 민간부문을 지원하고 있다(김오중, 2000). 독일의 여가정책의 대표성은 '황금계획(Golden Plan)' 및 '제2의 방법(Second Way of Sports)'으로, 국민의 여가생활에 대한 장기계획으로 서독의 올림픽위원회가 수립한 정책방안이다(송형석, 2008). '황금계획'은 1953년부터 당시 서독 올림픽위원회가 중심이 되고 스포츠단체와 노동단체, 종교단체, 도시계획학자 등의 협력을 얻어 '모든 사람에게 기회를'이라고 하는 슬로건 아래 지역사회에 있어 여가활동을 위한 시설과 자금 확보를 추진하고, 계속 증대하는 문명의 피해에 대처하고자 하는 목적에서 기획된 것이다.

황금계획은 그 필요성 및 실천방안이 상당히 명료하고, 구체적으로 제시되어 있어 서독뿐만 아니라, 세계 각국 정부 · 단체들의 스포츠 및 여가시설 계획 수립에 좋은 영향을 주었다. 이 계획은 민간 스포츠 단체가 중심이 되어 작성한 것으로 법적 강제가 아닌 연방정부 · 의회, 각 주정부 · 의회 및 지방자치단체에 호소하는 형식을 취하고 있다. 그러나 국가와 주는 여기에 적극적인 지원을 했을 뿐만 아니라, 지방자치단체도 진지하게 협력을 아끼지 않았다. 처음에는 꿈에 불과하다고 하며, 그 실현을 걱정하는 사람도 많았지만, 훌륭한 협조정신을 바탕으로 노력한 결과 전국적으로 크나큰 성과를 거두게 되었다(송형석, 2008).

'제2의 방법'은 황금계획에 의해 확충된 스포츠 및 여가시설을 이용해서 남녀노소를 불문하고 모두가 스포츠를 즐기며, 스포츠를 통해 건강한 몸과 마음을 갖도록 하자는 국민운동으로, 그 슬로건은 '스포츠를 생애의 반려로'라고 하는 것이다. 이 슬로건을 실현하기 위해서, '보다 빨리 시작하자', '보다 오래 계속하자', '보다 많은 부녀자를 참여시키자'라고 하는 세 개의 목표를 설정하였다. 이러한 목표를 통해서 가족이 모두 스포츠나 여가시설을 이용한 여가활동을 할 수 있도록 하였다.

(5) 일본

일본은 1987년부터 순차적으로 주5일제를 도입한 이후 노동시간의 단축으로 자유시간이 증가하고, 국내여행자의 증가와 함께 여가에 대한 관심이 높아지고 있는 가운데 일보다는 여가를 중시하는 경향이 나타나고 있다(이혜숙, 황의룡, 2008). 지난 1980년대부터 일본은 경제기획청 내에 국민생활국이 설치되어 국민여가생활 등 국민생활의 전반적인 정책을 관장하고 있었다(이혜숙, 황의룡, 2008). 주요 지원 정책으로는 지도자 육성과 여가정보 제공 등이다. 따라서 여가정책은 대도시와 소규모 도시에 여가시설을 늘리고 주민들에게 다양한 여가정보를 제공하는 한편, 건전한 여가활동 지도를 위한 전문가를 양성하고 여가에 대한 예산의 증액을 위한 노력을 들 수 있다. 이러한 여가지원정책에 의해 대규모 여가시설의 건설은 관 주도형, 소규모 시설은 민간 주도형으로 이루어졌다. 또한, 일부 경축일을 월요일로 지정함으로써 연휴를 제도적으로 창출하고 부모의 휴일에 맞추어 학생들이 휴일을 선택할 수 있도록 하는 방안을 도입하여 휴가의 양적 · 질적 개선을 도모하고 있다(김오중, 2000).

(6) 독일

독일은 청소년 육성과 관련하여 적극적인 지원정책을 수립하고 있으며 청소년 및 가족을 위한 정책을 지속적이고 체계적으로 지원하고 있다. 도시 곳곳에서 이루어지는 이러한 청소년들의 만남은 주말 여가활동을 하는 데 좋은 기회가 되기도 하지만 때로는 결손가정의 청소년들로 인해 좋은 평가를 받지 못하는 경우도 있다. 오늘날의 독일 청소년들은 자아계발이나 비판력과 같은 가치를 특히 중요하게 여기며 친사회적인 가치들, 즉 타인에 대한 배려나 책임감 등에 높은 가치를 부여하고 그 다음으로 순행, 명예욕 그리고 안정지향과 같은 전통적인 가치와 인생을 즐겁게 그리고 흥미롭게 이끌고 싶다는 쾌락주의적 가치가 뒤따르는 것으로 나타났다. 독일 청소년들의 문화활동의 경향을 살펴보면 10~15세 청소년의 경우 음악을 듣거나 노래를 하는 등의 문화적 활동은 10~20% 이하의 학생들이 하는 반면에 50%가 넘는 학생들이 정규적으로 스포츠를 하는 것으로 나타났는데, 상류층에 속하는 아동이나 청소년이 다른 사회적 계층의 아이들보다 눈에 띄게 독서나 예술적·미적 활동을 하는 경우가 많은 것으로 나타났다(서병문, 2005).

2. 청소년 여가문화의 실태

1) 여가활동 방식의 변화

2013년 13~24세 청소년은 주말이나 휴일의 여가활용으로 'TV 및 DVD시청'이 57.7%로 가장 많았고, 다음으로는 '컴퓨터 게임 등(41.9%)', '휴식(32.5%)', '사교 관련 일(32.4%)' 순으로 나타났다.

연령대별로 보면, 13~19세 청소년은 'TV 및 DVD 시청(61.4%)', '컴퓨터 게임 등(48.7%)' 등이 20~24세 청소년보다 각각 9.2%p, 16.7%p 높게 나타났다.

표 4-2 주말이나 휴일의 여가활용(복수응답)

(단위: %)

구분		TV 및 DVD 시청	여행	문화 예술 관람	스포츠 활동1)	컴퓨터 게임 등	창작적 취미	자기 개발	종교 활동	가사일	휴식	사교 관련 일2)
2011		61.6	5.1	15.9	14.9	49.6	8.0	15.5	8.4	5.4	28.7	30.1
2013		57.7	5.9	17.9	14.5	41.9	7.7	15.5	8.5	5.7	32.5	32.4
	13~19세	61.4	3.9	14.8	15.2	48.7	8.2	16.3	8.5	2.8	30.7	29.8
	20~24세	52.2	8.9	22.5	13.5	32.0	6.9	14.3	8.5	9.8	35.1	36.1

자료: 통계청, 「사회조사」 각 년도.

주: 1) 스포츠 관람 포함.

2) 친구만남, 친가방문, 동창회 모임 등

2) 청소년과 여가

(1) 주5일 수업제

중·고등학교에 재학 중인 학생을 대상으로 주5일 수업제 실시 이후 평균 여가시간의 변화를 조사한 결과, '여가시간이 늘어났다'라고 응답한 비율이 46.5%로 '변화없다(42.0%)'와 '줄어들었다(11.6%)'의 응답률보다 높은 것으로 나타났다. 성별로 살펴보면, '여가시간이 늘어났다'라고 응답한 비율이 남성(45.0%)보다 여성(48.3%)이 약간 더 많은 것으로 나타났다.

표 4-3 주5일 수업제 실시 이후 평균 여가시간 변화

(단위: %)

구분		사례 수	매우 줄어들었다	줄어들었다	변화없다	늘어났다	매우 늘어났다
전체		456	3.2	8.4	42.0	43.5	3.0
성별	남자	250	5.8	7.1	42.2	43.0	2.0
	여자	206	0.0	10.0	41.7	44.1	4.2

자료: 문화체육관광부, 『2012 국민여가활동조사』.

주5일 수업제 실시 이후 여가시간의 변화를 살펴보면, '학업시간의 증가'가 41.3%로 가장 많은 것으로 나타났으며, '특별히 활용하지 않음(30.7%)', '여가시간 증가(23.4%)' 등의 순으로 나타났다. 소득별로는 100만 원 미만의 가구에서는 학업시간으로 활용하는 비율이 없으나, 500만 원 이상의 가구에서는 56.4%로 나타남에 따라 가구소득이 증가할수록 주말 여가시간을 학업시간으로 활용하고 있는 것으로 나타났다. 주5일 수업제 실시 이후 희망하는 여가활동의 경우 영화보기가 33.4%로 가장 많은 것으로 나타났으며, 게임(25.4%), TV시청(21.5%) 등의 순으로 나타났다.

표 4-4 주5일 수업제 실시 이후 주말 여가생활 변화

(단위: %)

구분	사례 수	여가시간	학업시간	자기계발	특별히 활용하지 않음	기타
전체	456	23.4	41.3	3.4	30.7	1.3
100만 원 미만	7	22.5	–	–	77.5	–
100~200만 원 미만	10	52.1	21.3	–	26.6	–
200~300만 원 미만	76	24.2	36.3	2.7	36.8	–
300~400만 원 미만	193	25.7	35.3	2.1	34.4	2.4
400~500만 원 미만	94	21.3	50.3	6.9	21.1	0.4
500만 원 이상	77	15.7	56.4	3.5	23.6	0.8

자료: 문화체육관광부, 『2012 국민여가활동조사』.

(2) 디지털형 여가의 증가

언제 어디서나 인터넷 접속이 가능한 스마트폰의 상용화로 인하여 일상 속 디지털형 여가가 더욱 본격화되고 있다. 과거 아날로그형 여가는 직접적인 체험과 경험을 통하여 만족을 얻는 반면, 디지털형 여가는 조작과 가상의 기술로 인해 가상체험을 통하여 쾌감을 얻는 것이 특징이다. 또한, 디지털형 여가는 현실세계에서 벗어나 자신을 표현하는 효과를 경험하기도 하고 이를 통해 스

트레스 해소도 가능하다. 연령대별 디지털 여가활동의 참여율을 살펴보면, 10대와 20대를 포함한 젊은 세대를 중심으로 디지털 여가활동의 참여율이 점차 커지는 추세이며, 연령이 높아질수록 참여율이 낮아지고, 60대 이상의 경우 거의 참여하지 않는 것으로 나타나 여가활동 유형의 세대 간 차이를 보여주고 있다.

표 4-5 연령대별 디지털 여가활동 참여비율(중복응답)

(단위: 명, %)

연령대	사례 수	미니홈피/블로그관리	인터넷검색/채팅/UCC 제작/SNS	게임
10대	450	46.9	25.9	37.0
20대	374	30.9	22.2	24.6
30대	439	18.3	27.2	23.5
40대	251	3.2	17.7	11.1
50대	91	0.7	6.0	3.1

자료: 문화체육관광부(2012), 『2012 국민여가활동조사』.
※ 전체 여가활동 참여비율에서 디지털여가와 관련한 여가활동 참여비율을 제시함.

디지털 여가활동이 증가함에 따라 부정적인 효과도 적지 않다. 부정적인 효과는 인터넷중독, 게임 중독 등으로 디지털 여가활동에 극단적으로 치중할 때 발생하게 된다. 이러한 문제들에 대해서는 그동안 사회적으로나 정책적으로 많은 관심이 기울여져 왔다. 이러한 문제에 못지않게 중요하면서도 그동안 관심을 끌지 못하였던 문제가 실외활동의 위축이다.

연령대별 주요 여가활동 공간을 보면 사이버·모바일공간이 많은 비율을 차지하는 젊은 층에서 야외여가 활동의 비율이 낮은 것을 볼 수 있다. 즉 활동력 강한 젊은 층의 실외공간 이용 비율이 노년층보다 훨씬 낮은 것을 알 수 있다. 주 40시간 근무제 및 주5일 수업제 도입의 효과로 실내 중심의 정적인 여가활동보다 야외중심의 동적인 여가활동 증가가 예측되어 왔으나, 10대와 20대의 여가공간 유형을 보면 아직 이러한 예측에 부합하는 현상을 찾기 어렵다.

표 4-6 집 이외의 가장 많이 이용한 여가공간(1순위)

(단위: 명, %)

구분	사례 수	실내공간	실외공간
전체	5,003	58.0	42.0
10대	532	74.9	25.1
20대	622	71.8	28.2
30대	1,031	58.0	42.0
40대	1,027	57.8	42.2
50대	876	47.6	52.4
60대	467	46.5	53.5
70대 이상	448	51.8	48.2

자료: 문화체육관광부(2012), 『2012 국민여가활동조사』.

젊은 층의 사이버여가활동 증가와 야외여가활동 감소는 10대 청소년의 시간 사용 구조와도 연관된다. 10대 청소년들은 학교생활과 방과 후 학원학습 등으로 인하여 여가시간이 전체적으로 짧거나 남는 시간만 활용하는 경우가 많다. 이러한 상황에서 야외활동을 할 여유가 없기에, 짧은 시간에도 즐길 수 있는 디지털활동을 즐기게 되는 것이다. 다만, 상대적으로 여가시간이 많아지고 자기 시간 조절의 가능성이 커지는 20대에도 여전히 디지털활동이 야외활동보다 많은 것은 젊은 층의 여가취향이 이미 디지털활동 중심으로 형성된 경우가 많음을 시사한다.

청소년기의 야외활동은 또래와의 어울림을 통해서 사회화를 돕고 신체 활동을 통해 건전한 신체 발달에 도움을 준다. 야외활동의 긍정적인 의의들은 대체로 스포츠와 같은 여가활동에서 두드러지는 반면 디지털여가활동에 의해 약화되는 경우가 많다. 예를 들어, 게임의 경우 개인 활동의 성격을 가지거나, 도중에 발생하는 사회적 관계가 익명의 일시적 관계에 머무는 경우가 많다. 따라서 현재와 같이 청소년의 여가활동이 디지털여가활동 위주가 되고 야외활동이 줄어든다는 것은 여가활동이 청소년들의 사회화에 수행하는 긍정적인 기능이 약화됨을 의미하므로 야외활동이 확대될 수 있는 방안을 모색하는 것이 필요하다(문화체육관광부, 2013).

3. 청소년 여가문화의 향후 과제

바람직한 청소년 여가문화의 방향을 살펴보면 다음과 같다(한국청소년개발원, 2008).

1) 청소년 전용 여가 공간 및 시설 확충

청소년 전용 공간과 시설의 부족으로 청소년들이 성인시설에 대한 접근이 보다 용이할 수 있기 때문에, 청소년들만의 여가공간 및 시설을 확충하는 문제가 시급하다. 청소년 전용시설과 공간의 구축은 지역 단위로 청소년의 의견을 수렴하여 지역사회의 모든 구성원들이 참여하는 방식이 바람직하리라 생각된다.

2) 지역 단위 스포츠 시설 확충

청소년을 포함한 가족세대 모두가 어우러져 함께할 수 있는 여가공간에의 시설 확충이 필요하다. 현재 자치단체별로 다양한 공원 및 스포츠 시설을 설치하는 경우가 증가하고 있지만, 지역 간 편차가 있고 동일 지역 내에서도 접근성의 차이가 존재하기 때문에 보다 구체적이고 세밀한 계획에 의거하여 지역 단위 스포츠 시설을 확충하는 정책이 필요하다.

3) 수련시설의 활성화

현재 전국적으로 산재해 있는 수련시설들을 활용하여 청소년들이 가고 싶어 하는 여가의 장소로 새롭게 의미 부여가 될 수 있게 해야 한다. 수련시설에 대한 실질적 지원과 개선을 통해 청소년 여가를 위한 대표적인 시설이 될 수 있도록 하는 정책이 중요한 의미를 지닐 수 있다.

4) 청소년 동아리 지원 확대

청소년 시기에는 또래친구들이 큰 영향력을 미친다. 이에 친구들과의 여가를 올바른 방향으로 활성화시킬 수 있는 방안들 중 대표적인 것이 청소년 동아리를 활성화하는 것이다. 청소년 전용 공간과 시설들을 이용하여 그곳에서 그들만의 여가가 이루어질 수 있도록 집단적 차원에서 지원해 주는 것이 중요하다. 현재 진행되고 있는 동아리 지원을 보다 확대하고 구체화하여 건전한 동아리 활동을 통한 건전한 여가의 활성화가 가능하도록 해야 한다.

5) 청소년 여가 프로그램 활성화

청소년들이 다양한 여가활동을 할 수 있도록 다양한 종류의 프로그램 활성화가 필요하다. 이때 프로그램은 청소년 여가 인프라 구축과 밀접한 관계를 지니고 있는데 이때 시설과 프로그램의 유기적 연계성 확보가 중요하다.

6) 청소년 여가 지도를 위한 교원 연수

학교 교사는 청소년들이 그들의 가족보다도 더 많은 시간을 함께 보내는 사람들이다. 따라서 교사는 청소년의 바람직한 여가지도를 위해서 필요한 지도 방법이나, 내용 등에 대해 적정 수준에서의 연수를 받는 것이 필요하다.

7) 학교 내 여가시설 확충

오늘날 청소년들에게 있어 학교라는 공간은 가정보다도 더 많은 시간을 보내는 곳이다. 특히 상위 학년으로 갈수록 하루 중 대부분의 시간을 학교에서 보내게 된다. 그런데 지금의 현실은 학교의 기능이 입시 위주의 학업성적으로 흘러가기 때문에 청소년들의 바람직한 여가활동은 사실 기대하기 어려운 실정이다. 이에 청소년들의 체력단련을 위해서도 학교 내에서의 충분한 여가시설의 확충이 필요하며 이를 제도적으로 강화해야 한다.

8) 청소년 체험활동 확대

청소년의 특성상 체험활동은 사회에 나가기 위해 준비하는 중요한 직 · 간접적 여가 활동 영역이다. 농촌 체험, 직업 체험, 봉사활동 체험 등 다양한 체험활동은 문화적 다양성의 가치관을 갖게 해주고 사회구성원 서로에 대한 이해도를 증진시켜 주는 역할도 한다. 따라서 현재 진행되고 있는 청소년수련 및 체험활동을 더욱 확대하고 체계화하여 청소년들이 다양한 여가 체험을 할 수 있도록 하는 것이 중요하다.

제5장 청소년과 성문화

청소년 성문화는 무엇인가? 청소년들의 성에 대한 호기심은 최근 들어 매우 개방적이고 행위지향적인 특성을 띠고 있으며, 성의 가치와 윤리성의 희박으로 성을 쾌락의 도구나 욕구의 충족수단으로 생각하는 경향을 나타내고 있다. 이와 같이 빠르게 서구화된 생활양식과 변화하는 성의식은 청소년의 성문화에 커다란 영향을 미치고 있다.

1. 사랑의 분류와 유형

1) 사랑의 유형

(1) Lasswell(1980)의 사랑의 유형 분류

① 동료적인 사랑(Storge)

동료적인 사랑이란 많이 만나고 같이 지내다 보니 자연스럽게 친근감, 편안

함을 느끼고, 이것이 연장되어 서로 도움을 주고받기도 하고, 상대의 약점과 강점도 있는 그대로 받아들이는 사이를 말한다. 이 같은 사랑은 하루라도 못 보면 살 수 없을 정도의 열정은 없다고 하더라도, 아주 오래된 친구처럼 상호 깊게 신뢰하고 상대방에 대한 요구도 과도하지 않다.

② **열정적인 사랑**(Eros)

성적인 사랑이라고도 하는 열정적인 사랑은 대부분 독특하고, 특별하고, 심리적으로 각성시키고, 성적인 충동을 유발하며, 상대방에 깊게 몰입하고, 불이 붙는 듯 한꺼번에 뜨거워진다. 이러한 특성들 때문에 열정적인 사랑에서 나타나는 그 밖의 특성을 살펴보면 다음과 같다.

- 사랑하는 속도가 매우 빠르며, 상대방에 대한 감정이 강렬하고, 그러한 감정들이 자신의 전체 생활을 지배한다.
- 이성보다는 감성이 앞서고, '오직 한 사람, 단 한 번의 사랑'이라고 믿으며, 다른 사람에 대해서는 배타성이 강하다.
- 상대방에게 모든 것을 요구하거나 기대하고, 숙명적 · 운명적인 만남임을 굳게 믿는다. 결혼까지 이어지기가 그리 쉽지 않다.

③ **논리적인 사랑**(Pragma)

논리적인 사랑에서는 자신들의 배경과 취미, 가치, 개성 등을 따지게 되고, 어느 정도 이러한 전제들에 합당할 때 더욱 사랑을 느끼고 가깝게 다가간다. 이들의 사랑은 공정거래, 즉 서로 사랑을 주고받는 거래가 깨지게 되면 많은 갈등을 겪게 되며, 끝까지 이러한 사랑을 실현하는 이들에게는 상당한 인내심이 요구된다. 완벽하게 논리적인 사랑을 하는 이들의 수는 현실적으로 적지만, 이러한 유형의 사랑은 완벽주의 경향이나, 사랑하기에 있어서 내부 불안이 많은 이들에게서 더 빈번하게 발견된다.

④ **소유적인 사랑**(Mania)

만일, 사랑은 상대방을 소유하는 것이라고 여기거나, 나 또한 상대의 소유가 되어야 하는 것으로 여긴다면 이러한 사랑은 광적인 사랑(Mania)에 해당된다. 이러한 사랑은 아마도 사랑의 유형 중 가장 위험한 것이며, 극단적인 감정에 휘말려 그것의 노예가 되고 마는 사랑일 것이다. 소유적인 사랑은 상대를 완전히 소유했다고 여기면 흥분과 환희로 잠 못 이루게 되는 반면에, 상대를 소유하는 것에 실패했다고 여기면 극단적인 분노, 절망감으로 심적인 고통을 받게 된다.

⑤ **이타적인 사랑**(Agape)

이타적인 사랑은 헌신적이고 무조건적인 수용과 배려를 아끼지 않는 사랑이다. 말하자면 아가페적인 사랑인데, 부모가 자식에게 조건 없이 사랑을 퍼붓듯 이성 간에도 진정한 사랑은 받는 것이 아니라 주는 것이라 생각하고 이를 실천하는 사랑이다. 이러한 사랑을 하는 이들은 상대의 기쁨과 행복을 위해서는 자신의 고통이나 희생은 기꺼이 감수할 수 있고, 이러한 사랑을 통해 자신도 기쁨을 느낀다.

⑥ **유희적인 사랑**(Lotus)

유희적인 사랑은 사랑을 정서적인 관계에서 승리하는 것으로 여긴다. 그리고 이들은 상대방의 욕구나 입장에는 관심이 별로 없으며 자기만족을 중요하게 여긴다. 유희적인 사랑을 하는 이들에게 최소한의 규칙이 있다면, 상대방에게 심한 정서적 상처를 주거나 자신만의 만족을 위해 상대방을 속이지는 말아야 한다는 것이다(강문희 외, 1999).

(2) Sternberg의 사랑의 유형

Sternberg(1986)는 사랑의 유형을 에로스, 스토르게, 루더스, 매니아, 프래그마, 아가페로 나누어 설명하였다(김혜숙, 2008).

① **에로스(Eros) 사랑**

마치 강한 전류에 감전된 듯이, 큐피드의 화살이 심장에 꽂히는 순간부터 사랑의 불꽃이 활활 타오르는 황홀하고 열정적인 낭만적 사랑이다. 이런 사랑은 대개 처음에는 신체적 매력에 이끌리게 되며 신체적 변화를 수반하는 강한 정적 감정을 일으키는 것이 보통이다. 그리고 차츰 감정이나 생각, 경험들을 함께 나누어 가짐으로써 서로를 사랑의 사슬에 묶어 놓는다.

② **스토르게(Storge) 사랑**

우정이나 연민을 생활 가운데서 자연스럽게 느끼고 사랑의 감정으로 발전한 경우이다. 그러므로 사랑하는 사람을 의도적으로 고르거나 육체적인 이상을 추구하지도 않으며 생활 속에서 만나는 것에 만족해한다. 이러한 사랑은 비록 황홀한 감정은 없을지라도 함께 있으면 편안하고 정다우며, 서로를 신뢰하고 이해하며 보살피려는 친밀감이다.

③ **루더스(Ludus) 사랑**

놀이나 게임을 뜻하는 라틴어에서 유래된 것으로 여러 대상을 방황하는 사랑이다. 이러한 사랑을 하는 사람들은 만나는 사람과 즉흥적이며 찰나적인 사랑을 추구한다. 이러한 사람들은 동시에 여러 사람을 사랑하며 다른 사람을 또 사랑할 수 있다는 자랑으로 사랑을 즐긴다. 그러면서 지속적인 사랑이란 구속이라고 느끼며 새로운 대상을 찾는다.

④ **매니아(Mania) 사랑**

고대 그리스어의 신으로부터 나오는 광기라는 의미의 매니아에서 유래된 것으로 상대에게 사로잡혀 질투와 소유욕에 불타는 사랑이다. 언제나 사랑받고 있다고 확인하며 상대가 사랑하기 전에 사랑하게 될까 봐 걱정을 한다. 매니아적 사랑은 구체적인 대상과 사랑에 빠진 것이 아니라, 사랑 그 자체를 사랑하고 있는 것이다.

⑤ **프래그마(Pragma) 사랑**

그리스어 'pragmatic'이란 말에서 유래된 것으로 실용적인 사랑을 의미한다. 이러한 사랑을 하는 사람은 상대에게 원하는 특성들을 목록으로 작성하여 잘 어울리는 상대를 찾는다. 이 자질 목록에는 신체적 매력이나 취미 등이 포함되어 있으며, 이와 같은 특성을 지닌 대상을 찾기 위해 스스로 노력한다. 만일 자신과 잘 어울리는 배경과 관심사를 가진 상대를 만나지 못하면 루더스를 사용하여 적당한 후보를 물색한다. 그러나 충동적이거나 성적 행동을 하지 않으며, 각 대상을 검토하여 자신과 잘 어울리는 상대라고 판단될 때까지 알아본다. 그리고 자기의 판단이나 선택이 옳은지의 여부를 친구나 부모에게 상의한다.

⑥ **아가페(Agape) 사랑**

타인을 위한 사랑이며, 나를 희생하는 사랑이며, 헌신적인 사랑으로 대가 없이 베푸는 사랑이다.

2. 청소년의 성문화에 대한 이해

1) 이성교제의 기능

(1) 사회화의 기능

젊은 남녀 간에 이성교제를 하는 것은 결혼 전의 준비 단계이다. 성격이 다른 여러 이성친구와 접촉하며 교제를 하는 동안 동성친구에게서는 느껴 보지 못한 다양한 역할을 실제로 상호작용을 통해서 배우게 되며, 이처럼 성인으로서의 경험을 쌓아감으로써 사회생활의 훈련을 하게 된다.

(2) 이성에 대한 적응의 기능

젊은 남녀 간에 이성과의 접촉이 새로운 의미를 갖게 됨에 따라 이성 앞에서는 어색함과 수줍음을 느끼게 된다. 그러므로 이성과 직접 만나서 사귀며, 친해지는 가운데 이성에 대한 적응력이 생기게 되며, 일반적인 사교생활과 사회생활에서도 자연스럽고 성숙한 대인관계의 기술을 습득하게 되고, 사랑이나 이성에 대한 막연한 기대나 비현실적인 사고방식을 구체화시켜서 자신의 행동을 조절할 수 있게 된다.

(3) 인격도야의 기능

이성과의 접촉은 사회가 일반적으로 기대하는 정상적인 인격을 길러 주는데 중요한 역할을 한다. 즉, 이성과의 접촉에 의해서 자신의 행동이 타인에게 어떻게 영향을 주는가를 알 수 있으며, 또 타인의 행위에 대해서도 더욱 의식적이고 자제적인 반응을 보일 수 있다. 이와 같은 상호작용에 의해서 개인은 여러 다른 상태나 사회생활에 적응할 수 있도록 성장해 간다. 특히, 이성교제를 통해서 젊은이들은 자신의 좋은 점과 나쁜 점을 알게 되고 자기 스스로에 대한 반성으로 자기의식과 정서적인 평정을 발달시킬 수 있으며, 또한 정상적인 인격형성을 꾀할 수 있게 된다.

(4) 배우자 선택의 기능

이성교제의 중요한 기능은 역시 배우자 선택에 있다. 결혼의 행복은 자기가 선택한 사람에 의해 크게 영향을 받게 되므로 많은 이성교제를 통해서 인격적으로 서로 어울리며 사랑할 수 있는 배우자를 선택한다는 것은 매우 중요하다. 그런데 행복한 결혼생활을 위해서는 배우자 선택 시 상호 간에 충분히 성숙해져 있어야 한다.

첫째, 성숙된 사람은 생활연령에 비해 생활해 나가는 데 지혜롭다. 사물을 보는 데 있어서도 사사로운 감정보다는 합리적이고 객관적으로 바라볼 수 있고 문제를 해결하는 데 있어 최선을 다하여 최적의 방법을 선택한다. 또한, 성숙된 사람은 현실세계를 직시하고 적응할 줄 알기 때문에 현실을 도피하거나 지나치게 이상주의적 태도를 갖지 않고 항상 현재로부터 미래를 향하여 건전한 생활태도를 지향한다.

둘째, 성숙된 사람은 자신을 전체의 일부로 받아들일 줄 안다. 즉, 사회조직 속의 인간관계의 생의 올바른 이념을 바로 알고 사회의 권위와 전통을 존중할 줄 안다.

셋째, 성숙된 사람은 자기 자신을 수용할 줄 안다. 자기 자신을 받아들인다는 것은 자기 자신의 장점과 단점을 똑바로 알고 자신의 행동에 대해서 책임을 질 줄 아는 태도를 말한다.

넷째, 성숙된 사람은 남의 아첨이나 칭찬, 비난 등에 동요되지 않는다. 즉, 자기 주관을 가지고 매사에 소신껏 최선을 다해서 살아가므로 남의 비난이나 평가에 대해 지나치게 동요되지 않으며, 또한 남의 칭찬에도 겸손히 고개 숙일 줄 안다(유영주 외, 2004).

2) 청소년 성문제 행동의 제원인

① 생물학적 접근

청소년기는 급격한 신체적 발달과 함께 성적 성숙이 이루어지는 시기로 호르몬 분비에 따른 성욕이 증가한다. 때문에 청소년기는 신체적으로 성욕이 왕성한 시기이므로 충동을 이겨내기 어렵다.

② 정신분석적 접근

프로이트에 의하면 청소년기에는 남근기 때 경험했던 오이디푸스 콤플렉스와 엘렉트라 콤플렉스가 다시 출현하는 시기이다. 이에 청소년들은 또래의 이성 친구들을 애정의 전환 상대로 만나게 되고 이들에게 강한 성적 호기심을 표현하게 되는 것이다.

③ 사회학습적 접근

청소년들의 성문제 행동이 다른 유형의 행동을 학습하는 것과 같이 학습의 과정을 통해 형성된다고 한다. Mead는 성역할에 대한 사회적 양육이 청소년의 성행동에 중요한 역할을 한다고 강조했다.

- 가정 : 가정의 변인으로는 가정의 구조적인 요인과 부모의 양육방식 혹은 성태도의 중요성이 강조되고 있다.
- 학교 · 또래집단 : 또래집단에 대한 동조 경향이 높은 청소년 시기에는 성행동뿐만 아니라 성에 대한 가치관과 태도 또한 주변 친구들의 영향을 많이 받는다. 청소년들이 갖고 있는 성지식은 객관적인 자료를 토대로 형성되기보다는, 지엽적이고 일회적인 경험을 바탕으로 하기 때문에, 서로에게 부정확한 정보를 제공하기 쉽다.
- 대중매체 · 성문화 : 우리 주위에서의 신문이나 비디오, 인터넷, TV에서 다루고 있는 성의 내용에는 퇴폐적이고, 음란적인 내용들이 스며 있는 경우가 있다. 또 이러한 대중매체의 영향뿐만 아니라 우리 사회가 갖고 있는 전반적인 성문화는 청소년들로 하여금 무분별하게 성행동을 부추겨 청소년들의 성문제 행동에 중요한 원인이 될 수 있다(노용오, 2005).

3. 청소년 성문제의 현황

1) 미혼모

(1) 미혼모의 정의

미혼모(unmarried mother, unwed mother)에 관한 정의는 시대와 사회 그리고 학자에 따라 약간씩 차이가 있다. 사회사업사전(Encyclopedia of the Social Work, 1995)에 의하면 "미혼모는 합법적이고 정당한 결혼 절차 없이 아기를 임신 중이거나 출산한 여성을 말한다."라고 정의하고 있다. 또한 NASW(1965)의 정의에 의하면 "미혼 상태에서 혼전 임신 및 출산, 인공임신중절과 별거, 이혼, 사별 상태에서 배우자와의 관계없는 아이를 가진 경우"를 의미한다.

한국여성개발원에 따르면 미혼모란 미혼의 상태에서 혼전임신 및 출산 또는 임신중절한 경우의 여성과 별거, 이혼, 사별의 상태에서 배우자와 관계없는 아기를 가진 여성을 총칭한다고 정의하고 있다.

우리나라 법에서 미혼모란 법적으로 결혼하지 않은 상태에서 아기를 임신하여 분만한 여성(한부모가족지원법 제4조1항)을 의미하며, 광의의 범주에서는 결혼한 여성이 이혼, 별거 등 독신과부의 상태에서 법적인 배우자가 아닌 남성과의 사이에서 임신을 한 경우, 처녀가 혼전임신을 한 경우나 독신녀가 인공수정으로 임신한 경우 또는 대리모가 법적인 남편이 아닌 남성으로 청탁받은 대역으로서 임신한 경우도 혼외자의 생모로서 미혼모라는 범주에 속한다고 본다. 단, 법적으로 혼인하지 않은 경우라도 사실혼 관계에 있으면, 미혼모에 해당되지 않는다.

(2) 미혼모의 발생원인

① 심리적 요인

미혼모의 성장과정에서 해결되지 못한 정서적 갈등과 성격장애의 한 증상으로 이해하는 것이다. 여기서 성격장애란 초자아 발달의 결함, 자기배척, 충동성, 부모를 괴롭히고자 하는 심리, 성에 대한 불안과 고독을 의미한다. 아울러 자라난 가정에서 발생하는 부모와 자녀 간의 비정상적인 인간관계, 부와 모의 혼인관계 장애, 가족 간 원만한 역할 부재와 의사소통의 부족 등이 복합적으로 작용하여 미혼모를 발생시킨다고 본다.

② 사회적 요인

전통적인 농업사회에서 현대 산업사회로 변모하면서 나타나는, 핵가족화와 가족 기능의 약화, 성의 개방화와 성윤리의식의 해이, 또래집단 문화의 모방, 상업적이고 자극적인 언론매체의 영향 등을 미혼모 발생의 한 요인으로 보고 있다. 우리나라는 1960년대 이후로 경제개발정책을 지속적으로 추진해 왔는데, 그래서 사춘기 소녀들이 직장을 찾아 도시로 몰려들었고, 이성교제의 기회도 많아지게 되었다. 이성교제가 자유로워짐에 따라 성적 접촉의 기회도 많아져서 혼전임신, 출산, 성병 등의 문제가 사회문제로 대두되었다.

③ 개인적 요인

일반적으로 선천적으로 성적 욕구가 유난히 강하거나 지능이 낮아 무분별한 행동을 하고, 충동적이고 무책임한 성격의 경우를 들 수 있다. 또한 특별한 경우로 미혼모의 가치관이나 성격이 비정상적으로 형성되어 사회적인 규범이나 통념, 관습 등을 부정하는 경우를 들 수 있다.

④ 가정적 요인

가정의 사회경제적 지위나 구조적인 특성은 청소년의 성장 발달 과정에 중요한 영향을 미치며, 미혼모 발생의 주요 원인이 되고 있다. 우리나라의 가족이 핵가족화하면서 가족의 기능이 개인 중심으로 옮겨갔고 가치관과 규범의 변화로 인해 부모와 자녀의 세대 간 대립이 나타나고 있으며 이러한 생활양식의 격차는 가족 내의 갈등과 긴장을 초래하고 있다. 결손가정은 부모-자녀의 관계, 부부관계가 손상되어 가족 간의 대화를 줄이고, 역기능적 가족 관계를 갖게 함으로써 청소년 가출, 통제받지 못한 무절제한 생활 패턴을 가져오고, 나아가 미혼모 발생의 원인을 증가시키게 된다.

⑤ 경제적 요인

대부분의 미혼모는 성교육 부재 및 돈이 없어서 피임, 임신중절, 혼전임신을 해결할 방편을 갖지 못하여 미혼모가 된다. 또한 미혼모가 저소득층에서 많이 발생하는 것은 경제적인 결핍이 직접적으로 미혼모의 발생과 관련이 있다기보다는 경제적인 곤란 때문에 교육의 기회를 갖지 못하고, 어린 나이에 취업을 함으로써 저임금의 단순직에 종사하거나 유흥업이나 서비스업 등 매춘의 가능성이 높은 직업에 종사하게 되어 미혼모가 되는 경우가 많다.

⑥ 문화적 요인

전통적인 성금기시 사고방식에 의해 성에 대한 책임과 지식을 인식하지 못한 채 청소년기를 맞이하게 되므로 미숙한 이성관계와 성에 대한 무지가 미혼모 발생에 직접적인 요인이 된다. 대중매체의 퇴폐적이고 자극적인 성적 자극은 감수성이 예민하고 모방심리가 강한 청소년들의 호기심을 자극하여 성문제를 유발하게 된다. 또한 친구집단의 성에 대한 태도는 미혼모가 되는 중요한 요인이 되는데, 청소년기가 되면 부모의 영향력이 감소되는 반면 또래의 친구집단의 영향을 더 많이 받게 된다.

(3) 청소년 미혼모 발생 대책

청소년들에게 지속적인 관심과 사랑으로 성교육 프로그램의 개발운영에 대한 평가와 통계의 자료화를 통한 예방적 측면과 발생에 따른 대책을 강구해야 한다. 학교와 지역사회복지관이 상호 협력하여 성교육에 대한 프로그램을 개발하고, 이를 통해 미혼모 발생의 경우 더 이상의 고통과 어려움을 겪지 않고 사회와 학교로 복귀할 수 있도록 청소년들이 쉽고 맘 편하게 상담할 수 있는 창구가 필요하고, 청소년 미혼모발생대책을 마련할 수 있는 상담의 통로가 마련되어야 한다. 또한 청소년 성교육 프로그램에 대한 평가가 체계적으로 이루어지고 청소년 관련 기관들이 협력하여 체계 있는 실제적 프로그램들을 제작하고 적용하는 것이 바람직하며, 지속적인 보살핌과 관심 속에 돌봄이 필요하다.

(4) 미혼모 현황

표 5-1 에서 보는 바와 같이 IMF 외환위기, 세계 경제위기 등으로 요보호아동이 매년 약 9천 명 정도 발생했으나, 이후 경기가 안정국면에 접어들면서 요보호아동 발생은 감소추세이다. 2000 : 9,085명 → 2005 : 9,420명 → 2009 : 9,028명 → 2010 : 8,590명 → 2011 : 7,483명 → 2012 : 6,926명 → 2013 : 6,020명으로 감소추세이다. 요보호아동 발생은 경기의 영향을 많이 받고 있으며, 아동보호는 비밀입양 위주의 입양문화, 혈연중심의 가족문화 등으로 인해 입양·가정위탁보다는 아동시설보호 위주로 이루어져 왔다.

한편, 요보호 아동 가운데 미혼모에 의한 요보호 아동 발생률은 점점 감소추세이지만, 여전히 빈곤, 실직, 학대에 의해서 발생하는 요보호 아동 발생률에 이어, 2위를 차지하고 있는 실정이다.

표 5-1 발생유형별 요보호아동 현황

(단위: 명)

	2005	2006	2007	2008	2009	2010	2011	2012	2013
발생유형 계	9,420	9,034	8,861	9,284	9,028	8,590	7,483	6,926	6,020
빈곤 · 실직 · 학대	4,877	4,925	5,354	5,876	4,994	4,613	3,928	3,944	3,668
비행 · 가출	1,413	802	748	706	707	772	741	708	512
미혼모	2,638	3,022	2,417	2,349	3,070	2,804	2,515	1,989	1,534
기아	429	230	305	202	222	191	218	235	285
미아	63	55	37	151	35	210	81	50	21

한편, 정책 대상으로서의 청소년 한부모는, 한부모가족지원법을 근거로 '18세 미만의 아동을 양육하는 24세 이하 청소년 母 혹은 父'로 정의된다(제4조 제1항의 2). 최근 출산 후 양육을 선택하는 청소년이 증가하고 있고, 사회 환경과 정책 여건의 변화로 청소년 한부모 가구 규모 역시 꾸준히 증가할 것으로 전망된다. 통계청 자료에 따르면 2013년, 24세 이하 청소년 한부모가구는, 14,976가구에 달하며, 매년 소폭 증가추세를 보일 것으로 예측된다.

표 5-2 24세 이하 한부모 장래 가구 추계

(단위: 가구)

구분		2013년도	2014년도	2015년도	2016년도	2017년도
19세 이하	부+자녀	305	312	316	317	319
	모+자녀	950	950	866	820	777
20~24세	부+자녀	2,457	2,457	2,911	3,105	3,259
	모+자녀	11,264	11,694	12,047	12,249	12,285
계		14,976	15,413	16,140	16,491	16,640

*출처: 통계청(2010). 장래가구추계. 한국청소년정책연구원. 2012a. p.25.

이러한 문제는 청소년의 분만 건수에서도 찾아볼 수 있다. 건강보험심사평가원의 자료에 따르면 2007년 이후 24세 이하 청소년의 분만 건수는, 매년 2만

건을 넘고 있고, 이는 전체 분만 건수와 비교할 때 5%에 달하는 수준이다 표 5-3 . 특히 우리나라는 「모자보건법」상 허용하는 경우를 제외한 낙태를 불법으로 규정하고 있기 때문에 청소년의 낙태율을 파악할 수 없다. 이로 인해 생존 출산율(live birth rate)을 활용하기 때문에 임신 중 낙태 건수가 고려되지 않아 결국 청소년의 임신, 출산 사안이 과소평가된 것으로 보인다.

표 5-3 건강보험심사평가원의 연령별 분만 건수

(단위: 건(%))

구분	2007년	2008년	2009년	2010년	2011년
19세 이하	2,334(0.49)	2,064(0.45)	2,123(0.49)	2,489(0.54)	2,585(0.56)
20~24세	26,144(5.45)	23,620(5.20)	21,343(4.92)	21,203(4.62)	21,759(4.71)
총 분만 건수	479,647	454,247	433,467	459,284	461,197

*출처: 건강보험심사평가원 평가실 평가총괄부: 통계청. 초·경산별제왕절개 분만 평가지표.
*주: 1) ( )안의 수치는 총 분만건수 대비 비율임.
2) 2011년 자료는 건강보험심사평가원 내부자료이며 다른 연도는 통계청 자료를 참조함.

특히 우리나라 국내 · 외 입양 아동의 상당수는 미혼모 아동으로서, 2011년의 경우에도 국내 · 외 입양아동 2,464명 가운데 91.8%(2,262명)가 미혼모 아동이었으며, 같은 해 입양 의뢰 미혼모 1,925명 가운데 절반 이상이 24세 이하 청소년이었다. 또한 매년 천 명에 달하는 아동이 해외로 입양되는 상황이 반복되고 있는 가운데 양육 여건이 획기적으로 개선이 될 수 있다면, 친생모인 청소년 미혼모가 자녀양육을 선택할 가능성도 증가하게 될 것으로 사료된다. 그렇다면 결과적으로 아동과 미혼모의 복리 증진에도 기여할 수 있게 될 것이다. 따라서 청소년 한부모에 대한 지원에 있어서는 임신과 출산단계의 지원과 출산 후 양육지원이 연장선상에서 추진되어야 하며, 여기에 입양 미혼모에 대한 지원이 함께 논의될 필요가 있다(한국청소년정책연구원, 2013).

2) 청소년 성상품화

'아동 · 청소년의 성보호에 관한 법률' 제2조의 정의에 의하면, 아동 · 청소년이란 19세 미만의 자를 말하고, 다만 19세에 도달하는 연도의 1월 1일을 맞이한 자는 제외하는 것으로 정하고 있다. 이 법에서는 성매매라는 용어 대신 '아동 · 청소년의 성을 사는 행위'라는 용어를 사용하고 있다. 아동 · 청소년의 성을 사는 행위란 아동 · 청소년의 성을 사는 행위를 알선한 자 또는 아동 · 청소년을 실질적으로 보호 · 감독하는 자 등에게 금품이나, 그 밖의 재산상 이익, 직무 · 편의 제공 등 대가를 제공하거나 약속하고, 성교 행위 또는 구강 · 항문 등 신체의 일부나 도구를 이용한 유사 성교 행위, 신체의 전부 또는 일부를 접촉 · 노출하는 행위로서 일반인의 성적 수치심이나 혐오감을 일으키는 행위, 자위행위 중의 어느 하나에 해당하는 행위를 아동 · 청소년을 대상으로 하거나 아동 · 청소년으로 하여금 하게 하는 것을 말한다. 피해아동 · 청소년이란, 아동 · 청소년의 성을 사는 행위의 피해자가 된 아동 · 청소년을 말하고, 대상아동 · 청소년이란 아동 · 청소년의 성을 사는 행위의 상대방이 된 아동 · 청소년을 말한다.

(1) 아동 · 청소년 성매매의 현황

성매매사범 단속 현황을 살펴보면 검거인원은 2004년부터 2009년까지 해마다 증가하는 추세를 보이다가 2010년에는 전년 대비 검거인원이 급감하여 그 이후부터는 서서히 감소하는 추세를 보인다. 2006년 1월 법원의 불구속 수사 강화방침에 따라 성매매사범의 구속률은 감소한 것을 볼 수 있다. 성매매사범은 성매수자의 비율이 가장 높은 것으로 나타난다.

표 5-4 성매매사범 단속 현황

(단위: 명)

구분	검거인원	조치		성매매사범		
		구속	불구속	업주 · 관련자	성매수자	성매매여성
2004년	16,947	1,606	15,341	2,824 (17%)	10,180 (60%)	3,943 (23%)
2005년	18,508	829	17,679	4,071 (22%)	11,474 (62%)	2,963 (16%)
2006년	34,795	569	34,226	3,653 (10%)	27,488 (79%)	3,645 (11%)
2007년	39,236	526	38,710	4,359 (11%)	29,991 (76%)	4,886 (13%)
2008년	51,575	544	51,031	6,032	39,071	6,472
2009년	73,008	633	72,375	9,501	54,405	9,102
2010년	31,247	575	30,672	4,437	21,436	5,374
2011년	26,136	228	25,908	5,142	16,025	4,969
2012년	21,123	235	20,888	–	–	–

* 2006년 1월 법원의 불구속 수사 강화방침에 따라 성매매사범 구속률 감소.
* 출처: 경찰청 내부자료.

일반성매매와 대별되는 인터넷성매매의 특징은 첫째, 성매매 제안 공간이 확대된다는 점으로서, 보다 광범위한 일상적인 공간에서 본인의 의사와 무관하게 거래 제안을 받고 있다. 둘째, 성매매 유형이 다양해지고 있다는 점으로서, 인터넷 공간에서는 시간과 공간을 초월해서 여러 부류의 사람들 간에 접속이 가능한 채팅의 특성을 이용해 다양한 유형의 성적 거래가 진행되고 있다. 셋째, 인터넷이 사전정보 교환수단으로 이용되고 있다는 점으로서, 신분 노출이 염려되는 게시판이나 공고를 이용하기보다는 개인 간의 쪽지나 귓속말을 자주 활용하여 성매매가 이루어지고 있다. 넷째, 성에 대한 놀이 개념이 부각되고 있다는 점으로서, 인터넷 공간에서는 성매매를 조장하거나, 청소년을 대상으로 묘사되는 성은 놀이나 유희의 개념을 강조하고 있으며, 그 결과 청소년 성매매가 확산되고 있다(박경래, 2008).

(2) 청소년 성상품화의 실태

청소년 성상품화 중 성매매와 관련해서는 지금까지, 국가 핵심 정책 사안으로 취급되어 많은 연구를 통하여 법·제도적 장치를 마련하고, 지속적으로 보호체계를 갖추고 있다. 반면에 TV, 뮤직비디오, 인터넷 나아가 스마트폰 등을 통해 유포되는 청소년을 대상으로 한 성상품화문제는 일반적으로 그 심각성을 인지하고 있음에도 불구하고, 대책마련은 매우 미미한 실정이다. 이러한 상황에서 대중매체를 통한 청소년 성상품화 현상은 더욱 가속화되고 있는 실정이다. 그리고 그 중심에는 스마트폰을 중심으로 하는 스마트폰 시대가 있다. 스마트폰 시대는 대중매체를 통한 청소년의 성상품화 현상을 새로운 차원으로 이끌어가고 있다. 청소년들의 성의식과 성가치관을 왜곡시키는 유해물이 대중매체를 통해 수용되면 페이스북, 트위터 등 SNS를 통해 대화의 소재가 됨과 동시에 급속히 확산된다. 또한 소수의 청소년이 성을 직접적으로 매매 하는 단계를 지나 간접적으로 스마트폰으로 자신의 누드사진 판매, PC에서 사이버머니를 받는 음란채팅, 자신의 분비물이 묻은 속옷을 파는 행위, 키스와 포옹을 파는 행위, 몸매피팅모델 등 자신의 성을 상품화하여 판매하고 있는 실정이다. 여기서 우리가 주목해야 할 사항은 청소년의 왜곡된 성의식과 성가치관으로 인한 성상품화가 단순히 과거에 비해 양적 증가만을 초래하는 것이 아니라, 질적 변질과 함께 새롭고 다양한 방식으로 확산되고 있다는 사실이다(성윤숙, 2010).

(3) 청소년 성상품화의 영향

① 유해매체 이용률

청소년들의 스마트폰 이용률이 급속하게 증가하고 스마트폰의 왜곡된 사용이 확산되면서 중독문제가 사회적 이슈로 나타나고 있다. 청소년의 병리적이고 강박적인 스마트폰 사용은 재정적 지출과 일상생활 지속에 문제를 가져올 뿐만 아니라, 뇌의 인지 능력을 떨어뜨리고 현실에 무감각하게 만들고 주의력 결핍현상을 불러오는 충동조절 장애(impulse control disorder), 습관성 행동장애(addictive behavior disorders)를 초래할 수 있다(천예빈, 2013). 국가정보화기본법(제30조)에서도 인터넷중독을 '인터넷 등의 지나친 이용으로 이용자가 일상생활에서 쉽게 회복할 수 없는 신체적, 정신적, 사회적 기능의 손상을 입는 것'으로 정의하고 스마트폰에 의한 인터넷 과다 사용에 대한 금단과 내성문제를 심각하게 지적하고 있다.

청소년에게 스마트폰 중독은 부적응·일탈행동을 가져올 수 있는데, 메신저를 사용해서, 또래에 대한 비방·욕설과 그룹채팅 배제 등 스마트폰 따돌림 행동을 초래하고 음란물과 같은 유해 콘텐츠의 사용빈도를 높이는 것으로 나타난다.

표 5-5 유해매체 이용 생애경험률

구분	사례수*(명)	매체 이용 경험(%)								
		성인용 간행물	성인용 영상물	지상파TV 성인용 프로그램	케이블TV 성인용 프로그램	컴퓨터 성인물	휴대폰 성인물	온라인 사행성 게임	성인용 게임	이성만남 전화번호
초등학생(5~6학년)	1,514	3.6	2.6	5.7	5.2	4.7	2.3	6.4	17.9	–
중·고교생	15,487	40.0	27.5	23.5	26.9	45.5	20.5	21.5	32.3	1.8
위기청소년	1,351	76.3	59.6	47.5	51.8	71.6	31.0	40.8	55.3	8.2

출처: 이종원, 이유진, 김준홍, 2012: 160.

② 성매매, 성폭력

사회·문화적 정체성과 윤리·도덕적 가치관이 형성되는 청소년기에 성상품화에 무감각해지고 고귀한 인권을 침해시키고 침해받는다는 사실은 인간의 육체가 소유와 욕망, 매매와 폭력의 대상이 될 수 있다는 왜곡된 가치관에 무감각해질 수 있다는 것을 의미한다. 인간을 상품화, 교환대상화 하는 문화 정착은 결국 청소년에게 성매매와 폭력도 가능하게 하고 있다.

우리나라가 2004년 3월 23일 성매매 피해자의 인권을 보호하고 성매매알선, 강요 행위에 대한 처벌을 크게 강화하여 성산업을 근원적으로 줄일 수 있게 한 『성매매방지법』 시행(9월 23일 시행)과 아동·청소년 대상 성범죄의 처벌과 절차에 관한 특례를 규정하고 피해아동·청소년을 위한 구제 및 지원 절차를 마련하며 아동·청소년 대상 성범죄자를 체계적으로 관리함으로써, 아동·청소년을 성범죄로부터 보호하고 아동·청소년이 건강한 사회구성원으로 성장할 수 있도록 함을 목적으로 아동·청소년의 『성보호에 관한 법률(2000년 2월 3일)』을 제정하였으나, 이후에도 청소년 성매매와 청소년에 의한 성폭력 범죄는 줄지 않고 오히려 증가하고 있다. 청소년 성매매의 경우 2006년 1,745명이었는데 2012년 4,457명으로 2.55배나 늘었고, 청소년에 의한 성폭력도 2008년 1,589건에서 2012년 1,686건으로 9.4% 증가한 것으로 나타난다.

표 5-6 청소년 성매매 검거 인원

연도별	검거인원	통행금지구역	통행제한구역
		구속	불구속
2006	1,745	149	1,596
2007	2,582	126	2,456
2008	2,112	81	2,031
2009	2,182	125	2,057
2010	1,345	56	1,289
2011	2,006	41	1,965
2012	4,457	124	4,333

출처: 여성가족부(2013). 청소년백서, 250

표 5-7 소년범죄의 유형별 현황

연도 \ 구분		2008	2009	2010	2011	2012
계		134,992	113,022	89,776	83,068	107,490
강력범	소계	3,016	3,182	3,106	3,289	2,790
	흉악범	1,427	1,608	999	1,268	1,104
	성폭력	1,589	1,574	2,107	2,021	1,686
폭력범	소계	34,067	29,488	23,276	22,233	32,774
	공갈	1,046	1,495	1,422	1,509	2,827
	폭행 상해 등	33,021	27,993	21,854	20,724	29,947
재산범	소계	39,688	45,774	40,478	37,978	47,605
	절도	33,073	38,494	33,534	31,380	37,256
	횡령 등	1,855	1,664	1,483	1,528	2,448
	장물	571	820	722	454	1,200
	사기	4,189	4,796	4,739	4,616	6,701
교통사범		27,666	18,138	13,842	11,523	12,103
저작권법 위반		20,272	7,720	275	318	759
기타		10,283	8,720	8,799	7,727	11,459

주: 1) 흉악범: 살인, 강도, 방화.
2) 폭행 상해 등: 폭행 상해의 죄+폭력행위등처벌법(공갈죄 제외)+기타.
3) 횡령 등: 횡령+배임+손괴.
4) 교통사범: 도로교통법+교통사고처리특례법+특정범죄가중처벌에 관한 법률(도주차량).
출처: 여성가족부(2013). 청소년백서. 355

3) 아동 · 청소년 성매매 정책현황

현재 아동 · 청소년정책 업무의 주무부처는 여성가족부이지만, 아동 · 청소년의 성매매 관련 정책은 청소년보호업무가 아니라, 성매매정책업무의 일부로 다루어지고 있다.

따라서 현행 아동 · 청소년 성매매정책은 성매매 관련 정책 속에서 살펴볼 수 있다. 성매매정책은 '성매매의 예방과 성매매 피해자의 보호, 법규정의 집행'이라는 세 가지 차원에서 이루어지고 있다(변화순 외, 2011).

(1) 아동 · 청소년 성매매의 예방

예방적 차원에서 다루어지는 성매매방지를 위한 관련 법률 및 제도 정비는 여성가족부, 법무부, 보건복지부 등 관계부처에서 이루어진다. 성매매방지대책 추진 점검단의 운영은 여성가족부가 하고 성매매방지 및 관련 법령의 보완 및 정비는 법무부와 여성가족부 등의 관계부처에서 하고 관련 법령의 유기적 연계 체계의 정비는 여성가족부, 보건복지부 등의 관계부처에서 하고 있다. 성매매예방을 위한 성매매방지의 국민인식 제고는 성매매방지 홍보 및 왜곡된 성문화를 개선하는 정책과 성매매방지정책의 공감대를 확산하는 정책을 펼치고 있다. 성매매방지 홍보 및 왜곡된 성문화의 개선은 여성가족부와 문화체육관광부 등의 관계 부처에서 하고 있으며, 성매매방지정책에 대한 국민공감대의 확산은 여성가족부가 맡고 있다.

성매매예방차원의 세 번째 정책내용은 성매매예방교육의 활성화이다. 대상별로 특화하여 성매매예방교육을 활성화하고 있기 때문에, 교육부, 국방부, 안전행정부, 문화체육관광부, 여성가족부에서 각각 주관하고 있다. 이때 필요한 성매매예방교육 전문강사 인력 양성은 여성가족부에서 주관하고 있다.

성매매예방을 위한 지방자치단체의 성매매방지정책의 이행을 점검하고 지자체별 성매매업소에 대한 실태조사는 여성가족부에서 담당하고 있다.

(2) 아동 · 청소년 성매매 피해자의 보호

성매매 피해자 보호를 위한 대부분의 정책은 여성가족부에서 담당하고 있다. 성매매 피해 여성을 보호하고 지원하는 인프라를 강화하는 일, 탈성매매여성을 보호하고 지원하는 프로그램을 내실화하는 일, 성매매 피해청소년을 보호하고 지원하는 일을 강화하는 일, 외국인 여성 성매매 피해자를 보호하는 일, 성매매 피해자 인권보호를 위한 체계를 구축하는 일을 올해의 성매매 피해자 보호분야 과제로 하고 있다.

(3) 아동 · 청소년 성매매 관련 법규의 집행

법무부는 성매매 관련 전담검사 운영을 활성화하고, 경찰청은 성매매 전담 수사인력을 확충하고 법무부와 경찰청은 성매매수사의 효율성을 높여서 성매매 관련 수사역량을 강화한다.

성매매집결지에 대한 상시단속을 하고 처벌을 강화하는 법무부와 경찰청의 역할과 함께, 여성가족부와 보건복지부 등의 관계부처에서는 관련 법률에 의한 행정처분을 통해서, 성매매집결지 폐쇄 및 정비를 추진하고 있다. 집결지의 성매매여성의 현장상담이나 자활지원의 실효성을 강화하는 역할은 여성가족부에서 하고 있다.

성매매알선행위에 대한 단속과 처벌을 강화하기 위해서, 법무부와 보건복지부, 경찰청은 성매매알선업자 및 건물주에 대한 단속과 처벌을 강화하고 있으며, 고용노동부는 성매매알선 직업소개소를 단속하고 관리를 강화하고 있다. 경찰청을 비롯한 관계 부처에서는, 경찰 및 관계 공무원의 유착고리를 근절하는 역할을 하고 있다.

휴대폰, 인터넷상의 성매매 유인광고를 방지하기 위해서, 방송통신위원회에서는 유해 휴대전화 성매매 정도의 차단을 맡고 있으며, 인터넷성매매의 알선 및 음란정보 등의 유해환경 차단을 위해서는, 방송통신위원회와 경찰청이 맡고 있다.

해외성매매의 방지를 위해서, 외교부과 법무부, 경찰청은 해외성매매 방지를 위한 체계 및 제도 개선을 추진하고 있으며, 외교부와 법무부, 여성가족부와 경찰청은 해외성매매의 실태를 조사·홍보하고 있다. 문화체육관광부는 관광업체 등에 대한 관리감독을 강화하고 있다.

법무부와 안전행정부는 성매매 수요 차단을 위해서, 성구매자의 처벌을 강화하고 있다. 신·변종 성매매 단속의 처벌을 강화하기 위해서, 법무부, 경찰청, 보건복지부, 여성가족부에서는 자유업종의 성매매 적발업소의 처벌을 강화하고 있다. 또한 법무부에서는 성매매 범죄수익환수 조치를 강화하고, 국세청에서는 성매매 관련 탈세 추징을 강화하며, 보건복지부에서는 안마시술소 등의 마사지 업소를 개방적 공간화하고 있다.

(4) 청소년 대상 성매수에 관한 현행 법률

현재 인터넷을 통한 청소년 대상 성매수와 관련된 법률로는, 크게 성매매알선 등 행위의 처벌에 관한 법률, 아동·청소년의 성보호에 관한 법률을 들 수 있다. 그리고 인터넷 등의 매체를 활용한 청소년 대상 성매수와 관련해서는 정보통신망 이용 촉진 및 정보보호에 관한 법률 등이 있다.

4. 청소년 성문화의 향후 과제

1) 현행 법령상의 문제점과 개선방안

청소년 성매매예방 및 피해지원과 관련된 현행법령상의 문제점과 개선방안을 요약하면 다음과 같다.

첫째, 현행법에 명시적으로 규정되어 있는 성매매청소년에 대한 보호처분을 적극적으로 활용하여야 하며, 보호시설이나 상담소의 확충과 운영의 내실화를 기해야 한다. 특히 직업형·기업형 성매매청소년, 조건만남을 빙자하여 사기행각을 일삼는 청소년 등에 대하여는 보호처분의 가능성과 정도를 확대할 필요성이 있다.

둘째, 보호처분을 부과하기 위한 소년부의 통고제도를 활용하기보다는 대상 아동·청소년에게 필요한 교육과정이나 상담과정을 이수할 수 있도록 여성가족부 등의 유관기관에 인계할 수 있는 법적인 제도를 마련하는 방안이 타당하다고 본다.

셋째, 수사기관이 신고자 등을 조사할 때에는, 직권으로 신뢰관계에 있는 사람을 동석하게 할 수 있는 경우와 법원 또는 수사기관이 청소년에 대하여 신청을 받은 경우에는, 재판이나 수사에 지장을 줄 우려가 있는 등 특별한 사유가 없으면, 신뢰관계에 있는 사람을 동석하게 하여야 한다. 이러한 규정은 사건본인의 의사에 반하여 이루어질 염려가 있기 때문에, 사생활의 보호 차원에서 본인의 의사에 반하는 경우에는, 아무리 신뢰관계인이라고 할지라도 동석을 허용해서는 안 될 것이다.

2) 아동·청소년 성매매 유입 및 재유입 방지 대책 수립

(1) 성인지적 관점의 성교육 및 성평등 교육 확대

보다 장기적으로 광범위한 대상에 대한 성교육과 성평등 교육이 필요하다. 청소년 성매매의 저연령화 현상에 대응하기 위해서는, 눈높이에 맞는 성교육 콘텐츠 개발이 중요하다. 초등학생들에게 피임방법을 알려주는 것이 그들의 성개방화를 부채질할 것이라는 염려가 일각에서 제기되고 있지만, 현실을 보면 성관계의 첫경험 연령이 점차 낮아지고 있음을 확인할 수 있고, 따라서 이러한 성경험의 저연령화 현상에 맞는 성교육 내용이 구성되어야 한다. 성경험의 저연령화는 성매매에 대한 관용도를 상승시키고 이러한 관용도의 상승은 성매매를 장기간 지속하도록 하는 데 큰 역할을 한다. 여기에 왜 현실적인 성교육의 도입이 필요한지에 대한 근본이유가 있다.

(2) 스마트폰성매매 대책 수립

스마트폰을 통한 성매매의 증가는, 성매매의 개별화를 초래하게 된다. 각자 자신의 스마트폰을 통해 조건만남을 성사시키기 때문에 예전처럼 pc방에서의 감시 등을 통한 예방은 힘들어지고 있다. 더불어서 성매매의 개별화는 거리에서 물리적으로 마주치는 가출·성매매 청소년의 수를 줄어들게 만들고 있고, 이에 따라 거리 중심의 아웃리치도 그 실효성이 낮아지고 있다. 거리중심의 아웃리치가 너무 소모적이라는 지적을 아웃리치를 담당하고 있는 현장실무가도 인정하였음을 볼 때, 성매매가 물리적 공간을 떠나 사이버상으로 이동함에 따라, 가출청소년을 위한 아웃리치도 사이버 아웃리치 중심으로 재편해야 할 필요가 있다.

(3) 가출팸감독 및 관리강화

가출팸들이 거주하는 원룸이나, 오피스텔에 대한 감독과 관리가 필요하다. 가출팸에서는 성매매를 통해 돈을 버는 청소년과 이들을 관리하고 벌어들인 돈을 갈취하는 청소년으로 나뉘어 착취고리가 형성되는 경우도 있을 수 있다. 그러므로 이들에 대한 단속과 감시를 위해서는, 오피스텔이나 원룸 등에 대한 집중적인 감독과 관리가 필요하다.

3) 성매매예방교육의 강화

연령별 아동·청소년 대상 성매매사범은 20~30대가 다수를 차지하였으며, 40대의 인원도 적지 않았다. 현재 각 기관을 통해서 성매매예방 교육을 하고 있으나, 실직 또는 자영업자의 경우 성매매예방교육을 받을 기회는 없다. 대표적인 성구매자인 남성에 대한 집합교육이 가장 효율적인 기관은 국방부이다. 따라서 성구매 주요 연령이 밀집될 수 있는 '현역군, 예비군, 민방위'에 대한 성매매예방교육이 가장 효과적이라고 할 수 있는데, 성희롱 · 성폭력 · 성매매예방 교육의 미이수 시, 페널티가 적용되는 방향으로 정책을 마련하는 것도 하나의 방법이라고 생각된다. 또한 아동 · 청소년 성매매에 관한 내용이 강조될 필요가 있다. 아동 · 청소년 성매수유인은 처벌 대상이라는 점을 성범죄 및 성매매예방교육 자료에서도 강화해 나가야 한다.

(1) 성매수자에 대한 강력한 처벌과 단속

무엇보다도 피해 아동 · 청소년에게 성매수자에 대한 처벌의 확실성이 제대로 알려져야 할 필요가 크다고 하겠다. 남자 성매수자가 어떠한 경우에도 자신과의 성매매로 인해 공식적인 처벌을 받게 된다고 인식하게 되면, 아동 · 청소년의 성매매 단절과 신고, 외부 도움 요청 등의 행위는 보다 적극적으로 이루어지게 될 것이다. 이를 위해서

첫째, 성관계 동의의 기준을 국제기준에 맞게 현행 13세 미만에서 18세 미만으로 변경하고 아동 · 청소년과의 어떠한 성적 접촉도 성폭력/성착취로 간주하고 처벌해야 한다.

둘째, 미온적인 성매수 유인행위에 대한 경찰의 수사나 처벌관행에 변화가 필요하다. 경찰은 피해자가 직접 신고하는 것을 선호하고, 또 피해자의 보호자가 동석하지 않으면 오히려 성매매 대상청소년으로 보고, 피의자 신분으로 조사를 하는 경향이 있다. 이러한 수사태도와 관행은 변화되어야 한다.

셋째, 성매매로 유인하거나 조장하는 게시물에 대한 신고자 포상제도를 마련하여 네티즌 모두가 성매매방지와 성 매수자 탐색에 참여할 수 있도록 하는 제도마련이 필요하다.

넷째, 경찰청에서는 안전드림사이트를 마련하여 인터넷신고체계구축에 힘쓰고 있으나 가출아동 · 청소년뿐 아니라 활동가들조차도 이 사이트에 대해서 잘

알지 못하고 있다는 것은 문제가 아닐 수 없다. 홍보를 활성화할 필요가 있다.

다섯째, 외국사례에서 본 것처럼 유도수사 기법을 활용하여 성매수가 발생하기 이전에 예방하는 적극적인 예방정책이 필요하다.

(2) 비자발적 성매매 아동 · 청소년에 대한 성구매자의 처벌 강화

성매매 강요뿐만 아니라 포주, 보도방을 통한 비자발적 성매매 아동·청소년을 접할 시 신고의무를 법적으로 부과하고 성매매 대상아동 · 청소년이 비자발적임을 인지 시 가중 처벌한다. 비자발적 성매매의 범주에는 성매매금품을 나누어 가지는 공범, 성매매의 과정을 원활히 하는 조력인의 존재가 포함된다. 즉, 아동 · 청소년의 성매매를 도와주는 사람의 존재를 가장 잘 인식할 수 있는 성구매자에게 신고의무를 부과하고 가중 처벌하는 것이다(한국청소년정책연구원, 2013).

4) 인터넷 청소년 성매매 예방대책

청소년 성매매를 근절하고 성매매 청소년을 보호하기 위해서는 다음과 같은 측면에서의 대책이 마련되어야 한다(한국청소년연구원, 2009; 한국청소년개발원, 2008).

(1) 청소년 인터넷 성매매 해당 부처 산하기관 간의 원활한 연계 및 활성화

현재 아동 · 청소년의 성보호에 관한 법률이 있지만, 홍보 및 인식 부족으로 관계기관의 연계가 소극적이다. 앞으로 기관과의 연계 부분에 있어 상위 부서인 법무부와 보건복지부, 여성가족부 등 상호 폭넓은 교류를 통하여 각 부처 산하에 있는 기관의 실무자(경찰, 검찰, 법원, 사회복지 기관인 1388, 쉼터 등)들에 대하여 성매매 피해청소년에 관련된 교육과 연계를 의무화 · 활성화함으로써 성매매 피해 청소년에 대한 적극적인 협조가 필요하다. 또한, 네트워크 협력을 통해 인터넷성매매에 대한 감시활동을 활발히 하고, 인터넷성매매 근절 홍보활동 및 네티즌들의 ON/OFF-LINE 모임이 활성화되도록 정부의 유관기관들이 민간단체의 의견을 적극적으로 수렴하고 정책에 반영해야 한다.

(2) 학교에서 실제적인 성교육 강화

입시 위주의 경쟁적인 분위기 속에서 신체적 성장에 걸맞은 성교육 부재와 인터넷 음란물에 노출된 청소년들은, 왜곡된 성의식으로 성정체성의 혼란을 겪고 있어 진정한 성적 자기결정권에 대한 인식이 부족하다.

성은 거래의 대상이 아니고, 성매매는 성폭력 범죄이며, 자신의 인격을 파괴하고 성병 등을 통해 인생을 망칠 수 있다는 것을 알리는 교육과 인식 확산이 필요하다.

(3) 성매매 청소년들에 대한 처리 문제를 제도적으로 보완

현재 청소년성보호법 개정안에서는 제14조 1항에 소년부 송치에 대한 규정 그리고 2항에 소년부에 송치하지 않는 경우에, 대상 청소년이 대통령령이 정하는 소정의 교육상담을 받게 하는 안을 통해 이 문제를 보완하고 있는데, 16세 이상 청소년이 보호처분 2호와 3호를 받을 경우 수강명령과 사회봉사명령이 함께 행해질 수 있도록 하고 있다. 앞으로도, 보호처분의 기준을 좀 더 강화시키고 엄격하게 시행하여, 청소년들이 성매매를 상습적으로 하지 않도록, 규제하는 데 효과가 있도록 해야 할 것이다.

10대 가출 청소년들이 성매매의 피해자에서 성매매를 직접 알선하는 가해자로 바뀌고 있다.

유승희 민주당 의원실이 지난해 10월 경찰청으로부터 제출받은 '성매매사범 연령별 사범 현황'에 따르면 2008년 4만7천869명이던 전체 성매매사범이 2012년 절반 수준인 2만903명으로 떨어지는 동안 18세 이하 미성년자 중 성매매사범의 수는 2008년 388명에서 2011년 557명, 2012년 541명으로 늘어났다. 21세 이상 모든 연령에서 성매매사범이 답보 상태거나 줄어든 반면 20세 이하 청소년 성매매사범만 유일하게 증가 추세를 보이고 있는 것이다.

성매매사범 중 이렇듯 10대가 증가세를 보이는 것은 가출 청소년들을 비롯해 10대의 경우 성매매에서 알선으로 이어지는 특징을 보이기 때문이다. 가출 청소년들은 가출 후 편의점이나 PC방에서 가장 많이 아르바이트를 하지만 조건만남의 유혹에 빠지는 경우가 적지 않다. 단란주점, 티켓다방 등 성매매 업소를 포함할 경우 가출 청소년의 3분의 1은 성매매 경험이 있다는 게 여성인권단체들의 지적이다.

10대 여자아이가 '또래 포주'로 10대 여자아이를 가해하는 끔찍한 상황이 이어진 것은 결핍된 가정환경에 놓인 아이들이 아주 어린 시절에 성매매나 성폭력에 노출되는 것이 시작점이다. 채팅을 통해 초등학교 고학년 때 성폭력 피해를 입은 여자아이들이 가출을 한 후 성매매 협조자로 나섰다가 임신중절 경험까지 하게 되면 생존을 위해 자기보다 어린 여자아이들을 유입시켜 성매매를 시킨다. 10대 여자아이들은 간단한 앱으로 유흥업소 같은 성매매 업체의 도움 없이도 직접 성매수 남성을 모집한 뒤 자신보다 더 어린아이들을 내보내 포주 노릇을 하는 것으로 알려졌다. 심지어 중·고교생인 여자아이들이 초등학교 5, 6학년생을 납치해서 감금한 후 성매매를 시켜 성매매 강요죄로 구속되기도 한다.

아이들은 가출'팸'을 만들어 인터넷 채팅 사이트나 스마트폰 어플리케이션을 통해 소위 성을 구매할 남성을 물색하고 성 매수를 한 상대 남성을 협박해 금품을 갈취하는 등 2차 범죄도 저지른다. 이렇게 얻은 범죄 수익은 가출팸의 유지를 위해 재투자된다.

이수정 경기대 범죄심리학과 교수는 "10대 여자아이들은 자신들을 보호해줄 성인 남성들을 보호자로 유입시킨다."며 "성매수자인 남성들이 돈을 떼먹기 때문에 이를 막기 위해 불법적인 경로로 만난 성인 남성들을 끌어들이는 것"이라고 설명했다.

이들은 전국을 떠돌아다니면서 모텔을 거점으로 성매매에 나서는데 자신들이 유인한 초등학교 고학년 여자아이들이 귀가하겠다고 나서면 끔찍한 고문을 일삼는다. 남성들은 성폭행으로 보복하고, 가해자인 여자아이들은 담뱃불로 지지고 성기에 이물질을 삽입하는 끔찍한 행위를 저지른다.

10대 여자아이들이 '또래포주'가 되는 주범은 역시 인터넷이다. 인터넷을 통한 음란물 유통과 온라인 성매매가 이전보다 훨씬 쉽고 빠르게 이뤄지고 있다. 요즘은 스마트폰을 이용한 채팅앱이 등장하면서 청소년음란물 유통과 성매매의 온상이 인터넷에서 스마트폰으로 이동하고 있다. 특히 서로 전혀 알지 못하는 사람들 사이의 랜덤채팅이 문제다.

경찰청에 따르면 현재 스마트폰으로 다운받아 사용할 수 있는 채팅앱은 100여 개인 것으로 알려져 있다. 경찰청이 그중 회원 수가 약 60만 명인 A 채팅앱을 대상으로 수사한 결과 한 달간 '조건만남', '원조교제' 등으로 성매매를 암시한 메시지를 전송한 성인 남성은 1만여 명이나 되는 것으로 나타났다.

스마트폰 앱을 이용한 매매춘 시스템이 번성하고 있는데도 경찰청은 적절히 대응하지 못하고 있다는 지적이다. 인터넷성매매는 성매매알선 사이트에 남은 IP 주소를 추적해 알선책과 성매수 남성을 검거할 수 있지만 랜덤채팅은 채팅 앱 개발업체를 적발해도 그 서버엔 접속자 관련 기록이 거의 남아 있지 않아서 검거가 어렵기 때문이다. 이는 스마트폰 기기의 고유 주소가 통상 10일~1개월만 지나면 삭제되기 때문인 것과 관련이 있다.

미국과 영국, 호주 등은 인터넷으로 미성년자의 성을 착취하려는 시도만으로 처벌을 한다. 즉 인터넷 상의 대화 내용이 처벌 대상이 된다. 이를 위해 제한적으로 유도수사를 허용하는 등 청소년 성보호에 대해 적극적인 공세를 취하고 있다.

이 교수는 "선진국처럼 '아동유인방지법(Anti-Grooming Law)'을 도입해야 한다"고 제안했다. 현재 미국과 영국, 호주, 스웨덴, 싱가포르 등은 아동·청소년이 성폭력 피해자가 되는 것을 막기 위해 범행이 일어날 것이라는 사전정보의 입수만으로 그 정보를 범죄 행위의 증거로 채택해 범인의 검거와 처벌 이유가 되도록 하고 있다. 이 교수는 "사후약방문식의 형사정책 이외에도 새로운 성적 가치질서 확립에 도움이 되는 예방적 차원의 법률 도입이 불가피하다"고 강조했다.

유승희 의원은 특히 "청소년이 성매매 범죄에 노출되지 않도록 중·고교에서 성폭력예방교육을 제대로 시행하고, 청소년을 보호하기 위한 노력이 필요하다"고 말했다. 유 의원은 "사범으로 단속된 청소년에 대해서도 현장 전문가들과의 상담 연계, 교육 등을 통해 재발하지 않도록 해야 한다"고 덧붙였다.

여성신문 인터넷, 2015.

청 소 년 문 화 의 실 제

제6장 청소년의 의복문화

오늘날의 청소년들은 과거 의식주의 해결에만 의존하던 부모세대와는 달리 물질적으로 풍요로운 시대에서 성장하고 대중매체에 대한 접촉이 많기 때문에 다른 어떤 집단보다도 강한 소비 지향적인 경향을 나타내고 있다. 물질적인 풍요로움은 청소년들에게 다양한 제품을 접하도록 하였고, 구매행동에 있어서도 수많은 상품 중에서 선택할 수 있는 기회를 제공하고 있다.

이러한 환경 속에서 청소년은 소비자로서 다양한 풍요의 산물을 누리면서 기존의 세대와 다른 문화를 일궈내고, 이들 나름의 독특한 소비지향적인 문화를 만들어 가고 있으며, 그들의 소비규모와 범위는 점차 늘어나 독자적인 구매력으로 이제는 하나의 소비주체로서의 역할이 그들의 생활에 일부분을 차지하게 되었다.

1. 청소년세대의 의복문화에 대한 이해

1) 세대의 정의

세대에 대한 사회과학적 관심과 관점은 시대에 따라 학자에 다양하다. Kertzer(1983)는 여러 학자들의 논의를 바탕으로, 현대 사회과학에서 통용되는 세대의 대표적 용례를 다음과 같이 네 가지로 정리하고 있다(박재홍, 2001).

첫째, 세대 개념을 조부모-부모-자녀관계와 같이 "친족계보(kinship descent)"에서 같은 항렬에 속하는 사람들이라는 의미로 사용하는 용법이다. 이 용법은 전통적으로 사회인류학 분야에서 사용되어 왔는데, 사회학에서는 부모-자녀 간 가치관의 연속성과 단절이라는 쟁점과 관련하여, 인구학에서는 여성의 재생산활동을 통한 인구 교체와 관련하여 이 용법으로 사용하는 경향이 있다고 한다.

둘째, 세대를 동일 시기 출생 집단으로 보는 입장인데, 인구학자들이 이 용법을 전파하는 데 기여하였다. 동일 코호트로서의 세대가 갖는 중요한 의미는, 동일한 생애주기 단계에서 동일한 역사적 사건을 경험한 사람들은 의식과 행위양식 면에서 동질성을 나타낼 수 있는데, 이러한 시각을 대표하는 인물이 Mannheim이다.

셋째, 세대를 동일한 "생애주기 단계(life stage)"에 있는 사람들로 보는 용법으로서, 예컨대 청소년세대, 대학생세대에 대한 연구들이 이러한 용법에 근거한다고 볼 수 있다. 이 용법에서는 동일한 생애단계에 있는 사람들은 인간발달 과정에서 동일한 과제에 직면하게 되는 "과제동질적" 집단이라는 점에 주목한다.

마지막으로, 세대를 특정 "역사적 시기(historical period)"에 생존한 사람들로 보는 용법이다.

황상민과 김도환(2004)은 한국 사회의 다양한 출생동시집단들이 공유하는 역사적 사건, 행동방식, 의식 특성을 인생주기(life-cycle)상 발달단계를 고려하여 다음의 여섯 세대로 구분하고 있다.

표 6-1 세대별 인생주기와 연령집단

세대계열	현재 연령대	출생 년도	청소 년기	현재의 인생주기와 발달과업
해방 전후 복구세대	60대 이상	1925~1934	1948~1954	성인 후기 : 일생에 대한 정리, 사회적 고립에 의해 우울·경직성 증가, 친숙한 것에 대한 애착 증가, 유산 남기려는 성향 증가
근대화세대	50대	1940~1949	1959~1969	중년 절정기 : 관조와 내적인 탐색의 시기, 은퇴, 성역할에서 벗어나기 시작
경제부흥기 세대	40대	1950~1959	1969~1979	중년기 : 중년위기를 거쳐 적합한 새로운 삶을 모색해서 안정 찾기, 후배 양성/지도, 전문지식과 자기이해에 있어 보다 성숙
민주화세대 (386세대)	30대	1960~1969	1979~1989	성인 초기와 안정기 : 경제적 안정과 직업적 성공을 위해 최선/책임감과 개입으로 자신 투자/스스로 성취/자녀양육
자율화세대 (X세대)	20대	1970~1979	1989~1999	성인 입문기 : 이상, 꿈, 에너지, 희망, 자신에 대한 비전/일을 준비, 스승 찾기, 친밀감 형성, 최초의 인생 구조 창조
신인류세대 (N세대)	10대	1980~1990	1998~2010	청소년기 : 부모로부터 심리적 독립 시도, 자아정체감 형성, 또래의 영향, 자아중심적 성향

출처: 황상미, 김도환(2004: 33).

2) 청소년세대의 특징

황상민(2004)에 따르면, 청소년세대의 특징을 정보화세대, 소비세대, 여가세대, 영상세대, 자기표현세대, 게임세대, 퓨전세대의 관점에서 조명하였다.

① 정보화세대

오늘의 한국 사회는 정보화의 전면화 단계에 진입하고 있다. 청소년들은 새로운 정보통신기술의 작동원리를 잘 이해할 뿐만 아니라 실제로 그것을 어떻게 움직이게 할 수 있는지, 이를 자신의 관심을 충족시키고 생활에 활용하는지를 잘 알고 또 실제로도 잘 활용한다.

국정홍보처(2006)의 조사 결과 최근 1년간 사용해 본 경험이 있는 정보통신기기는 휴대폰을 제외하고 세대별로 차이가 컸다. 특히 50대 이상의 경우 PMP나 PDA, 휴대용 게임기 등 정보통신기기를 활용해 본 적이 있다고 응답한 비율은 2% 이하인 것으로 조사됐다. 반면, 20대의 경우 10%가 넘었다. 흥미롭게도 휴대폰을 이용해 본 적이 있다고 답한 비율은 연령 전체적으로 높게 나타나 휴대폰 이용은 매우 보편화되어 있다고 볼 수 있다.

표 6-2 지난 1년 동안 사용해 본 경험이 있는 정보통신 기기

(단위: %)

구분	사례수 (명)	휴대폰	디지털 카메라	MP3	휴대용 게임기	PDA	PMP	없음/모름 /무응답	계
전체	(2,580)	92.9	50.4	35.3	8.5	7.1	4.9	5.8	100.0
20대	(541)	97.6	77.1	76.7	18.3	12.1	14.7	0.0	100.0
30대	(606)	98.6	69.2	44.7	10.5	10.4	4.3	0.1	100.0
40대	(592)	96.9	49.7	26.8	6.6	6.6	2.2	1.9	100.0
50세 이상	(841)	82.8	20.2	7.8	2.0	1.9	1.0	16.4	100.0

출처: 국정홍보처(2006). 2006년 한국인의 의식, 가치관 조사, 194쪽 재구성.

② 소비세대

1990년대 이후 한국의 청소년집단은 1960년대 이래 고도 성장기를 거치면서 이루어진 경제적 축적의 혜택을 가장 먼저 받고 있는 세대이다. 새로운 소비계층이면서 상대적으로 막강한 구매력을 갖춘 청소년세대는 당연히 소비재 산업과 문화산업의 집중적인 판매 대상으로 떠올랐다. 청소년 소비자들은 감각지향적인 소비를 하고, 품질이나 가격보다는 광고이미지를 많이 고려하고 유행과 패션을 중시한다. 또한 과시소비를 통해 브랜드상품을 선호하고 동조소비 성향이 강하다. 그러므로 최근에 등장한 새로운 형태의 문화산업들이 청소년을 겨냥한 판매전략으로서 육체산업, 패션산업, 영상산업, 외식산업, 통신산업, 게임산업 등은 호기심 많은 청소년집단을 가장 중요한 판매 대상으로 삼고 있다.

③ 영상세대

1990년대 이후 청소년집단에서 나타나는 또 하나의 특징은 어린 시절부터 컬러 TV와 비디오, 전자게임과 컴퓨터 등의 새로운 영상매체에 익숙해 있다는 것이다. 이는 이들이 이전 세대에 비해 상대적으로 논리성에 약한 대신 감각적이고 감성적인 성향을 가지고 있음을 의미한다. 기존의 비디오와 오디오에 더하여 컴퓨터도 멀티미디어화되고 네트워크화되어 영상세대를 위한 다양한 시각적 자료의 출처를 제공한다. 텔레비전이 일방적인 볼거리만을 제공해 주었던 데 비해, 인터넷은 청소년들이 원하는 볼거리를 스스로 선택할 수 있도록 해줌으로써 이들의 대표적인 활동 공간으로 부상했다.

④ 자기표현세대

오늘의 청소년세대는 자아표현의 욕구로 충만한 세대라고 할 수 있다. 자아표현의 욕구란, 개인주의의 확산과 더불어 자신의 정체성을 적극적으로 확인 및 표출하고자 하는 욕구, 타인으로부터 폭넓게 인정받고 싶은 욕구이다.

청소년세대는 인터넷을 통해 자기를 표현하고 자신의 목소리에 대한 피드백을 받는 커뮤니케이션 활동에 적극적이다. 인터넷을 통해 자신의 문화적 취향을 드러내고, 자기표현의 욕구를 충족시키며, 다른 사람과의 상호작용을 즐긴다.

⑤ 게임세대

사회경쟁이 날로 격화되어 가는 오늘날, 게임은 단지 컴퓨터와 디지털 기술 발전의 산물만을 의미하는 것이 아니라 문화와 산업의 중요한 영역으로서 우리 사회에 막대한 영향력을 행사하는 분야로 떠올랐다. 특히 청소년들의 게임 욕구와 수요는 폭발적이다. 선진국에 비해 다양한 야외활동을 즐길 수 있는 시설이나 여건이 갖추어져 있지 못한 한국 사회에서 개별 가정이나 PC방 등을 근거지로 한 디지털 게임은, 최근 청소년층을 중심으로 급속히 확산되는 추세에 있다.

⑥ 퓨전세대

오늘날의 청소년은 그래픽, 소리, 동영상 등의 시청각적 이미지를 통해 즉시적으로 정보를 파악하는 감각세대이다. 오늘날 한국의 청소년들은 밀폐된 공간에 갇혀 단순히 PC 하나로 세상과 소통하는 창백한 10대의 이미지를 뛰어넘고 있으며, 그런 점에서 이들은 감성으로 통하고 몸으로 말하는 일종의 '퓨전(fusion)'세대라고 할 수 있다.

3) 청소년세대의 지칭

우리나라에서도 청소년세대를 명명하는 방식과 그들의 문화를 해석하는 방식은 시대적 상황과 연구자의 입장에 따라 다양하지만, 여기에서는 대략 다음과 같은 것들이 있다.

① '신세대'로서의 청소년

청소년세대는 1980년대의 물질적 풍요 속에 자라나 각종 개인화 장비를 갖추고서 기성 권위와는 아주 자연스럽게 결별한 젊은 세대로 이해되었다. 당시는 사회주의권 몰락과 함께, 학생운동권이 종교적 권위를 잃고 몰락을 거듭하는 시기였기 때문에, 신세대론은 세대 담론의 강자로 부상할 수 있었다.

② X세대로서의 청소년

신세대에 이어 등장한 X세대는 원래 캐나다 작가 더글러스 쿠플랑(Douglas Coupland)의 소설 『제너레이션 X』에서 유래했다. 이 소설은 세 명의 20대 젊은 이들이 일상생활 속에서 겪는 좌절과 고민 그리고 먹고, 자고, 적응하기 위해서 행하는 모습을 비교적 음울하고 비관적이며 암담한 색조로 묘사했다. 우리나라의 경우에는 1993년 11월 광고회사인 동방기획의 태평양 '트윈엑스' 광고에서 X세대라는 용어가 처음으로 선을 보였다(전인수, 최우원, 1996).

③ Y세대로서의 청소년

Y세대는 베이비붐세대의 자녀들로서 밀레니엄세대 또는 디지털세대로 불리며, 보험회사 프루덴셜사가 처음 사용한 것으로 알려져 있다(임종원 외, 2002). 우리나라의 경우, Y세대는 경제적으로 성장과 분배 사이의 균형에 관심을 가지며, 세계화와 정보화에서 앞선 세대로 간주된다(김우성, 허은정, 2007).

④ N세대(Net Generation)로서의 청소년

컴퓨터와 정보통신의 발전 속에서 성장한 N세대는 X세대와 Y세대의 특성과 공통된 감성 및 문화를 나누면서 이미 유아 시절부터 즐겨온 영상, 인터넷, 게임, 휴대폰 등을 삶의 필수 요소로 생각한다. 한국에서 N세대에 관한 논의는 X세대나 Y세대처럼 기업들의 마케팅 전략 및 미디어 이벤트 차원에서 발원한 것으로 추정된다. N세대라는 말이 나올 당시 '스무 살의 자유 TTL', 'n016', 'T22N' 등 10대 고객 발굴에 사활을 걸고 있던 이동전화업체들은 경쟁적으로 TV와 신문을 도배했고, 브랜드 네임까지 바꾸는 수고를 감수하며 온통 주위를 N자로 물들였다. 인터넷 상거래와 패션타운 등도 청소년층을 겨냥한 'N세대 마케팅'을 펼쳤다.

2. 청소년 의복문화의 이해

1) 청소년기의 의복문화의 특징

1983년 교복 자율화 이후 청소년들의 의복문화는 기성세대의 의복문화와 구분이 되었고, 1990년대 이후에는 청소년 집단 내에서의 스타일 차이로까지 확대되고 있다. 또한 청소년 소비자집단은 강력한 구매력으로 현재 의류시장에서 급부상하고 있는 의류소비층으로 여겨지고 있다. 이들은 어느 세대보다도 적극적이고 능동적인 소비자들이며 새로운 것을 받아들이는 데에도 빠르고 적극적이어서 유행에 민감하고 강한 유행수용력을 가진 소비집단으로 인식되고 있다. 청소년소비자집단은 핵가족화로 인한 소규모 가족에서 사회화된 연령층의 기능상품을 구입하는 단순소비, 내구성 소비를 하는 데 반해 청소년층들은 문화상품을 중심으로 한 고감각 상품을 선호하는 복합소비, 소모성 소비성향을 보여 줌으로써 기성세대 외 구별되는 특징을 보여 준다.

청소년기의 의복문화의 특징은 다음과 같다(한국청소년개발원, 2003).

첫째, 청소년들은 정체성 형성도구로서 의복문화를 수용하고 있다. 청소년기는 인생주기의 다른 어떤 시기보다도 의복에 의하여 그들이 소속한 집단에 동조하려고 하는 열망이 가장 강한 시기로 이 시기에 있어 의복행동의 가장 중요한 측면은 동료집단의 승인과 일치하는가 하지 않는가에 있다. 따라서 청소년들은 신체적 자아로서의 자신을 의복을 통해 지각하려고 하는 경향이 높다.

둘째, 타인지향적 의복문화의 수용이다. 청소년기의 의복행동은 동일시에서 시작되는데 청소년들은 자신이 동일시할 수 있는 연예인의 외모를 동경하며 따라하기 때문에 연예인들이 일부 청소년들의 중요한 동일시의 준거집단이 되기도 한다. 이러한 대중매체 지향적인 의복문화 수용은 모방적이고 동일시적인 의복문화 수용 형태로 나타난다. 또한, 청소년들은 또래집단에 대해 소속감을 느끼며 그로 인해 심리적인 안정감을 얻을 수 있기 때문에 친구들이 인정해주는 제품을 구매하고 소비하는 경향을 보인다. 같은 또래가 착용하는 의복 스타일을 구매함으로써 동질감과 함께 또래의식을 갖게 되고 혼자만의 선택이 아니라는 안도감도 갖게 된다. 이러한 청소년들의 경향성은 옷을 구입하거나 착용하는 데 있어서 타인을 의식하는 타인지향적 의복문화 수용의 특징을 지니고 있음을 보여 준다.

셋째, 차별화식 의복문화 수용으로 개성차별화식 의복문화 수용과 고급 차별화식 의복문화 수용으로 나누어진다. 현대 소비자에게 있어 소비는 차별화를 추구하는 중요한 기제로 작용함으로써 청소년들 간에도 하위 집단별로 의복문화를 수용하는 정도에 차이가 있는 것으로 나타났다.

넷째, 비합리적인 의복문화 소비로 소비적이고 물질주의 성향적이며 충동적인 의복문화소비의 특징을 보인다. 청소년들의 의복 관련 소비행동은 옷을 못 입게 되어서 구입하는 것이 아니라, 새로운 스타일을 추구하는 과정에서 구입하게 되는 것이 일반적이어서 옷이나 신발 등 쓰던 물건들을 쉽게 버리고 새것을 구입하는 경향이 크다. 또한 새로운 스타일의 의복을 구입하게 되면서 그 옷과 어울리는 가방, 신발, 액세서리 등을 갖추어 착용하려고 신발이나 가방 등을 추가로 구입하게 되는 경우가 많아 의복 구매는 다른 상품의 소비로 그 범위가 확대되어 소비의 폭을 크게 한다. 또한 청소년들이 유명 상표를 선호하고 소비하는 비율이 증가되고 있으며, 이러한 의복문화 기준으로 사람을 평가하고 과소비로써 자신을 과시하고자 하는 경향이 확산되고 있다. 이러한 경향성은 청소년들뿐만 아니라, 부모들의 자식 사랑이 과소비를 부추기는 현상으로까지 나타나고 있다.

다섯째, 주체적이고 창의적인 의복문화 실천 수행능력이 부족하다는 것이다. 청소년 생활문화로서의 의복문화는 청소년문화의 매우 중요한 영역으로 청소년들이 이미 형성된 청소년문화를 습득하고, 이에 동화되는 것도 물론 중요하지만, 다른 한편으로는 청소년은 자신들만의 문화를 창조하고 이끌어가야 할 주체임에도 불구하고 청소년들은 유행에 수동적으로 따르면서, 문화 주체로서의 역할을 다하지 못하고 있다. 청소년들은 감성을 중요시하는 시대이다. 즉, 이미지와 감각, 스타일을 중요시하는 감성세대이다. 이들은 성인들과는 다른 의복문화, 자기들만의 의복 스타일을 추구해야 한다. 동일시 욕구와 모방심리가 강한 반면, 개성을 표현하고자 하는 욕구 또한 강한 세대이기 때문이다. 그러나 모방적이고 타인지향적인 특성을 보여 주고 있는 청소년들의 의복문화에서는 주체적이고 창의적인 의복문화 실천 모습을 찾기 힘들다.

2) 인터넷 쇼핑몰을 통한 의복구매 활동

인터넷 쇼핑은 개인 소비자가 시간과 공간을 초월하여 인터넷상의 상점이나 점포를 방문해 상인과 직접적인 상거래를 통해 물건을 구매하는 것으로서 온라인 쇼핑, 사이버 쇼핑 또는 전자 쇼핑과 유사한 개념이다. 인터넷 쇼핑은 쇼핑시간의 절약, 편리한 수단을 이용해 365일 24시간 구매가능, 상품선택의 용이, 구매 장소의 이동용이 등 쇼핑의 편의성을 제공하는 장점으로 인하여 빠른 성장을 거듭해 나가고 있다. 전자상거래가 등장한 후 인터넷 쇼핑몰 시장은 급속히 성장하였다. 인터넷 접속에서부터 구매와 결제, 배송까지 온라인선상에서 모두 이루어진다는 편리성 때문에 오프라인과는 별도로 하나의 시장을 형성하게 되었다. 이는 초고속 통신망의 확산 등 인프라가 잘 구축되었기 때문이라고 할 수 있다.

통계청 조사에 따르면, 2011년 1/4분기 사이버쇼핑 거래액은 6조 8,530억 원으로 전년 동분기 대비 16.9% 증가하였다. 또한 의류·패션 및 관련 상품은 전체 사이버쇼핑 품목 중 16.4%로 가장 큰 비중을 차지하며, 전년 동분기에 비해 16.1% 증가하였다. 이와 같이 인터넷 쇼핑몰은 급속히 성장해왔으며, 앞으로도 지속적으로 성장할 것으로 보이며, 인터넷 쇼핑몰에서 큰 비중을 차지하고 있는 의류제품시장의 전망 또한 밝을 것으로 보인다. 2010년 방송통신위원회와 한국인터넷진흥원이 인터넷 이용 빈도 및 이용시간을 조사한 결과, 10대의 97.3%가 하루에 1회 이상 인터넷을 이용하는 것으로 나타났고, 일주일에 평균 12.4시간 인터넷을 이용하는 것으로 나타났다. 또한 12~19세의 인터넷 쇼핑 이용률이 70.5%에 달하며, 월평균 구매액이 2만3천 원으로 나타났다. 이와 같이 청소년의 인터넷 쇼핑 이용률 또한 계속적으로 증가할 것으로 보이며, 잠재 소비자로서 중요한 위치에 있다.

의복구매행동이란 소비자가 사회 문화적인 환경요인과 개인적 요구 등의 동기에 따라, 필요로 하는 의류제품을 지각하고 정보를 탐색한 후 제품을 평가·선택하여 구매하는 것으로, 청소년기의 구매행동은 여러 가지 복합적 요인에 의해 영향을 받아 형성되는데, 청소년은 발달상의 특징으로 자신의 외모에 관심을 갖게 되고 자신의 개성을 표현하기 위해 패션에 민감한 반응을 보이며 또한 동년배 집단으로부터 영향을 받아 감정에 치우친 소비를 하고 유행에 민감한 소비를 하게 된다. 청소년기는 사회적 성장의 시기로 사회 참여에 필요한 가치, 태도, 기능을 개발해 나가는 성장과정이고 급격한 신체적, 생리적 변화로 말미암아 정서적으로 매우 불안정하고 변화가 심한 과도기적 특성을 보인다.

또한 아동에서 성인으로 변화하는 신체·심리적인 전환의 시기로 아직 가치관 정립이 미성숙하여 심리적 공백과 갈등을 겪으며, 외부 자극으로부터 쉽게 자신의 가치관 형성에 영향을 받는다. 이와 더불어 청소년기의 주요한 변화는 성적(性的)인 변화라 볼 수 있겠다. 성적 발달로 인하여 이성에 대한 관심을 갖게 되며, 이성에게 매력적으로 보이는 것에 관심이 많고 자신의 외형뿐 아니라, 의복에 관한 관심도 증가한다. 특히, 청소년들은 자신의 용모나 신체변화에 극도로 민감하며 자신의 신체를 돋보이게 하거나 보완하는데 의복을 적절히 사용하여, 자신의 외형관리와 의복에 많은 시간과 노력을 기울인다.

아름다운 의복을 얻기 위해서라면 안락감이나 편안함 등의 조건을 무시할 정도로 의복의 심미성과 유행성을 중요시하며, 비실용적이고 사치스러운 의복이라도 외모의 매력을 더해주는 것이라면, 적극적으로 수용하기도 한다.

의복은 동료와의 동조수단으로 사용되는 중요한 매개체이며, 자신의 의복에 만족한 상태일 때 소속감과 자신감, 안정감을 갖고 사회적 성취감을 획득하게 되어 신체의 긍정적인 감정과 긍정적인 자아개념을 갖게 된다. 반면, 자신의 의복이 초라하거나 동료의 의복과 어울리지 않는다고 생각될 때는 불안감을 느끼고 동료를 회피하려 하며, 자기비하의 현상까지 생기게 되는 등 착용하고 있는 의복의 상태가 그들의 심리 상태에 중대한 영향을 미친다.

이와 같이 의복행동이란 의복에 대한 태도, 흥미, 관심, 선택 및 착용행위를 의미하는 것으로 개인과 집단의 가치관, 성격, 신분 등을 반영한다. 개인의 의복행동은 일관성을 보이며, 뚜렷한 목적을 지니게 되는데 이것은 준거집단이나 사회활동의 영향에 따라 개인차를 보이게 되므로 사회심리학적 측면에서 연구의 주제가 되고 있다. 이와 같이 청소년기의 의복구매 행동은 일생에 영향을 미치게 되므로 중요하다고 볼 수 있다.

3) 청소년의 소비문화와 의복구입의 실태

현대와 같은 정보화 사회에서 외모는 단지 외적인 모습뿐 아니라 한 개인의 성격, 능력 등의 다양한 측면을 이해할 수 있는 유용한 단서로 널리 받아들여짐에 따라, 대인관계, 데이트, 취업 등과 같이, 한 개인의 삶을 구성하는 많은 측면에 중요한 영향을 미치는 것으로 인식되고 있다. 온라인 취업포털 '사람인'의 조사결과를 보면, 기업 인사담당자의 75.7%가 '외모가 채용에 영향을 미친다'고 답변하였으며(동아일보, 2011), 대학생들의 무려 98%가 '외모도 경쟁력'이라는 말에 동의하였고 60.8%는 '외모로 인해 차별을 받아 본 적이 있다'고 응답하였다(조선일보, 2011).

또한 한국교원단체총연합회가 전국 초·중·고등학생 1,900명을 대상으로 설문조사한 결과를 살펴보면 학생들이 가장 많이 듣는 차별·편견적 말은 친구로부터는 외모, 부모로부터는 형제간 서열, 교사로부터는 학업성적과 관련된 내용이었으며, 이 중에서 친구로부터 차별·편견적 말을 듣는 경우가 가장 많은 것으로 나타났다(조선일보, 2012).

이러한 외모지상주의 가치관은 세계적인 추세이기는 하나, 특히 한국인들은 전 세계 어느 나라보다 외모에 관심이 많고, 외모 가꾸기에 열중하는 것으로 보여 진다.

유엔 산하 국제미용성형수술협회(ISAPS)의 2010년 조사결과를 보면, 한국이 세계에서 인구 대비 성형수술 건수가 가장 많은 국가로 보고되어, 외모지상주의 열풍이 심각한 수준인 것으로 나타났다(조선일보, 2012).

이와 같이 한국사회에 널리 만연되어 있는 외모지상주의 현상은 특히 한참 자라나는 청소년들에게 중요한 영향을 미칠 것으로 판단된다.

청소년기는 급격한 신체적, 심리적 변화를 경험하게 됨에 따라 일생 중 자신의 신체와 외모에 대한 관심이 매우 높은 특징을 보이는데, 이 시기의 신체 및 외모에 대한 평가는 성인이 된 이후에도 자아개념 및 사회성 발달에 지속적인 영향을 미치기 때문에 매우 중요하다(윤진, 1993).

또한 청소년들은 매우 감각적이고, 외부의 자극에 민감하게 반응하는 특징을 지니고 있으며, 아직 현실에 대한 경험이나 판단능력이 부족하므로, 매스미디어에서 제시되는 감각적인 영상에 높은 주의를 기울이고 이를 현실로 받아들이는 경향이 높게 나타난다(한상철, 1998). 따라서 TV나 인터넷 등의 감각적인 영상매체를 통해 전달되는 한국사회의 외모지상주의 가치관은 청소년들에게 여과 없이 받아들여지고 내면화되어 청소년들이 외모에 대한 태도를 형성하는데 지대한 영향을 미칠 것으로 판단된다. 즉, 외모를 중시하는 사회문화적 환경은 청소년들의 외모에 대한 태도에 영향을 미쳐 내적인 성장보다는, 자신의 신체와 외모에 관심을 갖고 몰두하도록 유도하며, 매스미디어를 통해 보여 지는 비현실적으로 날씬한 연예인의 모습을 현실로 받아들이고 자신의 신체를 이와 비교하여 평가함으로써, 청소년들이 부정적인 신체이미지와 자아개념을 형성할 가능성이 높을 것으로 판단된다(이미숙, 2012; Heinberg, Thompson, & Stormer, 1995; Thompson & Heinberg, 1999). 한편, 의복은 외모를 구성하는 중요한 부분이며, 신체적 결함을 보완하고 매력적인 외모를 만들기 위한 유용한 수단이기 때문에(장희순, 김태련, 2006), 외모에 대한 태도는 또한 외복행동에도 상당한 영향을 미칠 것으로 예측되어진다.

3. 청소년 의복문화의 문제점과 과제

1) 청소년 의복문화의 문제점

그동안의 지속적인 경제성장으로 인한 풍부한 물질과 서비스, 늘어난 자유재량 소비액 덕분에 오늘날의 청소년 소비자들은 이전 그 어느 때보다도 풍요로운 소비생활을 누리고 있으며, 소비 그 자체를 즐거움으로 여기고 있다.

선행 연구들은 이전 세대와는 다른 소비양상을 보이고 있는 청소년 소비자의 특성과, 문제를 다음과 같이 제시하고 있다(한국청소년개발원, 2003).

첫째, 청소년 소비자들은 감각지향적인 소비를 한다는 것이다. 청소년들은 감각적인 분위기와 느낌을 선호해서 제품 선택 시, 기능보다는 유행하는 스타일과 패션을 중시한다는 것이다. 청소년 중 50% 정도가 디자인을 물건 구입의 기준으로 삼고 있으며(한국소비자보호원, 2000), 의류, 팬시용품, 잡화류를 구매할 때 품질이나 가격보다는 디자인, 광고 이미지를 많이 고려하는 것으로 나타났다(녹색소비자연대, 1999).

둘째, 과시소비 현상을 들 수 있다. 우리나라 청소년 소비자의 가장 대표적인 과시소비 형태는 브랜드제품 선호와 구매, 외제품 선호와 구매로 표현된다고 볼 수 있다.

셋째, 동조소비성향을 들 수 있다. 또래집단과 대중스타가 청소년의 생활 전반에 미치는 영향은 상당한데 이들의 영향력은 동조소비의 형태로 나타난다. 청소년 소비자들을 대상으로 하는 패션의류, 음식료, 화장품 등의 업계에서는 청소년 소비자의 동조소비를 더욱 부추기고 있다(권미화, 2000).

2) 향후 과제

첫째, 청소년들의 의복문화를 바라보는 시각의 전환이 필요하다.

청소년을 단순히 의복을 무분별하게 소비하는 대상으로 간주하느냐 아니면, 의복문화의 실천자, 생산자로 보느냐에 따라 청소년들의 의복문화 및 소비에 관한 방안 모색의 방향이 결정될 수 있기 때문이다. 청소년들이 자신의 의복문화의 주체로서 성장할 수 있도록 그러한 능력을 키워 주기 위해서는 자신들의 취향과 선택에 대해 스스로 객관적으로 바라볼 수 있는 능력을 키워 주는 것이 필요하다. 따라서 청소년들을 의복문화 및 소비의 주체로 인식하고 그들의 표현욕구와 문화적 능력을 인정해 주는 시각의 전환이 필요하다.

둘째, 청소년들이 합리적이고 효율적인 의복문화를 실천할 수 있도록 여건을 조성해 주는 것이 필요하다.

청소년들을 의복문화 수용의 주체로 인식하는 것 못지않게 중요한 것은 청소년들이 합리적이고 효율적인 의복문화를 실천할 수 있도록 여건을 조성해 주는 것이다. 청소년들이 합리적이고 효율적인 의복문화를 실천하기 위해서는 무엇보다 먼저 의복과 소비에 대한 올바른 가치관이 정립되어야 한다. 그래야만 타인지향적 · 모방적 · 획일적인 청소년들의 의복문화 및 소비에서 자유로워질 수 있기 때문이다. 또한, 청소년들에게 대중스타와 또래집단의 의미는 절대적이므로, 이를 통한 실천방안이 마련되어야 한다.

제7장 청소년의 음식문화

특정 음식 소비 집단은 특정 음식을 소비함으로써 어떤 의미를 생산하고 실천하고자 하는가? 사람들은 음식을 생산하고 소비하는 과정에서 권력, 지위, 정체성, 세계관, 현재와 미래적 삶에 대한 설명력, 역사의식 등을 만들어 내거나 공유하며, 재생산해 나간다. 따라서 음식 소비는 생물학적 욕구 충족을 넘어서는 다양한 사회문화적 함의들을 수반한다.

1. 청소년의 음식문화에 대한 이해

1) 청소년을 위한 식품안전정책

청소년을 대상으로 한 대표적인 식품안전정책은 식품의약품안전청에서 실시하고 있는 '어린이 먹거리 안전 종합대책(2007~2010)'이다. 이를 바탕으로 2008년에 「어린이 식생활안전관리 특별법」이 제정되어, 과자 · 패스트푸드 등 기호식품관리를 중심으로 현재 시행 중에 있다. 또한 식품의약품안전청에서는 청소년층의 당 · 나트륨 · 트랜스 지방 함량에 대한 모니터링을 실시하고 다양한 영양 관련 홍보 및 교육정책을 실시한다. 영양표시정보 웹사이트 운영, 어린이 눈높이 교육 콘텐츠 개발 및 교육, 어린이 식품영양가이드 배포(보건소, 학교, 병원 등) 등이 대표적인 예이다. 식약청에서 운영하는 영양표시정보 사이트에서는 생애주기별 맞춤형 영양정보 및 어린이 건강 메뉴를 제공하며 어린이 튼튼교실에서는 어린이 비만 · 당뇨 · 고혈압에 대한 지식정보 및 올바른 식습관을 위한 사전 교육 · 홍보 등을 실시한다. 한국보건산업진흥원에서는 '키디키즈'라는 어린이 식생활 교육프로그램을 운영하고 있다. 이 밖에 청소년층을 대상으로 한 영양교육사업으로는 서울시 학교보건진흥원에서 실행하고 있는 '자녀영양수첩'이 있으며, 2008년도부터 본격적으로 실시된 '학교 안의 탄산음료 판매 금지' 조치가 있다.

① 학교급식정책

학교급식 개선 종합대책은 2006년 12월 20일 시행되어 2007~2011년까지 시행계획에 있다. 주요 대책은 학교급식의 안전성 확보, 영양관리 · 식생활 지도 강화, 우수식재료 사용 확대, 정부 · 자치단체의 지원 확대, 학교급식 운영의 내실화, 지도 · 감독 시스템 개선 등이 있다. 서울시와 지역 교육청, 학교보건진흥원은 학교급식에서 식중독 발생 시 위기 경보 대응 체계를 마련하였다. 주요 내용은 위기경보 수준을 예방, 관심(1단계), 주의(2단계), 경계(3단계), 심사(4단계)로 나뉘어 문자 서비스 및 공문으로 위기경보를 발령하고 '학교급식 위생관리 지침서'를 철저히 적용하도록 하였다. 결식아동의 급식 영양위생관리를 위하여 학기 중의 중식지원은 교육과학기술부가, 방학 중 지원은 보건복지에 사업현황을 보고하도록 하고 있다. '아동급식위원회'를 운영하여 아동급식사업 전반에 대해 심의 · 결정하여 지역 및 아동 여건에 맞는 급식지원을 실시한다. 농림수산식품부에서는 우수 농산물의 소비 확대, 학생들의 건강과 올바른 식생활

습관 형성 등을 위해 친환경농산물의 학교급식을 지원하고, 학생 대상 친환경 농업교육, 학교급식관계자의 현장체험, 친환경농산물 급식 우수사례 및 식단 안내서 제작·배부, 친환경농산물 학교급식 캠페인 등을 실시하고 있다. 또한 직영급식학교와 교내 조리위탁급식학교를 대상으로 한 정부 쌀의 저가 공급과 우유 무상급식 지원 확대 등은 농림수산식품부에서 계속사업으로 확대해 온 급식 관련 사업이다.

② 학교에서 교과 교육

한국에서 중·고등학교 식생활 교육은 주로 가정교과를 통해 이루어지고 있다. 주요 교과내용은 식품, 조리, 영양, 상차림, 식사예절 등으로 구성되어 있다. 식품의 경우 식품 선택과 식단 작성에 관한 내용이 중심이며, 조리는 기초 지식과 실제, 식사 준비와 평가 등이 다뤄지고 있다. 영양과 관련해서는 영양소의 기능과 영양권장량이 자세히 설명되어 있으며, 청소년기에 일어나기 쉬운 비만·빈혈 등과 같은 영양 문제가 제시된다. 상차림은 중학교 3학년과 고등학교에 집중되었으며, 전통 상차림이 주요 내용이지만 일본과 중국 상차림도 소개되어 있다. 제7차 교육과정기에는 청소년기의 영양과 식사, 식사예절 등과 같이 기초 영양과 조리 지식을 강조하였고 식생활에서의 소비자 능력, 즉 식품의 선택과 관련된 내용을 다루고 있는 점이 특징적이다.

2. 청소년 음식문화의 실태

청소년들의 음식소비 태도 및 소비 패턴을 중심으로 본 청소년들의 음식문화 양상은 대체로 다음과 같다(창원대학교 건강증진사업지원단, 2006; 한국청소년개발원, 2003).

1) 청소년과 음식 소비 태도

(1) 패스트푸드 음식의 선호

청소년 시기는 가정에서의 식사보다는 밖에서 친구들과 어울려 패스트푸드와 각종 간식에 적응되고, 몹시 좋아하면서 찾는 시기이다. 일반적으로 청소년들은 동물성 식품이나 탄산음료가 주인 패스트푸드를 선호하는 경향이 커서 영양 불균형 또는 동물성 지방과 단백질이 편중된 식사를 하기 쉽다. 그러나 패스트푸드는 기호성 위주로 선택하는 식품인 경우가 많기 때문에, 영양소 섭취의 불균형 현상을 일으켜 잠재적인 영양소 결핍을 초래할 수 있다. 패스트푸드는 함유된 영양가에 비해 열량의 비율이 높고, 전반적으로 포화지방산과 나트륨 함량이 높으며 과일, 채소 등의 섭취 부족으로 인해 비타민 부족이 지적되었다.

(2) 인스턴트 식품 및 서구 음식에 대한 태도

중고생들은 부모세대와 달리 입맛이 서구 지향적으로 변해가고 있다. 특히 중학생보다는 고등학생이, 남학생보다는 여학생이, 그리고 혁신 성향이 높은 사람일수록 입맛의 서구화 경향이 두드러진다. 특히 햄버거 등 패스트푸드는 청소년들의 독자적인 먹거리 문화를 형성시켜 나가고 있다(대홍기획 마케팅전략연구소, 1999).

그리고 우리나라 청소년들은 채식보다는 육식을 선호하는 경향이 나타나고 있으며, 간식이나 군것질을 즐기는 경향으로 10중 8명 정도가 그렇다고 답하였다.

(3) 식도락 지향적 식생활

전국의 중고생 905명을 대상으로 실시한 조사결과에 의하면, 우리나라 중고

생 10명 중 8명 정도가 '먹는 것은 사람이 사는데 즐거운 일 중의 하나'라고 생각하고 있다. 음식을 먹을 때 영양가보다 맛을 중시 여긴다는 것이다. 맛을 중시하는 경향은 해마다 증가하는 추세이며 부모세대보다 높은 응답률(86%)을 보이고 있다.

(4) 건강유해성분에 대한 태도

신체적으로 특별한 이상 징후를 느끼지 못하는 중고생들은 건강에 대해 큰 염려를 하지 않는 편이다. 그에 따라 건강에 유해하다고 알려져 있는 카페인, 지방질 음식, 설탕 등에 대해 별다른 관심을 보이지 않는 것으로 나타났다. 정도 면에서는 남학생보다 여학생의 유해성분 기피 성향이 더 높은 것으로 나타났다. 이는 여학생들이 건강을 더 염려해서라기보다는 체형이나 피부관리 등에 민감하기 때문인 것으로 판단하고 있다.

(5) 식사의 규칙성

청소년 건강을 위해서 가장 필요한 것이 규칙적인 식사습관임에도 불구하고 아침 식사를 거르는 학생들이 많은 것으로 나타났다. 한 중학교 학생들을 대상으로 실시한 조사에 따르면 아침을 먹지 않는 학생들이 21%, 가끔 먹지 않는다는 학생이 11%로 나타났다. 따라서 32% 정도의 학생이 아침을 규칙적으로 먹지 않는 것이다. 또한 학원에 다니거나 부모들의 늦은 귀가로 인하여 저녁식사 시간이 늦은 학생들이 많은 것으로 나타났다.

위에 부담을 주지 않기 위해서 식사 후 최소한 3~4시간이 지난 후 잠자리에 드는 것이 바람직한데, 저녁 8시 이후에 음식을 먹는 학생들이 79%로 나타났으며, 식사 후 1~2시간 이내에 잠을 자는 학생들이 30% 정도가 되었다(서순옥, 2000).

(6) 간식습관

학생들의 나쁜 식습관 중 하나는 간식을 하고 밥을 먹지 않는 것이다. 식사를 하지 않고 간식을 먹느냐는 질문에 대체로, 그렇다 25%, 항상 그렇다 9%를 차지하여 34%의 학생들이 정상적인 식사를 하지 않는 경향이 있음을 보인다. 성장기의 청소년들은 영양소를 골고루 섭취해야 하나 간식으로 식사를 대신하여 영양 불균형이 초래될 위험이 있다. 또한 학생들이 선호하는 음식으로는 가공식품이 큰 비중을 차지하고 있으며, 가장 좋아하는 식품은 라면으로 나타났다. 매일 한 번씩 라면을 먹는가에 대한 질문에서 그렇다는 학생이 13%, 대체로 그렇다는 응답이 14%, 가끔 그렇다는 응답이 41%로 대부분의 청소년들이 라면을 선호하고 있는 것으로 나타났다

2) 식약청의 위해가능 영양성분 저감화 사업

식약청에서는 트랜스지방, 당 등 위해가능 영양성분의 섭취 저감화 목표 아래 2012년까지 트랜스지방 제로화 및 당, 나트륨 섭취를 12% 이상 저감화 달성을 위해 "위해가능 영양성분 저감화 사업"을 본격 착수하였다. 이를 위해 트랜스지방, 포화지방, 당류 등을 영양표시 대상성분으로 추가하였으며(2006. 09.), 영양성분 표시의 사각지역인 패스트푸드 등 외식 메뉴에 대한 집중조사 및 결과를 공개하도록 하였다. 그리고 2010년 외식업체 영양표시 의무화 추진을 위해 2008년 1월부터 패스트푸드(햄버거)에 대한 영양표시 시범실시를 추진하는 등 영양표시 기반을 마련하였다.

또한, 초등학교의 영양교육시간을 확대하기 위하여 재량수업이나 방과 후 수업을 통한 교육을 시범 시행하였다(식품의약품안전청, 2008).

3) 청소년과 외식행동

(1) 청소년과 외식 빈도

여자의 경우에는 중·고등학생보다 초등학생의 경우에 매일 외식하는 비율이 더 높게 나타나고 있다. 학교급식의 확대 실시와 급증하는 외식의 기회는 가정에서의 식사 빈도를 감소시키게 되며 따라서 부모에 의한 식사관리나 영양관리의 기회가 줄어들게 된다. 청소년의 외식 실태는 다음의 표에서 보는 바와 같이 매일 1회 이상 외식하는 청소년의 비율이 16.5%(7~12세 남자)에서 40.8%(20~29세)에까지 이르고 있다(한국청소년개발원, 2003).

표 7-1 청소년의 외식 섭취 빈도에 따른 분포(연령별)

(단위: %)

섭취빈도 / 연령(세)	하루 2회 이상		하루 1회		주 1회 이상		월 1회 이상		거의 안 함	
	남자	여자	남자	여자	남자	여자	남자	여자	남자	여자
전연령	5.4	2.5	21.4	12.1	21.2	21.0	24.2	26.6	27.8	37.8
7~12	0.6	1.5	15.9	18.8	14.7	16.4	36.4	30.4	32.4	32.9
13~19	4.4	3.1	13.1	15.3	20.5	25.3	25.7	22.7	36.3	33.6
20~29	11.8	6.8	29.0	21.1	28.6	31.5	15.5	21.3	15.1	19.3

출처: 보건복지부, 1999, 「1998 국민건강·영양조사」 문화관광부, 2002, 48쪽에서 재인용.

(2) 청소년과 패스트푸드 이용 습관

식습관의 변화로 학생들이 가장 먹고 싶어 하는 음식의 1, 2위가 피자와 햄버거로 나타났으며 청소년들의 외식 소비 중 큰 비중을 차지하는 것이 패스트푸드의 소비라고 할 수 있다. 간편성을 추구하는 식생활 패턴의 증가, 서구화되는 식성 및 마땅히 갈 곳이 없다는 청소년들의 사회적 요구가 맞물려 패스트푸드점은 청소년들의 생리적 욕구충족 및 사회적 욕구충족의 장소로 이용되고 있다. 패스트푸드 음식점은 초기에는 간이식이나 대체음식으로서, 양적으로나

질적으로 충분한 음식으로 간주되지 못했으나, 점차 이용 빈도가 도시를 중심으로 증가하고 핵가족의 간편한 외식 장소로 선호되고 있으며, 어린이와 청소년들을 중심으로 패스트푸드점은 모임의 장소로 선호되어 독특한 청소년문화를 구성하는 등의 상징적 의미를 갖기도 한다(유동주, 1999).

또한 패스트푸드의 소비는 쿠폰이나 할인카드의 사용과도 밀접한 관련이 있는 것으로 나타나고 있으며 혼자보다는 친구들과 함께 패스트푸드점을 찾는 경향이 많아 패스트푸드점이 사회적 관계를 위한 중요한 장소가 되고 있음을 알 수 있다(박철, 진재균, 2001).

(3) 패스트푸드 이용과 비만

청소년들이 즐겨 먹는 햄버거와 피자는 열량이 높은 음식으로 햄버거는 감자튀김과 콜라 등과 함께 먹게 되므로 고열량을 섭취하게 된다. 햄버거, 샌드위치, 피자, 닭튀김을 먹을 경우 대개 고열량 식품인 프렌치프라이와 콜라를 곁들이고 있어 영양 구성에서는 지방이 40% 이상을 차지하게 된다. 특히 햄버거와 피자를 판매할 때, 세트 메뉴로 콜라나 청량음료와 함께 먹도록 되어 있어서 청소년들의 식습관 형성에 영향을 주고 있다(서순옥, 2000).

서양식 패스트푸드는 육체활동이 매우 많은 성인 남자에게는 어느 정도 적당하지만 보통 남자 직장인과 여성, 어린이, 청소년에게는 열량이 높은 식품이다. 따라서 패스트푸드를 많이 먹으면 비만으로 연결되기 쉽다.

3. 청소년 음식문화의 향후 과제

1) 영양교육의 필요성

패스트푸드 선호도에 따른 식생활행동에 관한 연구에서 패스트푸드를 선호할수록 식사가 불규칙적이고 편식이 심하였으며, 패스트푸드를 선호하는 학생은 비선호 학생보다 패스트푸드가 영양적이고 건강에 좋으며 위생적이라는 긍정적인 견해가 높았고 또한 패스트푸드에 대한 지식이 낮을수록 건강에 미치는 영향에 대해 긍정적인 견해를 갖고 있어 영양교육의 필요성 및 중요성이 강조되었다.

2) 영양교육 프로그램의 개발

청소년들에게 바람직한 식생활 정보를 제공하는 사이트 제작에 필요한 자료를 얻기 위해 중·고등학생 대상으로 설문한 결과, 청소년이 정보를 얻는 가장 효과적인 매체는 '전자매체'였고 대부분의 청소년들이 하루에 1회 이상 인터넷을 사용하였으나, 다수의 청소년들이 인터넷상의 영양정보를 이용한 경험이 없는 것으로 조사되었다. 따라서 게임을 통한 학습, 게시판 등 흥미롭고 재미있는 영양교육 프로그램을 개발한다면 청소년이 필요로 하는 유용한 정보를 효과적인 방법으로 전달할 수 있을 것이다.

3) 발달주기별 영양 정보의 제공

초등학교 5~6학년과 중학교 1~2학년의 식품섭취 실태를 비교한 연구에서 5~6학년에 비해 중학생이 면류 및 육류 가공품의 섭취가 많았으며, 반면 우유 및 유제품, 생선 및 해조류, 기타 잡곡류의 섭취는 유의적으로 낮았는데 이런 차이는 초등학생은 대체로 부모의 통제하에 있으나, 중학생이 되면 바쁜 학업생활과 친구들과의 간식, 외식이 증가하는 등 식생활에 변화가 나타나기 때문이다(Yoo, S.Y., 2004; 2006).

따라서 영양교육은 맛에 대한 인지능력이 발달하기 시작하는 유아기에서부터 실시되어야 하고, 잘못된 식습관을 바로 잡을 수 있는 적절한 시기인 청소년기에도 지속적인 반복 학습이 이루어져야 한다. 또한 청소년들은 집 밖의 음식에 노출되어 기호 위주의 음식이나 또래친구와의 사교적 모임에서 가공식품, 동물성 식품이 많은 음식, 짠 음식, 화학조미료를 넣은 음식을 섭취하게 될 경우가 많으므로 청소년들에게 스스로 식생활을 개선시키고 올바른 식생활을 유지할 수 있게 도와주는 영양 정보가 필요하다.

4) 균형 잡힌 식습관의 형성

Kim 등(1997)의 연구에서는 채소를 싫어하는 청소년일수록 자기중심성과 공격성이 높았고, 과일이나 우유 및 유제품을 싫어할수록 공격성과 불안 점수가 증가하는 등 식품을 골고루 섭취하지 않는 아동일수록 위축점수가 높았다고 하여 어릴 때부터의 균형적인 식습관이 중요함을 시사하였다. 이와 같이 패스트푸드의 잦은 섭취에 따른 영양 불균형은 청소년의 인성발달에 영향을 주게 되고, 어릴 때 습득된 불안감, 공격성 등은 건강한 인성발달을 방해하여 사회적 문제를 일으킬 수 있으므로 교정이 시급하다고 할 수 있다.

청소년문화의 실제

제8장 청소년의 인터넷 문화

현대사회에 접어들면서 인터넷 사용은 선택이 아니라 필수가 되었으며, 인터넷 없는 세상은 상상하기 힘들 만큼 우리에게 인터넷은 매우 밀착되어져 있다. 오프라인 공간에서만 가능하던 타인과의 만남, 지식교환, 정보공유, 관계형성은 이제 더 이상 시간의 제약과 공간의 제약을 받지 않아도 되는 온라인의 무궁한 시장의 증가로 확산되어지고 있다. 그러므로 더 빠르고 더 신속하게 인터넷을 활용하여 다양한 커뮤니티를 통한 관계형성과 여가활동을 향유할 수 있는 온라인 세계에서 무차별적 홍수 속의 과다한 인터넷 사용은 특히 청소년들에게 부정적 영향을 미치고 있다.

1. 인터넷 문화

1) 인터넷 문화의 특징

첫째, 익명성의 문화이다. 인터넷을 통한 가상공간은 누구나 제약받지 않고 들어가 자유롭게 돌아다니며 정보를 교환하며 의사소통하는 곳이기 때문에 익명적 관계를 원칙적으로 존중한다.

둘째, 개방성의 문화이다. 이 부분은 가상공간의 목적과도 연계되는 특성으로서, 정보의 자유로운 공유가 인터넷의 목적인 만큼 누구나 자유롭게 들어와 정보를 공유할 수 있는 것이 인터넷의 중요한 특성이다.

셋째, 자율성의 문화이다. 가상공간에서는 보이지 않는 타자를 위해 현실세계에서와 동일하게 스스로를 윤리적으로 통제하며 타자를 존중하는 행위가 필요하다고 하겠다. 이 부분이 이루어지지 않을 경우 가상공간은 무질서와 혼란으로 특징지어지게 된다.

넷째, 다양성의 문화이다. 현실세계에서 철저히 규정화되고 있는 개인의 사회적 ID는 가상공간에서는 익명성을 바탕으로 무수히 많은 또 다른 자기로 새롭게 태어날 수 있으며, 이처럼 가상공간에서 이루어지는 다양한 자아의 발현으로 인하여 사이버 문화는 무엇이든 가능한 다양성의 문화로 대변될 수 있다.

2) 인터넷중독의 특징

인터넷중독(internet addiction)이란 임상현장에서 과다하게 인터넷을 사용하거나, 게임에 몰두하여 일상생활에 심각한 장애가 발생하는 것을 말한다. 그러므로 인터넷중독은 임상적으로 심각한 손상이나 고통을 일으키고 있는, 부적응적인 패턴의 사용이라 할 수 있다. 또한, 인터넷중독은 약물, 알코올, 마약, 도박에 중독되는 것과 유사한 방식으로 빠져들어 혼자 힘으로는 헤어나오지 못할 정도로 중독되어 현실과 가상의 세계에서의 혼란으로 문제가 유발되는 심리적 장애를 뜻한다.

Goldberg(1996)는 최초로 인터넷중독장애라는 용어와 개념적인 진단준거를 만들었다. 인터넷중독의 판단기준을 제시한 Young(1999)은 인터넷중독이 흡연,

알코올, 약물과 강박적 도박, 쇼핑 등의 중독적 문제행동과 유사함을 언급하면서 인터넷중독도 그러한 중독적인 행동 양상을 보이며, 인터넷의 중독적 사용이 병리적 도박이나 섭식장애와 알코올중독 등과 같이 중독자의 학문적 · 사회적 · 재정적 · 직업적 생활을 명백하게 방해할 수 있다고 하였다. Young(1999)은 인터넷중독의 기준으로 강박적 집착과 사용, 통제력의 상실 등을 제시하였고, 그러한 특성을 감안하여 다음과 같이 8개 기준을 제시하였다. 8개 기준 중 5개 항목 이상에 해당하는 사람들을 인터넷중독자로 분류하였다(홍찬숙, 2006: 한국정보문화진흥원, 2006, 재인용).

- 점점 오랜 시간을 온라인에 접속해야 만족하게 된다.
- off-line 시에 금단 증상을 호소한다. 즉, 우울증 증가, 침울감, 초조함, 짜증남, 안절부절못함, 불안, 강박적 사고, 환상이나 꿈, 타이핑, 손놀림 등이 학교와 사회생활에 지장을 줄 정도이며, 이러한 증상 때문에 다시 통신에 접속하게 된다. 흔한 예는 접속을 끊고 나오면 점점 우울해지는 것이다.
- 의도했던 것보다 자주 또는 오랫동안 접속, 인터넷상에서 장시간을 소모한다.
- 통신 접속을 줄이려 했으나 실패한다.
- 온라인 접속시간을 늘리기 위한 시도(수업을 빼먹는다거나, 인터넷 접속을 위해서 잠자리에 늦게 들거나 일찍 일어남)를 한다.
- 사회생활, 직장생활 또는 여가활동(취미, 남들과 어울리는 것, 친구와 전화 연락하는 것 등)에 흥미를 상실한다.
- 인터넷 사용 때문에 여러 가지 문제(직장, 학교, 재정 또는 가족 문제 등)가 생겼거나 더 나빠졌어도 인터넷을 계속 사용한다.
- 인터넷을 사용하지 않은 때에도 빨리 접속해 보고 싶은 마음에 사로잡

힌다.

(1) 인터넷중독 관련 심리적 특성

현재까지 보고된 심리적 특성들을 열거하면 다음과 같다(한국정보문화진흥원, 인터넷중독의 특성 분석 연구, 2008).

① 충동성

충동성이란 위험이나 불이익이 오는데도 불구하고 시작한 행동을 중단하거나, 조절하는 데 어려움을 보이는 성격 차원(Gray, 1987) 혹은 반응시간이 빠르거나, 행동에 대한 제지를 잘하지 못하며, 미래 상황에 대한 계획을 잘 세우지 못하는 계획능력의 결여 등으로 정의된다(Barratt & Patton, 1983). 충동성 수준이 높으면 자신의 생각이나 욕구를 조절하기 어려우며, 자신의 생활에 대해서도 구체적인 계획을 세우기 어렵게 됨으로써, 인터넷 사용으로 인해 어려움이 발생하더라도 상황에 민감하게 반응하지 못하며, 또한 자신의 인터넷 사용시간 조절이 힘들어지고 결국 인터넷중독에 빠지게 될 것이라고 가정된다.

② 사회성 및 사회적 불안

현실의 사회생활에서 잘 적응하지 못하거나, 다른 사람의 인정을 받지 못해 자존감에 상처를 입는 사람들이, 사이버 공간에서는 실제적인 자신의 모습을 숨기고, 자신이 되고자 하는 이상적인 모습을 표현할 수 있다. 그리고 현실세계에서 다른 사람의 인정을 받지 못한 사람들은 사이버 공간에서 만난 사람들에게 많은 사회적 지지를 얻으며, 친밀하게 느끼고, 자신의 자존감을 회복하기 위하여 인터넷상의 대인관계에 더욱 쉽게 빠져들게 된다(황상민, 한규석, 1999).

인터넷을 사용함으로써 자신을 다른 사람에게 드러내지 않고 다른 사람과 접촉할 수 있으므로 가상세계에서의 관계는 감소된 불안감과 부정적인 정서반응의 완화라는 측면에서 강화되게 된다. 더구나 익명성이라는 인터넷 자체의 특성으로 인해서, 자신을 여지없이 드러낼 수 있고, 사회적인 지지를 경험하게 됨으로써 중독을 더욱 강화시키는 원인이 될 수도 있다.

③ 자아존중감

자아존중감은 개인이 자신을 유능하고 중요하며 성공적이고 가치 있다고 생각하는 것이다(Coopersmith, 1981). 자아존중감은 자신의 가치에 대한 평가를 의미하며, 정신건강을 측정하는 지표로 사용된다(Rogenberg, 1965). 인간은 본능적으로 일정 수준의 자아존중감을 유지하려는 욕구를 가지고 있다. 그러므로 일상생활에서 자신의 자아존중감이 위협을 받는 상황에서는 현실을 왜곡하거나 합리화하는 방법을 이용하여 자신의 자아존중감을 지키려고 한다(Brown, 1986). 그러므로 현실에서 낮은 자아존중감을 회복하기 어려운 이들에게 사이버 공간은 새로운 자신을 개발하고, 자아존중감을 회복할 수 있는 최적의 공간이다.

현재까지 알려진 결과들에 따르면, 인터넷을 과도하게 사용하고 있는 사용자의 경우 인터넷을 하고 있는 동안은 자신의 문제나 불만스런 부분에 대해 회피하고 일시적으로 심리적 안정감을 느낄 수 있으나, 현실에서는 자신의 문제가 해결되지 않았음에 더 큰 심리적 어려움으로 빠져들게 되고, 이러한 어려움을 회피하고자 인터넷 사용에 더욱 몰입하게 되는 악순환을 경험하게 될 수도 있다(권정혜, 2005; 장재홍, 신효정, 2003).

2. 인터넷 이용 현황

1) 인터넷 이용용도

인터넷 이용용도로는 '뉴스검색'이 83.3%로 가장 높게 나타났으며, 다음으로 '모바일 인스턴트메신저(73.0%)', '일반적인 웹서핑(59.1%)', '학업/업무용 검색

(51.6%)' 등의 순으로 높게 나타났다.

학령별로는 유치원 또는 어린이집과 초등학생의 경우에 있어서는 온라인게임을 주로 많이 할 것으로서 스마트폰, 태블릿PC 등 각 44.9%, 62.6%로 나타났으며, 중학생과 고등학생은 주로 모바일 인스턴트메신저를 많이 이용하고 있다(각 75.9%, 80.6%). 또한, 대학생은 '뉴스검색(89.1%)'이 각각 높게 나타났다.

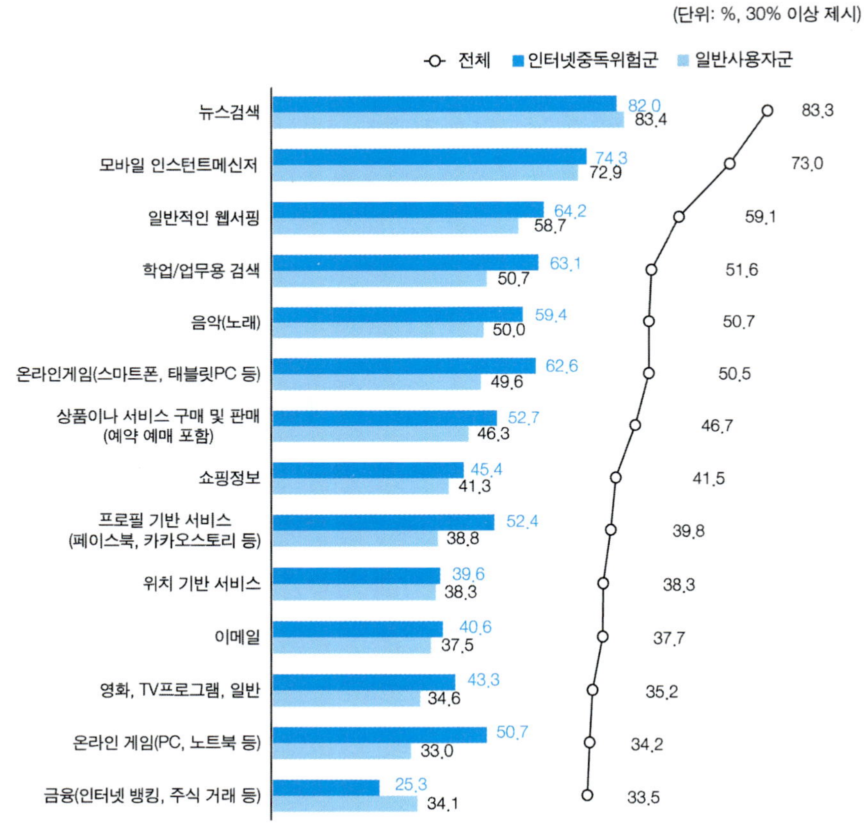

그림 8-1 인터넷 이용용도(복수응답)

자료: 한국정보화진흥원인터넷중독대응센터(2014).

2) 인터넷 이용시간(주중/주말/1일 평균)

(1) 인터넷 1일 평균 이용시간

우리나라 청소년들의 인터넷 1일 평균 이용시간은 2011년 2.0시간, 2012년 2.2시간, 2013년 2.3시간, 2014년 2.3시간으로 나타났고, 전체 1일 평균 인터넷 이용시간은 2.3시간으로 2011년보다 인터넷 사용시간이 30분이 더 늘어난 것으로 나타났다.

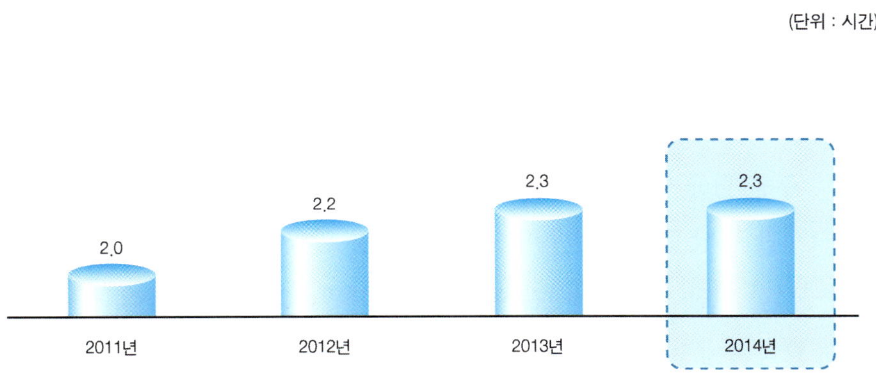

그림 8-2 연도별 인터넷 1일 평균 이용시간

자료: 한국정보화진흥원인터넷중독대응센터(2014).

그러므로 인터넷중독수준별 이용자들의 인터넷중독위험군의 이용시간은 3.2시간으로서 1일 평균 이용시간보다 더 길게 나타났다. 인터넷중독위험군 중 고위험군은 3.8시간으로 최장시간 인터넷을 이용하는 것으로 나타났다.

연령별로는 청소년이 2.5시간으로 가장 길었고, 성인(2.4시간), 유아동(1.3시간) 순으로 나타났다.

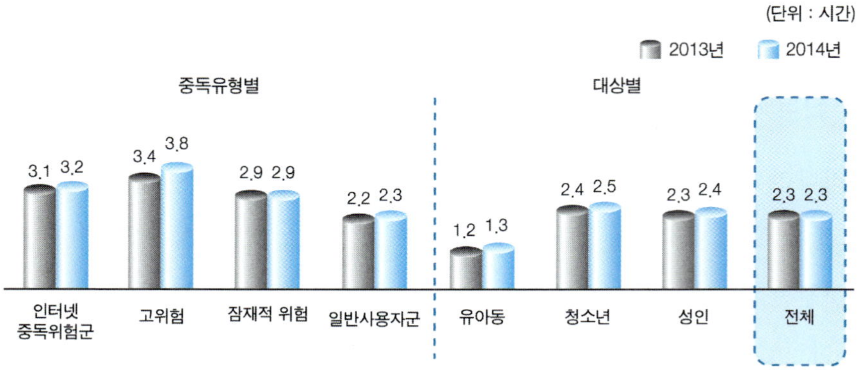

그림 8-3 1일 평균 인터넷 이용시간(중독수준별/대상별)

(2) 인터넷 주중 평균 이용시간

인터넷 주중 평균 이용시간은 2.3시간으로 1일 평균 이용시간과 동일하게 나타났으며 '1시간 이상~2시간 미만'이 33.5%로 가장 많았고 '1시간 미만(24.8%)', '2시간 이상~3시간 미만(19.7%)', '3시간 이상~4시간 미만(10.4%)' 등의 순으로 나타났다.

인터넷중독 수준별로 살펴보면, 일반사용자군의 주중 평균 이용시간은 2.2시간인 반면, 인터넷중독위험군은 2.9시간으로 중독위험군의 주중 인터넷 사용량이 높은 것으로 나타났다.

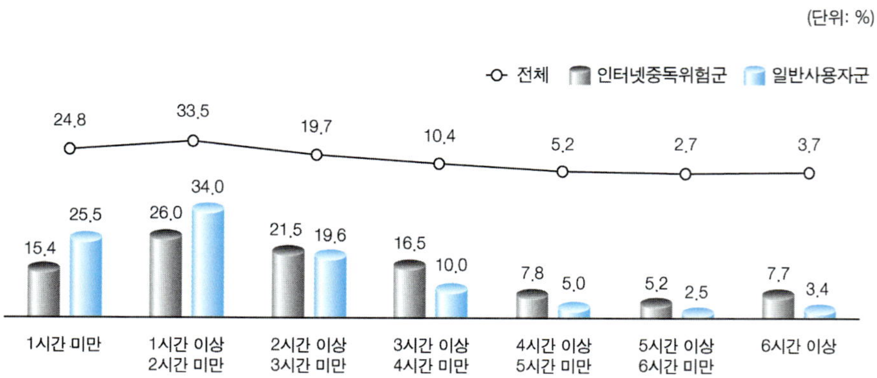

그림 8-4 인터넷 이용시간(주중)

자료: 한국정보화진흥원인터넷중독대응센터(2014).

(3) 인터넷 주말/공휴일 평균 이용시간

인터넷 주말 평균 이용시간은 2.4시간으로 주중 평균 이용시간보다 다소 높게 나타난 것을 알 수 있다. 인터넷 평균 이용시간은 '1시간 이상~2시간 미만'이 29.7%로 가장 많았으며, '1시간 미만(27.0%)', '2시간 이상~3시간 미만(18.9%)', '3시간 이상~4시간 미만(10.9%)' 순으로 높게 나타났다. 또한 인터넷중독 수준별로 살펴보면, 일반사용자군의 주말 평균 이용시간은 2.3시간인 반면, 인터넷중독위험군은 3.4시간으로 중독위험군의 주말 인터넷 사용량이 다소 높은 것으로 나타났다.

(단위: %)

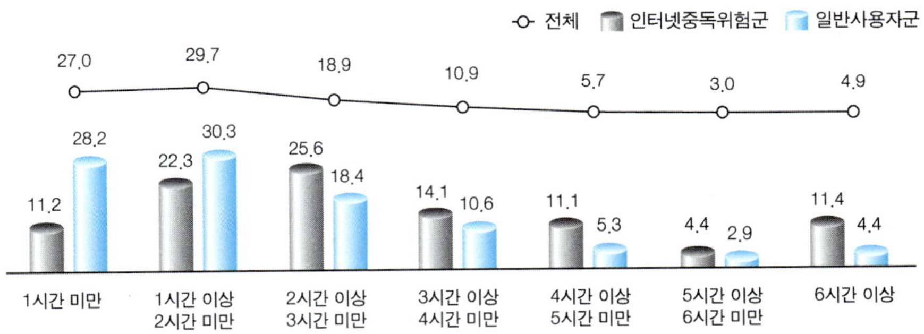

그림 8-5 인터넷 이용시간(주말/공휴일)

자료: 한국정보화진흥원인터넷중독대응센터(2014).

3) 인터넷 이용 이유

인터넷을 사용하는 주된 이유로서는 '새로운 정보를 얻고 각종 서비스를 이용하기 위해'가 89.1%('그렇다' + '매우 그렇다')로 가장 높게 나타났으며, '오락, 휴식, 스트레스 완화, 감정표현(80.7%)', '인간관계 유지 및 타인과 의사소통(76.7%)' 등의 순서로 나타난 것으로 보아, 인터넷이 우리의 생활 속에 불가분의 관계로 이어져 있음을 알 수 있다.

4) 온라인게임 이용실태

인터넷중독위험군은 3가지 요인 중 '오락과 휴식, 스트레스의 완화, 감정표현(91.9%)'을 위해 인터넷을 사용한다는 응답률이 가장 높게 나타났다.

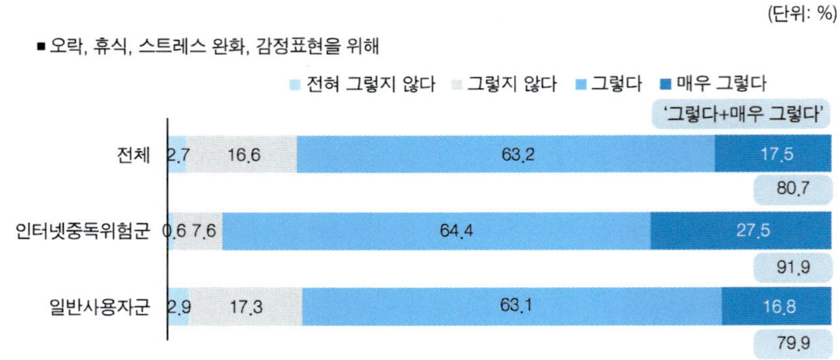

그림 8-6 인터넷 이용 이유(오락, 휴식, 스트레스 완화, 감정표현을 위해)

(1) 온라인 게임 이용여부

온라인 게임 이용률은 전체적으로 57.2%로 나타났으며, 인터넷중독위험군의 온라인 게임 이용률은 69.3%로 일반사용자군(56.4%)보다 12.9%p 높게 나타났다. 이로써 연령별 온라인 게임 이용률을 살펴보면, 청소년이 77.8%로 가장 높게 나타났으며, 이어 유아동(77.0%), 성인(51.2%)의 순이었으며, 학령별로는 초등학생(83.3%)의 이용률이 가장 높았으며, 다음으로 중학생(80.8%), 고등학생(73.3%)의 순으로 나타났다.

그림 8-7 온라인 게임 이용여부

자료: 한국정보화진흥원인터넷중독대응센터(2014).

(2) 온라인 게임 이용횟수 및 이용시간(1일 평균)

전체 온라인게임 1일 평균 이용횟수는 2.3회이며, 이용시간은 1.4시간으로 나타났다. 인터넷중독위험군은 하루 평균 2.7회, 1.8시간 온라인게임을 이용하여 일반사용자군의 사용량(2.2회, 1.4시간)보다 더 많이 자주 온라인게임을 이용하고 있는 것으로 나타났으며 인터넷중독위험군 중에서도 특히 고위험군의 온라인게임의 이용량(3.2회, 2.2시간)이 높음을 알 수 있다.

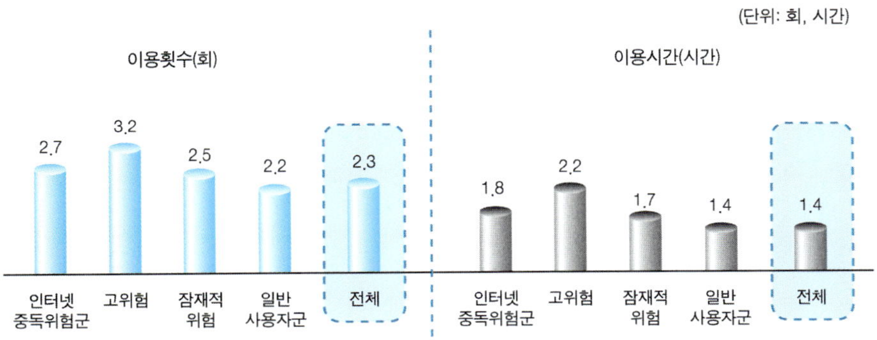

그림 8-8 온라인 게임 이용횟수 및 이용시간(1일 평균)

자료: 한국정보화진흥원인터넷중독대응센터(2014).

(3) 온라인 게임을 하는 주된 이유

온라인 게임을 하는 주된 이유로는 '재미있어서'가 76.5%로 가장 높게 나타났고, '스트레스 해소(58.8%)', '시간을 때우기 위해/할 일이 없어서(18.0%)' 등의 순으로 나타났다. 또한 일반사용자군은 동일한 패턴을 보인 반면, 인터넷중독위험군에서는 '사람들과의 교류를 할 수 있어서(20.9%)', '습관적으로(19.2%)', '목표치(고레벨) 달성을 위해(10.6%)'의 이유가 일반사용자군 대비 높게 나타난 것을 알 수 있다.

(단위: %, 5%이상 게시)

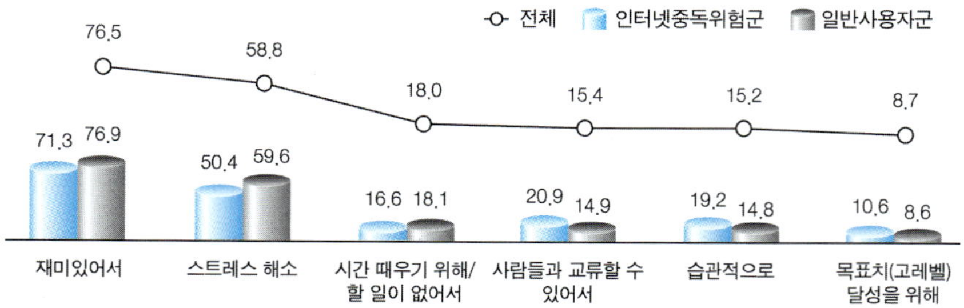

그림 8-9 온라인 게임을 하는 주된 이유(1순위+2순위)

자료: 한국정보화진흥원인터넷중독대응센터(2014).

3. 인터넷중독의 실태

1) 인터넷중독 현황

(1) 연도별 인터넷중독위험군 비율

만 3~59세 인터넷 이용자 중 인터넷중독위험군은 6.9%(2,621천 명)로 전년 대비 0.1%p 하락하였으며, 2014년 만 3~59세 인터넷 이용자 중 인터넷중독위험군은 6.9%이고, 인터넷중독위험군 수는 2,621천 명으로 전년 대비 중독위험군은 0.1%p 감소하였으나, 조사 대상 연령 확대로 인해 중독위험군의 수는 335천 명으로 증가하였다.

특히, 전체 인터넷중독위험군 중 전문 상담치료가 필요한 고위험군의 비율이 2013년보다 0.1%p 상승한 1.8%로 나타난 반면, 잠재적 위험군은 2013년보다 0.2%p 하락한 5.1%로 나타났다.

2014년 인터넷중독위험군(100%) = 고위험군(26%) + 잠재적 위험군(74%)

고위험 사용자군은 금단, 내성, 일상생활장애의 증상을 모두 보였으며, 잠재적위험 사용자군 또한 금단, 내성, 일상생활장애 중 1가지 이상의 증상을 보이며, 사용조절력이 감소했다(한국정보화진흥원인터넷중독대응센터, 2014).

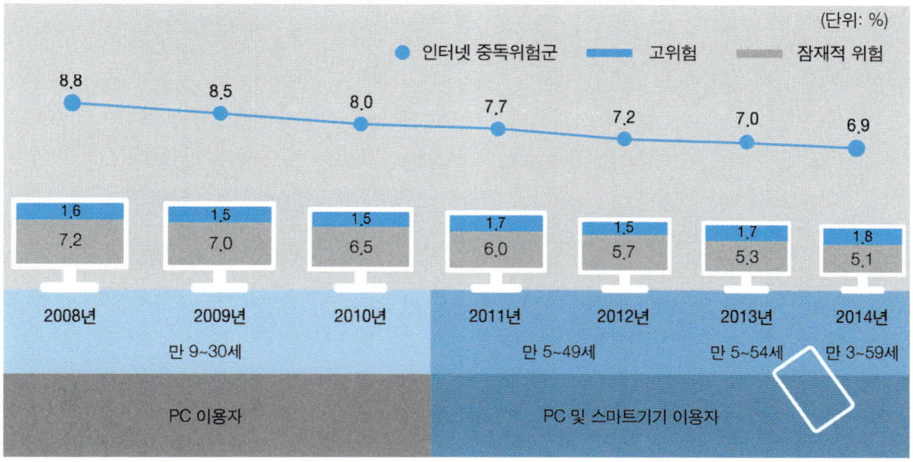

1) 조사대항 연령 확대 2014년 : 만 3~59세(유아동 만 3~9세, 청소년 만 10~19세, 성인 만 20~59세)
2013년 : 만 5~54세(유아동 만 5~9세, 청소년 만 10~19세, 성인 만 20~54세)
2011년~2012년 : 만 5~49세(유아동 만 5~9세, 청소년 만 10~19세, 성인 만 20~49세)
2004년~2010년 : 만 9~39세(청소년 만 9~19세, 성인 만 20~39세)

2) PC 이용자 대상 조사에서 2011년도부터 PC 및 스마트기기 이용자로 대상 확대

그림 8-10 연도별 인터넷중독위험군 비율

표 8-1 연도별 인터넷중독위험군 비율

(단위: %)

구분		2008	2009	2010	2011	2012	2013	2014
인터넷중독위험		8.8	8.5	8.0	7.7	7.2	7.0	6.9
	고위험	1.6	1.5	1.5	1.7	1.5	1.7	1.8
	잠재적 위험	7.2	7.0	6.5	6.0	5.7	5.3	5.1

자료: 한국정보화진흥원인터넷중독대응센터(2014).

(2) 학령별 인터넷중독위험군 비율

학령별 인터넷중독위험군 비율에 있어서는 중학생(13.2%), 대학생(12.5%), 고등학생(11.7%) 순이었다. 또한, 학령별 인터넷중독위험군은 중학생(13.2%), 대학생(12.5%), 고등학생(11.7%), 초등학생(9.7%), 유치원생 또는 어린이집(4.4%) 순으로 나타났다.

또한 고위험군은 중학생 및 대학생(각각 3.3%), 초등학생(2.4%), 고등학생(2.1%), 유치원생 또는 어린이집(0.6%) 순으로 나타났으며, 전년 대비 중학생의 증가폭이 1.3%p로 가장 크며, 초등학생은 0.9%p 감소하였다(한국정보화진흥원인터넷중독대응센터, 2014).

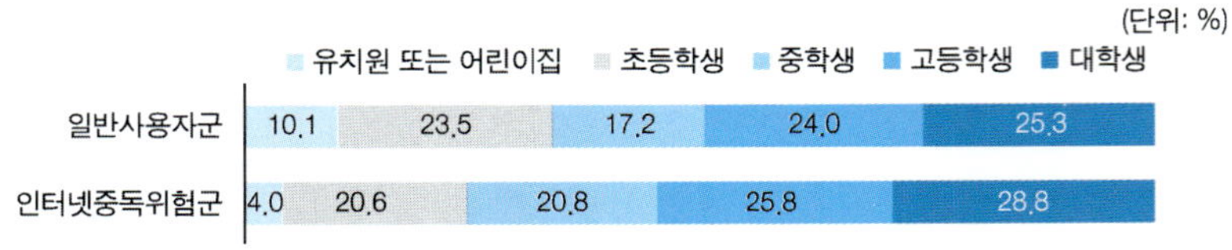

그림 8-11 학령별 인터넷중독위험군 수 구성비

(3) 성별 인터넷중독위험군 비율 및 중독위험군 수

성별 인터넷중독위험군 비율과 중독위험군 수에 있어서는 남성(7.8%)이 인터넷중독위험군의 여성(5.9%)보다 인터넷중독위험이 높으며, 여성은 전년 대비 0.2%p 감소한 것으로 나타났다. 그러므로 남성의 인터넷중독위험군은 7.8%(중독위험군 수 1,542천명)로 여성 5.9%(중독위험군 수 1,080천 명)보다 1.9%p 높은 것으로 나타났다.

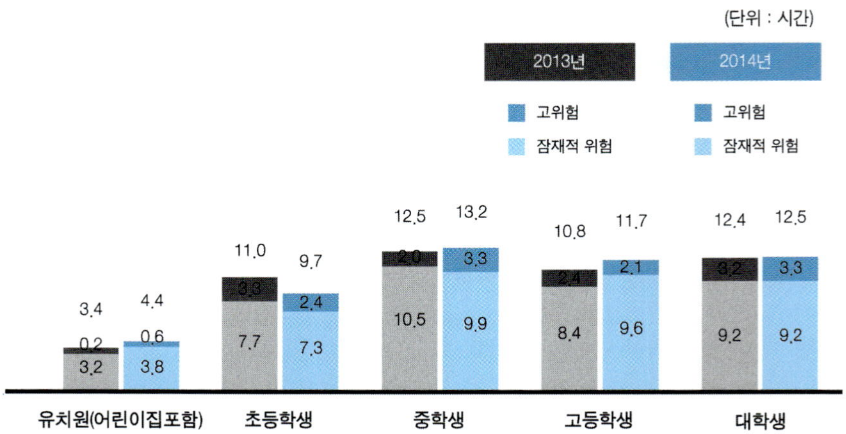

그림 8-12 학령별 인터넷중독위험군 비율

자료: 한국정보화진흥원인터넷중독대응센터(2014).

고위험군은 남성(0.1%p)과 여성(0.2%p) 모두 전년 대비 소폭 증가하였는데, 여성의 증가폭이 남성보다 큰 것으로 나타났음을 알 수 있다(한국정보화진흥원인터넷중독대응센터, 2014).

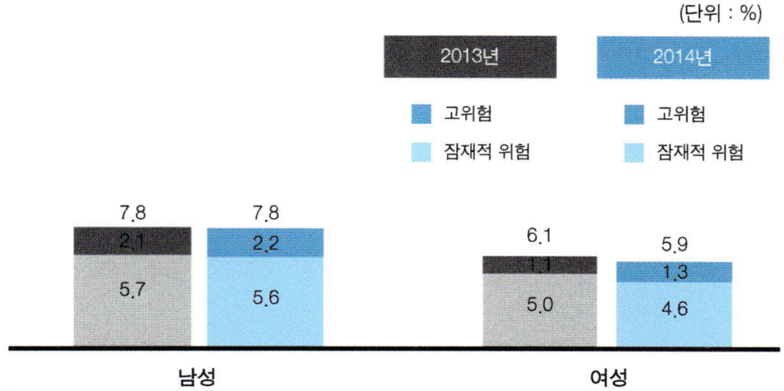

그림 8-13 성별 인터넷중독위험군 비율

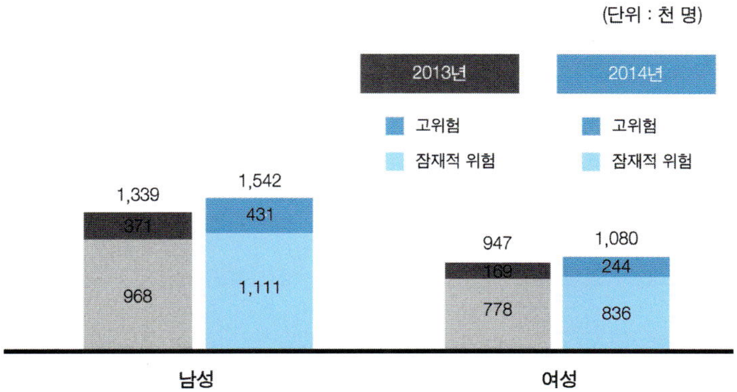

그림 8-14 성별 인터넷중독위험군 수

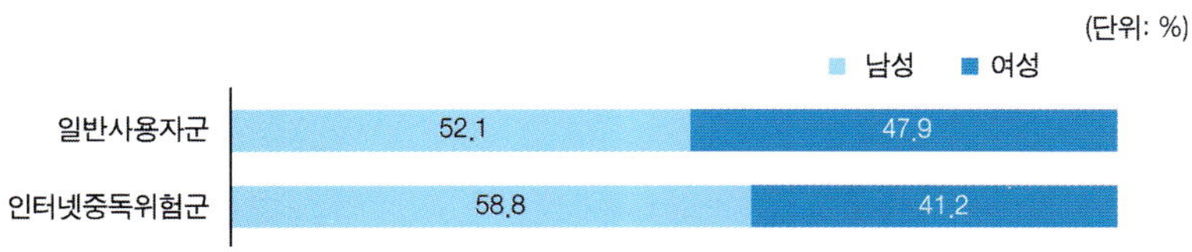

그림 8-15 성별 인터넷중독위험군 수 구성비

자료: 한국정보화진흥원인터넷중독대응센터(2014).

(4) 연령대별 중독위험군 비율

연령대별 중독위험군에 있어서는 청소년 29.2%(1,562천 명), 성인 11.3%(2,999천 명)로 청소년 위험군 비율이 크게 높았다.

청소년 위험군 추이 : (2011) 11.4% → (2012) 18.4% → (2013) 25.5% → (2014) 29.2%

성인 위험군 추이 : (2011) 7.9% → (2012) 9.1% → (2013) 8.9% → (2014) 11.3%

연령대별로는 10대(29.2%), 20대(19.6%), 30대(11.3%), 40대(7.9%), 50대(4.8%)의 순서로 연령이 증가할수록 중독위험군 비율은 감소했음을 알 수 있다.

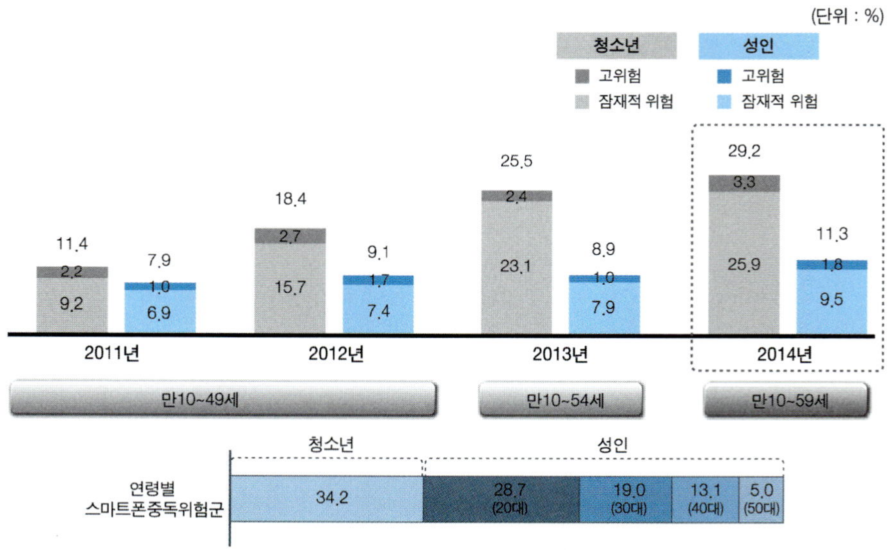

그림 8-16 연령별 스마트폰중독 현황 및 중독위험군 구성비(%)

자료: 한국정보화진흥원인터넷중독대응센터(2014).

2) 인터넷중독 취약계층

(1) 성별 · 대상별 인터넷중독위험군 비율

각 대상별 인터넷중독위험군 및 고위험군은 남성이 여성보다 높게 나타났다.

유아동 남성 인터넷중독위험군은 6.2%로 유아동 여성(4.9%)보다 1.3%p 높게 나타났고, 청소년 남성 인터넷중독위험군은 12.7%로 청소년 여성(12.3%)보다 0.4%p 높았으며, 성인 남성 인터넷중독위험군은 6.9%로 성인 여성(4.7%)보다 2.2%p 높게 나타났다.

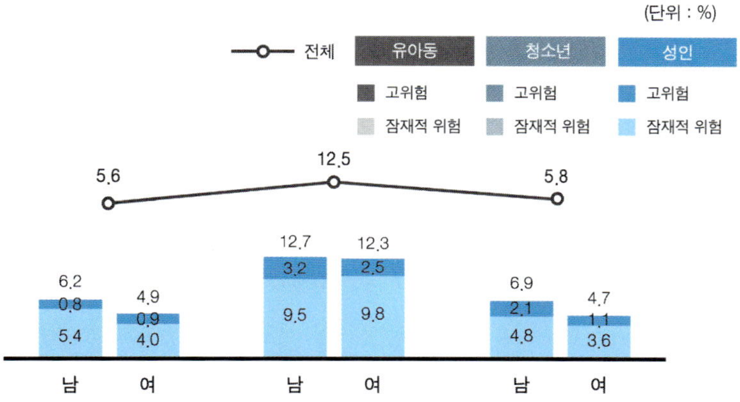

그림 8-17 성별 · 대상별 인터넷중독위험군 비율

자료: 한국정보화진흥원인터넷중독대응센터(2014).

(2) 청소년 성별 · 학령별 인터넷중독위험군 비율

초등학생 및 중학생 남성이 여성보다 인터넷중독위험군이 높으나, 고등학생은 남녀 동일하였다.

청소년의 성별 · 학령별 인터넷중독위험군을 살펴본 결과, 중학생 남성 인터넷중독위험군이 13.8%로 중학생 여성 인터넷중독위험군(12.7%)보다 1.1%p 높게 나타났고, 초등학생에게서도 남성(10.1%)이 여성(9.2%)보다 0.9%p 높게 나타났다.

(3) 한부모가정 청소년 인터넷중독위험군 비율

한부모가정의 청소년자녀 인터넷중독위험군(13.3%)이 양부모가정의 청소년자녀(12.5%)보다 0.8%p 높은 것으로 나타나 전년과 유사한 경향을 보였으나, 고위험이용자군은 각각 2.9%로 동일하였다. 한부모가정 청소년자녀의 인터넷중독위험군은 전년 대비 1.3%p 증가하여, 양부모가정의 청소년 증가폭(0.8%p)보다 크다.

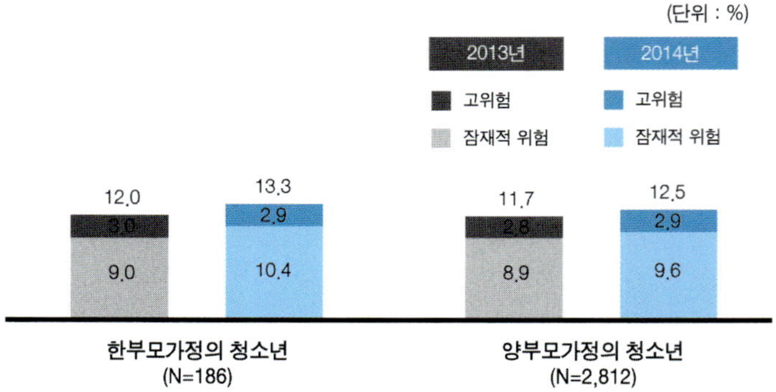

그림 8-18 한부모가정 청소년 인터넷중독위험군 비율

(4) 다문화가정 청소년 인터넷중독위험군 비율

다문화가정의 청소년자녀 인터넷중독위험군이 12.8%로 다문화가 아닌 가정의 청소년자녀 인터넷중독위험군(12.5%)보다 0.3%p 높게 나타났으며 다문화가정 청소년자녀의 인터넷중독위험군은 전년 대비 1.3%p 증가하였으며, 고위험 사용자군도 1.5%p 증가하였다.

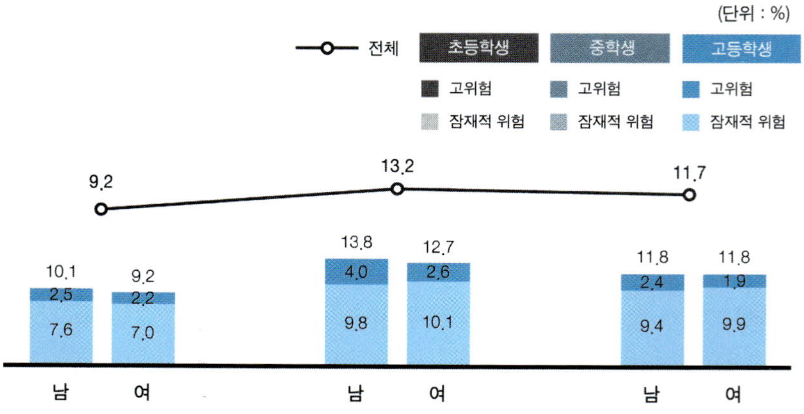

그림 8-19 청소년 성별·학령별 인터넷중독위험군 비율

자료: 한국정보화진흥원인터넷중독대응센터(2014).

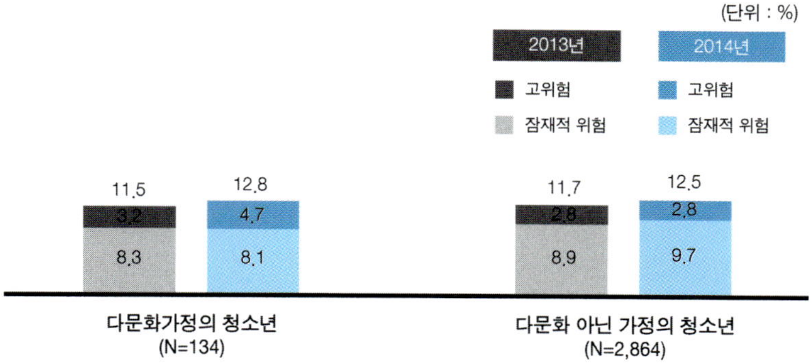

그림 8-20 다문화가정 청소년 인터넷중독위험군 비율

(5) 맞벌이 가정의 청소년 인터넷중독위험군 비율

맞벌이 가정의 청소년자녀 인터넷중독위험군이 12.9%로 외벌이 가정 청소년자녀(11.9%) 대비 1.0%p 높으며, 맞벌이 가정의 청소년자녀 고위험군(2.7→.2%)은 전년 대비 0.5%p 상승하였으나, 외벌이 가정(2.9%→.4%)은 0.5%p 감소한 것으로 나타났다.

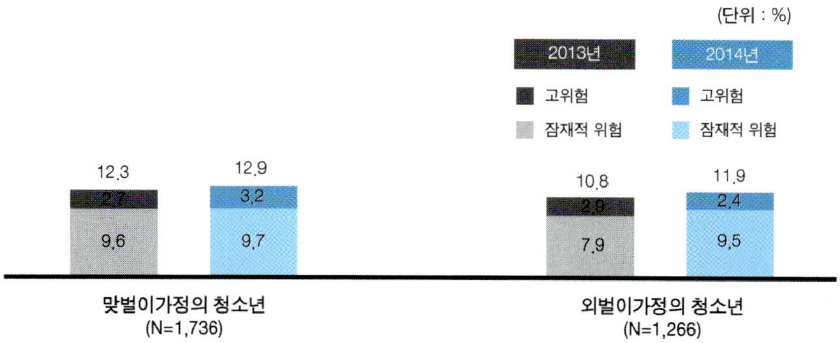

그림 8-21 맞벌이가정의 청소년 인터넷중독위험군 비율

자료: 한국정보화진흥원인터넷중독대응센터(2014).

(6) 성인 인터넷중독위험군 취약계층 현황 비율

20대, 대학생 및 무직자가 인터넷중독에 취약한 것으로 나타나 전년도와 동일한 경향을 보인다.

성인(만 20~59세)을 연령별로 구분하여 중독위험군을 살펴본 결과, 20대 연령층의 인터넷중독위험군(11.6%)이 가장 높으며, 연령이 증가할수록 감소하는 경향을 보이며, 특히 직업이 없는 학생(12.5%) 및 무직자(11.4%)와 미혼자(10.6%)층에서 인터넷중독위험군이 상대적으로 높게 나타났다.

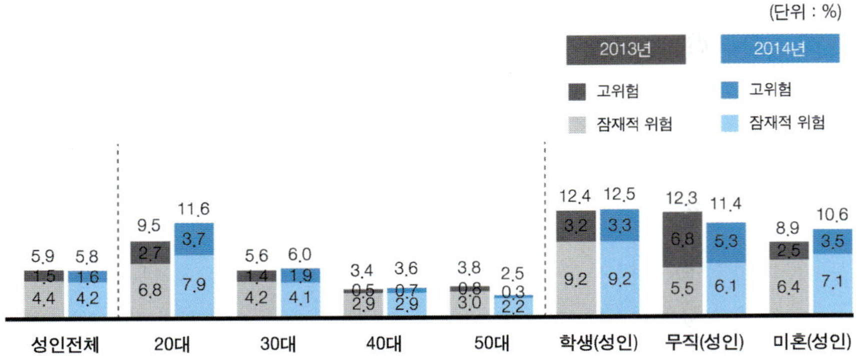

※2013년 '무직/기타' 함께 조사 → 2014년 '무직'·'기타' 분리 조사하여 전년도 결과와 비교시 주의를 요함
※중독위험군 비율: 학생 외(성인) 5.1%, 직업있음(성인) 5.1%, 기혼(성인) 3.6%

그림 8-22 성인 취약계층 인터넷중독위험군 비율

자료: 한국정보화진흥원인터넷중독대응센터(2014).

3) 인터넷중독 요인별 분석

(1) 대상별 인터넷중독 특성

주요 인터넷중독위험 요인(4개) 중 내성(30.7%), 가상세계지향(22.8%), 금단(22.5%), 일상생활장애(15.8%) 순으로 경험하였으며, 대상별로 살펴보면 유아동은 내성(31.3%) 및 가상세계지향(30.1%), 청소년은 내성(34.7%) 및 금단(33.5%), 성인은 내성(26.1%)과 가상세계지향(19.8%)을 많이 경험하였다. 그러므로 요즈음의 현대사회는 세대 간에 인터넷이 생활화가 되어 있고 인터넷을 통해 정보를 얻는 긍정적인 부분만이 아닌 과도한 집착으로 인한 대상별 중독의 특성들을 전 세대가 내포하고 있음을 알 수 있다.

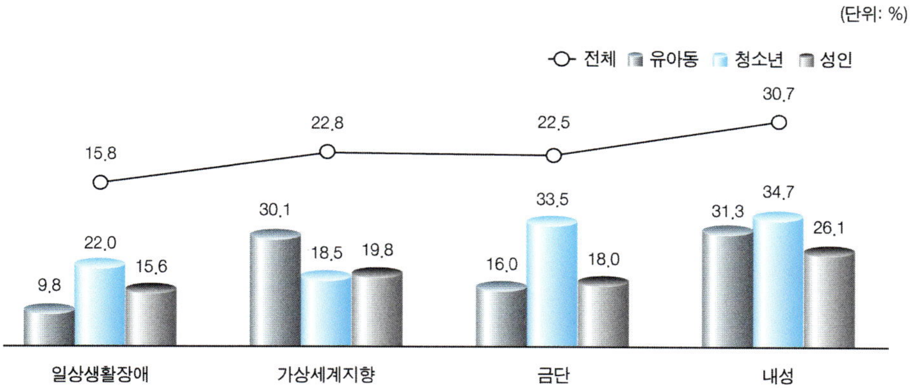

※ 응답비율은 '그렇다+매우 그렇다'의 비율임.

그림 8-23 대상별 인터넷중독 특성

표 8-2 대상별 인터넷중독 특성

(단위:%)

구분		전체	인터넷중독위험군	일반사용자군	차이(%P)
계	일상생활장애	9.8	51.8	7.4	44.4
	가상세계지향	30.1	77.1	27.3	49.8
	금단	16.0	63.3	13.2	50.1
	내성	31.3	65.7	29.3	36.4
공공	일상생활장애	22.0	54.7	17.4	37.3
	가상세계지향	18.5	52.9	13.6	39.3
	금단	33.5	60.1	29.7	30.4
	내성	34.7	86.1	27.4	58.7
민간	일상생활장애	15.6	61.1	12.8	48.3
	가상세계지향	19.8	57.3	17.4	39.9
	금단	28.0	57.5	15.5	42.0
	내성	26.1	60.4	23.9	36.5

자료: 한국정보화진흥원인터넷중독대응센터(2014).

① 위험요인

인터넷 이용자는 중독위험 요인(4개) 중 내성(30.7%), 가상세계지향(22.8%), 금단(22.5%), 일상생활장애(15.8%) 순서로 높았다.

표 8-3 인터넷 이용자의 중독위험 요인

(단위: %)

구분		내성	일상생활장애	금단	가상세계지향
전체		30.7	15.8	22.5	22.8
인터넷 중독 위험군	유아	65.7	51.8	63.3	77.1
	청소년	86.1	54.7	60.1	52.9
	성인	60.4	61.1	57.5	57.3

자료: 한국정보화진흥원인터넷중독대응센터(2014).

② 서비스별 이용 이유

• 검색 : 전체적으로 검색 서비스를 이용하는 이유는 '최신 정보를 습득하기 위해(49.4%)'가 가장 높게 나타났고, 중독위험군의 경우 '재미있어서(48.9%)'라는 응답이 가장 높았다.

※ 중독위험군 : 재미있어서(48.9%), 최신정보 습득(33.9%), 습관적으로(32.1%)

일반군 : 최신정보 습득(50.6%), 재미있어서(37.0%), 습관적으로(30.2%)

• 쇼핑 : 전체적으로 온라인 쇼핑으로 인한 문제경험으로 '충동적 온라인 쇼핑(20.5%)'이 가장 높았고, 중독위험군의 경우 이에 대한 응답률은 40.0%에 이르는 것으로 나타났다.

표 8-4 인터넷 이용자의 중독위험 요인

(단위: %)

문제경험	중독위험군(%)	일반사용자군(%)	차이(%P)
충동적 쇼핑	40.0	18.8	21.2
조절 어려움	29.9	12.7	17.2
의무 소홀	29.5	11.8	17.7
과다 지출	26.2	8.5	17.7
금단	21.9	8.1	13.8

자료: 한국정보화진흥원인터넷중독대응센터(2014).

(2) 인터넷 과다사용으로 인한 신체적 증상

인터넷 과다사용으로 병원치료를 받은 응답자의 증상을 살펴보면, '목/어깨/허리/다리/손목 등의 통증'이 54.9%로 가장 높았고, '시력저하/안구건조/두통/위장장애/만성피로 등(53.9%)'이 그 뒤를 이었다. 따라서 인터넷이 우리 생활과 밀접하고 매우 영향력과 중독성이 큰 것으로 나타난 것을 볼 때, 과도한 인터넷 사용으로 인한 신체적 부작용은 부가적으로도 정신적·심리적인 부작용까지 수반하게 되는 문제를 낳을 수 있다.

(단위: %)

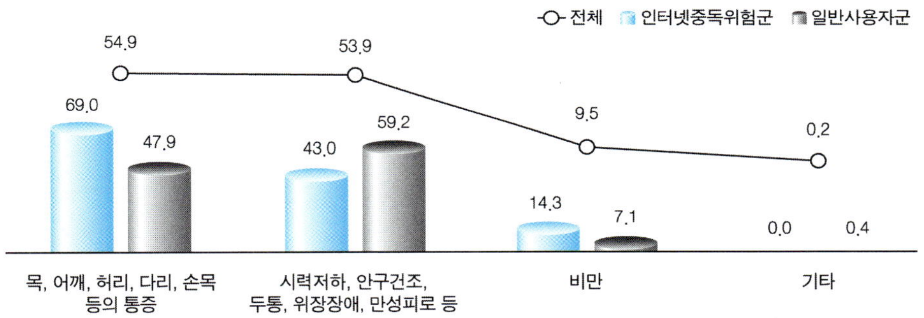

그림 8-24 인터넷 과다 사용으로 인한 신체적 증상(복수응답)

자료: 한국정보화진흥원인터넷중독대응센터(2014).

표 8-5 인터넷 과다사용으로 인한 신체적 증상(복수응답)

(단위: %)

구분			목, 어깨, 허리, 다리, 손목 등의 통증	시력저하, 안구건조, 두통, 위장장애, 만성피로 등	비만	기타
전체			54.9	53.9	9.5	0.2
인터넷중독 수준별	인터넷중독위험군		69.0	43.0	14.3	0.0
		고위험군	63.4	50.0	17.2	0.0
		잠재적 위험군	95.8	9.1	0.0	0.0
	일반사용자군		47.9	59.2	7.1	0.4

구분			목, 어깨, 허리, 다리, 손목 등의 통증	시력저하, 안구건조, 두통, 위장장애, 만성피로 등	비만	기타
연령별	유아동(만 3~9세)		100.0	0.0	0.0	0.0
	청소년(만 10~19세)		65.3	56.2	0.0	1.4
	성인(만 20~59세)		52.3	53.9	11.5	0.0
		20대	10.2	66.0	23.8	0.0
		30대	70.0	60.2	26.7	0.0
		40대	59.8	51.7	0.0	0.0
		50대	89.2	10.8	0.0	0.0
성별	남성		73.9	53.7	7.1	0.7
	여성		45.3	53.9	10.7	0.0
학령별	초등학생		88.4	11.6	0.0	0.0
	중학생		65.9	44.7	0.0	4.3
	고등학생		62.7	67.8	0.0	0.0
	대학생		11.4	88.6	0.0	0.0

자료: 한국정보화진흥원인터넷중독대응센터(2014).

(3) 인터넷 · 스마트폰 과다사용 예방을 위한 기업의 노력 정도

인터넷 · 스마트폰 과다사용 예방을 위한 기업의 노력 정도에 대해 전체 응답자 중 73.0%('그렇지 않다' + '전혀 그렇지 않다')가 '기업이 인터넷/스마트폰 과다사용 예방을 위해 노력하고 있지 않다'고 인식하였다. 이러한 결과를 통해서도 기업이 이를 묵과하기보다는 대화와 의사소통을 늘리고 인터넷 · 스마트폰 과다사용 예방을 방지하기 위한 관심을 가져주는 바람직한 노력이 필요하다 하겠다.

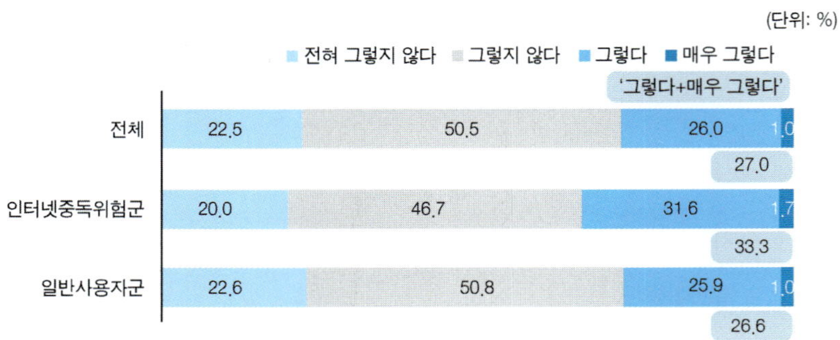

그림 8-25 인터넷 · 스마트폰 과다사용 예방을 위한 기업의 노력 정도

표 8-6 인터넷 과다사용으로 인한 신체적 증상(복수응답)

(단위: %)

구분			전혀 그렇지 않다	그렇지 않다	그렇다	매우 그렇다	그렇다+매우 그렇다
전체			22.5	50.5	26.0	1.0	27.0
인터넷중독 수준별	인터넷중독위험군		22.0	46.7	31.6	1.7	33.3
		고위험군	28.2	41.6	28.6	1.7	30.2
		잠재적 위험군	17.2	48.5	32.7	1.6	34.4
	일반사용자군		22.6	50.8	25.6	1.0	26.6
연령별	유아동(만 3~9세)		25.2	45.7	26.8	2.3	29.1
	청소년(만 10~19세)		18.4	51.7	29.0	1.0	30.0
	성인(만 20~59세)		23.1	50.7	25.3	1.0	26.3
		20대	22.7	51.9	24.4	1.1	25.4
		30대	23.7	50.6	24.9	0.8	25.7
		40대	22.8	49.2	26.9	1.1	28.0
		50대	23.0	51.5	24.7	0.8	25.5
성별	남성		23.1	51.2	24.6	1.1	25.7
	여성		21.7	49.7	27.6	1.0	28.5
학령별	유치원 또는 어린이집		26.3	52.5	28.0	3.0	31.2
	초등학생		21.0	50.9	26.8	1.2	28.1
	중학생		17.6	49.6	31.5	1.2	32.7
	고등학생		19.3	52.2	27.7	0.9	28.5
	대학생		24.1	52.2	22.8	0.9	23.8

자료: 한국정보화진흥원인터넷중독대응센터(2014).

(4) 이용시간과 이용목적에 따른 중독위험성 대응방안

전체 스마트폰 이용자는 1일 평균 4.3시간(256.5분, 20.2회×12.7분)을 사용하였으나, 스마트폰중독위험군은 5.3시간(318.5분, 24.5회 × 13.0분)을 사용하였다.

전체적으로 모바일 메신저(40.3%), 뉴스 검색(37.2%), 온라인 게임(21.7%) 순서로 많이 이용하였으며, 중독위험군도 모바일 메신저(34.1%), 뉴스 검색(26.7%), 온라인 게임(24.5%)의 순으로 전체 이용자와 순서 차이가 없음을 알 수 있었다.

(단위: %)

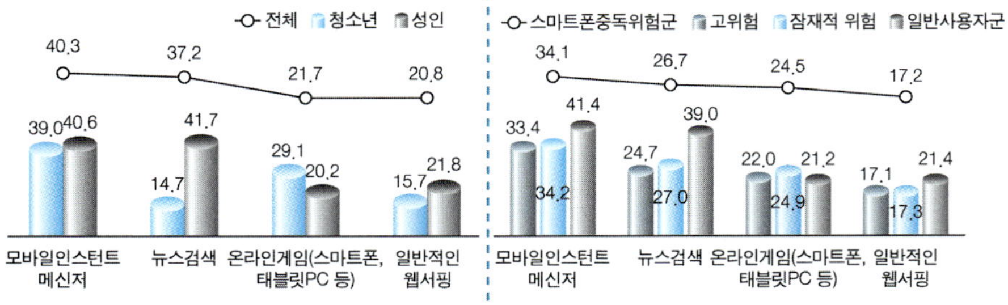

■ 상위 4개 서비스만 제시

그림 8-26 스마트폰 주 이용목적(1+2순위)

자료: 한국정보화진흥원인터넷중독대응센터(2014).

① 중독의 심각성 인식

요즘의 유아동들은 주변에서 보고 배우는 대로 모방하고 따르는데 매우 민감하다. 그렇기 때문에 인터넷 · 스마트폰중독은 유아동이라고 예외가 아닌 시대가 되었다. 그러므로 만 3~9세 유아동의 스마트폰 과다사용 여부에 대해 부모의 33.6%가 '그렇다'라고 응답하였고, 특히 자녀가 2시간 이상 이용하는 부모의 응답률은 63.6%로 나타났다. 또한 전체 이용자의 78.2%는 '인터넷 · 스마트폰중독 문제가 심각하다'고 인식하였고, 이 중 19.2%p는 '매우 심각하다'고 인식하였다.

② 이용실태 파악의 중요성

만 3~9세 유아동 중에서 52.0%가 스마트폰을 사용하고 있고, 하루 평균 이용시간은 1.4시간(81.4분, 22.6분×3.6회)이며, 나이가 올라갈수록 이용시간과 횟수가 늘어나는 것으로 나타났음을 파악할 수 있다.

※ 평균 이용시간 : (3~4세) 0.9시간(52.4분), (5~6세) 1.2시간(71.6분), (7~9세) 1.8시간(107.8분)

③ 자녀지도를 위한 부모교육의 필요성

유아동이 이용하는 스마트폰 앱을 알고 있는지 그 여부에 따른 인식에 대해 부모의 51.5%가 '모르고 있다'고 응답하였고, 자녀의 스마트폰 사용방법 지도 시 45.6%가 어려움을 느끼고 있다고 응답했다. 유아동의 스마트폰 사용방법 지도를 위해 부모의 36.8%가 스마트폰 사용법에 대해서 도움받을 의향이 있다고 응답하였다. 유아동 자녀의 스마트폰 사용으로 인해 부모의 50.1%가 갈등을 경험하였고, 스마트폰 사용시간이 길수록 갈등 경험도 높았다.

사용시간(갈등 경험) : 2시간 이상(75.5%), 1~2시간(53.4%), 1시간 미만(42.8%)

④ 중독해소의 필요성

인터넷 및 스마트폰중독위험의 적절한 해소방안으로 예방교육(59.2%), 상담(34.1%), 유해정보차단 서비스 개발·보급(20.7%), 이용시간 관리 프로그램 개발·보급(18.6%) 순서로 응답하였다.

중독문제로 치료받고 싶은 방법으로는 상담*이 84.5%로 약물치료(15.3%)보다 선호도가 크게 높은 것으로 나타났다. 상담방법별 선호도를 보면, 개인상담(73.0%), 전화상담(43.2%), 가족상담(28.0%), 집단상담(25.4%), 온라인상담(20.1%), 가정방문상담(8.4%)으로 유아동 부모들은 자녀의 스마트폰 과다사용 예방 방법으로 자녀 대상 예방교육이 69.9%로 가장 높았고, 다음으로 부모 대상 교육(67.0%), 상담(37.6%), 공익광고·캠페인(22.0%) 순으로 높았다.

⑤ 학교의 관심과 노력

스마트폰 이용제한 방법으로 '스마트폰 수거·반환(59.5%)', 스마트폰 소지는 허용하나 수업시간에 사용적발 시 제재(33.5%), 스마트폰 소지 금지(11.0%) 등 90% 이상의 학교가 실시하고 있다. 이러한 제한에 대해 전체적으로 82.0%가 찬성한다고 응답하였고, 청소년(67.9%)보다 학부모(91.7%)의 찬성률이 높게 나타났다.

⑥ 가정에서의 협조

자녀의 스마트폰 사용에 대해 '자녀의 스마트폰 사용시간 및 내용을 알고 있다'고 응답한 비율은 64.0%, '자녀와 스마트폰 사용에 대한 규칙을 갖고 있다'는 61.4%, '자녀에게 유익한 앱을 소개하거나 스마트폰을 통한 정보 검색법을 알려준다'는 40.9%로 나타났다.

⑦ 기업의 관심과 참여 필요성

유아동 부모 중 78.2%는 인터넷·스마트폰중독예방을 위해 기업의 참여가 더 많이 필요하다고 응답하였으며, 참여방식으로 캠페인(69.5%), 상담센터 설치·운영(66.1%), 캠프 운영(38.9%), 연구소 설치 및 연구 확대(17.6%) 순으로 나타났다.

인터넷·스마트폰 과다사용 예방을 위한 기업의 참여 필요성에 대해 응답자 중 78.2%('그렇다' + '매우 그렇다')가 동의한다고 했으며, 중독 수준별로 일반사용자군(78.4%)이 인터넷중독위험군(75.3%)보다 높게 나타났으며, '성인'에서는 '30대(79.3%)'가 다른 연령대에 비해 상대적으로 높게 나타났다.

4. 인터넷 게임중독 청소년의 문제점과 과제

1) 인터넷 게임중독 청소년의 문제점

(1) 현실생활로부터 미해결된 욕구로부터의 도피

현대 청소년들뿐만 아니라 아동에서 노인에 이르기까지 전세대별로 인터넷이 생활화되고 삶의 일부가 되어 정보를 얻는 무한대의 공간이 되었다. 그러므로 현대를 사는 모두는 인터넷을 모르고 사는 세대 간 커뮤니케이션의 단절로 인한 공통의 관심사에서 고립이 되어 갇히는 경험을 하기도 한다. 이로써 성윤숙(2003)은 청소년의 과다인터넷게임을 하는 동기를 다음과 같이 몇 가지로 설명하고 있다.

첫째, 게임은 청소년문화의 공동의 관심사로서 우정을 확인해 주는 촉매자의 역할을 한다.

둘째, 현실에서 이루지 못한 꿈들을 게임을 통해서 가상세계로 도피한다.

셋째, 한탕주의 욕구로 가상의 돈이나 아이템으로 현실적 공간에서 경제적 이득과 연결되기도 한다.

넷째, 폭력욕구이다. 청소년 시기는 신체적으로 왕성한 발달이 이루어지는 시기인데 이들의 욕구를 게임폭력을 통해서 분출하기도 한다.

다섯째, 인터넷 게임을 하는 청소년 심리에는 소비욕구를 충족시키고자 하는 욕망이 있다. 온라인 게임을 통하여 비싸게 현금 거래되는 좋은 아이템을 얻고자 하고 아이템을 얻게 되면 그것을 팔아 자신들이 갖고 싶은 것을 사고자 한다.

여섯째, 현실도피이다. 사이버 공간은 청소년들이 현실공간에서 부딪히게 되는 입시, 성공 등의 세상에서의 과중한 업무로부터 탈출구가 될 수 있다.

(2) 일상생활의 장애

인터넷 과다 사용으로 사람들은 수면시간이 급속히 줄어들게 되고, 만성 피로를 호소하기도 하고 학교생활에도 지장을 초래한다. 이들은 밤 시간에 인터넷을 하기 때문에 학교에서는 수업시간에 잠만 자고 학업에 열중하기 어렵게 되고 집중력이 떨어져 학생으로서 현실수행이 어려워지게 된다. 또한 집에 가서 과제나 부족한 학업을 보충하는 것이 아니기 때문에 학교 성적이 떨어지고 경우에 따라서는 학업을 포기하거나 중단의 경우도 발생할 수 있다.

(3) 관계의 문제

인터넷 게임 과다 사용자들은 친구관계, 가족관계 등의 대인관계에 영향을 미친다. 인터넷 게임을 과다 사용하는 청소년들은 또래친구들과의 관계가 점점 소원해지고 다른 취미생활을 갖지 못하고 친밀한 대인관계를 형성하기 어려워져서 대인관계 기피현상을 초래하기도 하며 세상과의 단절로 심리적·정신적 고통을 겪는 경우가 발생하기도 한다.

(4) 정신건강 문제

인터넷의 익명성, 비대면성은 현실세계와는 다른 별도의 자아가 활동할 수 있는 환상 속에 쉽게 빠질 수 있다. 이 경우 병리적 상태가 지속될 경우 정신건강에 문제를 가져올 경향이 짙다. 인터넷 게임중독은 종종 다른 정신병리로 전이되기도 하는데 인터넷을 과다하게 사용하면 사회적 철회나 우울증 같은 증상을 초래하며, 또한 사회공포증, 과잉행동장애, 충동조절장애, 현실기피증 등과 같은 정신병리를 더 심화시킬 수도 있다.

(5) 비행문제

사이버 공간에서 일어나는 청소년 일탈은 크게 성 관련 일탈, 사회규범 해제적 일탈, 개인권리적 침해로 구분된다. 경찰청 사이버테러대응센터에 의하면 온라인 게임 관련 범죄의 대부분을 주로 10~20대 초반의 청소년들에 의해 이루어졌다. 그런데 이러한 비행문제들은 인터넷중독의 정도가 높을수록 그 정도가 높다(홍성봉, 남미애, 2009).

2) 인터넷 인터넷 문화의 향후 과제

청소년의 인터넷중독 예방을 위한 대책으로는 다음과 같은 방안들이 있다(우종하, 2009; 홍봉선 외, 2013).

① 가족이나 친구와 함께하는 시간을 늘린다. 혼자만의 세계에 몰두하는 게임은 남과 어울리는 것을 점점 더 어렵게 할 수 있다. 인간적 유대를 강화하는 시간이 더욱 필요하다.

② 1주일에 2회 이상 운동을 한다. 농구, 등산 같은 육체적 운동은 오랜 컴퓨터 작업으로 인한 자세의 불균형을 예방하고 현실세계에 대한 흥미를 돋워 준다.

③ 청소년 문화복지 확대이다. 사이버 공간은 청소년들에게 있어서 다양한 여가활동과 오락, 인간관계 및 교제, 그리고 상대방과의 대화와 토론 등의 기회를 제공해 주고 있다. 특히 오늘날 청소년들에게 적당하고 충분한 문화생활 및 여가활동의 기회가 제한되어 있는 우리 사회의 상황에서 본다면 매우 흥미롭고 다양한 세계를 제공해 주는 사이버 공간은 청소년들에게 매우 매력적인 활동과 놀이의 장이 될 수 있으며 실제로 청소년들의 가치관, 의식구조 및 생활 전반에 걸쳐 직·간접적인 영향을 미칠 것으로 나타나고 있다.

④ 정부 차원에서의 제도적 지원이다. 정부는 국민들에게 인터넷 과다 사용의 심각성을 알리고 건전한 인터넷 문화가 정착될 수 있도록 홍보, 계몽해야 한다. 또한 불건전한 유해 사이트들로부터 청소년을 보호하고 청소년들이 재미있게 흥미를 가지고 접촉할 수 있는 유익한 사이트(예컨대, 그린 사이트)를 개발함으로써 인터넷이 초래될 위험을 최소화하고 청소년의 삶의 질에 긍정적인 영향을 미칠 수 있도록 인터넷 환경을 개선하고 정비해야 한다.

승인(협의)번호 제 12019 호	**2014년 인터넷 이용과 활용에 조사한 설문조사**	ID	

안녕하십니까? 미래창조과학부와 한국정보화진흥원은 인터넷 사용과 관련된 사회적 현상을 파악하기 위해 '국가정보화기본법 제30조(인터넷중독의 예방 및 해소)'에 의거 인터넷 이용실태에 대한 조사를 실시하고 있습니다. 국가승인통계(승인번호: 12019호)인 본 조사는 전국적인 규모로 실시되는 정보화 역기능 관련 통계조사로 우리나라의 건강한 정보문화 조성 발전에 중요한 기초자료로 활용됩니다. 본 조사의 설문 내용 및 개인신상 정보는 통계적 목적으로만 사용되며, 통계법 제33조(비밀의 보호)에 의해 비밀이 철저히 보장됨을 알려 드립니다. 본 조사는 조사의 신뢰성과 전문성을 확보하기 위하여 전문조사기관인 (주)메트릭스에 의뢰하여 진행되고 있습니다. 바쁘시더라도 면접원의 안내와 기입요령에 따라 각 조사항목에 성심껏 응답해 주시면 감사하겠습니다.

2014년 9월

미래창조과학부, 한국정보화진흥원

<table>
<tr><td rowspan="2">관리 사항</td><td colspan="2">지역분류번호</td><td colspan="5">조사구 번호</td><td colspan="2">거처번호</td><td>응답자 이름</td></tr>
<tr><td></td><td></td><td></td><td></td><td></td><td></td><td></td><td></td><td></td><td></td></tr>
</table>

<table>
<tr><td rowspan="5">면접원 기입란</td><td colspan="4">주소</td><td colspan="3">전화번호</td></tr>
<tr><td rowspan="2">시·도</td><td rowspan="2">시·군·구</td><td rowspan="2">읍·면·동</td><td>번지</td><td rowspan="2">유선 전화</td><td>( )</td><td>① 전화 없음</td></tr>
<tr><td></td><td>–</td><td>② 응답 거부</td></tr>
<tr><td rowspan="2"></td><td rowspan="2"></td><td rowspan="2"></td><td>아파트 동·호수</td><td rowspan="2">이동 전화</td><td>( )</td><td>① 전화 없음</td></tr>
<tr><td></td><td>–</td><td>② 응답 거부</td></tr>
</table>

<table>
<tr><td>최근 인터넷 이용시기
(유무선 모두 포함)</td><td colspan="2">① 매일~최근 1주일 이내 ② 일주일 이상~한 달 이내
③ 한 달 이상(X설문중단) ④ 인터넷을 이용하지 않음(X설문중단)</td></tr>
<tr><td rowspan="2">성/연령</td><td>성별</td><td>출생연도(실제기준)</td></tr>
<tr><td>① 남성 ② 여성</td><td>□□□□년 □□월</td></tr>
<tr><td>스마트폰 이용여부</td><td colspan="2">① 이용하고 있음(이용시작 시기 ____년) ② 이용하지 않음</td></tr>
<tr><td>결혼 여부</td><td colspan="2">① 미혼 ② 배우자 있음(결혼과 동거 포함) ③ 사별
④ 이혼 ⑤ 별거 ⑥ 기타(적어주십시오 ________)</td></tr>
<tr><td>자녀 유무</td><td colspan="2">① 없음
② 있음(자녀수: (남) _명 (여) _명 출생연도: ___년 ※연령은 가장 연장인 자녀 기준)</td></tr>
</table>

<table>
<tr><td rowspan="2">맞벌이 여부</td><td>성인 (기혼자)</td><td>배우자: ① 그렇다 ② 아니다</td></tr>
<tr><td>유아동, 청소년</td><td>부모님: ① 그렇다 ② 아니다</td></tr>
</table>

<table>
<tr><td colspan="2">현재 동거 가족</td><td>① 아버지 ② 어머니 ③ 누나/언니 ④ 형/오빠
⑤ 여동생 ⑥ 남동생 ⑦ 할아버지(외할아버지 포함)
⑧ 할머니(외할머니 포함) ⑨ 배우자 ⑩ 자녀
⑪ 혼자 산다 ⑫ 기타(적어주십시오 ________)</td></tr>
<tr><td rowspan="3">직업※</td><td>직업 있음</td><td>① 관리자 ② 전문가 및 관련종사자 ③ 사무종사자
④ 서비스종사자 ⑤ 판매종사자 ⑥ 농림어업 숙련 종사자
⑦ 기능원 및 관련 기능종사자 ⑧ 장치 · 기계 종작 및 조립 종사자
⑨ 단순 노무 종사자 ⑩ 군인</td></tr>
<tr><td>직업 없음</td><td>① 전업주부 ② 학생 ③ 무직 ④ 기타(직업이 없는 학생 제외)</td></tr>
<tr><td colspan="2">※유아동 및 청소년은 부모직업을 기재해 주십시오
※지침서 23쪽에 있는 직업코드표를 참조하여 기재하여 주십시오</td></tr>
<tr><td rowspan="2">학력</td><td>학생</td><td>① 유치원 또는 어린이집 ② 초등학생(___학년)
③ 중학생(___학년) ④ 고등학생(___학년)
⑤ 대학생(2년제 이상)(___학년) ⑥ 대학원생</td></tr>
<tr><td>일반인</td><td>⑦ 중졸 이하 ⑧ 고졸 ⑨ 대졸(2년제 이상) ⑩ 대학원졸 이상</td></tr>
<tr><td colspan="2">월평균 가구소득
(가구 구성원 전체의
소득)</td><td>지난 1년간 세금을 납부하기 전의 귀댁의 전체 월평균 가구소득은 얼마 입니까?
① 100만 원 미만 ② 100~200만 원 미만
③ 200~300만 원 미만 ④ 300~400만 원 미만
⑤ 400~500만 원 미만 ⑥ 500~600만 원 미만
⑦ 600~700만 원 미만 ⑧ 700~800만 원 미만
⑨ 800~900만 원 미만 ⑩ 900~1000만 원 미만
⑪ 1000만 원 이상</td></tr>
<tr><td rowspan="2">출신국가</td><td>성인</td><td>본인: ① 한국출신 ② 외국출신( )</td></tr>
<tr><td>유아동,
청소년</td><td>아버지: ① 한국출신 ② 외국출신( )
③ 해당없음(돌아가셨거나 안계심)
어머니: ① 한국출신 ② 외국출신( )
③ 해당없음(돌아가셨거나 안계심)</td></tr>
</table>

청소년문화의 실제

제9장 청소년과 스마트폰 문화

우리나라 국민에게 스마트폰 이용은 보편적인 추세가 되었으며, 스마트폰은 우리 일상생활과 밀접한 연관을 지니고 모바일 문화로 자리를 잡았다. 스마트폰은 무선통신망과 LTE를 통해 언제, 어디서나 인터넷에 접속할 수 있도록 하고 SNS, 게임, MP3, 내비게이션, 동영상촬영과 편집, 블랙박스 기능, TV 등 다양한 어플리케이션을 시공간의 제약 없이 이용할 수 있다는 장점을 가지고 있다. 이러한 스마트폰 보급 확산 추세는 새로운 미디어 기기에 관심이 많은 청소년들에게도 예외일 수 없다. 청소년들에게도 스마트폰은 일상생활과 밀접한 관련이 있는 커뮤니케이션의 핵심적 매체로 급부상하게 된 것이다. 그러나 스마트폰이 가져다주는 일상생활의 다양한 기능의 활용과 편리성에도 불구하고 스마트폰을 과도하게 남용함으로써 나타나는 여러 가지 부정적인 문제들이 도사리고 있다.

1. 스마트폰의 이해

1) 스마트폰의 개념

일반폰과 스마트폰, 그 차이는 무엇인가?

스마트폰(Smart Phone)이란 한 마디로 휴대폰과 컴퓨터가 결합된 상태의 제품이라고 볼 수 있다. 따라서 일반적인 휴대폰의 기능은 물론, 컴퓨터로 할 수 있는 대부분의 기능과 휴대기기의 장점을 살린 특별한 기능까지 수행할 수 있다(김성욱, 2011).

우리말로 직역하면 '똑똑한 휴대폰'인 스마트폰(Smartphone)은 그 전신인 PDA(Personal Digital Assistant)가 발전된 형태이다. '휴대폰을 닮은 컴퓨터'라는 관점으로 개발된 'PDA'가 '컴퓨터를 닮은 휴대폰'이라는 인식의 전환을 통해 좀 더 발전된 형태인 '스마트폰'으로 등장하게 되었다.

스마트폰을 통해서는 일반적인 휴대폰에서 가능했던 전화와 문자메시지는 물론, 인터넷 서핑을 하거나, 메일을 보내거나 받고 유튜브(Youtube)를 통해 제작한 동영상을 올리거나 다른 동영상을 감상할 수 있으며, 또 촬영한 동영상/사진을 편집하여 SNS(Social Network Service)를 통해 공유할 수도 있으며, 사용하고자 하는 다양한 어플리케이션(Mobile Application, 줄여서 어플 혹은 앱)을 직접 다운로드 받아 설치하여 사용할 수 있다.

따라서 요즘 오프라인 신문이 사라지고 온라인 전자 신문이 활성화되고 있는 추세에 있다. 그러므로 각종 뉴스와 인터넷기사는 빠른 정보를 공유하게 됐으며 많은 지식을 습득할 수 있게 됐다. 그러므로 이 중 일반 휴대폰과 비교해서 스마트폰의 가장 중요한 특징이라 하면 3G, LTE, LTE-A 등의 이동통신망과 와이파이(Wi-Fi, 무선랜)를 이용한 자유로운 인터넷 접속과 어플리케이션이다. 일반 휴대폰은 정해진 프로그램으로 전화기 기능과 미리 정해진 고유기능만을 활용할 수 있으나, 스마트폰은 사용자가 필요한 어플리케이션을 직접 설치해 사용자에게 맞는 다양한 기능을 활용할 수 있다(여성가족부, 2013).

2) 스마트폰의 특성

스마트폰의 특성은 크게 운영체제, 무선인터넷플랫폼, DMB(디지털멀티미디어 방송), 멀티미디어기능, 사용자인터페이스, 멀티태스팅 기능(동시에 두 가지 이상의 일을 수행하는 기능) 등으로 정리될 수 있다(배재권 · 정화민, 2008). 스마트폰의 가장 큰 장점은 휴대성과 즉시성이다. 즉 휴대하기 간편하고 언제 어디서든지 정보 접속이 가능하며 원하는 때 바로 정보를 얻을 수 있다는 것이 스마트폰의 가장 큰 매력이다. 이 때문에 스마트폰은 중독성이 강한 매체로 볼 수 있다. 데스크톱 PC의 경우 들고 다니기에 불편하고 일정한 공간에서만 사용할 수 있는 단점이 있는 반면 스마트폰과 같은 모바일 기기는 가볍고 휴대성이 편리해 시간적, 공간적 제약을 받지 않고 이용할 수 있는 이점이 있다. 특히 단말기 하나에 모든 매체가 융합돼 있기 때문에 디지털기기에 익숙한 청소년들의 이용이 늘 수밖에 없다(여성가족부, 2013).

2. 스마트폰 이용 현황

1) 스마트폰 이용시간 및 이용횟수(1일 평균)에 따른 분석

(1) 스마트폰 이용시간(1일 평균)

우리나라 청소년들의 스마트폰 1일 평균 이용시간은 2011년 4.2시간, 2012년 4.2시간, 2013년 4.1시간, 2014년 4.3시간으로 나타났다. 그림 9-1 을 통해서도 청소년들은 비교적 남은 시간들을 스마트폰을 사용하는 것을 볼 수 있다.

(단위: 시간)

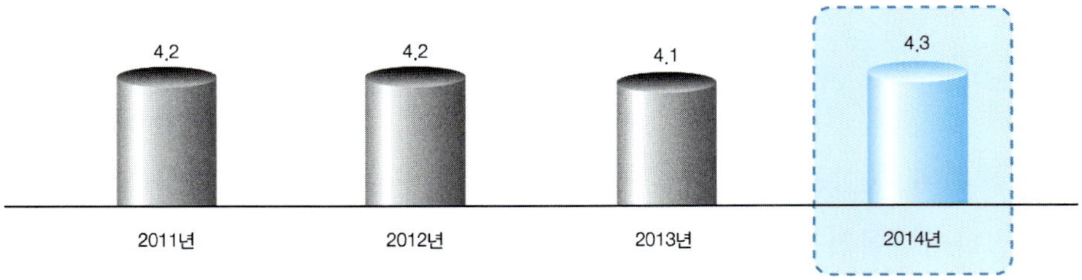

그림 9-1 연도별 스마트폰 1일 평균 이용시간

청소년들의 스마트폰 1일 평균 이용시간은 4.3시간(20.2회×12.7분)으로 나타났으며, 스마트폰중독위험군은 5.3시간으로 일반사용자군(4.1시간)보다 이용시간이 1.2시간 더 긴 것으로 나타났음을 **그림 9-2**를 통해서도 알 수 있다.

(단위: 시간)

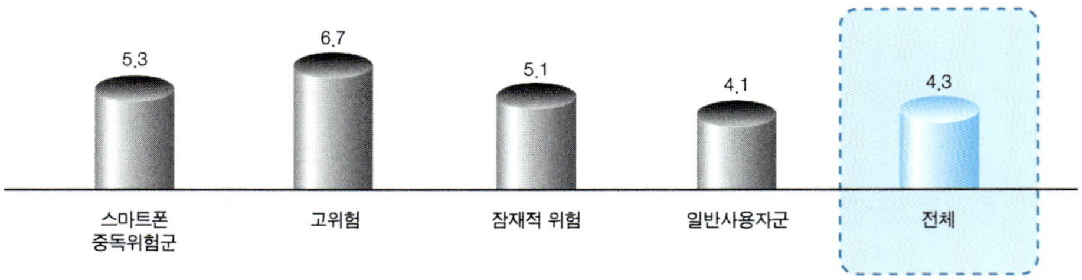

그림 9-2 스마트폰 1일 평균 이용시간

자료: 한국정보화진흥원인터넷중독대응센터(2014).

표 9-1 스마트폰 1일 평균 이용시간

(단위: %)

구분			평균 (시간)	1시간 미만	1시간 이상 2시간 미만	2시간 이상 3시간 미만	3시간 이상 4시간 미만	4시간 이상 5시간 미만	5시간 이상 6시간 미만	6시간 이상
전체			4.3	5.4	42.3	24.7	14.2	7.5	2.4	3.5
스마트폰 중독 수준별	스마트폰중독위험군		5.3	6.8	34.2	25.5	11.3	11.6	4.4	6.3
		고위험군	6.7	6.4	29.9	2.0	11.7	12.6	7.2	11.3
		잠재적 위험군	5.1	6.8	34.9	26.2	11.3	11.4	3.9	5.5
	일반사용자군		4.1	5.2	43.7	24.5	14.6	6.8	2.1	3.0
연령별	청소년(만 10~19세)		5.1	1.1	12.6	32.7	27.4	16.1	4.8	5.3
	성인(만 20~59세)		4.1	6.3	48.3	23.0	11.5	5.8	1.9	3.1
		20대	5.1	4.9	40.7	24.6	14.1	7.7	3.3	4.8
		30대	3.9	6.5	48.6	21.8	12.2	6.1	1.7	3.2
		40대	3.8	6.4	50.9	23.9	9.7	4.9	1.7	2.5
		50대	3.6	7.9	54.4	21.6	9.6	3.9	0.9	1.7
성별	남성		4.4	5.5	42.3	24.6	14.4	7.2	2.6	3.4
	여성		4.2	5.4	42.3	24.7	13.9	7.9	2.2	3.6
학령별	초등학생		4.6	1.5	15.5	36.0	27.2	14.4	2.4	2.9
	중학생		5.2	1.2	13.5	31.3	28.0	17.1	4.3	4.6
	고등학생		5.2	0.9	11.0	32.3	27.0	16.0	6.1	6.7
	대학생		5.5	4.6	39.3	24.1	15.5	8.3	2.8	5.3

자료: 한국정보화진흥원인터넷중독대응센터(2014).

2) 가장 많이 이용하는 스마트폰 인터넷 서비스

청소년들이 스마트폰으로 가장 많이 이용하는 인터넷 서비스(1순위+2순위)로는, '모바일 인스턴트메신저'가 40.3%로 가장 높았고, 다음으로 '뉴스검색(37.2%)', '온라인게임(스마트폰, 태블릿PC 등(21.7%))', '일반적인 웹서핑(20.8%)' 등의 순으로 높게 나타났다.

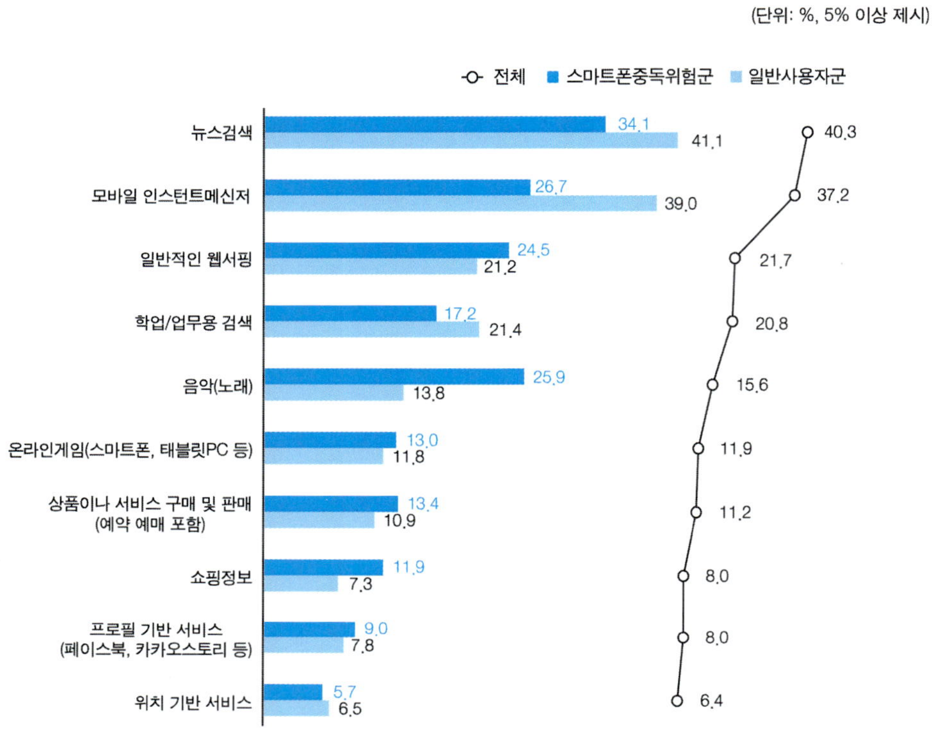

※청소년, 성인 중 인터넷 이용 시 주 사용기기로 스마트폰(스마트패드 포함) 이용자 응답 기준

그림 9-3 스마트폰 가장 많이 이용하는 인터넷 서비스(1순위+2순위)

3) 스마트폰 이용행태

부모가 '자녀들이 스마트폰을 얼마나 사용하는지 알고 있다'고 64.0%가 응답한 반면에, 자녀는 '부모님이 자신의 스마트폰 사용 정도에 대해 알고 있다'고 53.9%가 응답하여 10.1%의 인식 차이를 보였다.

한편, 부모와 자녀 모두 '부모님이 유익한 앱을 소개해주거나, 정보 찾는 법을 알려준다'에서 가장 낮은 응답률(부모 40.9%, 자녀 35.1%)을 보이는 것을 보면 부모가 자녀를 가르쳐주기보다 부모가 오히려 자녀에게 묻고 배우는 경향으로 볼 수 있다. 이러한 이용행태를 통해서도 부모와 자식 간에 의사소통의 계기가 되어지는 방향성도 있으나, 부모와 자녀 간에 소통이 두절되고 갈등이 양산되는 것을 볼 수 있다.

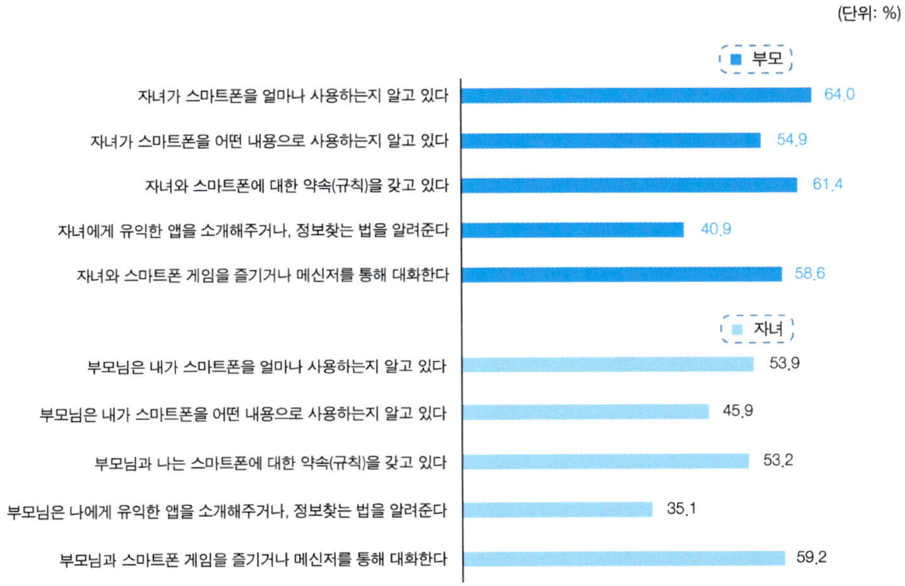

그림 9-4 부모-자녀 간 스마트폰 사용과 관련된 규칙과 의사소통

자료: 한국정보화진흥원인터넷중독대응센터(2014).

4) 스마트폰중독 예방교육경험 및 도움정도

(1) 스마트폰중독 예방교육 경험

스마트폰중독 예방교육을 받아본 경험은 8.8%로 나타났는데 인터넷중독 예방교육 경험률(10.6%)보다는 스마트폰중독 예방교육이 다소 낮은 수준임을 알 수 있다.

중독 수준별로는 스마트폰중독위험군의 경험률은 16.4%로 일반사용자군(7.6%)보다 8.8%p 높은 것으로 나타났는데, 연령별로는 청소년의 34.1%가 스마트폰중독 예방교육을 경험한 것으로 나타나, 성인(3.7%)보다는 청소년들이 스마트폰중독 예방교육이 높은 수준임을 알 수 있다.

표 9-2 스마트폰중독 예방교육 경험

(단위: %)

<table>
<tr><th colspan="3">구분</th><th>있다</th><th>없다</th></tr>
<tr><td colspan="3">전체</td><td>8.8</td><td>91.2</td></tr>
<tr><td rowspan="4">스마트폰 중독 수준별</td><td colspan="2">스마트폰중독위험군</td><td>16.4</td><td>83.6</td></tr>
<tr><td rowspan="2"></td><td>고위험군</td><td>16.5</td><td>83.5</td></tr>
<tr><td>잠재적 위험군</td><td>16.4</td><td>83.6</td></tr>
<tr><td colspan="2">일반사용자군</td><td>7.6</td><td>92.4</td></tr>
<tr><td rowspan="6">연령별</td><td colspan="2">청소년(만 10~19세)</td><td>34.1</td><td>65.9</td></tr>
<tr><td colspan="2">성인(만 20~59세)</td><td>3.7</td><td>96.3</td></tr>
<tr><td rowspan="4"></td><td>20대</td><td>7.9</td><td>92.1</td></tr>
<tr><td>30대</td><td>2.0</td><td>98.0</td></tr>
<tr><td>40대</td><td>3.8</td><td>96.2</td></tr>
<tr><td>50대</td><td>0.5</td><td>99.5</td></tr>
<tr><td rowspan="2">성별</td><td colspan="2">남성</td><td>8.2</td><td>91.8</td></tr>
<tr><td colspan="2">여성</td><td>9.5</td><td>90.5</td></tr>
<tr><td rowspan="4">학령별</td><td colspan="2">초등학생</td><td>33.0</td><td>67.0</td></tr>
<tr><td colspan="2">중학생</td><td>38.4</td><td>61.6</td></tr>
<tr><td colspan="2">고등학생</td><td>31.7</td><td>68.3</td></tr>
<tr><td colspan="2">대학생</td><td>12.7</td><td>87.3</td></tr>
</table>

자료: 한국정보화진흥원인터넷중독대응센터(2014).

(2) 청소년들이 스마트폰중독 예방교육을 받아본 곳

스마트폰중독 예방교육을 주로 '각급학교(초/중/고/대)(73.9%)'에서 많이 받고 있는 것으로 나타났으며, 그 밖에 '지역 유관 상담기관(17.0%)', '주민자치센터(9.9%)' 등의 순으로 높게 나타났는데, 두 기관은 스마트폰중독위험군의 교육 경험률이 일반사용자군 대비 높게 나타났다.

표 9-3 스마트폰중독 예방교육 받아본 곳(복수응답)

(단위: %)

구분		각급학교 (초, 중, 고, 대)	지역 유관 상담기관	주민자치센터	기업(인터넷 콘텐츠, 제공업체, 통신사업체 등)	병원 등 의료기관
전체		73.9	17.0	9.9	8.7	6.7
스마트폰 중독 수준별	스마트폰중독위험군	73.5	18.1	12.9	7.8	7.7
	고위험군	62.5	23.9	21.2	3.5	3.5
	잠재적 위험군	75.4	17.1	11.5	8.5	8.4
	일반사용자군	74.0	16.6	8.8	9.0	6.3

자료: 한국정보화진흥원인터넷중독대응센터(2014).

(3) 스마트폰 과다사용으로 인한 상담 및 치료 경험

스마트폰 과다사용으로 인하여 상담 및 치료 경험이 있다고 응답한 비율은 0.9%로 나타났다. 또한, 스마트폰중독위험군(3.0%)과 일반사용자군(0.5%)의 상담 및 치료 경험률 차이는 2.5%p로 나타났음을 알 수 있다.

표 9-4 스마트폰 과다사용으로 인한 상담 및 치료경험

(단위: %)

구분		있다	없다
전체		0.9	99.1
스마트폰 중독 수준별	스마트폰중독위험군	3.0	97.0
	고위험군	7.4	92.6
	잠재적 위험군	2.3	97.7
	일반사용자군	0.5	99.5
연령별	청소년(만 10~19세)	0.9	99.1
	성인(만 20~59세)	0.8	99.2
	20대	0.9	99.1
	30대	0.8	99.2
	40대	1.4	98.6
	50대	0.0	100.0

구분		있다	없다
성별	남성	0.5	99.5
	여성	1.3	98.7
학령별	초등학생	0.1	99.9
	중학생	0.9	99.1
	고등학생	1.3	98.7
	대학생	1.4	98.6

자료: 한국정보화진흥원인터넷중독대응센터(2014).

(4) 스마트폰 과다사용으로 인한 후유증상

전체적으로 스마트폰 과다사용으로 인한 상담 및 치료 증상으로는 '우울'이 51.7%로 가장 높았으며, 다음으로 '불안(46.3%)', '주의력 결핍 및 과잉행동장애(ADHD)(16.5%)' 등의 순으로 나타났다. 스마트폰 과다사용 중독수준별로 살펴보면, 스마트폰중독위험군은 '불안(52.5%)', 일반사용자군은 '우울(59.4%)' 응답이 상대적으로 높았다.

표 9-5 스마트폰 과다사용으로 인한 상담 및 치료 증상(복수응답)

(단위: %)

구분			우울	불안	주의력결핍 및 과잉행동장애 (ADHD)	충동조절 및 폭력성 문제
전체			51.7	46.3	16.5	8.7
스마트폰 중독 수준별	스마트폰중독위험군		44.1	52.5	16.6	6.8
		고위험군	55.1	41.4	28.7	3.8
		잠재적 위험군	38.1	58.4	10.1	8.5
	일반사용자군		59.4	40.0	16.3	10.6

구분			우울	불안	주의력결핍 및 과잉행동장애(ADHD)	충동조절 및 폭력성 문제
연령별	청소년(만 10~19세)		40.6	37.3	50.8	6.5
	성인(만 20~59세)		54.2	48.3	8.8	9.2
		20대	64.9	27.3	0.0	7.8
		30대	59.1	66.6	6.8	11.5
		40대	45.3	49.5	14.9	8.7
성별	남성		21.2	61.4	22.0	11.6
	여성		63.9	40.2	14.2	7.6
학령별	초등학생		0.0	0.0	100.0	0.0
	중학생		68.6	30.7	28.8	4.5
	고등학생		28.5	41.1	59.9	7.6
	대학생		89.0	5.8	0.0	5.2

자료: 한국정보화진흥원인터넷중독대응센터(2014).

(5) 스마트폰 과다사용으로 인한 신체적 증상

스마트폰 과다사용으로 병원치료를 받은 응답자의 증상을 살펴보면, '시력저하/안구건조/두통/위장 장애/만성피로 등'이 54.1%로 가장 높았고, '목/어깨/허리/다리/손목 등의 통증'이 51.0%로 그 뒤를 이었다.

표 9-6 스마트폰 과다사용으로 인한 신체적 증상(복수응답)

(단위: %)

구분			시력저하, 안구건조, 두통, 위장장애, 만성피로 등	목, 어깨, 허리, 다리, 손목, 등의 통증	비만	기타
전체			54.1	51.0	14.8	0.3
스마트폰 중독 수준별	스마트폰중독위험군		48.6	62.2	12.0	0.0
		고위험군	73.6	53.0	14.4	0.0
		잠재적 위험군	35.1	67.1	10.7	0.0
	일반사용자군		59.6	39.8	17.6	0.5

구분			시력저하, 안구건조, 두통, 위장장애, 만성피로 등	목, 어깨, 허리, 다리, 손목, 등의 통증	비만	기타
연령별	청소년(만 10~19세)		54.6	71.2	4.6	1.5
	성인(만 20~59세)		54.0	46.6	17.1	0.0
		20대	60.5	12.2	27.3	0.0
		30대	55.5	73.1	27.2	0.0
		40대	49.5	50.5	5.5	0.0
성별	남성		41.1	75.3	12.5	0.9
	여성		59.3	41.3	15.7	0.0
학령별	초등학생		0.0	100.0	0.0	0.0
	중학생		47.9	66.0	0.0	4.2
	고등학생		58.7	73.0	6.8	0.3
	대학생		82.4	11.7	5.8	0.0

자료: 한국정보화진흥원인터넷중독대응센터(2014).

5) 학교 내 스마트폰 이용제한 관련 규제

(1) 학교 내 스마트폰 이용제한 관련 규제

교내에서 스마트폰 사용과 관련한 규제를 살펴보면 '조례 때 거두고 종례 때 돌려준다'는 규제가 59.5%로 가장 많았고, '스마트폰을 소지하도록 허용하지만, 수업시간에 사용하다가 적발될 경우 벌점을 주거나 다른 제재를 가한다(33.5%)'가 그 뒤를 이어 전년과 비교 시 '조례 때 거두고 종례 때 돌려준다'는 규제가 전년 대비 7.8%p 큰 폭 증가한 것으로 나타났다.

(단위: %)

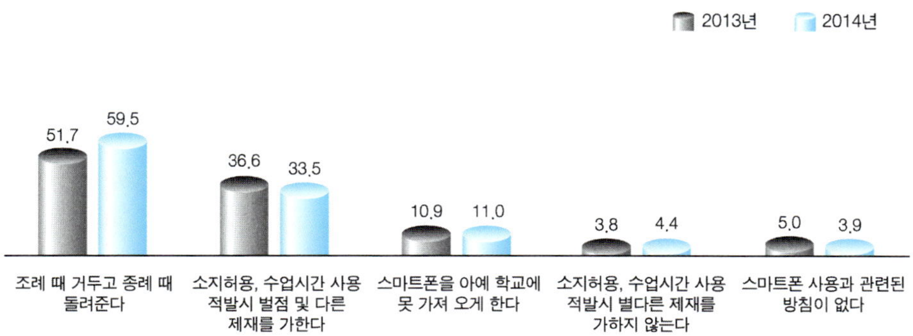

그림 9-5 연도별 학교 내 스마트폰 이용제한 관련 규제

자료: 한국정보화진흥원인터넷중독대응센터(2014).

표 9-7 학교 내 스마트폰 이용제한 관련 규제

(단위: %)

구분			조례 때 거두고 종례 때 돌려준다	소지허용, 수업시간 사용적발 시 벌점 및 다른 제재를 가한다	스마트폰을 아예 학교에 못 가져오게 한다	소지허용, 수업시간 사용적발 시 별다른 제재를 가하지 않는다	스마트폰 사용과 관련된 방침이 없다	기타
전체			59.5	33.5	11.0	4.4	3.9	0.1
스마트폰 중독 수준별	스마트폰중독위험군		58.8	38.7	8.5	5.5	2.4	0.0
		고위험군	60.6	42.2	4.2	7.1	0.4	0.0
		잠재적 위험군	58.5	38.2	9.1	5.3	2.7	0.0
	일반사용자군		59.7	32.5	11.5	4.1	4.2	0.0
연령별	청소년(만 10~19세)		64.9	35.0	7.8	5.3	2.0	0.0
	성인(만 20~59세)		55.9	32.5	13.2	3.7	5.2	0.0
		20대	0.0	100.0	0.0	0.0	0.0	0.0
		30대	51.0	32.9	15.1	3.4	5.5	0.0
		40대	58.1	31.9	12.6	3.8	5.0	0.0
성별	남성		52.6	41.9	8.7	3.8	8.5	0.0
	여성		59.1	34.5	11.0	4.4	3.1	0.0

구분		조례 때 거두고 종례 때 돌려준다	소지허용, 수업시간 사용적발 시 벌점 및 다른 제재를 가한다	스마트폰을 아예 학교에 못 가져오게 한다	소지허용, 수업시간 사용적발 시 별다른 제재를 가하지 않는다	스마트폰 사용과 관련된 방침이 없다	기타
학령별	초등학생	60.0	32.5	11.1	4.3	4.7	0.0
	중학생	56.1	38.8	10.3	4.6	1.5	0.0
	고등학생	66.1	38.7	5.7	4.6	2.5	0.1
	대학생	67.9	30.6	8.4	6.1	1.8	0.0

※본 문항은 청소년 및 초중고 연령에 해당하는 자녀를 둔 성인만 응답 기준
자료: 한국정보화진흥원인터넷중독대응센터(2014).

(2) 학교 내 스마트폰 이용제한 관련 규제 찬반 의견 비율

학교 내 스마트폰 이용제한 관련 규제에 대해 82.0%가 '찬성한다('찬성하는 편이다'+'매우 찬성한다')'고 응답하였고, 연령별로 보면, 청소년(68.0%)보다 성인(91.6%)의 찬성률이 높게 나타났다.

표 9-8 학교 내 스마트폰 이용제한 관련 규제

(단위: %)

구분			매우 반대한다	반대하는 편이다	찬성하는 편이다	매우 찬성한다	찬성+매우 찬성
전체			2.3	15.8	57.9	24.1	82.0
스마트폰 중독 수준별	스마트폰중독위험군		3.6	24.9	50.2	21.4	71.6
		고위험군	6.1	22.2	41.7	30.0	71.7
		잠재적 위험군	3.2	25.2	51.4	20.2	71.6
	일반사용자군		2.0	13.9	59.4	24.6	84.1
연령별	청소년(만 10~19세)		3.9	28.1	59.7	8.3	68.0
	성인(만 20~59세)		1.1	7.2	56.6	35.0	91.6
		20대	0.0	0.0	100.0	0.0	100.0
		30대	1.1	7.9	55.8	35.2	91.1
		40대	1.2	6.9	56.9	35.0	91.9
		50대	0.0	9.6	56.0	34.4	90.4

구분		매우 반대한다	반대하는 편이다	찬성하는 편이다	매우 찬성한다	찬성+ 매우 찬성
성별	남성	2.7	16.5	57.2	23.6	80.8
	여성	1.9	15.0	58.5	24.6	83.1
학령별	초등학생	3.7	27.0	58.8	10.5	69.3
	중학생	3.7	30.1	58.3	7.9	66.2
	고등학생	4.2	27.1	61.1	7.6	68.7

자료: 한국정보화진흥원인터넷중독대응센터(2014).

6) 유아동 자녀 스마트폰 사용 장소

유아동 자녀가 스마트폰을 사용하는 장소는 '내집(88.9%)'이 가장 높게 나타났으며, 이어서 '이동 중에(차 안, 버스 안 등)(32.9%)', '상업시설(카페, 식당, 쇼핑몰 등)(29.9%)' 등의 순으로 높게 나타났다.

표 9-9 유아동 자녀 스마트폰 사용 장소(1순위+2순위)

(단위: %)

구분		내집	이동 중에 (차안, 버스안 등)	상업시설 (카페, 식당, 쇼핑몰 등)	친구네 집	길거리, 공원 등 실외 장소	공공시설 (관공서, 공항, 기차역 등)	유치원, 학교, 학원
전체		88.9	32.9	29.9	12.8	12.1	10.6	5.7
스마트폰 이용시간별	1시간 미만	88.8	35.7	32.0	11.5	10.6	10.5	3.1
	1시간 이상 ~2시간 미만	88.5	31.2	31.4	10.4	11.3	13.0	6.4
	2시간 이상	89.9	24.0	19.1	21.9	19.3	7.5	15.3
연령별	3~4세	86.9	29.3	45.7	11.9	4.4	12.2	3.0
	5~6세	87.9	31.9	34.8	10.4	11.9	11.8	2.6
	7~9세	91.0	35.8	16.7	16.0	16.0	8.5	10.5
성별	남성	88.8	32.4	28.6	14.2	11.6	12.1	5.8
	여성	89.0	33.5	31.4	11.3	12.6	9.0	5.6
맞벌이 여부별	맞벌이가정	90.0	30.5	28.6	11.6	12.9	11.1	7.2
	외벌이가정	87.9	35.0	31.0	13.8	11.4	10.2	4.4

구분		내집	이동 중에 (차안, 버스안 등)	상업시설 (카페, 식당, 쇼핑몰 등)	친구네 집	길거리, 공원 등 실외 장소	공공시설 (관공서, 공항, 기차역 등)	유치원, 학교, 학원
부모 직업별	전문/관리직(전체)	877.1	33.6	30.1	7.5	7.2	16.8	11.5
	사무직(전체)	89.5	33.6	32.7	13.8	12.3	9.1	3.7
	서비스/판매직(전체)	87.3	33.5	30.1	11.6	13.0	10.1	7.1
	농/입/어업(전체)	97.3	17.1	19.5	17.6	7.6	10.2	10.2
	생산관련직/기타(전체)	90.1	31.1	21.6	14.3	11.9	13.9	5.3
가구 소득별	200만 원 미만	91.3	30.9	23.0	15.8	14.6	8.8	1.2
	200~400만 원 미만	89.7	30.5	29.3	13.5	12.2	10.8	6.4
	400~600만 원 미만	86.3	38.1	31.6	11.5	11.7	10.8	4.7
	600만 원 이상	96.6	29.4	36.0	6.6	6.8	7.3	9.2
도시 규모별	대도시	87.0	38.6	32.7	11.7	10.2	10.4	5.2
	중소도시	93.9	25.8	25.6	17.7	11.5	11.6	3.0
	읍/면지역	92.0	19.8	23.8	14.0	17.4	10.9	8.1

자료: 한국정보화진흥원인터넷중독대응센터(2014).

7) 유아동 자녀의 스마트폰 과다 사용 예방 방법

자녀의 스마트폰 과다 사용 예방 방법으로 '자녀 대상 예방교육(69.9%)'이 가장 높게 나타났고, 이어서 '부모 대상 교육(67.0%)', '상담(37.6%)' 등의 순으로 높게 나타났으며 자녀가 스마트폰을 2시간 이상 사용하는 양육자의 경우 '자녀 대상 예방교육' 및 '상담' 응답률이 자녀가 2시간 미만 스마트폰을 이용하는 양육자보다 높게 나타났다.

표 9-10 유아동 자녀의 스마트폰 과다 사용 예방 방법(1순위+2순위)

(단위: %)

구분		자녀 대상 예방 교육	부모 대상 (건전한 스마트폰 사용) 교육	상담	공익 광고/캠페인
전체		69.9	67.0	37.6	22.0
스마트폰 이용시간별	1시간 미만	69.5	67.2	37.0	21.1
	1시간 이상~2시간 미만	67.1	68.7	35.7	27.4
	2시간 이상	76.2	63.3	43.4	16.8
연령별	3~4세	64.7	73.0	35.1	20.3
	5~6세	67.4	65.4	38.2	26.2
	7~9세	75.3	65.9	38.2	17.8
성별	남성	73.6	63.5	36.5	23.6
	여성	65.9	70.8	38.8	20.2
맞벌이 여부별	맞벌이가정	68.9	66.1	39.9	21.4
	외벌이가정	70.9	67.8	35.7	22.5
부모 직업별	전문/관리직(전체)	66.2	74.2	35.3	19.4
	사무직(전체)	72.3	65.1	34.9	23.7
	서비스/판매직(전체)	66.3	66.8	42.7	21.1
	농/입/어업(전체)	58.8	63.1	50.8	27.3
	생산관련직/기타(전체)	74.2	71.0	33.4	18.5
가구 소득별	200만 원 미만	73.6	22.8	54.3	15.7
	200~400만 원 미만	68.2	67.9	38.0	22.4
	400~600만 원 미만	72.6	66.8	35.8	21.4
	600만 원 이상	73.6	75.6	18.8	30.6
도시 규모별	대도시	68.5	67.9	36.1	23.4
	중소도시	76.6	72.7	36.0	13.8
	읍/면지역	71.3	62.4	42.5	21.1

※본 문항은 유아동(만 3~9세) 관찰자가 유아동 기준으로 응답

자료: 한국정보화진흥원인터넷중독대응센터(2014).

8) 스마트폰중독

(1) 스마트폰중독의 개념

스마트폰중독이란, 지나치게 스마트폰에 집착함에 따라 스마트폰 사용에 따른 내성과 금단증상이 생기게 되어 수면이라든지 학업, 건강 등의 균형이 깨져서 일상생활에 어려움이 나타나는 현상을 뜻한다. 스마트폰중독의 종류에는 게임, 음란물, 채팅, 인터넷 쇼핑, 정보검색, 커뮤니티(SNS) 등이 있다(서울시교육청, 2013).

(2) 스마트폰중독 실태

스마트폰중독위험군은 스마트폰 과다사용으로 인한 금단·내성을 지니고 있으며, 이로 인해 일상생활 장애가 유발되는 상태를 말한다.

전체 스마트폰이용자(만 3~59세, 15,000명) 중에 유아동(만 3~9세, 578명), 청소년(만 10~19세, 5,249명), 성인(만 20~59세, 9,173명)이 스마트폰중독실태를 조사하였다.

스마트폰중독위험군 비율은 청소년, 성인을 대상으로 표준화된 스마트폰중독척도(각 15문항)를 활용하여 산출하였고, 그 결과 스마트폰중독위험군 비율은 청소년 및 성인 스마트폰 이용자의 14.2%(인구수 4,561천 명)로 전년(11.8%) 대비 2.4%p 증가하였다.

※ 스마트폰중독위험군 최초 조사연도인 2011년(8.4%) 대비 5.8%p 증가 :
(2011) 8.4% → (2012) 11.1% → (2013) 11.8% → (2014) 14.2%

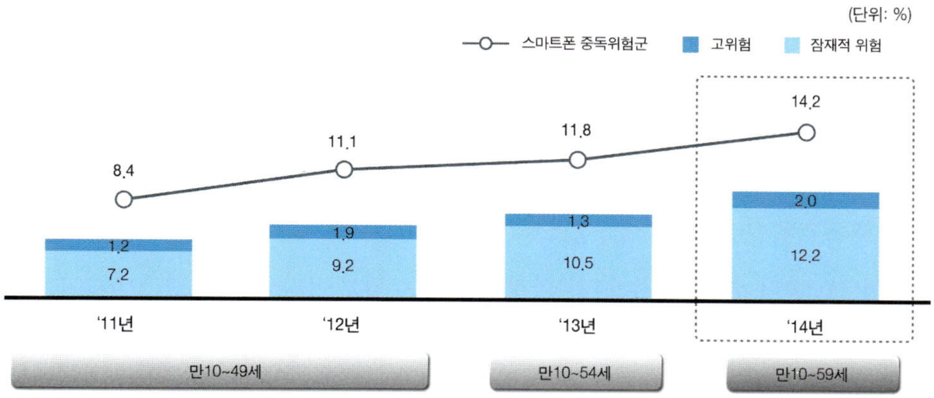

※2014년 스마트폰중독위험군(100%)=고위험군(14%)+잠재적 위험군(86%)

그림 9-6 전체 스마트폰중독 현황

최근 스마트기기 보급 증가에 따른 과다사용으로 스마트폰중독위험군이 지속 증가하는 추세이다(2014년 인터넷이용실태조사, 한국인터넷진흥원).

※ 스마트기기 보유율 : (2011년) 31.3% → (2012년) 63.7% → (2013년) 71.6% → (2014년) 78.6%

중독위험군(14.2%) 중 고위험군은 2.0%로 전년(1.3%) 대비 0.7%p 증가하였으며, 잠재적 위험군도 12.2%로 전년(10.5%) 대비 1.7%p 상승하였다.

※ 청소년 스마트폰중독위험군 : 29.2% (전년 25.5% 대비 3.7%p↑)

청소년 스마트폰 이용자 중 중독위험군 비율은 29.2%로 전년(25.5%) 대비 3.7%p 상승하여 조사 개시(2011년) 후 3년 연속 증가하였고, 중독위험군(29.2%) 중 고위험군은 3.3%로 전년(2.4%) 대비 증가하였다.

중독위험 초기 단계인 잠재적 위험군은 25.9%로 전년(23.1%) 대비 2.8%p 증가한 것으로 조사되었다.

청소년의 주요 스마트폰중독 특성(응답 상위 5개)은 ① '스마트폰 사용이 공부에 방해된다(53.4%)' ② '스마트폰 사용에 많은 시간을 보내는 것이 습관화되었다(51.7%)', ③ '스마트폰을 그만해야지 라고 생각하면서도 계속한다(51.6%)',

④ '스마트폰이 없으면 불안하다(49.6%)', ⑤ '수시로 스마트폰을 사용하다가 지적을 받은 적이 있다(48.4%)' 이다.

청소년의 주요 스마트폰중독 위험요인으로 내성(45.7%), 일상생활장(38.3%), 금단(33.9%), 가상세계 지향(23.4%) 순서로 많이 경험하였고, 성별로는 청소년 여성 중독위험군은 29.9%로 청소년 남성(28.6%)보다 1.3%p 높았다. 학령별로는 중학생(33.0%)이 가장 높았으며, 환경적으로는 맞벌이가정 청소년(30.0%)이 스마트폰중독 위험에 상대적으로 취약한 것으로 나타났다.

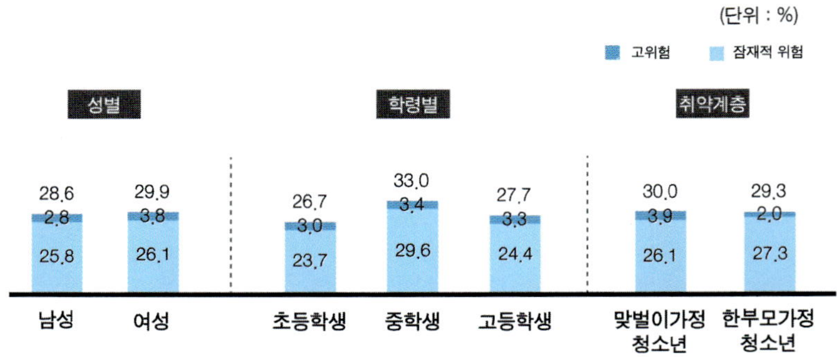

그림 9-7 청소년 성별 · 학령별 · 취약계층 스마트폰중독 현황

자료: 한국정보화진흥원인터넷중독대응센터(2014).

(3) 스마트폰중독 현황

① 연도별 스마트폰중독위험군 비율 및 중독위험군 수

만 10~59세 스마트폰 이용자 중 스마트폰중독위험군은 14.2%(4,561천 명)로 전년 대비 큰 폭 증가하였으며 2014년 만 10~59세 스마트폰 이용자 중 스마트폰중독위험군은 14.2%로 전년(11.8%) 대비 2.4%p 상승한 것으로 나타났고, 스마트폰중독위험군 수는 4,561천 명으로 조사되었다.

전체 스마트폰중독위험군 중 상담 · 치료가 필요한 고위험군의 비율이 2.0%로 전년(1.3%) 대비 0.7%p 상승하였고, 잠재적 위험군 또한 전년(10.5%) 대비 1.7%p 상승하여, 스마트폰중독위험군이 매년 증가하고 있는 추세를 보였다.

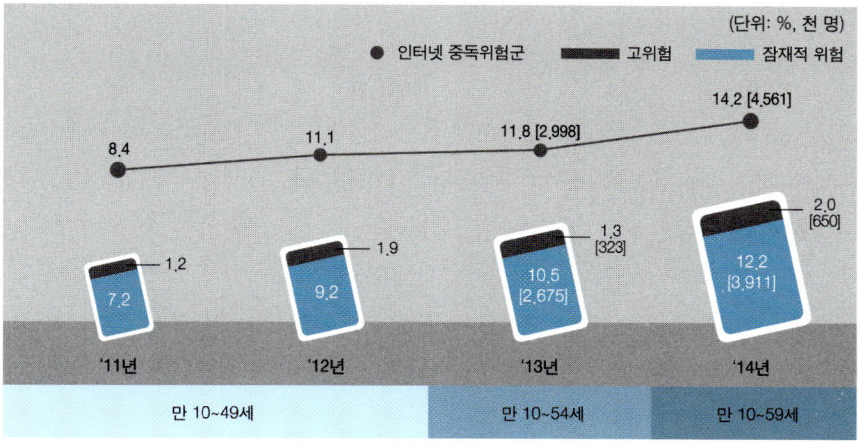

※조사 대상 연령 확대 2014년 : 만 10~59세(청소년 만 10~19세, 성인 만 20~59세)
2013년 : 만 10~54세(청소년 만 10~19세, 성인 만 20~54세)
2011년~2012년 : 만 10~49세(청소년 만 10~19세, 성인 만 20~49세)
※2014년 스마트폰중독위험군 수는 조사 대상 연령이 위와 같이 확대됨에 따라 전년도와 단순비교 불가
※2014년 스마트폰 이용자 수(모집단, 만 20~59세)는 32,302천 명(2013년(만 20~54세) 25,415천 명)
※스마트폰중독위험군 수 = 만 10~59세 스마트폰 이용자 수 × 스마트폰중독위험군

그림 9-8 연도별 스마트폰중독위험군 비율 및 중독위험군 수

표 9-11 연도별 스마트폰중독위험군 비율 및 수

(단위: %, 천 명)

구분	2011	2012	2013		2014	
	비율(%)	비율(%)	비율(%)	수(천 명)	비율(%)	수(천 명)
스마트폰중독위험	8.4	11.1	11.8	2,998	14.2	4,561
고위험	1.2	1.9	1.3	323	2.0	650
잠재적 위험	7.2	9.2	10.5	2,675	12.2	3,911

※스마트폰 이용자 수(모집단)는 2013년부터 산출
자료: 한국정보화진흥원인터넷중독대응센터(2014).

② 연령별 스마트폰중독위험군 비율 및 중독위험군 수

연령이 낮을수록 스마트폰중독위험군 높게 나타났으며 연령별 중독위험군 비율은 10대가 29.2%(중독위험군 수 1,562천 명)로 가장 높았으며, 다음으로는 20대(19.6%, 1,309천 명), 30대(11.3%, 869천 명) 등의 순으로 연령이 낮을수록 높은 것으로 나타났다.

전년 대비 증가폭은 20대가 4.6%p로 가장 높게 나타났으며, 이어 10대(3.7%p), 30대(3.1%p), 40대(2.9%p)의 순으로 50대를 제외하고 전 연령층에서 증가세를 보이며 스마트폰중독 고위험군의 경우 10대와 20대가 각각 3.3%, 3.4%로 40대(1.1%)보다 약 3배 이상 높게 나타났다.

(단위 : %, 천 명)

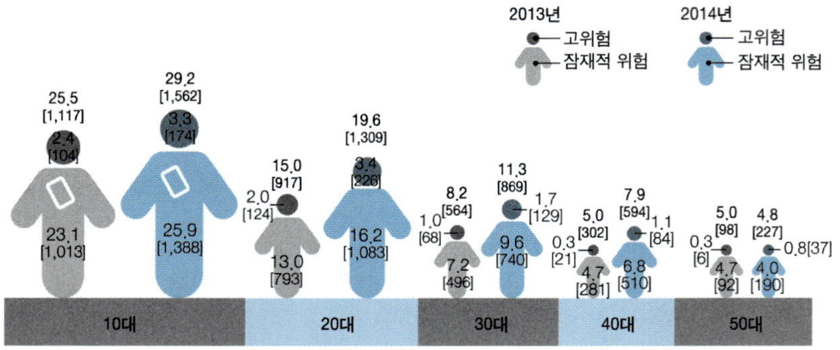

그림 9-9 연령별 스마트폰중독위험군 비율 및 중독위험군 수

(단위 : %)

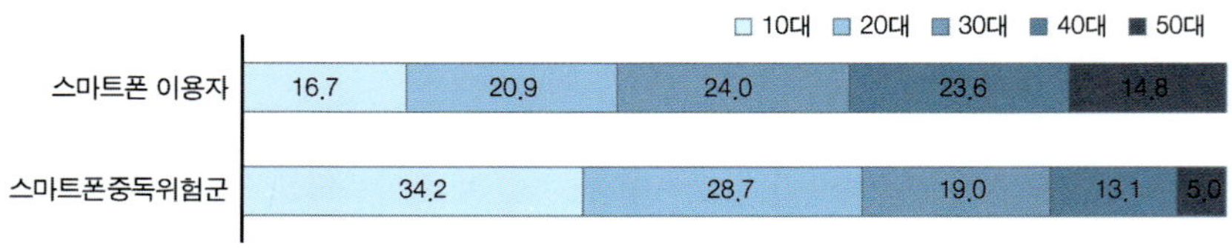

그림 9-10 연령별 스마트폰중독위험군 수 구성비

자료: 한국정보화진흥원인터넷중독대응센터(2014).

표 9-12 연도별 스마트폰중독위험군 비율 및 수

(단위: %, 천 명)

구분		2013		2014	
		비율(%)	수(천 명)	비율(%)	수(천 명)
스마트폰중독위험	10대	25.5	1,117	29.2	1,562
	20대	15.0	917	19.6	1,309
	30대	8.2	564	11.3	869
	40대	5.0	302	7.9	594
	50대	5.0	98	4.8	227

구분		2013		2014	
		비율(%)	수(천 명)	비율(%)	수(천 명)
고위험	10대	2.4	104	3.3	174
	20대	2.0	124	3.1	226
	30대	1.0	68	1.7	129
	40대	0.3	21	1.1	84
	50대	0.3	6	0.8	37
잠재적 위험	10대	23.1	1,013	25.9	1,388
	20대	13.0	793	16.2	1,083
	30대	7.2	496	9.6	740
	40대	4.7	281	6.8	510
	50대	4.7	92	4.0	190

자료: 한국정보화진흥원인터넷중독대응센터(2014).

③ 학령별 스마트폰중독위험군 비율

학령별 스마트폰중독위험군은 중학생(33.0%), 고등학생(27.7%), 초등학생(26.7%), 대학생(20.5%) 순으로 전년과 동일한 경향을 보였다.

전년 대비 증가폭은 초등학생 및 고등학생이 가장 컸으며(각각 4.1%p), 이어 중학생(3.7%p), 대학생(2.4%p) 순으로 나타났다.

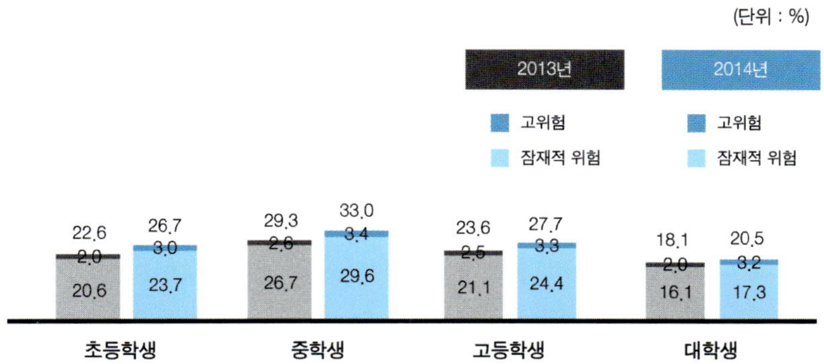

그림 9-11 학령별 스마트폰중독위험군 비율

자료: 한국정보화진흥원인터넷중독대응센터(2014).

④ 한부모가정 청소년 스마트폰중독위험군 비율

한부모가정 청소년의 스마트폰중독위험군은 29.3%로 양부모 가정의 청소년(29.1%)보다 0.2%p 높게 나타났다.

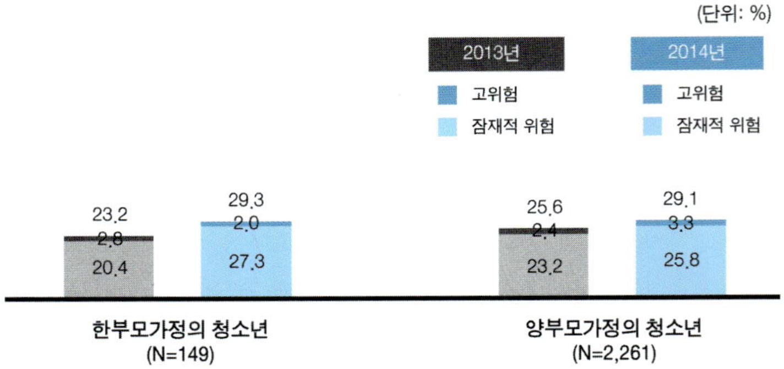

※사례 수가 적어 활용 시 유의

그림 9-12 한부모가정 청소년 스마트폰중독위험군 비율

⑤ 다문화가정 청소년 스마트폰중독위험군 비율

다문화가정 청소년의 스마트폰중독위험군은 32.6%로 다문화가 아닌 일반가정의 청소년(29.0%)보다 3.6%p 높게 나타났다.

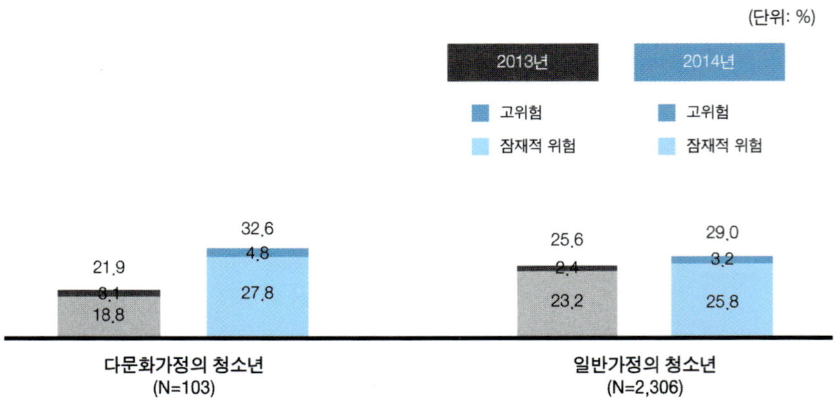

※사례 수가 적어 활용 시 유의

그림 9-13 다문화가정 청소년 스마트폰중독위험군 비율

자료: 한국정보화진흥원인터넷중독대응센터(2014).

⑥ 맞벌이가정 · 외벌이가정의 청소년 스마트폰중독위험군 비율

맞벌이 가정 청소년의 스마트폰중독위험군(30.0%)은 외벌이 가정의 청소년(27.9%)보다 2.1%p 높아 전년과 동일한 경향을 보였으며 고위험군도 맞벌이 가정 청소년이 3.9%로 외벌이 가정 청소년(2.3%)보다 1.6%p 높은 수준을 보였다.

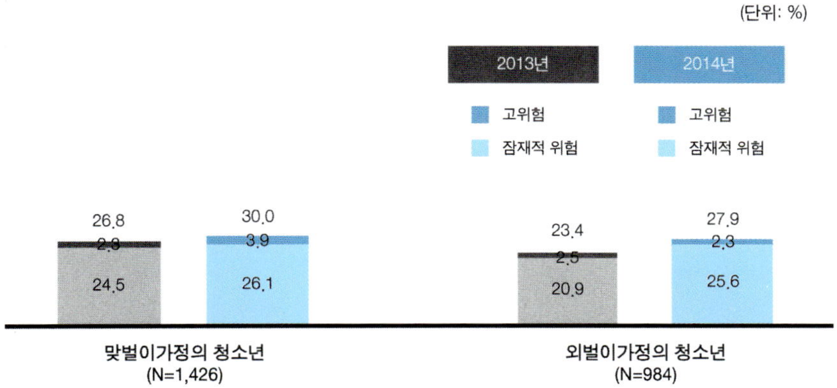

※사례 수가 적어 활용 시 유의

그림 9-14 맞벌이가정 및 외벌이가정 청소년 스마트폰중독위험군 비율

자료: 한국정보화진흥원인터넷중독대응센터(2014).

⑦ 가구소득별(월평균) 스마트폰중독위험군 비율

월평균 가구소득 600만 원 이상인 고소득층(15.5%)과 200만 원 미만인 저소득층(15.4%)에서 스마트폰중독위험군이 높게 나타났다.

청소년 및 성인 모두 600만 원 이상 고소득층에서 스마트폰중독위험군이 가장 높게 나타났다(각각 33.5%, 13.3%).

(단위 : %)

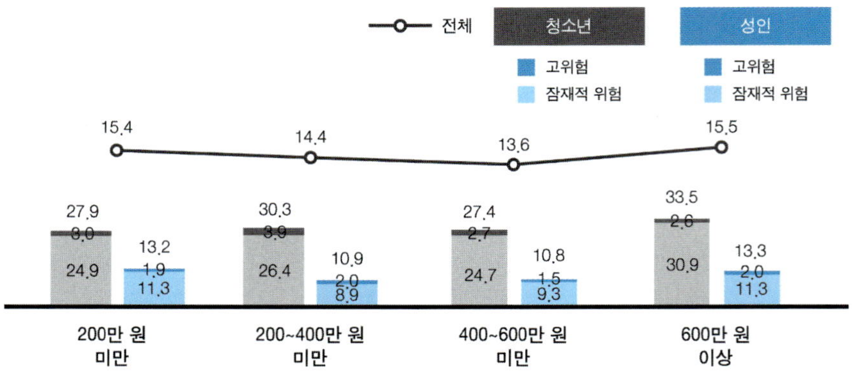

그림 9-15 가구소득별(월평균) 스마트폰중독위험군 비율

자료: 한국정보화진흥원인터넷중독대응센터(2014).

(4) 청소년 스마트폰중독 진단척도 – 4요인(내성)

내성 요인에서는 '스마트폰 사용에 많은 시간을 보내는 것이 습관화되었다'가 51.7%(그렇다 + 매우 그렇다 비율)로 가장 높았고, '스마트폰을 사용할 때 그만 해야지 라고 생각은 하면서도 계속한다(51.6%)' '스마트폰 사용시간을 스스로 조절할 수 있다(40.7%)' 등의 순으로 나타났다.

(단위: %)

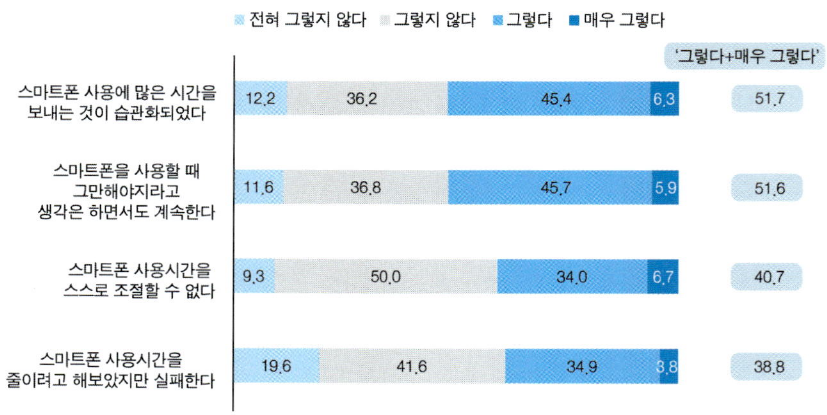

그림 9-16 청소년 스마트폰중독 진단척도–4요인(내성)

표 9-13 청소년 스마트폰중독 진단척도–4요인(내성)

(단위: %)

구분			스마트폰 사용에 많은 시간을 보내는 것이 습관화되었다	스마트폰을 사용할 때 그만해야지 라고 생각은 하면서도 계속한다	스마트폰 사용시간을 스스로 조절할 수 없다	스마트폰 사용시간을 줄이려고 해보았지만 실패한다
청소년 전체			51.7	51.6	40.7	38.8
스마트폰 중독 수준별	스마트폰중독위험군		85.2	83.6	59.0	79.8
		고위험군	98.6	97.1	65.0	97.6
		잠재적 위험군	83.6	81.9	58.3	77.5
	일반사용자군		37.9	38.4	33.1	21.9
성별	남성		51.0	52.6	39.5	39.6
	여성		52.5	50.5	42.0	37.9
학령별	초등학생		50.6	52.1	37.7	37.4
	중학생		52.0	53.2	44.3	40.9
	고등학생		51.9	50.3	39.5	37.9

자료: 한국정보화진흥원인터넷중독대응센터(2014).

(5) 스마트폰중독으로 인한 증상

스마트폰중독의 경우 아직 증상에 관해 정확하게 연구된 바가 없으나, 스마트폰중독과 인터넷중독의 유사한 측면이 많이 발견되므로 인터넷중독으로 인한 증상을 통해 스마트폰중독으로 인한 증상을 유추해 볼 수 있다(이규정 외, 2010; 행정안전부, 2012, 재인용).

금단현상	• 인터넷중독의 특징적인 금단현상으로 초조, 불안, 강박적인 사고, 환상이나 백일몽, 손가락의 수의적 또는 불수의적 자판 두드리기 등이 나타납니다(박승민, 2005; 행정안전부, 2012, 재인용). • 인터넷중독자가 접속을 안 하면 뭔가 불안하고 초조하며 인터넷상에 무슨 중요한 일이 일어나 있을 것 같은 강박적인 생각이 들어 견딜 수 없게 됩니다. • 인터넷을 떠나 있으면 인터넷에 대한 백일몽에 빠지기도 하고 자기도 모르게 또는 의식적으로 자판을 두드리는 행동을 할 수 있습니다. • 인터넷에 접속하기 전에 긴장이 고조되었다가 접속 후에는 긴장이 순간적으로 해소되면서 쾌감을 느낄 수 있습니다(행정안전부, 2012).

내성	• 인터넷을 사용하면 할수록 더욱더 몰입하게 되고 같은 정도의 만족을 얻기 위해 사용 시간을 늘려야 하는 내성이 생깁니다. • 인터넷 내성이 생기면 인터넷에 머무는 시간이 점점 더 길어지고 컴퓨터를 끄고 빠져나오기가 더욱더 힘들어집니다(행정안전부, 2012).
일상생활 장애	• 가족, 대인관계, 일, 학교 등 주요 일상생활에 심각한 문제를 일으킬 수 있습니다. • 인터넷을 하기 위해 다른 일을 미루거나 포기하게 되며, 수면시간도 현저하게 줄어듭니다. • 인터넷 사용에 방해를 받으면 몹시 화를 내거나 때로는 반항하게 됩니다. • 인터넷을 하느라 중요한 약속을 어기거나 공부나 직장 일을 소홀히 합니다. • 늦은 밤까지 인터넷을 하게 되면 수면 주기가 바뀌게 되고 직장이나 학교에 나가는 것이 어려워집니다. • 업무능률이 현저히 떨어지며 심한 경우 실직이나 자퇴를 하기도 합니다. • 인터넷에 빠져 혼자 있는 시간이 많아지며 친구를 만나지 않고 다른 취미 활동에도 무관심해집니다. • 가족과 보내는 시간이 줄어들고 가족들과도 멀어집니다. • 청소년의 경우 부모와 대립하다가 가출을 하기도 하고, 성인은 배우자와 갈등을 일으켜 별거나 이혼으로 이어지기도 합니다(행정안전부, 2012).
현실 지각력 상실 및 범죄	• 가상과 현실을 구별하지 못합니다. • 인터넷 사용 시간을 정확하게 알지 못하는 증상이 가장 흔합니다. 시간 지남력이 약화되기 때문에 인터넷을 2~3시간 사용하고도 마치 1시간 사용한 것처럼 느끼게 됩니다. • 게임에 과도하게 몰입된 경우, 현실과 가상세계를 혼동하여 실생활에서 비행이나 범죄를 저지를 가능성이 높아집니다. • 게임에 과도하게 몰입될 경우, 게임상에서 자신을 나타내는 분신이 아바타에 과도하게 몰입한 나머지 게임이 게임 차원을 넘어 현실로까지 연장될 수 있습니다. • 현실과 가상의 세계를 구별하지 못하는 중독자는 가상의 잔혹한 폭력 행위를 현실세계에 옮겨 보고 싶다는 충동을 느끼게 됩니다. • 게임에서 나타난 폭력성이 그대로 현실에서도 나타나 강도, 자살, 살인 등의 강력 범죄로 연결되기도 합니다. • 인터넷 사용자들은 아이템의 가치를 높이 평가하는데, 타인의 계정 도용, 사기, 폭력, 절도 등 아이템과 관련된 범죄 행위를 할 가능성이 높습니다. • 아이템을 구입하기 위해 아동 및 청소년의 경우 부모나 타인을 돈을 훔치는 절도 행위를 할 수 있습니다(행정안전부, 2012).
신체적 증상	• 어깨 결림, 피로, 소화불량, 요통 등을 주로 호소합니다(홍강의, 2006; 행정안전부, 2012, 재인용). • 수면장애를 겪는 경우가 많습니다. 게임에서 본 장면의 잔상이 오래 남아 악몽으로 이어지고 이는 수면을 방해할 수 있습니다. • 장시간 컴퓨터 화면을 보기 때문에 눈이 건조해지거나 충혈되는 증상, 시력저하가 나타납니다. • 낮은 위치에 있는 모니터를 내려다보는 경우 불안정한 자세가 지속되어 척추에 부담이 가고 목 근과 인대가 늘어나는 거북목 증후군(turtle neck syndrome)이 발생할 수 있습니다. • 영양결핍증, 체력저하, 긴장성 두통, 근육경질, 관절염, 기억력 감퇴, 목 디스크, 손목 결림, 팔꿈치 관절에 생기는 통증, 요통, 위장 장애가 발생할 수 있습니다(Weinstein, A., 2010; 행정안전부, 2012, 재인용). • 심한 인터넷 게임 중독은 심혈관에 무리를 주어 사망에까지 이르게 할 수 있습니다(행정안전부, 2012).

(6) 인터넷중독과 구별되는 스마트폰중독의 특징 비교

스마트폰은 통화기능 외에도 어디서든 네트워크에 접속할 수 있고, 사용자의 취향에 다양한 응용프로그램을 사용할 수 있다. 이러한 특성 때문에 스마트폰은 컴퓨터 등 기존 미디어보다 사용조절이 어려워(한국정보화진흥원, 2012; 오강탁, 이제은, 2012, 재인용) 중독성이 훨씬 더 강하다(송병우, 2012; 오강탁, 이제은, 2012, 재인용).

또한, 채팅, 검색, 음악감상, SNS 등의 기능이 집적되어 있어 세대별로 스마트폰중독의 양상에도 차이가 있다(한국정보화진흥원, 2011).

표 9-14 스마트폰중독과 인터넷중독의 특성 비교

	유사점	차이점
구인	금단, 내성, 의존, 초조, 불안, 강박적 사용, 생활장애 등의 특징	인터넷중독은 가상적 대인관계지향성, 긍정적 기대, 현실구분 장애 등을 포함하고 있으나, 스마트폰중독은 아직 개념의 확장이 이루어지지 않음
사용동기	즐거움, 외로움, 대인관계	인터넷중독은 현실도피, 도전/성취 동기가 있는 데 비해, 스마트폰중독은 자기과시, 체면 차리기, 인정에 대한 동기가 있음
사용결과	사용하지 않을 때 금단, 내성의 증상을 보이고 일상생활의 어려움에 영향을 미치며, 인터넷이나 휴대폰을 사용하지 않고 있을 때에도 하고 있는 듯한 환상 느낌	인터넷중독이 스마트폰중독보다 우울, 편집, 반항, 강박 등에서 더 큰 문제를 보이고 있을 가능성이 있으며, 스마트폰중독은 우울보다는 산만하고 에너지가 상승하는 문제가 더 심각해 보임(아직 연구가 더 필요함)

출처: 한국정보화진흥원(2012). 「스마트폰중독 진단 척도」.

9) 음란물 차단 및 중독대책

(1) 음란물 차단 및 중독대책

정부는 2012년 3월부터 스마트폰 확산에 따른 음란물 차단대책을 본격적으로 강구하고 나섰다(김정녀 외, 2012). 그중 하나가 본인인증을 강화하는 것이다. 이에 따라, 청소년보호법시행령 이 2012년 개정되면서 청소년 유해매체물을 제공하는 사업자의 본인인증이 강화되었다. 이에 따라, 청소년보호법시행령 제

17조에 나타난 바와 같이 음란물 등 청소년 유해매체물을 제공하는 사업자는 공인인증서나 휴대전화를 통해 연령 및 본인 여부를 반드시 확인해야 한다.

(2) 학교에서의 스마트폰 관리

스마트폰 사용으로 인해 교사와 학생 간의 갈등이 심화되자 일선 학교에서는 스마트폰 사용에 대한 학교규칙을 만들어 시행하고 있다. 교육과학기술부는 2012년 3월 초·중등교육법시행령을 개정해 학교규칙을 학교에서 자율적으로 정하도록 한 바 있다. 이와 더불어 학칙을 제·개정할 경우는 반드시 학생, 학부모, 교원의 의견을 듣도록 의무화했다.

10) 청소년의 문화적 현상으로서의 스마트폰

기존에 이미 또래와의 관계 및 상호작용과 같은 사회적인 속성을 지니고 있었던 미니홈피, 블로그, 온라인 커뮤니티 등에 대한 청소년의 선호는 이제 그에 더해 즉시성, 이동성까지 갖춘 SNS(Social Network Service, 소셜네트워크 서비스)에 대한 선호로 옮겨가고 있다. 현재 SNS를 이용하는 청소년들은 친구들과 함께 서로의 공간을 오가며 일상생활을 공유하고, 또는 SNS를 통해 소셜네트워크 게임을 함께 하거나, 자신이 좋아하는 연예인, 관심사를 중심으로 네트워크를 구축하는 등 놀이 공간이자 사회적 활동 공간으로 SNS를 이용하고 있다. 현재 한국 청소년들에게 스마트폰과 같은 미디어의 사용은 스트레스 해소의 수단이자 놀이 문화의 중심이며, 자신을 표현하는 사회적 활동의 장에 해당한다고 볼 수 있다. 대표적인 예가 청소년의 UCC(User Created Contents) 문화인데, 청소년들은 UCC 동영상을 제작, 혹은 패러디하고 이를 서로 공유하고 유통함으로써, 미디어를 소비함과 동시에 생산해내며 능동적, 창의적으로 사용한다. 청소년들은 UCC 사용을 통해 자기표현을 할 수 있으며(강재원 · 김은지, 2009), 제작에 따른 효과로서 피드백, 공유, 자기만족 등의 심리적 보상을 얻고(이승환, 2010), UCC 제작을 통해 유대감 형성, 자아 정체성 강화, 공감대 형성, 결속력 강화 등 보다 적극적인 사회적 네트워크를 형성하고자 한다(김민하, 신윤경, 2010).

즉, 청소년들의 스마트폰 이용은 자기표현을 통한 정체성 형성의 행위이자 사회적 지지나 정서적 지지를 원하는 상호작용적인 측면으로서 하나의 청소년 문화로 자리 잡아가고 있다(현대원, 2011).

3. 청소년 스마트폰 문화의 정책과 향후 과제

1) 청소년 스마트폰 관련법과 제도

제17조(나이 및 본인 여부 확인방법) 법 제16조제1항에 따라 청소년유해매체물을 판매 등에 제공하는 경우에는 다음 각 호의 어느 하나에 해당하는 수단이나 방법으로 그 상대방의 나이 및 본인 여부를 확인하여야 한다.

1. 대면(對面)을 통한 신분증 확인이나 팩스 또는 우편으로 수신한 신분증 사본 확인
2. 「전자서명법」 제2조제8호에 따른 공인인증서
3. 「정보통신망 이용촉진 및 정보보호 등에 관한 법률」 제23조의2제2항에 따른 주민등록번호를 사용하지 아니하고 본인을 확인하는 방법
4. 「개인정보 보호법」 제24조제2항에 따라 주민등록번호를 사용하지 아니하고 회원으로 가입할 수 있는 방법
5. 신용카드를 통한 인증
6. 휴대전화를 통한 인증. 이 경우 휴대전화를 통한 문자전송, 음성 자동응답 등의 방법을 추가하여 나이 및 본인 여부를 확인하여야 한다.

출처: 청소년보호법시행령 제17조(www.law.go.kr에서 2013년 5월 20일 인출함)

2) 스마트폰중독 예방

스마트폰 차단 어플이 있다. 일정 시간 스마트폰을 정지 상태로 만다는 것이다. 스마트폰중독 방지 어플의 경우는 일정 프로그램을 설정하면 지정된 시간 동안 잠금 상태가 되어 버린다. 그렇게 하면, 그 시간 동안은 스마트폰을 원천적으로 사용할 수 없다(천예빈, 2013).

첫째, 스마트폰에 대한 의존성을 낮춘다. 가장 먼저 해야 하는 것이 알림을 무음으로 바뀌는 것이다. 처음에는 힘들다. 하지만 사람들이 노이로제처럼 걸려 있는 것 즉, 카카오톡이나 메신저의 답장을 바로 해 주어야만 하는 하냐는 것이다. 보통 업무의 경우에는 카카오톡이나 메신저를 잘 이용하지 않는다. 즉, 다시 말해서 바로 답장을 하는 것보다 조금은 늦더라도 스마트폰에게서 무심해지는 것도 하나의 방법이다.

둘째, 스마트폰의 기능을 나누자. 스마트폰에 다이어리부터 사진까지 모두 다 사용하다 보면 너무나 의존성이 높아진다. 사진은 디지털카메라로 찍는 게 훨씬 잘 나오며 필기는 노트에 또한 일반적인 책의 내용도 직접 책을 구매해서 보는 것이 가독성이 훨씬 높다. 여성가족부는 지난 8월부터 '학부모 교육'을 통해 스마트폰 유해정보 차단 서비스를 안내하고 있으며, 방송통신위원회는 지난 10월부터 청소년을 대상으로 스마트폰 음란물 차단 소프트웨어 설치를 권고하고 있다. 또한, 이동통신사나 솔루션 업체들도 유/무료 음란물 차단 솔루션을 선보이고 있다. 이른바 안심마케팅이라고 불리는 이런 서비스로는 청소년이 스마트폰으로 인터넷에 접속할 때, 유해정보가 탐지되면 무선 네트워크 단계에서 자동으로 해당 사이트 접속을 차단하는 SK텔레콤의 'T청소년 안심서비스', 100여 명의 인력이 실시간 모니터링을 하며, 563만 건의 DB가 자동으로 업데이트되는 KT의 '올레 자녀 안심폰 서비스' 등이다. 이 외에도 무선인터넷산업연합회에서 스마트보안관이라는 유해콘텐츠차단 앱을 만들어 무료로 보급

하고 있다.

셋째, 한국무선인터넷산업연합회(MOIBA)가 통신3사와 함께 개발한 앱도 있다. 스마트폰 상의 불법, 유해정보 차단 서비스로 부모가 옆에 없어도 자녀의 스마트폰 사용을 총체적으로 관리해주는 '스마트보안관'이다. 스마트보안관은 청소년 이용자가 불법, 유해 매체로 지정된 앱을 다운받거나 사용하는 것을 막아준다. 여성가족부가 고시한 유해 매체물, 방송통신위원회에서 모니터링한 불법/유해 매체물 등 방대한 데이터베이스를 기반으로 차단 시스템이 운영된다. 이 서비스는 12세, 15세, 18세 등 연령별로 구분해서 차단할 수 있어 합리적이라는 평가를 받고 있다. 인터넷 셧다운제처럼 스마트폰에 설치된 앱의 이용기간을 설정할 수도 있다. 자녀가 어떤 앱을 설치했고 어떤 웹 사이트에 들어갔는지도 확인해볼 수 있으며, 부모가 선택적으로 차단 또는 해지, 그리고 앱 이용시간을 설정할 수 있다. 스마트 보안관은 T스토어, 구글 플레이, KT올레마켓, U+앱마켓 등 오픈마켓과 한국무선인터넷산업연합회 홈페이지에서 무료로 다운받아 설치할 수 있다.

청 소 년 문 화 의 실 제

제10장 청소년과 학습(학교)문화

'청소년=학생'이라는 설정이 있듯이 청소년은 하루 일과에서 많은 시간을 학교에서 보내고 있다. 청소년은 학교를 마친 후에도 자율학습이나 학원에 참여하게 되며 밤늦게 집으로 귀가한 이후에도 과외 혹은 늦게까지 공부해야 하는 반복적인 일상을 보내고 있다. 학교는 청소년의 배움터이며 사회화를 이루는 대표적인 장이며, 학교는 청소년을 사회적으로 선발하고 배치하는 기능을 갖고 있다. 흔히 학교에서 교사는 가르치고 학생은 배움을 설정하므로 교사에 대한 권위와 교육의 중요성은 무엇보다 강조되었다. 청소년은 학교에서 세상에 살아가는 데 필요한 지식, 태도 및 기술 등을 익히게 되지만, 유무형 자원들의 제한으로 인해 청소년들은 교육의 장에서 경쟁을 하게 된다.

급격한 근대화를 거치면서 형성된 교육을 통한 성공신화는 과도한 교육열과 왜곡된 학력주의로 자리 잡으면서 학교교육은 여러 가지 문제와 혼란에 직면하게 된다. 이름 있는 대학을 가기 위한 입시 위주의 교육, 교과에 대한 반복과 암기식 교육이 이루어지게 되었으며, 성적에 의한 학생 차별과 체벌, 학생들

간의 갈등, 학교폭력, 학교부적응, 중도탈락 등이 사회문제로 대두되었다. 학교위기를 시작으로 교육붕괴, 학교붕괴, 교실붕괴, 교권붕괴 등의 우리 교육의 심각성을 알리는 다양한 위기담론들이 확대되고 있다.

교육은 사회와 긴밀하게 영향을 주고받으며 이루어지는 것이다. 변화하는 사회의 특성과 조건을 고려하여 교육은 새롭게 실천되어야 한다. 우리 사회가 산업사회를 거쳐 지식기반사회로 본격적으로 접어들면서 교육현장에 과거와는 질적으로 다른 새로운 변화를 요구하고 있다. 교육은 특정 시기와 지식에 한정되었으며 교사에 의한 가르침을 중심으로 하는 전통적인 교육경계를 넘어서야 한다. 교육은 인생의 모든 시기에서 실제적이며 풍부하게 확장되는 탐구과정이 되어야 하며, 학교 혹은 교육이라는 경계의 안과 밖을 자유롭게 넘나드는 학습자 중심의 학습문화가 요청된다.

1. 사회변화와 교육

1) 지식기반사회의 학교교육

산업사회는 농업중심의 저개발국가에서 본격적인 공업화 및 도시화를 이뤄가는 시기이다. 공업화는 대규모 공장의 기계화를 중심으로 한 대량생산과 대량소비가 이루어진다. 생산방식의 대규모화는 성실하고 반숙련성이 확보된 노동력의 풍부한 확보가 무엇보다 요구된다. 청소년의 사회화와 공업화가 요구하는 노동인력의 양성을 담당하는 교육은 표준적인 교육과정에 의거하여 교사들의 계획에 의한 의도적 교육활동이 이루어지게 된다. 산업사회에서 학교는 안정적이고 체계화된 교육기관으로 자리 잡게 된다. 교사는 미리 정해진 교육과정과 교육계획에 따라 청소년들을 가르치고 지도하는 역할을 담당하게 된다. 청소년들은 산업사회가 요구하는 자질과 능력을 길러가야 하는 존재이며,

교사의 가르침에 충실하게 따르며 반복적인 노력을 통해 배우고 익히도록 해나가야 한다. 가르치는 일은 교사의 전유물이며, 청소년은 오직 배우는 역할만을 부여받게 된다. 이 과정에서 교사는 완전한 형태이며 객관적인 것을 가르치는 것으로 설정된다. 이러한 학교교육의 방식은 여러 문제점에도 불구하고 산업사회의 요구를 충실히 수행하며, 교육받은 청소년들이 안정적인 직업세계로의 이동을 준비하는 데 효과적이라는 측면이 강조되어 왔다.

우리 사회가 본격적으로 맞이한 지식정보사회는 선진국으로 도약을 이루어가는 시기이다. 지식기반사회(knowledge based society)는 자동화를 중심으로 대량생산과 병행되어 고품질의 소량생산과 소량소비가 일어나는 사회이다. 지식기반사회는 무엇보다 지식의 정보화가 이루어진 사회로 교육 측면에서 지식의 정보화보다 정보의 지식화가 더 중요하다. 지식을 정보화하는 것은 지식의 확산에 기여하지만, 정보를 지식화하는 것은 보다 높은 사회적 가치를 창출할 수 있는 지식의 습득과정을 강조한다. 지식정보사회의 사회화 및 인력양성을 담당하는 교육은 다양하고 전문화된 교육과정에 의거하여 학습자들의 학습활동을 촉진하기 위한 교사의 교육활동을 중점에 둔다. 이제 학교교육은 청소년들이 배우거나 알아야 할 지식이나 정보의 유일한 원천이 될 수 없다. 학교는 과거와 달리 지식이나 정보전달에 주력할 것이 아니라, 청소년들이 획득한 정보를 바탕으로 한 지식의 구성에 초점을 맞추어야 한다. 그러나 학교교육은 변화에 대응하기 위한 여러 노력에도 불구하고 산업사회에 체계화된 교육목표 및 교육과정을 유지하고 있으며, 교사는 가르치고 학생은 배운다는 설정 속에서 머물게 됨으로써, 과거와는 다른 학교교육의 위기와 붕괴를 경험하기도 한다.

교육붕괴, 학교위기, 학급붕괴, 교실붕괴 등의 위험성을 나타내는 연구들은 공통적으로 지금까지의 학교교육이 새롭게 질적으로 변화해야 함을 강조하고 있다. 지금의 교육현장은 21세기 학생을 대상으로, 20세기 학교에서, 19세기 교사들이 가르치고 있다는 표현처럼 지식기반사회의 새로운 교육에 대한 변화를 이루는 데 실패하고 있음을 의미한다. 지식기반사회에서 학교교육 위기의 특징을 살펴보면 다음과 같다(이종태, 2001; 나병현, 2001).

첫째, 학교교육은 여전히 암기 위주의 입시교육으로 청소년들이 단편적인 지식만을 암기하도록 하고 있다는 것이다. 지식기반사회에서 청소년은 지식의 정보화를 넘어 정보의 지식화를 이룰 수 있도록 다양한 능력과 적성을 계발하고 창의성을 함양해가야 한다. 둘째, 학교교육은 보다 권위적이며 지배적이다. 청소년들의 다양한 관심이나 요구를 수렴하기보다는 기존의 학교 틀이나 교육제도에 맞추어 청소년을 관리하거나 통제하려고 한다. 지식기반사회의 교육은 다양한 경로를 통하여 이루어지며 교사와 청소년 간의 보다 수평적인 상호작용이 촉진되어야 한다. 셋째, 획일적인 교육행정으로 교사의 자율성이 보장받지 못하고 있다. 교사는 단지 정해진 교과나 지식을 청소년에게 전달하는 전달자의 역할이 이루어지고 있다. 지식기반사회에서 교사는 전달자를 넘어서 청소년들이 지식을 수용하고 변용하여 새롭게 창조할 수 있도록 촉진자의 역할을 수행할 수 있어야 한다. 넷째, 이름 있는 대학 진학과 성공을 위한 지나친 교육열과 입시 위주의 교육은 청소년의 균형적인 발달과 성장을 위협하고 있다. 과도한 성적중심과 결과중심의 학교교육 분위기에서 청소년들은 지덕체의 불균형적인 발달에 놓이게 된다.

2) 교육중심에서 학습중심으로 확대

지식기반사회의 교육이 교육중심에서 학습중심으로 전환과 확대의 의미는 학교라는 공간에 갇혀있는 교육을 열고 해방시켜 삶의 양식으로서, 교육적 관계를 복원하며 교육에 대한 새로운 패러다임으로 전환하려는 시도이다. 학교라는 제도교육 안에 갇혀 있던 학습의 존재가 사회적 실천성 안으로 들어오게 된다(한숭희, 2002). 학습중심은 청소년의 학습능력과 학습자발성을 신뢰하고 존중하며 주체적 학습활동을 정당화하는 철학이다. 학습활동은 교사에 의하여 촉진될 수는 있지만 무엇보다 청소년학습자 자신의 적극적 학습활동에 의하며 학습이 이루어지는 것이지, 교사가 가르친다고 학습이 이루어지는 것이 아니라고 제시한다. 청소년의 학습을 돕기 위하여 교육이 필요한 것이지 교사를 위하여 청소년이 존재하는 것이 아니다. 청소년의 학습은 특별한 장으로서 학교에서만 이루어지는 것이 아니라 학교 안팎을 포함하는 삶의 세계에서 이루어지는 것이다(김신일, 1995). 교사는 청소년들에게 지식을 전달하는 기능을 통해 교육하는 것이 아니라 교사 스스로가 학습하고 발전하는 모습을 학생들과 함께하는 가운데, 청소년들의 지적이며 정의적 성장을 간접적으로 촉진할 수 있다. 학습을 멈춘 교사를 통해 청소년들의 학습을 기대하기 어렵다고 본다.

학습중심으로 확대한 청소년의 학습행위는 형식교육, 비형식교육, 무형식교육 등 세 가지 유형별로 나타날 수 있다(Coombs & Ahmed, 1974; Eshach, 2006). 비형식교육은 기존 교육과는 다르며 새로운 학교 밖 대응의 일환으로 시도되었다. 이미 학교 밖 교육과 교수-학습을 위한 지역사회 자원의 중요성에 대한 여러 관심이 있었으며, 비형식교육은 이러한 노력을 보다 체계화시키고 있다.

이러한 학습주의는 가르쳐서 배운 것만을 교육이나 학습이라고 보는 관점에서 벗어나 가르치지 않고 배우는 것, 배우지 않도록 방치하거나 오히려 배우지 못하도록 방해하는 가운데 습득된 것, 학습을 거부하는 것 자체도 학습에 포함하고 있다(한숭희, 2002).

표 10-1 형식교육, 비형식교육, 무형식교육의 차이

형식교육	비형식교육	무형식교육
주로 학교에서	학교 밖 시설/제도	어디에서나
지시적	대체로 지원적	지원적
매우 구조화된	구조화된	비구조화된
매우 계획적	계획적	비계획적
표준화/체계화	다양화/비체계화	다양화
외적 동기화된	내적-외적 동기화된	내적 동기화된
의무/강제적	자발적	자발적
교사 주도적	교사주도/안내되는	대체로 학습자주도
학습 평가받는	대체로 학습 평가 없는	학습 평가 없는
연속적	대체로 비연속적	비연속적

출처: Eshach(2006).

2. 청소년의 일상생활과 학습현황

1) 청소년의 일상생활과 학습

청소년이 보내는 일상생활은 수면, 식사 및 간식을 위한 필수생활시간, 학습, 가사노동, 이동을 위한 의무생활시간, 교제, 미디어이용, 스포츠 및 레포츠를 위한 여가생활시간 등으로 구성된다. 초등학생의 생활시간을 보면 필수생활시간인 수면시간은 2014년 9시간 3분으로 2009년에 비해 조금 늘어났으며 여가생활시간은 2014년 4시간 52분으로 2009년에 비해 늘어났는데, 특히 집단게임놀이, 컴퓨터·모바일게임, 개인 취미활동 등을 하는 기타 여가활동시간이 2009년에 비해 30분 이상 증가하였다. 반면 초등학생의 의무생활시간인 학습시간은 2014년 5시간 23분으로 2009년 6시간 11분에 비해 감소하였으며, 이동시간은 1시간 20분으로 예전과 유사하게 나타났다. 중학생의 필수생활시간인

수면시간은 8시간 18분으로 2009년에 비해 조금 늘어났으며 여가생활시간은 2014년 4시간 1분으로 2009년에 비해 조금 늘어났다.

표 10-2 청소년의 생활시간

(단위: 분)

구분	초등		중등		고등		대학	
	2009	2014	2009	2014	2009	2014	2009	2014
필수생활시간	11:45	12:05	10:58	11:13	10:02	10:22	10:51	11:14
수면	8:53	9:03	8:08	8:18	7:10	7:29	7:42	8:02
식사 및 간식	1:37	1:50	1:31	1:42	1:33	1:39	1:43	1:50
기타 개인유지	1:14	1:13	1:19	1:13	1:19	1:15	1:26	1:23
의무생활시간	7:49	7:01	9:11	8:46	10:48	10:16	8:26	8:06
일(수입노동)	0:00	0:01	0:00	0:01	0:04	0:11	1:09	1:04
가사노동	0:14	0:17	0:15	0:13	0:11	0:13	0:48	0:37
학습	6:11	5:23	7:34	7:16	9:09	8:28	4:06	4:10
이동	1:24	1:20	1:22	1:16	1:24	1:24	2:23	2:15
여가생활시간	4:26	4:52	3:51	4:01	3:10	3:22	4:43	4:40
교제	0:35	0:35	0:44	0:50	0:46	0:49	1:00	0:59
미디어 이용	1:57	1:46	1:38	1:21	1:12	1:02	2:02	1:46
실시간 방송(TV)	1:27	1:16	1:10	1:00	0:46	0:38	1:11	1:01
종교·문화·스포츠	0:26	0:30	0:19	0:20	0:20	0:22	0:38	0:37
스포츠 및 레포츠	0:19	0:22	0:12	0:12	0:12	0:14	0:25	0:22
기타 여가활동	1:14	1:45	0:55	1:13	0:39	0:54	0:46	0:57

자료: 통계청, 「생활시간조사」 2009, 2014

중학생의 의무생활시간인 학습시간은 2014년 7시간 16분으로 2009년 7시간 34분에 비해 감소하였으며 이동시간은 2014년 1시간 16분이었다. 고등학생의 수면시간은 2014년 7시간 29분으로 2009년에 비해 조금 늘어났으며 여가생활시간은 2014년 3시간 22분으로 2009년에 비해 조금 늘어났다. 고등학생의 학습시간은 2014년 8시간 28분으로 2009년 9시간 9분에 비해 감소하였으며 이동시간은 2014년 1시간 24분으로 예전과 유사하게 나타났다.

대학생의 수면시간은 2014년 8시간 2분으로 2009년에 비해 조금 늘어났으며, 여가생활시간은 2014년 4시간 40분이었다. 대학생의 의무생활시간인 학습시간은 2014년 4시간 10분으로 2009에 비해 조금 늘어났으며 일(수입노동)은 2014년 1시간 4분으로 2009년에 비해 조금 감소하였다. 이러한 청소년의 생활시간을 비교해보면 수면시간은 고등학생 7시간 29분으로 가장 적었으며, 대학생, 중학생 순이었으며 초등학생의 수면시간이 가장 많았다.

학습시간에 있어 고등학생이 8시간 28분으로 가장 많았으며 중학생, 초등학생 순이었으며 대학생은 4시간 10분으로 가장 적었다.

한편, 청소년이 보내는 일상생활의 여러 사례들은 생활시간조사보다 바쁜 일상생활을 보여주고 있다. 초등학생 청소년은 7시에 일어나 식사, 등교준비를 하고 8시에 등교한 후 오전 수업과 점심식사를 하고 3시까지 오후 수업을 하고 하교하게 된다. 하교 후 집에서 1시간여를 쉬고 학원을 가기도 하며, 학교를 마치고 바로 학원으로 가는 경우도 많다. 4시부터 대략 2~3시간 정도의 학원에서 공부를 한 후 귀가한다. 7시경에 저녁식사를 한 후 다시 학원에서 공부를 하며, 시간을 보낸 후 9시에 귀가하여, 여러 학원의 숙제를 하면 대략 11시경에 잠자리에 들게 된다.

이러한 사례에서 초등학교 청소년의 학습활동은 보면 대체로 학교에서 시간을 보내는 수업, 교과 및 예체능 관련 학원교육, 집에서 교과관련 과외를 하거나 학원 숙제 및 교과관련 자율학습이 이루어지고 있었다. 고등학교 청소년이 보내는 하루 일과를 사례로 보면 6시에 일어나 식사를 한 후 7시 30분에는 등교를 한 후 오전 수업과 점심식사를 하고 4시 30분경까지 오후 수업을 하게 된다. 오후 수업을 마치고 6시까지 보충수업을 받게 된다. 저녁식사를 마친 후

7시부터 2시간 정도의 야간 자율학습을 한 후 학원으로 이동하여 11시까지 공부하게 된다. 학원공부를 대신하여 독서실에서 공부하기도 한다. 11시 이후에 귀가하여 집에서 새벽 1시 정도까지 공부하다가 잠자리에 들게 된다. 고등학생의 하루 일과는 초등학생과 비슷한 유형이지만 일반적인 경우 예체능 분야의 학습활동이 사라지고 교과관련 학교에서의 수업, 방과 후 보충수업 및 야간 자율학습, 교과관련 학원에서의 수업 및 집에서의 과외, 학원 숙제 및 교과관련 자율학습 등이 이루어지고 있었다.

2) 학교교육과 청소년

청소년의 학교생활은 교육내용, 교육방법, 교우관계, 교사와의 관계 및 전반적인 학교생활을 통해 살펴볼 수 있다. 청소년의 학교생활에서 교육내용에 관해 보면 2014년 대학생은 51% 만족하였으나 초·중·고등학생은 45.2% 만족으로 다소 낮았으며 2010년 대학생은 52.7% 만족하였으나 초·중·고등학생은 40.1% 만족이었다. 교육방법을 보면 2014년 대학생은 46.4% 만족하였으나, 초·중·고등학생은 42.2% 만족으로 다소 낮았으며 2010년 대학생은 43.9% 만족하였으나 초·중·고등학생은 33.6% 만족하였으며 특히 20% 정도 불만족하고 있었다. 청소년의 학교생활은 2010년에 비해 2014년이 만족도가 높아진 것으로 나타난 반면, 학교와 학업에 많은 시간을 보내고 있는 초·중·고 청소년의 학교생활이 대학생에 비해 교육내용과 교육방법에 불만족이 높은 것을 나타나고 있으므로 초·중·고 학교교육의 보다 많은 변화가 이루어져야 할 것이다.

표 10-3 청소년의 학교생활 만족도

(단위: %)

구분			매우만족	약간만족	보통	약간불만족	매우불만족
교육 내용	2014	초·중·고	11.9	33.3	43.7	8.9	2.2
		대학생	10.9	40.2	40.8	6.3	1.8
	2010	초·중·고	6.4	33.7	47.6	9.8	2.5
		대학생	11.8	40.9	39.3	6.6	1.4
교육 방법	2014	초·중·고	10.7	31.5	42.6	12.5	2.7
		대학생	8.5	37.9	40.2	11.6	1.7
	2010	초·중·고	5.9	27.7	46.3	16.6	3.5
		대학생	8.0	35.9	42.6	12.0	1.5

자료: 통계청, 「사회조사」 2011, 2014.

청소년이 고민하는 문제에서도 학교생활 및 미래 직업선택이 차지하는 비중은 매우 높은 편이다. 중고등학생의 고민으로 공부가 절반 이상을 차지한 반면 대학생은 직업선택과 함께 공부가 많았다.

2014년 중학생 이하 청소년의 고민은 공부 53.7%, 외모 14.7%이었으며 2010년의 공부 60.6%, 외모 16.9%에 비교해 볼 때 공부와 외모의 고민은 조금 줄어들었다. 고등학생의 고민은 2014년은 공부 57.7%, 외모 11.5%, 직업 10.8%인 반면 2010년 공부 65.2%, 외모 11.0%, 직업 6.6%로 나타나 고등학생의 공부에 관한 고민은 줄어들었으나, 직업선택 관련은 늘어난 경향을 보였다. 대학생의 고민은 2014년 직업 32.8%, 공부 28.4%, 외모 11.4%이었으나 2010년은 공부 29.9%, 직업 29.1%, 외모 12.3%로 나타나 대학생은 직업과 사회진출에 관한 고민이 많음을 알 수 있다.

한편 청소년의 고민상담은 13~19세 청소년은 친구·동료 42.5%, 부모 30.0%, 스스로 해결 18.0%이며 20~24세 청소년은 친구·동료 51.7%, 부모 20.1%, 스스로 해결 16.9%이었으나 선생님(교수)과의 고민상담은 2% 미만이었다(통계청,

2015). 이전 세대에 비해 현대청소년이 높은 학력과 능력을 쌓아감에도 불구하고, 청소년이 공부와 직업 관련 고민이 많아지고 있다는 것은, 학교교육과 청소년의 학습문화가 보다 새롭게 변화해가야 함을 시사하고 있다.

표 10-4 청소년이 고민하는 문제

(단위 : %)

구분	계	외모	신체적 정신적 건강	가정 환경	가정 경제 문제	용돈 부족	공부 (성적, 적성)	직 업 선택, 보수)	친구 (우정)	이성 교제	학교 폭력	인터넷 중독	기타/ 고민 없음
2014	중 이하	14.7	5.6	1.4	1.2	4.1	53.7	5.8	4.5	1.1	–	–	7.8
	고	11.5	4.3	2.1	2.4	4.1	57.7	10.8	1.9	1.3	–	–	3.9
	대	11.4	4.4	1.3	8.3	6.4	28.4	32.8	1.4	2.0	–	–	3.6
2010	중 이하	16.9	2.8	2.5	2.2	4.1	60.6	5.8	2.4	0.2	–	–	–
	고	11.0	3.1	2.5	2.4	3.1	65.2	6.6	2.2	0.3	0.2	0.3	0.3
	대	12.3	3.2	2.0	9.7	7.0	29.9	29.1	1.1	1.6	0.1	0.1	0.4

자료: 통계청, 「사회조사」 2010, 2014

중·고등학생의 가족과 대화 주제를 보면 한국은 공부와 성적이 37.3%, 진로 22.2%, 취미 9.2% 순으로 나타난 반면, 중국은 공부와 성적 19.2%, 진로 14.6%, 취미 14.2% 순이었으며 일본은 방송 및 연예인 16.6%, 동성 친구 15.6%, 공부와 성적 14.8% 순으로 나타났다(한국청소년정책연구원, 2009).

그리고 청소년이 행복하지 않은 이유에 있어서도 학업부담이 많았다. 초등학생은 2013년 학업부담 37.0%, 가정의 불화 17.8%, 나쁜 친구관계 16.9%로 2011년에 비해 학업부담이 증가하였으며, 중학생은 2013년 학업부담 37.4%, 미래불안 15.5%로 2011년과 유사한 경향을 보였다. 일반계고 학생은 학업부담 42.8%, 미래에 대한 불안 33.9%이었으며 2011년 학업부담 44.0%, 미래에 대한 불안 28.7%에 비해 미래에 대한 불안이 증가하였다. 전문계(특성화고)고 학생은

2013년 미래에 대한 불안 36.9%, 학업부담 13.8%이었으며 2011년 미래에 대한 불안 30.9%, 학업부담 17.3%로 미래에 대한 불안이 많아졌다. 청소년은 현재의 학업부담과 함께 미래에 대한 불안이라는 어려움 속에서 고통받으며 자라고 있음을 엿볼 수 있다.

표 10-5 청소년이 행복하지 않은 이유

(단위: %)

구분	계	학업부담 때문에	가정이 화목하지 않아서	친구와의 관계가 나빠서	가정의 경제적인 어려움	외모나 신체가 불만족	미래에 대한 불안	기 타
2013	초	37.0	17.8	16.9	5.0	7.3	5.6	10.4
	중	37.4	13.5	11.4	3.4	7.7	15.5	11.1
	일반계	42.8	4.4	4.1	3.4	4.1	33.9	7.3
	특성화고	13.8	12.3	7.3	12.6	7.1	36.9	10.0
2011	초	27.4	17.7	16.9	4.7	6.9	5.0	21.4
	중	39.9	11.9	10.0	5.2	6.9	14.7	11.3
	일반계	44.0	4.6	2.5	4.7	6.3	28.7	9.2
	전문고	17.3	13.9	10.4	8.7	7.6	30.9	11.2

자료: 한국청소년정책연구원, 「한국 아동·청소년 인권실태조사」 2011, 2013.

3) 사교육 참여

초·중·고등학생의 사교육 참여현황은 다음과 같다(표 10-6 참고). 초등학생의 사교육참여율은 2014년 81.1%로 2007년 88.8% 및 2009년 87.4%에 비해 지속적으로 감소하고 있었으며, 중학생의 사교육참여율은 2014년 69.1%로 2007년 74.6%, 2009년 74.3%에 비해 감소하였다. 일반고학생의 사교육참여율은 2014년 56.2%로 2007년 62.0%에 비해 감소하였다. 또한 청소년의 주당 사교육 참여시간은 2014년 초등학생 6.6시간으로 2007년 8.9시간에 비해 줄었으며, 중학생 6.5시간으로 2007년 8.9시간에 비해 감소하였으며, 고등학생의 사교육참여시간은 4.5시간이었다.

2007년 이후 청소년의 사교육참여는 감소하고 있는 것으로 나타나고 있으며, 초등학생이 중학생과 고등학생보다 사교육참여가 더 많은 것으로 나타났다. 그리고 사교육비 총액은 감소하는 흐름이며 방과후학교 총액은 증가하고 있었다.

표 10-6 청소년 사교육 참여현황

구 분		2007년	2009년	2011년	2014년
사교육비 총액(억원)		200,400	216,259	201,266	182,297
방과후학교(억원)		10,757	11,571	12,320	12,597
월평균사교육비(만원)		22.2	24.2	24.0	24.2
사교육참여율	초등학교	88.8	87.4	84.6	81.1
	중학교	74.6	74.3	71.0	69.1
	일반고	62.0	62.8	58.7	56.2
사교육 주당참여시간	초등학교	8.9	8.6	7.8	6.6
	중학교	8.9	8.3	7.2	6.5
	일반고	5.2	5.1	4.6	4.5

출처: 통계청, 「사교육비조사」 해당연도

3. 학교교육 위기와 학습문화

산업사회의 사회화 및 인력양성에 중심적인 위치를 차지하던 학교교육은 지식기반사회에서 새롭게 요구하는 변화를 능동적으로 이루지 못한 가운데 다양한 한계점을 노출하고 있으며, 학교는 여러 가지 문제들을 경험하고 있다.

현재의 학교교육의 위기를 나타내는 징후로는 교사의 수업 및 생활지도에 있어 교사의 권위와 지도가 학생들에게 받아들여지지 않는다는 것이다. 교사의 수업상황에서 학생들은 엎드려 자거나 잡담을 하거나 딴짓을 하기도 한다.

교사의 질문에 대답을 하지 않거나 수업 중 돌아다니거나, 허락 없이 빠져나가기도 한다. 학생들은 교과서나 수업을 위한 준비물을 가져오지 않는 경우도 많이 있다. 생활지도에 있어 교사가 불러도 늦장을 부리거나 교사를 대화의 상대자로 생각하지 않는다. 일부 학생은 학교의 규칙을 지키지 않으려고 하며 교사에게 직접적인 폭언을 하거나 폭력을 행사하기도 한다. 이러한 모습들은 과거에도 아주 소수의 학생에 의해 있어 왔으나 현재는 점차 더 많은 학생들에게로 확산되고 있다는 것이다. 교사의 가르침에 관심을 보이지 않으며, 따르지 않는 교실의 모습은 배우는 학습자의 문제이기도 하지만 가르치는 교사의 문제이기도 하다.

표 10-7 수업 및 생활지도에서의 붕괴 현상

수업 장면	생활지도 장면
• 학생들이 엎드려 잔다. • 잡담을 하거나 딴짓을 한다. • 교사의 질문에 대답을 하지 않는다. • 수업 준비물을 가져오지 않는다. • 수업 중 돌아다니거나 허락 없이 빠져나간다.	• 교사가 불러도 오지 않는다. • 도무지 학교 규칙을 지키지 않는다. • 교사에게 폭언을 하거나 폭력을 행사한다. • 교사를 대화 상대자로 생각하지 않는다.

출처: 이현규(2003).

학교붕괴는 수업의 붕괴, 생활지도의 붕괴, 학교교육의 본질적 붕괴, 교사-학부모의 파트너십의 붕괴를 포함하며, 하위 자료로는 교사의 전문적 권위붕괴, 학생들의 수업의 참여 부진, 학생들의 과제수행의 부진, 교과 및 지식의 필요에 대한 불신, 교사의 생활지도 불수용 등이 있다(전종호, 1999).

이러한 문제를 안고 있는 학교교육 현장은 '학교에서 6시간 잠자고 학원에서 4시간을 공부한다'는 6대 4체제라는 학원교육을 중심으로 한 교육으로 나타나기도 한다. 학원교육은 청소년의 필요에 의해 실시되는 교육으로서 교육과정에 의하여 운영되는 의도적이며 조직적인 교육활동이다. 학원교육은 학교교육

- 교사의 전문적 권위 붕괴
- 학생들의 수업의 참여 부진
- 학생들의 과제수행의 부진
- 교과 및 지식의 필요에 대한 불신
- 교사의 생활지도 불수용
- 학생공동체의 응집력 균열
- 학생들의 일탈 심화
- 지식교육의 실패
- 인성교육의 실패
- 진로교육의 실패
- 민주시민교육의 실패
- 공동체성의 파괴
- 공교육체제의 불신
- 교사-학부모의 파트너십 붕괴
- 학생에 대한 정보의 공유 채널 파괴

과 구별되며 청소년의 교육을 위해 보완적으로 행해지는 형태의 교육이다. 사교육은 각급학교 밖에서 행해지는 일체의 교육으로 일반적으로 교과, 속셈, 컴퓨터, 한자, 웅변 등 각종 사설학원과 음악, 미술, 서예, 태권도, 무용, 서예 등 학원에서 이루어지는 교육적 형태이다(김주희, 2004). 학원은 학교교육 중 학습을 보충하며, 학생의 소질과 특기를 개발할 수 있으며 학력의 향상을 도모하고 있다.

청소년은 학원에서 수강하는 수업의 내용이 학교에 비해 그다지 우수하다고 여기지는 않는다. 학원 수업은 학교교육과 마찬가지로 강의식으로 진행되고 있으며, 시험 준비를 위한 문제풀이나 연습이 이루어지는 정도이다. 학원은 학교교육의 교과 진도보다 앞서서 선행학습을 하고 있지만, 교과서 위주에다 학원에서 자체 제작한 문제가 추가되는 정도이다. 수업내용과 교육방법에 있어서도 학교에 비해 특별히 더 나을 것이 없다. 그럼에도 청소년들은 학교 수업보다 학원 수업이 더 재미있다고 느끼는 것은 학교 교사에 비해 더 활발한 학원 강사와의 피드백과 상호작용이 있기 때문이다. 학원 강사는 청소년들의 질문에 더 친절하게 답하고 학생들과 더 친근하게 대화를 시도한다. 학원 강사는 학생들의 학습 상태나 이해 여부를 더 꼼꼼하게 챙겨 주기도 한다.

학원에서, 학습은 학교교육 및 학습자의 능력에 비해 진도가 빠르게 이루어지고 있다. 학교보다 2~3과 정도 앞서 나가기에 미처 이해가 되기도 전에 바로 문제풀이 연습으로 들어가기도 한다. 학원에서의 수업 진도가 워낙 빠르다 보니 안 그래도 지겨운 학교 수업이 더 지루하게 느껴진다. 또 빠른 학원 지도에 따라가려면 예습을 많이 해야 하기 때문에, 학교 수업시간에 학원 공부를 하게 된다. 학교 선생님들은 떠들거나 자지만 않으면 뭐라고 하지 않기 때문에 뒷자리에 앉으면 학원 공부하다가 지적받을 일은 거의 없다.

학원교육은 학교교육에 비해 학습 진도가 보다 빠르지만, 입시 위주의 학교교육이 안고 있는 암기식 교육, 문제풀이 중심 등은 유사하게 나타나고 있다. 따라서 지식기반사회에서 요구되는 학습문화가 이루어지지 못하는 상황이다. 그러나 학원교육은 학교에 비해 청소년들과의 상호작용에 있어 보다 수평적이거나 청소년의 개인적인 관심과 이해에 대해 보다 적극적인 장점을 나타내기도 한다. 학원교육은 학교교육을 보완하는 한편 청소년의 재능과 능력을 개발하는 긍정적 기능을 발휘하기도 한다. 그러나 학원교육은 빠른 학습 진도로 인해 학교교육의 정상적 운영을 방해하고, 늦은 시간의 학원교육으로 인해 학생들의 전인적 성장에 장애를 초래하기도 하며, 학생들에게 좌절감과 의존적인 학습태도를 조장하기도 한다.

청소년의 학습은 학교나 학원에서만 이루어지는 것이 아니며, 지역사회의 청소년수련관, 청소년문화의집, 청소년 방과 후 아카데미 등 주요 청소년시설에서도 활발하게 이루어지고 있다. 청소년시설의 교육활동이나 프로그램은 입시와 경쟁에 지쳐 있는 청소년들이 자신의 능력을 개발하는 장이 되고 있다. 청소년교육과 활동을 담당하는 청소년지도사는 청소년들과의 적극적인 상호작용을 이루고 있으며 청소년들 간의 공동체성을 회복하는 중요한 역할을 수행하고 있다.

4. 청소년 학습문화의 과제

산업사회의 교육은 학교에서 이루어지는 것으로 볼 만큼 학교와 교사의 영향력은 절대적이며, 확고한 권위를 갖고 있었다. 지식기반사회로 본격적으로 진입한 우리 사회에서 학교는 교육위기의 중심에 서 있으며 새로운 사회 변화에 맞는 교육의 전환이 요청된다. 지식기반사회에서 학습자와 삶을 중심으로 한 학습문화의 활성화를 위한 과제를 제시하면 다음과 같다.

첫째, 교육은 이제 지식기반사회로 접어든 사회에서 학습자중심의 보다 다양한 교육활동이 형식교육, 비형식교육 및 무형식교육의 전체적인 영역에서 활발하게 촉진될 수 있도록 제도화하며 청소년의 참여를 보장할 수 있도록 해야 한다. 이를 위해 지금까지의 학교교육에서 교육목적, 교육목표, 교육내용, 교육방법 및 교사와 학습자 간의 관계 및 역할 등에 대한 성찰적인 논의와 새로운 질적 성격을 강화하도록 해야 한다.

둘째, 지식기반사회는 교육은 학습자의 학습을 촉진하기 위해 학교 혹은 학원교육 등의 독점적이거나 하나의 지배적인 교육기관보다는 청소년의 삶의 세계에 있는 다양한 장소와 공간에서 상호 보완적으로 이루어지도록 해야 한다. 학습주의적 관점에서 청소년의 학습은 형식교육, 비형식교육 및 무형식교육의 다양한 형태로 청소년의 생활세계와 연관된 경험 위주의 학습으로 확대되어야 한다. 이를 위해 교사는 단순한 전달자로서 교육자이기보다는 스스로 끊임없이 배우고 발전해 나가는 또 하나의 학습자로서 모습을 갖추도록 해야 한다.

셋째, 학교 밖 교육기관으로 청소년시설을 활용한 청소년의 학습활동이 적극적으로 촉진되어야 한다. 청소년수련관, 청소년문화의집, 청소년수련원, 방과 후 아카데미 등의 주요 청소년 시설을 이용한 교육활동은 입시 위주의 교육과 교과중심의 무한경쟁에 지쳐 있는 청소년들이 균형적인 발달을 촉진하는 장이다. 특히 청소년시설의 청소년지도사는 다양한 청소년활동이나 프로그램을 실천하면서 청소년들의 관심과 요구에 적극적이며 반응하는 한편 긍정적인 상호작용을 형성하고 있다. 이것은 지식기반사회의 교육에서 제시하고 있는 교수자와 학습자 간의 새로운 관계방식으로 제시할 수 있다. 지식기반사회에서 청소년시설이 청소년교육을 위한 주요한 교육영역으로 자리매김할 수 있도록 보다 많은 노력과 실천이 있어야 한다.

제11장 청소년과 다문화

우리나라는 순수 혈통을 자랑하는 단일민족의 자부심으로 교육현장에서 민족문화에 대한 교육과 한글을 사랑하자는 정책을 펴 왔는데, 한국의 경제성장에 따라 유입되고 있는 외국 근로자 또는 국제결혼을 통해 이주여성들의 급격한 증가로 혼혈의 '다문화 사회'로 변하고 있으며, 다문화 가족에 의한 다문화 청소년에 대해 폭넓은 대안이 제시되어야 할 것이다.

1. 다문화에 대한 이해

다문화란 서로 다름(차이)을 존중하는 공동체문화이다. 서로 다름은 서로 같음을 전제로 출발된다. 인종, 국적, 성, 연령, 장애, 비장애, 계급을 넘어서 인류라는 공통점이 존중되는 것이 다문화의 기초이다.

다문화는 다양한 언어, 문화, 민족, 종교 등을 통해서 서로의 정체성(identity)을 인정하고 함께 어우러질 수 있는 사회적 질서를 말한다.

21세기는 '다문화 시대'이다. 멀티 컬쳐(multi culture)는 시대적 조류인 것이다. 문화란 인류가 창조해 낸 모든 정신 활동의 소산을 일컫는 말이다. 그만큼 종류가 다양하다. 지금까지 인류는 국가별, 인종별, 성별, 집단별 등 다양한 문화 유형이 만들어지고 축적되어 왔다.

다문화주의(multi culturalism)는 지배문화와 피지배문화, 중심문화와 주변문화의 서열을 없애고 다양한 문화의 차이와 다양성에 대한 이해와 존중과 동등한 공존을 주창하는 이념이다.

다문화주의는 이런 여러 가지 이질적인 문화와 주변문화를 제도권 안으로 수용하자는 입장을 말하며, 세계화에 따른 다민족 국가체제를 이룸으로써 일원화 정책보다는 다문화주의가 현재 대세로 작용되고 있다.

다문화주의는 통일성이나 일관성으로 대표되는 동화주의적 요구에 쉽게 순응하지 않는 속성을 가지고 있으며 다문화주의의 바탕은 세계주의(cosmopolitanism)와 다원주의(pluralism) 사상으로 볼 수 있으며, 여러 독립적인 이익집단이나 결사체로 이루어져 있으므로 권력 엘리트에 의하여 지배되기보다 그 집단의 경쟁 · 갈등 · 협력 등에 의하여 민주적으로 운영되는 것이 바람직하다고 보는 사상이다. 요즘 거론되는 다문화주의는 실상 우리나라와 환경이 다른 나라에서 사용하는 말이다.

'다문화주의(multi culturalism)'를 채택하고 있는 미국이나 인도나 중국 혹은 싱가포르와 같은 나라는 실제로 단일민족이 아니라 여러 민족과 여러 인종 다양한 언어들이 뒤섞여 있는 나라이기 때문에 당연히 다문화를 인정하고 또 교육시키지 않으면 안 되는 것이다. 그렇지 않으면 인종, 종교 혹은 민족 간에 불화를 잠재울 수 없을 것이다.

우리나라에서 거론되는 다문화주의는 한국의 경제성장에 따라 유입되고 있는 외국인 근로자 또는 국제결혼을 통해 한국에 유입되고 있는 이주여성들에 대한 배타적 차별과 편견을 없애자는 뜻으로 사용되고 있다. 그것은 혼혈아에 대한 우리 사회의 뿌리 깊은 차별과 편견에서 볼 수 있듯, 아직도 닫힌 사회의 면모를 가지고 있기 때문에 이를 불식 시키도록 하는 사회적 운동이기도 한 것이다.

그런데 한국은 다른 다문화국가와 달리 하나의 언어와 하나의 역사를 가진 나라라는 사실을 망각해서는 안 될 것이다. 인종과 민족 그리고 언어마저 서로 다른 다문화사회의 정책을 맹목적으로 답습하여 한국사회와 동화하고 적응하도록 돕는 일을 소홀히 하는 다문화정책이라면 이는 다시 한 번 생각할 필요가 있다. 인종적 편견을 벗어나 이주민들의 권리와 입장을 존중하는 것은 당연한 것이지만, 다문화정책에 있어 국내에 이주한 이들이 한국사회에 화합하고 잘 적응하도록 돕는 것이, 더 중요한 것이라고 본다. 그렇지 않고 마치 물에 떠 있는 기름처럼 함께 어울리지 못하는 이방인으로 남게 해서는 안 된다.

우리나라와 같은 다문화가족의 급속한 증가에 그들의 고유문화를 내버려둘 경우, 문화가 사라지는 과정에서 그들의 기본권이 박탈당할 수 있기 때문에 정책적인 대안이 필요할 때이다.

2. 다문화가족의 현황

1) 다문화가족 구성

오늘날 우리 사회는 외국인 근로자, 결혼이민자, 유학생 등 다양한 외국인의 유입으로 급속히 다문화사회로 전환되어 가고 있다.

국내 거주 외국인 수는 2014년 12월 말 체류 외국인이 전체 인구의 3.4%인 174만 명을 넘어서고 있다. 2000년 49만여 명에 비교하면 3.5배의 급속한 증가 추세를 보이고 있다.

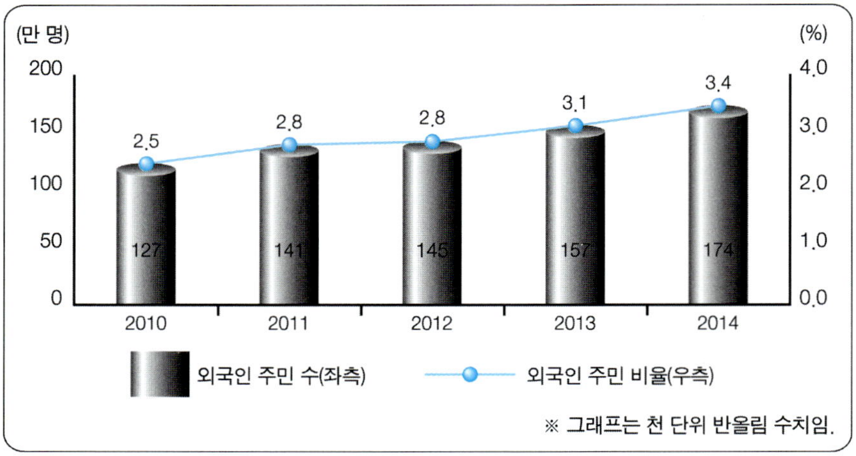

자료: 행정자치부(2014년 12월 기준).

그림 11-1 외국인주민 비율

표 11-1 외국인주민 비율

구분	2010년	2011년	2012년	2013년	2014년
주민등록인구(명)	50,515,666	50,734,284	50,948,272	51,141,463	51,327,916
외국인주민수(명)	1,265,066	1,409,577	1,445,631	1,569,470	1,741,919
외국인주민 비율(%)	2.5	2.8	2.8	3.1	3.4

자료: 행정자치부(2014년 12월 기준).

표 11-2 에서 보는 바와 같이 외국인주민 현황은 2014년 말 기준으로 총 1,741,919명으로 국적 취득자 158,064명과 자녀 207,693명으로 전체의 20%를 차지하는 것으로 나타나고 있다.

표 11-2 2015년도 외국인주민 현황

(단위: 명)

국적미취득자(1,376,162명, 79.0%)					국적취득자(158,064명, 9.1%)		자녀 (결혼이민자 및 국적취득자의 미성년 자녀)
외국인 근로자	결혼 이민자	유학생	외국국적 동포 (거소신고자)	기타 (기업투자, 취재 등)	혼인귀화	기타 (일반귀화, 입양 등)	
608,116 (34.9%)	147,382 (8.5%)	84,329 (4.8%)	286,414 (4.8%)	249,921 (14.3%)	249,921 (5.3%)	65,748 (3.8%)	207,693 (11.9%)

자료: 행정자치부(2014년 12월 기준).

표 11-3 에서 보는 바와 같이 2014년 말 기준으로 국적별 외국인 주민 현황으로는 중국(한국계)이 694,256명으로 39.9%를 나타내고 있으며, 중국 259,166명(14.9%) 베트남 199.950명(11.5%), 미국 73,153명(4.2%), 필리핀 70,613명(4.1%), 기타 444,784명(25.5%) 순으로 나타나고 있다.

표 11-3 2015년도 외국인주민 국적별 현황

(단위: 명)

구분	계	중국 (한국계)	중국	베트남	미국	필리핀	기타
합계	1,741,919 (100%)	694,256 (39.9%)	259,166 (14.9%)	199,950 (11.5%)	73,153 (4.2%)	70,610 (4.1%)	444,784 (25.5%)

자료: 행정자치부(2014년 12월 기준).

외국인 거주자들이 증가하는 것은 국내경제에 활력을 불어넣는 중요한 요소다. 국내 인구 증가율이 급속히 줄어드는 상황에서 외국인 거주자 증가는 부족 근로 인력 충원, 소비 진작 효과 발생, 국내 문화적 다양성 증진과 같은 효과를 낳는다.

결혼이민자는 2015년 9월 기준으로 239,698명으로 2008년도 144,385명에 비해 60.2% 증가하였다.

표 11-4 결혼이민자 현황

(단위: 명)

결 혼 이 민 자(혼인 귀화자 포함)									자녀현황		
계			국적 미취득자			국적 취득자					
계	남	여	계	남	여	계	남	여	계	남	여
239,698	26,872	212,826	147,382	22,309	125,073	92,316	4,563	87,753	103,484	52,842	50,642

자료: 행정자치부(2015년 7월 기준).

표 11-5 연간 결혼이민자(혼인 귀화자 포함) 추이

(단위: 명)

구분	2007	2008	2009	2010	2011	2012	2013	2014	2015 7월
결혼 이민자	126,955	144,385	167,090	181,671	211,458	220,687	231,520	240,203	239,698

자료: 행정자치부(2015년 7월 기준).

결혼이민자 국적별 현황은 2015년 7월 현재 239,698명으로 중국이 61,046명으로 25.5%를 차지하여 제일 높게 나타났으며, 중국(한국계) 24.5%, 베트남 24.0% 순으로 차지하고 있다.

표 11-6 결혼이민자(혼인귀화자 포함) 국적별 현황

(단위: 명)

구분	계	중국	중국 (한국계)	베트남	필리핀	일본	기타
합계	239,698 (100%)	61,046 (25.5%)	58,717 (24.5%)	57,645 (24.0%)	16,644 (6.9%)	12,809 (5.3%)	32,837 (13.7%)

자료: 행정자치부(2015년 7월 기준).

다문화가족의 자녀 중에서 연령별 현황을 살펴보면, 전체 207,693명 중 만 6세 이하 117,877명으로 56.8%를 차지하고 있으며, 만 7세부터 12세까지 56,108명으로 27.0%, 만 13세부터 15세까지 18,827명(9.1%)으로 나타난 현상을 볼 수 있다.

표 11-7 다문화가족 자녀의 연령별 현황

구분	계	만 6세 이하	만 7~12세	만 13~15세	만 16~18세
자녀 수	207,693명	117,877명	56,108명	18,827명	14,881명
비율	100%	56.8%	27.0%	9.1%	7.2%

자료: 행정자치부(2015년 7월 기준).

외국인과의 혼인 추이는 통계청 조사에 의하면 2002년도 우리나라 총 혼인은 304,877건 중에서 국제혼인 건수는 15,202건으로 5.0%를 차지하였으나, 2005년도 총 혼인 314,304건 중 국제혼인 건수는 42,356건 13.5%로 가장 높게 나타났으며, 이후 점차 감소추세로 2014년도 총 혼인 305,507건 중 국제혼인 건수는 23,316건 7.6%로 점차 줄어드는 추세에 있다.

반면, 이혼 건수는 2003년 총 이혼 건수 166,617건을 최고로 점차 줄어들고 있는 추세이나 외국인과의 이혼 건수는 2002년 1,744건, 총 이혼 건수 중 1.2%를 차지하였으나, 2011년도 총 이혼 114,284건 중 외국인과 이혼 건수는 11,495건 10.1%로 가장 높게 나타났으며, 이후 점차 감소 추세로 2014년 총 이혼 건수 115,510건 중 외국인과의 이혼 건수는 9,754건으로 8.4%로 점차 감소하고 있는 추세에 있다.

표 11-8 외국인과의 이혼 추이

구분	2008년	2009년	2010년	2011년	2012년	2013년	2014년
총 이혼 건수	116,535	123,999	116,858	114,284	114,316	115,292	115,510
외국인과의 총 이혼	10,980	11,473	11,088	11,495	10,887	10,480	9,754
총 이혼대비 구성비	9.4%	9.3%	9.5%	10.1%	9.5%	9.1%	8.4%

자료: 통계청(2014).

외국인 증가추세에 따른 외국인 범죄가 급증하고 있다. 2014년 경찰청의 자료에 의하면 2005년 9,042건이던 외국인 범죄는 2013년에 24,984건, 2014년까지 28,456건으로 지속적인 증가세를 보이고 있다.

표 11-9 외국인 범죄 현황

(단위: 명)

구분	2005	2006	2007	2008	2009	2010	2011	2012	2013	2014
외국인 범죄자	9,042	12,657	14,524	20,623	21,235	19,445	25,507	22,914	24,984	28,456

자료: 경찰청(2014).

2015년 외국인 범죄는 사상 최고치인 3만 건에 육박할 것으로 예상되며 범죄유형별로 살펴볼 경우 살인 · 강도 · 강간 · 절도 · 폭력 등 5대 강력범죄가 6만 1천 512건으로 전체 범죄의 38%를 차지하고 있었으며, 마약류 범죄 역시 3천 72건이나 발생해 외국인 범죄가 강력범죄의 매개체 역할로 변질되고 있음을 알 수 있었다.

이 중 외국인범죄 피의자를 국적별로 분석한 결과, 중국 국적이 9만3천 503명으로 가장 많은 것으로 나타났으며, 베트남이 1만2천 780건으로 미국(1만 266건)보다 많은 것으로 나타났다.

2) 다문화가족의 문화

문화체육관광부는 "2010 이주민 문화 향수 실태조사"를 실시하였다. 국내 체류 외국인 125만 명 시대를 맞아 우리 이웃으로 살고 있는 이주민의 문화에 대한 욕구와 그 실태를 파악하기 위해 2008년에 이어 두 번째 실시되었다. 문화체육관광부는 이번 조사 결과를 토대로 하여 이주민의 다문화 감수성 증진을 위해 지역의 문화기반 시설을 활용한 문화교육, 내국인과 함께하는 문화예술 프로그램을 통해 문화적 소통에 중점을 두고 다문화정책을 추진할 계획이다. 조사항목은 여가활동, 문화예술 향유, 공공문화시설, 여행, 대중매체, 한국어교육 · 문화교육, 여가문화 활동 여건 및 모국과의 비교, 문화정책에 대한 의견 등이다.

여기에서는 지면관계상 여가활동에 대한 자료를 살펴보자. 여가활동 분야에서, 텔레비전·비디오 시청(65.1%)이 가장 많았고, 그다음으로는 휴식(38.5%), 사교 관련 일(35.0%), 가사(33.3%), 컴퓨터 게임·인터넷 검색(26.2%), 종교 활동(17.0%) 등의 순서로 나타났다. 2008년 조사와 비교해 보면 다음과 같은 특성을 발견할 수 있다. 여전히 텔레비전·비디오 시청이 압도적으로 1순위이며, 2순위였던 휴식의 비율은 낮아졌다. 컴퓨터 게임·인터넷 검색과 여행, 자기계발, 취미활동, 문화예술 관람 비율이 높아졌다.

표 11-10 여가 활용 실태

(단위: %)

여가활동	2010년	2008년
텔레비전·비디오(DVD)시청	65.1(24.3)	69.5(28.6)
휴식	38.5(14.4)	62.2(25.8)
사교 관련 일	35.0(13.1)	40.7(19.6)
가사	33.3(12.5)	31.6(13.1)
컴퓨터게임·인터넷검색 등	26.2(9.8)	3.0(1.2)
종교 활동	17.0(6.4)	19.4(8.0)
여행	11.5(4.3)	3.2(1.3)
자기계발	11.3(4.2)	1.7(0.7)
취미활동	8.8(3.3)	3.4(1.4)
문화예술관람	5.7(2.1)	0.7(0.3)
스포츠활동	4.6(1.7)	1.7(0.7)
기타	4.3(1.6)	1.2(0.5)
봉사활동	2.4(0.9)	2.1(0.9)
스포츠관람	2.0(0.7)	0.8(0.3)
모름 / 무응답 / 해당 사항 없음	1.7(0.6)	-
계	267.4(100)	241.2(100)

자료: 문화체육관광부 2011(2010년 기준).

만족(67.2%)은 불만족(28.6%)보다 많았으며, 만족도는 2008년에 비해 만족하는 비율이 높아졌다(2010년 67.2%, 2008년 46.4%). 이주민의 여가활용 만족도를 내국인과 비교해 보면, 내국인에 비하여 만족하는 비율이 높았다.

2008년과 비교하여 보면 문화예술 관람과 컴퓨터게임 · 인터넷 검색에 대한 욕구가 늘었다. 여가와 문화활동이 어려운 이유에 대해서는 '시간 부족(30.6%)', '경제적 부담(28.9%)', '프로그램 정보 부족(13.4%)', '한국말이 익숙하지 않아서 내용 이해 어려움(10.5%)', '교통 불편/거리 문제(5.4%)', '이주민에 대한 편견(2.0%)', '동행인 없음(1.7%)', '관심 없음(1.2%)', '체력/건강상의 문제(1.1%)', '주위 사람의 만류(1.0%)' 등의 순서로 나타났다.

2008년과 직접적으로 비교하기는 힘들지만 여가와 문화활동이 가장 큰 어려움은 대체로 '시간 부족'과 '경제적 부담'인 것으로 나타났다.

이주민이 문화적으로 겪는 가장 큰 어려움은 '한국말이 익숙하지 않다(31.3%)'이며, '여가 시간이 부족하다(20.8%)', '한국의 예절문화 및 가치관에 적응하기 힘들다(17.5%)', '이주민에 대한 편견(12.2%)', '모국의 문화를 즐길 기회가 없다(9.7%)', '한국의 음식에 적응하기 힘들다(5.4%)' 등의 순서로 나타났다. 2008년 조사와 비교해 보면 '한국말이 익숙하지 않다'는 응답이 가장 많았다(2010년 31.3%, 2008년 43.2%).

한국 정부에서 이주민을 위해 가장 역점을 두고 추진해야 할 이주민 문화프로그램에 대해 '한국어교육(28.8%)'이 가장 많았고, 그다음으로는 '한국의 생활문화 · 전통예절 교육체험(23.9%)', '한국의 문화예술 관람 · 교육(15.3%)', '가족 · 주변 사람에게 이주민의 모국어교육(10.3%)', '모국의 문화예술 관람 · 교육(9.6%)' 등의 순서로 나타났다. 2008년 조사와 비교하면 다음과 같은 특성을 발견할 수 있다. '한국어 교육'과 '모국의 문화예술 관람 · 교육'에 대한 욕구는 줄었다. '한국의 생활문화/전통예절 교육체험', '한국의 문화예술 관람 · 교육', '가족 · 주변 사람 이주민 모국어 교육', '한국의 문화예술에 대한 정보 제공 · 가이드북 작성'에 대한 욕구는 늘었다.

3) 다문화가족의 청소년

(1) 한민족 청소년

중국의 조선족 청소년, 중앙아시아와 러시아의 고려인 청소년들이 대표적인 예이다. 새터민 청소년처럼 본래 뿌리는 한민족이지만, 구한말 이후 선조들의 이주로 중국과 러시아 지역에서 태어나 독특한 한민족 문화권에서 생활한 청소년들이다.

부모의 이주, 취업 등의 이유로 다시 한국에 정착하게 된 것이다. 중국어와 러시아어, 한국어를 잘하고, 양 문화에 걸쳐 유연하게 적응할 수 있는 능력이 있는 경우가 많다.

국내에 정착한 부모의 경제사회적 상황에 따라 안정적으로 정착할 수도 있고, 적응에 어려움을 겪을 수도 있다. 우리 민족의 해외 이주로 형성된 대표적인 다문화 청소년이라고 할 수 있다.

(2) 새터민 청소년

북한 출신의 탈북청소년들을 일컫는 말이다. 본래 같은 말과 글을 사용하는 한민족이지만 남북한이 분단된 이후 60년간 형성된 문화적 차이로, 북한식 언어와 생각, 행동방식을 나타내고 있다. 그 결과 학교에서 공부하는 것, 친구 사귀는 것, 직업 선택하는 것 등 남한 사회에서 적응하는 데 전반적인 어려움을 겪고 있다.

새터민 청소년이 우리 사회에 건강하게 자리 잡는 것은, 언젠가 남북한 통일이 이루어질 때, 두 사회의 청소년들이 평화롭게 공존하는 상황을 준비한다는 면에서도 매우 중요한 일이다.

(3) 국제결혼 가정의 자녀

외국인과 한국인 결혼 가정에서 태어난 청소년이다. 최근 몇 년간 급격한 증가 추세를 보이고 있다. 국제결혼 가정의 경우, 외국인 결혼 이주자의 가정, 외국인 노동자의 가정 등으로 구분하여 나타나고 있다. 국제결혼 가정의 자녀는 아직 유아기와 아동기에 있는 경우가 많으나, 곧 청소년기에 진입하게 될 것으로 전망된다. 국제결혼 가정의 자녀는 한국 어머니와 한국 아버지의 문화권에 모두 영향을 받으며 언어와 문화적으로 풍요롭게 성장할 수 있는 가능성이 있으나 한편으로는 자아정체감의 혼란을 겪을 수도 있고, 동질적인 집단으로 이루어진 지역사회에 통합되지 못하고 소외감을 느낄 수도 있다고 볼 수 있다.

(4) 외국인 노동자 가정의 자녀

한국에 거주하고 있는 외국인 노동자 가정의 자녀들이다. 외국에서 태어나서 부모의 초청으로 한국에 온 1세와 한국에서 태어난 2세들이 있다. 부모의 한국 내 체류에 따라 그 자녀의 한국 내 권리가 달라진다. 불법체류 노동자 자녀의 경우, 취학이나 의료보장 등 기본적인 사회복지 혜택이 제한되기 때문에 기본적인 권리를 보장받기 어려운 경우가 있다.

우리 사회에서 일하는 외국인 노동자가 증가하면서 외국인 이주노동자 2세의 권리 보장 등이 중요한 과제로 떠오르고 있다.

(5) 주한미군 관련 자녀

1950년 한국전쟁 전·후의 혼혈인 세대(1세대)와 1960~1970년대(2세대), 1980년 이후 세대(3세대)로 구분되며, 혼혈인의 2세대로 구분된다.

1~2세대는 1982년 2월 이민특례법으로 대부분 이민하였으며, 국내거주 혼혈

인 수는 400~500명(2003년 국가인권위원회 자료)으로 파악되고 있으나, 펄벅재단 측은 5,000여 명으로 추정하고 있다.

(6) 기지촌 외국여성 자녀

기지촌 여성이 외국여성으로 대체되면서 이들과 한국인, 외국인 노동자, 미군 사이에서 혼혈 자녀로 출생한 자녀이다. 2004~2005년 의정부, 동두천, 평택지역에만 190여 개 업소와 800~900여 명이 종사(시, 군 보건소 취합)한 것으로 추정되며 대부분 필리핀 여성이며 내국인 여성은 13% 내외로 추정되고 있다.

3. 다문화정책의 현황과 방향

1) 다문화정책의 현황

우리 사회에서 다문화사회에 대한 관심은 고조되고 있다. 중앙부처 및 지방자치단체에서도 다문화가족에 대한 관심은 점차 증가하면서 2008년 「다문화가족지원법」이 시행되었다.

여성가족부 소관의 다문화가족지원법을 살펴보면 이 법은 "다문화가족 구성원이 안정적인 가족생활을 영위할 수 있도록 함으로써 이들의 삶의 질 향상과 사회 통합에 이바지함을 목적으로 한다."(법 제1조 목적)라고 정의하고 있어 다문화가족의 삶의 질 향상과 가족 구성원이 국내에서 안정적인 가정생활을 영위할 수 있도록 법으로 규정하였다는 데 의미가 있다.

법 제3조(국가와 지방자치단체의 책무)에서는 "국가와 지방자치단체는 다문화가족 구성원이 안정적인 가족생활을 영위할 수 있도록 필요한 제도와 여건을 조성하고 이를 위한 시책을 수립·시행하여야 한다."라고 하여 정부의 책임을 규정하고 있다. 이에 정부 차원의 다문화가정에 대한 정책이 수립되면서 지원이 확대되고 있다. 외국인 정책위원회[5)]의 5년 단위의 「제2차 외국인 정책 기본계획(2013~2017)」에 연속하여 2015년 외국인 정책 시행계획은 5개 정책 목표(개방, 통합, 인권, 안전, 협력) 분야에서 법무부를 중심으로 각 정부 부처의 지방자치단체가 협업으로 수렴한 총 1,171개의 외국인 정책 관련 과제(소요 예산 약 6,683억여 원)로 구성되어 있으며, 소요 예산의 절반에 육박하는 3,204억여 원이 "경제활성화 지원과 인재 유치" 분야에 배정되어 있다.

외국인정책위원회의 추진배경을 살펴보면, 경제의 세계화와 교통·통신수단 등의 발달로 외국인의 유입이 크게 증가하여 2014년 12월 말 체류 외국인이 170만 명이 넘어서고 있다.

정부는 외국인 정책[6)]에 관한 기본 방향과 추진계획의 수립과 국내에 체류하고 있는 외국인의 권익증진 및 수립과 국내에 체류하고 있는 외국인의 권익증진 및 사회통합에 관한 사항과 외국인 정책에 관한 각 부처 간의 협의 또는 협조와 조정이 필요한 사항을 담당하기 위하여 국무총리를 위원장으로 하는 '외국인정책위원회'를 재한외국인기본법 제5조에 근거하여 설치 운영하고 있다.

---

5) 외국인 정책위원회 회의는 2006. 5. 26, 2007.10.19~23(서면회의 2007.10.25, 2008.12.17까지 총 4회 개최되었으며 그간 회의의 명칭에 대해 "제2회 외국인 정책회의", "제3회 외국인 정책위원회 회의", "2008 외국인 정책위원회 회의", 등 혼선이 있었는바, 향후에는 서면회의도 회의 차수에 포함시켜서 "제○회 외국인 정책위원회 회의"로 칭하기로 함. 이에 따라 통상 "제2회 외국인 정책 회의"로 알려져 있는 2007.10.25 회의는 "제3회 외국인 정책위원회 회의"가 되며, 2008년 "외국인정책위원회 회의"로 알려져 있는 "2008.12.17회의는 제4차 외국인 정책위원회 회의"로 칭하고 "제8회 외국인 정책위원회 회의"는 2011년 1월 14일에 개최되었다

6) 외국인 정책이란 대한민국으로 이주하고자 하는 외국인에 대하여 일시적·영구적 사회구성원 자격을 부여하거나, 국내에서 살아가는 데 필요한 제반 환경의 조성에 관한 사항을 정치·경제·사회·문화 등 종합적 관점에서 다루는 정책

표 11-11 외국인정책위원회 구성(26인)

구분(명)	직위
위원장	국무총리
정부위원(19명)	교육부장관 · 미래창조과학부장관 · 외교부장관 · 법무부장관 · 행정자치부장관 · 문화체육관광부장관 · 농림축산식품부장관 · 산업통상자원부장관 · 보건복지부장관 · 고용노동부 장관 · 여성가족부장관 · 국토교통부장관 · 해양수산부장관 · 국민안전처장 · 방송통신위원장 · 중소기업청장 · 국무총리실장 등
민간위원(7명)	주요 민간 전문가 (외국인 포함)
간사	법무부 출입국 · 외국인본부장

자료: 법무부(2014).

제1회 회의를 2006년 5월 26일에 기본방향 및 추진체계를 확정하였으며, 제4회 회의는 2008년 12월 17일에 제1차 5개년 기본계획(2008~2012)을 심의 · 확정하여 현재까지 매 연도별 시행계획을 심의하고 확정하여 현재에 이르고 있으며, 2015년 제16회(2015. 4. 27) 심의에서 「2015년 외국인 정책 시행계획」을 확정하였다. 중앙정부의 정책분야별 추진사업을 살펴보면 2010년에 173개 사업에 1,110억여 원의 사업으로 추진하였으나, 2015년에는 1,171개(중앙 부처 206개, 지자체 965개)의 사업에 총 6,683억여 원(중앙부처 4,077억 원, 지자체 2,606억 원)으로 시행계획이 확정되었으나 2014년 예산 7,639억여 원에 대비하여 약 13% 감소되는 현상을 보이고 있다.

- 교육부 : 유학생 유치 및 대학의 국제화를 위한 지원 프로그램을 시행하였으며 이민배경자녀의 건강한 성장환경 조성 및 학교에서의 문화 다양성 이해를 제고하고 있다.

– 주요 사업내용

① 국제장학프로그램(GKS)의 전략적 추진

※ (2014년) 신규 2,173명, 관리 4,285명 → (2015년) 신규 1,758명, 관리 4,307명

② 외국인 유학생 유치 · 관리 역량 인증제 장착

③ 이민배경 자녀의 체계적인 한국어 교육을 위한 교육환경 구축

※ 예비학교에서는 특별학급을 편성하여 KSL(Korean as a Second Language)을 정규과목으로 운영

④ 학교 구성원의 다문화 인식 개선을 위한 '중점학교' 집중지원(2015년 150교)교육과학기술부 : 정부 초청 외국인 장학생사업, 해외 유수의 외국 교육기관 유치 확대를 위하여, 정부초청 장학생사업(2010년 1,965명 → 2011년 2,000명), 외국 교육기관 유치(2010년 초 · 중등 국제학교 2개교), 취학 전 유아의 기본학습 능력 발달 교육 지원, 기초학력 미달 학생에 대한 맞춤형 지도, 취학 전 유아 대상 희망교육사 증원(2010년 189명 → 2011년 210명), 대학의 유학생 관리체계 강화

- 미래창조과학부 : 우수 과학자 유치 확대 및 정착 유도하며 국내 거주 외국인을 위한 방송프로그램 제공 및 통신 서비스 이용 편리성 제고하고 있다.

– 주요 사업내용

① 기초과학연구원을 중심으로 전략적 해외 우수 연구인력 유치 추진

※ (2014년) 유치 누적인원 167명 → (2015년) 230명

② 국내 대학에 정보통신(ICT) 분야 우수 외국인 유학생 유치 · 활용

※ (2014년) 유치 누적인원 65명 → (2015년) 73명

③ 국내 거주 외국인이 선호하는 인기프로그램(약 1,600편)을 대상으로 양방향 다국어 자막 서비스 제공

④ 국내거주 외국인 통신서비스 이용 편의 제공을 위해 이동전화 선불 요금제 서비스 확대 및 홍보 강화

- 외교부 : 외국과의 청년교류 프로그램 확대하며 직업기술 교육훈련의 양적 성장과 질적 제고 등을 통한 개도국 우수인재 양성을 목표로 하고

재외동포 사회의 네트워크 확대 등으로 모국과 동포사회 간 호혜적 발전 도모한다.

- 주요 사업내용

① 주요국가 국민들에 대한 사증절차 간소화를 위하여 시범적으로 중국 지역 비자신청센터 단계적 설립 검토 및 시행

※ 국내 적응연수 강화, 중도포기에 대한 제재 강화

② 국내외 청년의 상호체험(문화 · 관광 등) 기회 제공을 위한 워킹홀리데이 협정 체결국 확대

※ (2014년) 총 20개국 → (2015년) 칠레, 스페인 등 협정 서명 추진

③ 개발도상국 우수 인재 4,755명을 교육 · 보건 · 공공행정 · 농림수산 · 산업에너지 등 중점분야에 초청 연수

④ 재외동포사회의 네트워크 확대와 다양한 교류 · 협력사업을 통하여 재외동포 사회의 역량을 결집

- 법무부 : 투자이민제도 활성화 및 외국인 관광객 유치 확대하고 있으며, 사회통합프로그램 교육내용 다양화 및 귀화 신청자의 국민정체성 함양 강화를 목표로 하며 국민과 외국인이 안전한 체류환경 조성한다.

- 주요 사업내용

① 유치기관의 외국인환자 실적 등을 체계적으로 관리할 수 있는 '의료관광비자 모니터링 시스템' 구축

② 초기 이민자에게 기초법 · 제도 교육 및 기초생활정보 등을 제공하는 이민자 조기적응프로그램 확대 시행

③ 바람직한 국가관 형성을 위한 면접심사 질문지 및 기본소양 안내 책자 개정 발간

④ 탑승 불가 통보자에 대한 운수업자의 탑승방지 의무를 규정하는 우범승

객 사전탑승 방지제도 신설

⑤ 생체(지문 및 얼굴)정보를 이용한 범죄수사 활용 및 외국인 범죄 정보 공유를 통한 범법외국인 출국 통제

- 행정자치부 : 지방자치단체의 다문화사회 지원체계 정비하며 외국인 주민의 지역사회 조기정착 지원하고 있다.

– 주요 사업내용

① 지자체 외국인 주민 전담인력 실태 조사 실시 및 현황 분석

※ 전담인력 조사기준 재설정, 외국인주민 수 대비 전담인력 배치 현황분석

② 이원형의회 등에 외국인주민 참여 확대 추진

※ 외국인주민 지원정책 수립과정에 외국인주민의 의견수렴 등 참여 확대방안 마련

③ 외국인주민 '집중거주지역'에 대한 정의 재정립 및 실태조사 실시(현장조사 추진)

④ 외국인 수요가 많은 민원서류의 영문 병기 등 외국어 서식 및 해석본 확대

- 문화체육관광부 : 외국인 관광객 유치 홍보 강화 및 불편사항 해소 추진하고 있으며, 사회전반의 문화다양성에 대한 인식 및 수용성 제고한다. 그리고 국내 거주 외국인의 우리문화 적응 지원 강화를 목표로 하고 있다.

– 주요 사업내용

① 주요전략지역(미주 · 동남아) 및 중국인 환승관광객 유치 확대를 위한 전략 마케팅 추진

② 의료관광 통합 플랫폼 내 추가 언어 개발 및 서비스 확대, 의료관광 클러스터 구축사업 확대 추진

③ '문화다양성 보호와 증진에 관한 법률'시행(2014.11.29)에 따라 문화다양

성 교육 관련 기존의 대상별 문화다양성 교육 커리큘럼 개발

④ 지역문화재단을 중심으로 이주민 문화예술 활동 지원 및 이주민, 내국인 간 상호 이해 증진을 위한 문화예술 네트워크 구축 확대(20개 지역 지원 예정)

⑤ 한국어 교육자료 개발·보급 및 한국어교원 자질향상을 위한 재교육 프로그램 운영, 한국어 교원 자격 관리 강화

- 농림축산식품부 : 농촌지역 결혼이민 여성 대상 영농교육 실시하고 있으며 농촌 및 영농생활에 대한 이해를 제고한다.

– 주요 사업내용

① 한국어 등 기초적응 훈련을 마친 농촌지역 결혼이민자를 대상으로 농업일반, 농기계 사용법, 현장체험 등 기초단계의 농업교육 실시(820명)

② 실제 영농활동에 종사하는 전문 여성농업인을 정착초기 농촌지역 결혼이민자의 멘토로 지정하여 1:1 맞춤형 농업교육 실시(740명)

③ 여성농업인과의 소통프로그램 등 다문화가족 농촌정착 지원교육 실시(960명)

- 산업통상자원부 : 국내 기업의 해외전문인력 채용수요 진원 및 외국인 유학생의 국내기업 채용 연계하고 있으며, 외국인 투자유치 확대를 통해 글로벌 경쟁력을 갖춘 경제자유구역 육성을 목표로 하고 있다.

– 주요 사업내용

① 기업수요가 많은 지역을 중심으로 해외 전문인력 유치 거점 무역관 운영 및 해외전문인력 DB를 구축하고 기업에 제공

② 해외 우수 기술인력의 취업비자 취득에 필요한 추천서 발급

③ 뿌리산업 외국인 기술인력의 안정적 공급을 위해 5개 내외 양성대학 추

가 선정(2014년 3개 → 2015년 8개)

④ 2014년에 이미 선정된 양성대학을 통해 뿌리산업 외국인 기술인력 본격 양성(2015.3~, 2년 과정)

⑤ 경제자유구역 개발 활성화를 위해 규제완화 및 절차 간소화

- 보건복지부 : 의료관광 인프라 확충을 통한 글로벌 헬스케어 활성화를 목표로 하며 인도적 차원에서 복지지원이 필요한 외국인에 대한 관리체계 구축 및 지원하고 있다.

– 주요 사업내용

① 지역특성에 맞는 의료관광 활성화를 위해 해외 환자 유치 지역선도사업 확대

② 외국인 관광객 밀집지역(국제공항 등) 외국어 의료광고 허용 및 해외환자 유치 병원 인프라 평가(수용성평가) 도입

③ 입원진료 및 수술에 한하여 입원부터 퇴원까지 발생한 총 진료비를 지원하되, 1회당 500만 원 범위 내에서 지원

④ 법 위반 사실이 없는 행려 외국인이 본국으로 귀국하는 절차를 진행하는 동안 노숙인 복지시설에서 숙식, 의료 등 기본적인 보호서비스 제공

⑤ 최저생계비 이하 저소득 난민인정자에 대한 기초생활보장 특례 지속 적용

- 고용노동부 : 외국인근로자 직업능력훈련 실시 및 결혼이민자의 일자리 참여기회 확대하고 있으며 외국인근로자의 고충상담 등 기본적 권익보호 서비스 강화하고 있다. 고용허가제 근로자의 자진 귀국 유도 및 송출국 책임 강화를 통한 불법체류를 방지하고 있다.

– 주요 사업내용

① 비전문 외국인근로자 대상 직업능력개발 훈련 실시

② 외국인근로자 고용사업장 지도 · 점검 실시(목표 : 3,000개소)

③ 비전문 외국인근로자 입국 전 · 후 취업교육 시 기초법질서, 법 위반사례 등에 대한 교육

④ 외국인근로자 안전보건 교육 지원 및 안전보건 미디어 보급

⑤ 고용허가제 불법체류율 증감 등을 고려하여 외국인력 도입쿼터 조정

※ 국가별 도입인력 규모 상한 결정 시 불법체류율 50% 반영

- 여성가족부 : 폭력피해 이주여성의 인권보호 및 안정적 정착 기원하고 있으며 건전한 국제결혼문화 조성과 결혼이민자의 초기적응 지원한다. 중도입국 청소년 등 이주배경 청소년의 지역사회 초기적응 지원 하고 있다.

– 주요 사업내용

① 폭력피해 이주여성에 대한 상담, 긴급지원, 법률 · 의료 · 출국 서비스, 직업훈련과 취업 · 창업 지원

② 결혼중개 업체에 대한 현장 지도점검, 홈페이지 점검, 지자체 신고 창구 설치 · 운영 등 관리감독 강화

③ 결혼이민여성의 직장 적응지원을 위한 결혼이민여성 인턴제 실시

④ 결혼이민자의 입국 시기, 한국어능력, 자녀 유무 등 대상자별 특성에 따른 개인별 맞춤 지원

⑤ 중도입국 청소년 초기적응 프로그램(레인보우스쿨) 운영 및 지역사회에서의 이주배경 청소년에 대한 상담 · 복지 확대

- 국토교통부 : 외국인 환승관광 서비스 확대를 목표로 하며 공항 이용객들의 편의를 위한 출입국절차 간소화 추진하고 있다.

– 주요 사업내용

① 환승관광 해외 홍보 마케팅 강화 및 운영시스템 효율화를 통한 환승관

광 활성화

② 신속출입국서비스(Fast Track) 제공으로 출국소요시간 단축

※ (최근 3년 평균 출국 소요시간) 7분 15초 → (2015년) 6분 32초로 10% 단축

- 해양수산부 : 해양·수산분야 종사 외국인 근로자 근로여건 및 인권개선 대책 마련하고 있으며 항만국경관리 강화를 통한 밀입국 등 방지한다.

– 주요 사업내용

① 연근해어선 외국인선원 근로여건 및 인권 개선대책 및 후속 보완대책에 대한 이행실태 확인

※ 근로여건 및 임금체계 개선, 인권교육, 표준계약서 보급, 인권 침해에 대한 선주의 책임소재 강화, 송입업체 종합평가제 실시, 개인소지품 개인 보관 등

② 항만국경관리 강화를 위한 항만 종합감시 시스템 구축 추진

※(2014년) 마산항 → (2014년~2015년) 제주항

③ 항만출입국 외국인 선원에 대한 출입통제 강화

※ (최근 3년 평균 출국 소요시간) 7분 15초 → (2015년) 6분 32초로 10% 단축

④ 외국인선원 고충상담센터 운영

- 국민안전처 : 해수산 분야 종사 외국인에 대한 범죄예방 및 인권침해 사범 단속활동 강화하며 해상 밀입·출국 방지 종합대책 지속추진 중이다.

– 주요 사업내용

① 범죄예방순찰 및 정보수집 강화를 위한 외사경찰 언어권 확대

※ (기존) 영어, 중국어, 일본어, 러시아어 → (확대) 베트남어, 인도네시아어

② 폭행·절도 등 중요 외국인 범죄 『전담 대응팀』을 구성·운영

③ 우범 항·포구, 연안 밀집거류지에 대한 정기적인 동향관찰 실시

④ 항만국경을 교란하는 밀입국, 밀항 등 출입국사범 단속을 위한 유관기관과 정례적인 실무회의 및 합동 세미나 개최

- 방송통신위원회 : 외국인의 방송통신서비스에 대한 접근성 제고 및 피해예방 교육을 하며 외국인을 위한 다양한 언어의 방송프로그램 제작 지원하고 있다.

– 주요 사업내용

① 방송통신서비스 활용 및 피해예방 교육, 이동상담 실시

※ 전문 다문화가족지원센터의 지역별 거점센터 전문강사단 육성

② 방송통신사업자 고객센터 다국어 상담지원을 위한 BBB 활용

※ 고객상담원 44명이 영・중・일・베트남어로 지원하던 것을 BBB를 이용 지원 확대

③ 공익 목적 제주 영어 FM 방송의 프로그램 제작비 지속지원

- 통계청 : 외국인정책과 관련된 맞춤형 통계 생산・제공하고 있으며 『외국인 종합통계』 작성 추진방안 검토하고 있다.

– 주요 사업내용

① 2015년도 외국인고용조사 실시 및 결과 공표

② 외국인 유학생 조사방법 개선 및 활용도 제고

※ 교육부와 협업으로 주소, 연락처 등 유학생에 대한 정보를 보완한 후 조사 실시

③ 외국인 수가 많고 비중이 높은 특정 지역에 대해 지자체와 공동으로 지역 특화된 외국인 통계생산 추진

※ 시흥시(2014. 1. 외국인 밀집거주지역에 대한 통계작성 수요파악을 통해 선정)

④ 기존 연도별 총 규모만 제공하던 '국제인구이동통계'에 장기 국제이동(1년 이상 체류자) 특성 분석을 추가

※ 성, 연령, 국적, 체류자격 등 분석자료 제공

- 경찰청 : 상습 법질서 위반 외국인의 행정정보를 유관기관 간 상호 공유

하며 기초질서에 대한 계도 및 외국인 밀집 거주지역 대상 치안활동 강화하고 있다.

– 주요 사업내용

① 체류외국인의 특성을 고려한 맞춤형 치안활동 전개

※ 관광객, 유학생, 근로자, 귀화자 등 대상별 법질서 교육, 범죄피해 상담 및 범죄예방 활동

② 외국인 밀집지역 중심 강력범죄 근절 기획수사 실시

※ 외국인 동네 조폭 등 상습폭행, 강·폭력범죄, 성폭력 및 마약 범죄 집중 단속

③ 주요 외국인 밀집지역 중 신규 치안안전구역 선정 및 관리 추진

- 중소기업청 : 국내에서 채용하기 어려운 R&D 분야 등의 전문인력 발굴 및 채용지원하는 것을 목표로 하며 외국인의 기술창업을 통한 신규 일자리 창출하고 있다.

– 주요 사업내용

① 재외동포 및 국내 석·박사 학위 인력을 우대 지원하여 인력의 안정적 활용 여건을 조성

※ 국내 적응연수 강화, 중도포기에 대한 제재 강화

② 중소기업의 인력난 해소를 위해 외국 전문인력의 자격요건 일부 완화

※ 외국인력 자격요건 : 박사, 석사, 학사+1년 경력, 5년 경력자

③ 해외 대학, 창업지원기관 등과 공동으로 창업설명회, 글로벌 창업경진대회 등을 통해 외국인 기술창업 희망자 국내유치 촉진

④ 글로벌창업이민센터를 통해 외국인의 국내창업에 필요한 “창업교육 → 창업사업화 → 멘토링 → 창업비자”까지 종합 지원

2) 다문화정책의 방향

앞에서 살펴본 바와 같이 우리나라는 이제 다문화사회로 진입하고 있다.

국내 외국인 거주자가 2014년 기준으로 174만 명이 넘어서고 있는 실정이다. 세계에서 도시 경쟁력이 가장 높은 곳으로 알려진 뉴욕, 런던, 도쿄, 파리, 워싱턴, 싱가포르 등은 대부분 외국인 거주 비율이 다른 도시에 비해 비교적 높다는 공통점을 가지고 있다.

뉴욕 인구 중 외국인 거주자가 34%, 런던은 31%에 달한다고 한다. 반면에 우리나라는 아직까지도 외국인 거주자들의 비율은 높은 편은 아니나 현재의 증가 속도로 본다면 정책의 방향 설정에 신경을 써야 할 때라고 본다.

외국인들에 대한 주거환경이나 교육, 행정, 의료, 여가활동을 즐길 수 있는 기반 환경이 미흡하다고 볼 수 있으며, 내국인들의 다문화에 대한 이해와 포용력이 절실히 요구되고 있다.

우수하고 능력 있는 외국인들이 한국에 매력을 느끼고 애착을 갖고 찾아올 수 있는 제반 여건의 조성에 힘써야 할 때이다.

첫째, 다문화사회의 이해가 필요하다.

다문화사회는 여러 단일 문화가 모여 공존하며 서로 영향을 주면서 그 나름의 문화를 유지하고 발전하는 과정에서 다문화에 대한 이주민과 내국인 간의 이해의 격차도 사회적 갈등이 증대되고 있는 실정이다. 이주민을 포함한 모든 외국인에 대한 사회적 계몽을 위한 포용력이 절실히 요구된다.

둘째, 다문화가정의 기초생활 안정이 필요하다.

다문화가정의 구성요인에 자녀 출생이 늘어나고 있다. 자녀들에 대한 기초생활, 즉 한국에서의 생활에 대한 이해와 적응에 대해 지속적인 교육과 관심으로 지도해 나가야 하며, 생활안정에 필요하고 재정적인 제도의 신설로 경제적 어려움을 해소할 수 있는 방안이 강구되어야 할 것이다.

셋째, 다문화정책의 일관성 있는 제도 개선이 필요하다.

외국인정책위원회의 사업을 살펴보면 여성가족부를 비롯한 10여 개의 중앙정부 부처에서 막대한 예산을 투입하여 사업을 실시하고 있으며, 또한 지방정부에서도 나름대로의 사업을 시행하고 있다. 이에 다문화가족정책위원회의 사업도 외국인 정책위원회와 비슷한 유형의 형태를 갖고 있다고 볼 수 있다. 중앙정부와 지방정부 그리고 민간부문의 다문화 정책의 일관성 있는 제도 개선이 필요한 때이다.

넷째, 다문화 관련 전문인력 양성이 필요하다.

다문화 관련정책과 제도가 마련되면서 정부 또는 민간 부분에서 다문화사업이 시행되고 있는 실정이다. 이에 다문화 이해 증진을 위한 다문화 전문강사 육성과 일선 학교 교사에 대한 다문화연수 교육이 시행되어야 할 것이다.

다섯째, 다문화가정에 대한 고용 안정성 지원이 필요하다.

최근 국제사회는 경제적인 국제 의존관계가 심화되고 있으며, 선진국과 개발도상국 간의 노동력 이동의 규모와 속도가 빨라지고 있다. 다문화가정의 생활에 경제적 어려움이 큰 비중을 차지하고 있으며, 대부분의 다문화가정이 저임금에 생활하고 있음을 감안할 때 정책적인 다문화가정의 고용안정이 필요하다고 본다.

여섯째, 다문화사업의 중복 지원에 대한 사전 검토가 필요하다.

정부의 각 부처에서 경쟁이라도 하는 것처럼 다문화 관련 사업이 시행되고 있다. 아울러 민간부문에서도 종교단체를 비롯한 여러 영역을 담당하면서 다문화사업이 활성화되고 있으나, 수혜를 받고 있는 다문화 대상자의 혼란과 재정적인 낭비를 막기 위한 정책과 제도가 정비되어 각 사업에 대한 조율이 필요하다.

청 소 년 문 화 의 실 제

제12장 청소년과 팬클럽문화

청소년은 급격한 신체적인 성숙과 변화를 경험하면서 아동기와는 다르게 자신에 대한 존재와 의미를 찾고자 한다. 청소년들은 부모님이나, 주위 어른들로부터 의존적이던 생활에서 점차 독립적인 경향을 추구하고자 하는 반면 여전히 기성세대로부터 일상생활에 대한 많은 간섭과 자신의 삶에 대한 의사결정을 하는 데 있어 제한을 경험하게 된다. 자신을 찾고자 하는 청소년은 답답하게 느껴지는 일상생활이나 현실에서 벗어나, 자신과 비슷한 처지에 있는 또래친구와 어울리며 자신이 추구하는 상상적 세계를 살아가는 사람이나 현상에 대해 빠져들기도 한다. 또한 청소년은 자신이 좋아하는 사람에 관한 관심과 특별한 호기심의 다양한 행동을 자연스럽게 추구하게 된다.

청소년은 TV, 영화, 라디오, 모바일, 인터넷 등의 다양한 미디어가 발달된 사회를 살아가고 있다. 청소년은 일상생활을 살아가는 동안 개인의 선택과 의지를 넘어서 대중매체를 통해 생산되는 무수히 많은 정보와 세상에 대한 이야기들을 접하게 된다. 주위의 친척이나 이웃, 학교 등의 이야기보다 미디어 속의 인물이나 사건에 대해 더 많이 알게 되며 익숙하다. N세대로 일컬어지는 청소년들은 태어나는 순간부터 미디어에 익숙해져 있으며, 미디어는 이미 청소년의 일상생활에서 중요한 장이 되고 있다. 청소년들은 자신을 몰라주는 답답한 현실로부터 벗어나는 출구이자 호기심 어린 새로운 세계로의 연결고리로써 미디어를 활용하게 된다. 청소년은 미디어를 통해 가수, 영화배우, 스포츠인, 정치인 등의 많은 소식을 일상적으로 접하게 되며, 자신의 관심에 따라 좋아하거나 싫어하는 사람을 갖기도 한다. 청소년은 좋아하는 사람과 자신을 동일화하여 행동이나 모습을 모방하여 흉내를 내보기도 하며, 자신을 특정인에 대한 팬(fan)으로서 설정하고 많은 시간을 들여 특정인에 대한 자료를 모으거나 이야기를 나누며 특별한 관심과 열정을 발산하기도 한다.

미디어를 통해 생산되는 문화는, 고급문화에 비해 저급한 대중문화(mass culture)라는 편견적 인식과 청소년이 자신이 좋아하는 스타를 즐기는 가운데 일어난 팬클럽 간의 충돌이나 공연장 사고 등은 청소년의 팬문화(fan culture)에 대한 부정적 인식을 형성하도록 하고 있다. 또한 청소년은 '학생으로서 무엇보다 공부를 해야 한다'는 생각은 청소년이 좋아하는 스타에 대한 열정과 관심을 억누르거나, 주위에서 미리 개입해야 하는 문제로 여겨지기도 한다. 아직 사고수준이 낮으며 미성숙한 청소년은 미디어를 통해 생산되는 비현실적이며 과장된 정보를 올바르게 판단하지 못한 채 단지 소극적인 수용자로서 대중문화에 이용당하게 된다고 설정되기도 한다. 반면, 오늘을 살아가는 청소년은 일상생활을 살아가는 가운데 스타(star)에 열광하는 대중문화의 수용자이면서, 동시에 자신이 좋아하는 스타를 즐기고 이야기를 나누며, 새롭게 만들어 가는 적극적인 팬문화의 참여자로서 자신을 만들어 가고 있다.

1. 청소년 팬문화의 주요 개념

청소년이 특정한 대상이나 사람에 대해 느끼는 정도와 특성에 따라, 팬, 매니아, 폐인, 팬클럽, 팬덤, 오타쿠(오덕후) 등 다양한 용어로 불리어진다. 팬(fan)은 사전적 의미로 운동경기나 선수 또는 연극, 영화, 음악 따위나 배우, 가수 등을 열광적으로 좋아하는 사람을 말한다. 대중은 미디어를 매개로 스타를 접하게 되는데 특정한 스타에게 호감을 갖게 될 경우 일반 수용자를 넘어 적극적인 팬이 된다(김연주, 2009). 팬은 자신들이 좋아하는 팀의 색깔을 입는 사람이며, 일과가 끝난 후 비디오의 연속드라마를 보는 사람이며, 영화 속의 스타의 생활과 일에 대하여 매우 구체적으로 말하는 사람이며, 락 콘서트의 티켓을 위해 오랜 시간 동안 기다리는 사람들로 다양하다.

매니아(mania)는 광기(狂氣)를 의미하며, 어떤 한 가지 일에 열중하고 있는 사람이다. 팬보다는 더 구체적이고 전문적이며, 많은 희생을 요구한다. 폐인(廢人)은 원래 '아무것도 못 할 정도로 망가진 사람'이라는 뜻으로 쓰였으나, 최근에는 컴퓨터와 인터넷과 관련된 취미, 커뮤니티, 온라인 게임, 일, 기타 등에 대해 극단적으로 심취한 사람을 일컫는다.

대중은 개별적인 팬으로 만족하지 않고 하나의 모임을 형성하는 팬클럽에 참여하게 된다. 팬클럽은 한 사회 내에서 특별한 가치, 지위를 가지는 일종의 우상이라 할 수 있는 사람이나 사물에 대한 존경이나 숭배를 조직적으로 행하고 직접적인 관계를 유지하며, 그를 지원하기 위해 팬들에 의해 자발적으로 형성된 집단으로 자유로운 의사소통과 정서적인 교감을 통해 집단정체성을 형성하는 공동체이다(김연주, 2009). 그리고 팬클럽이란, 사람이나 사물에 대한 존경이나 숭배를 조직적으로 행하고 우상과의 직접적이 관계를 유희하며, 우상에 대한 지원을 하기 위해 형성된 집단이다(양재영, 1994). 팬클럽 구성원들은 함께 모여 서로의 취향을 나누고 자기가 좋아하는 스타에 관한 정보를 공유하며 하나의 조직체로서 활동한다(박혜영, 2001).

팬덤(fandom)은 팬이라는 명사에 집합적 관념 또는 한 사회의 습성이나, 기질 따위를 대개 경멸적으로 나타내는 사전적 의미의 접미어인 덤(dom)을 합성한 단어이다. 이것은 좁게는 팬의식을 의미하지만 포괄적으로는 팬이라는 현상과 팬으로서의 의식을 지칭하는 개념으로 사용된다(김창남, 1998). 팬덤은 특정 인물이나 분야를 열정적으로 좋아하여 빠져 있는 사람들(팬)을 가리키는 개념이다. 오타쿠는 자신의 관심 분야에 끌려가며 조종되기보다는 스스로가 대상을 컨트롤할 수 있는 정도의 지식과 기술로 즐기며 지낼 수 있는 사람이다. 우리나라에서는 오덕후로 사용되기도 한다.

2. 미디어와 팬문화

1) 아날로그미디어와 초기 팬문화

팬문화는 매스미디어(mass media)에 의해 생산되는 대중문화(mass culture)를 통해 형성되어져 왔다. 매스미디어는 불특정 다수인 대중에게 정보를 전달하는 매개적인 기술 수단이다. 매스미디어는 근대화로 인한 사회환경의 확대와 정보량의 증가, 신속한 정보 입수를 통해 급속하게 변화하는 사회환경에 적응하고자 하는 사회적 필요에 따라 발전해 왔다. 매스미디어는 대면적 방법에 의한 직접적 의사소통의 단계, 활자를 매개로 하는 인쇄물을 활용한 간접적 의사소통의 단계, 필름, 라디오, 텔레비전 등의 아날로그적 기계를 활용하는 단계를 거쳐 디지털 텔레비전, 인터넷, 모바일 등의 뉴미디어 시대로 발전해 왔다(박진규, 2003).

신문, 텔레비전, 라디오 등의 매스미디어는 대규모의 자본을 필요로 하기에 주로 국가나 대자본에 의해 만들어진 콘텐츠가 주로 일방적인 공급방식으로 유통되어졌다. 매스미디어는 문화의 전승과 보급, 새로운 문화 창출과 통합, 문화의 간접적 체험의 긍정적 기능을 갖는 반면, 일방적인 공급으로 인해 수용자의 자세를 획일화하거나 가치관이 혼란을 야기하고 물질주의를 조장하는 역기능을 발휘하기도 한다(박진규, 2003). 자본논리에 의한 매스미디어는 더 많은 부를 위해 선정성과 폭력성으로 대중들의 왜곡된 욕망을 자극하고 생활 속에 파고들기도 한다. 따라서 소수의 귀족계층에 의한 고급문화는 교육받지 못한 다수의 대중이 즐기는 문화에 대해 저속하고 획일적이라는 부정적인 입장을 취하게 되었다. 고급문화에서는 대중들의 양식을 격정적이며 비합리적이고 자기소외적으로 설정하고 있다. 대중은 이성에 호소하기보다는 관능적인 감각에 호소하는 면이 커지며, 매스미디어를 통한 대중문화는 감각적인 욕구의 충족과 관련된 내용이 많다고 주장한다(차경수 외, 2006).

역사적으로 팬의 의미는 부정적인 의미로 사용되었기에 초기의 팬문화는 부정적인 인식이 자리하고 있다. 팬은 교회에 속해 있거나 헌신적인 봉사자 혹은 열성가를 의미하는 라틴어 'fanaticus'에서 유래된 'fanatic'이라는 단어의 약어이다. 'fanatic'은 이후 일반적으로 신성 또는 악마에게 사로잡힌 결과로 나타날 수 있는 광기에 대한 비판으로 사용되었다. 19세기 후반 스포츠가 관객을 위한 이벤트로 변화하는 과정에서 언론이 팬이라는 단어를 사용하였다. 이후 팬의 의미가 점차 확장되어 스포츠나 상업적 오락에 대해 열성적인 사람들을 지칭하게 되었다(Jenkins, 1992). 팬문화로서 팬덤에 대한 연구는 팬이 좋아하는 연예인이나 유명인 등에 대한 것으로 팬은 맹목적인 존재로 이해된다. 팬은 단지 매스미디어를 통한 스타시스템의 결과로서 수동적인 수용자인 존재로 제시된다. 텔레비전이나 다양한 미디어가 개인적 생활에 대한 영향을 미치게 되므로 팬의 연예인에 대한 망상이나 열광은 미디어의 영향이 크다. 병리적 행동과 관련되는 팬덤, 연예인과 미디어 영향의 혼합은 많은 학술적 연구에서 이루어지고 있다. 코피(Caughey)는 미디어에 중독된 세대들이 어떻게 연예인과의 상상적인 사회적 관계를 형성하고 있는지를 팬의 역할모델로서 보여 주고자 하였다. 1947년 시카고 컵스(Chicago Cubs)의 1루수 에디(Eddie Waitkus)를 저격한 여자 청소년에 대해 소개하고 있다. 여자 청소년의 행동은 다른 열정적인 팬들이 보여주는 유사한 행동이기에 단지 개인의 문제로 여겨서는 안 된다고 주장한다. 코피(Caughey)가 제시한 팬덤의 모델은 단지, 보다 강렬하며 보편적이며 덜 위험한 팬의 열정으로 보여진다. 병리적인 팬의 모델에서 팬은 미디어의 영향으로 유명인과 강렬한 상상적 관계에 사로잡힌 고독자이다. 이러한 개인들은 유명인을 위협하거나 살해하려는 것으로 사회적 악명이 높다. 고립자는 팬 병리의 또 하나의 모습이다. 1950년대 이후로 십대 청소년의 이미지는 락앤콜(rock'n'roll)과 통제 불가능한 집단으로 제시되어 왔다. 폭력, 음주, 성적 문제 등은 위험성은 청소년의 즐기는 대중음악과 관련된 것을 설명되었다. 청소년의 특정한 관심은 음악이 갖고 있는 음란함과 야만적 리듬의 영향으로 보았다.

2) 디지털미디어와 팬문화

과학 및 정보통신기술의 발달로 인한 디지털 미디어의 확산은 생산자에 의해 일방적으로 제공되던 대중문화에서 소비자의 반응이 즉각적으로 반영되는 한편 소비자들의 능동적 참여가 가능한 대중문화로 변화하고 있다. 디지털 환경에서 소비자는 문자, 이미지, 소리, 움직임과 같은 다양한 상징체계의 복합적인 표현이 용이하다. 스스로 미디어 텍스트를 생산할 수 있는 디지털 기반의 디지털카메라, 디지털캠코더, MP3 등의 하드웨어에의 접근이 용이하며 디지털 자료를 변형, 가공, 편집, 출판할 수 있는 멀티미디어 저작 소프트웨어의 사용이 간단해지면서 대중은 자신이 표현하고 싶은 의미를 구성하여 생산할 수 있다. 소셜 미디어(social media)는 개인이 미디어의 소비자에서 생산자나 유통의 중심으로 변화하는 획기적인 전환을 맞이하고 있다. 소셜미디어는 사람들이 자신의 생각과 의견, 경험, 관점 등을 서로 공유하고 참여하기 위해 사용하는 개방화된 온라인 툴과 미디어 플랫폼이다. 소셜미디어는 그 자체가 일종의 유기체처럼 성장하기 때문에 소비와 생산의 일반적인 메커니즘이 동작하지 않으며, 양방향성을 활용하여 사람들이 참여하고 정보를 공유하며 사용자들이 만들어 나가도록 촉진한다.

디지털 미디어 시대의 팬덤은 이전까지 소극적인 수용자 혹은 그 위험성이나 부정적인 설정에서 벗어나 팬덤은, 하나의 하위문화의 형태이며, 적극적이며, 생산적인 대중문화의 참여자로 변화하고 있다.

젠킨스(Jenkins)는 팬덤과 관련한 지금까지의 논의가 소비의 측면만을 부각시켰다고 지적한다. 팬들의 생산성에 주목한 연구들도 팬들이 주어진 텍스트에서 벗어나지 못하고 제한된 수준의 문화텍스트를 생산할 뿐이라는 시각을 갖고 있다고 비판한다. 생산에 참여하는 소비자를 의미하는 프로슈머(prosumer)는 팬덤의 논의를 보다 긍정적으로 확장할 수 있도록 돕는다. 프로슈머는 생산과 소비가 분리된 경계선이 허물어지고 생산하는 소비자로서 영화, 연극, 대중가요 등 대중문화 방면에서도 적용할 수 있다(박혜영, 2001).

그로스버그(Grossberg, 1992)는 소비자의 민감성은 쾌락의 생산된 구조에 의해 작동되기도 하지만 팬의 범주는 분위기나 정서의 영역에서 작동하고 있는 다른 민감성에 관련되어 이해될 수 있다고 주장한다.

피스크(Fiske, 1992)는 팬덤은 지배적인 가치를 공격하는 문화적 형태이며, 사람들이 갖는 하위적 형태의 문화적 취향과 관련된다고 주장한다. 피스크는 팬덤의 주요 특성을 다음과 같이 설명한다.

첫째, 차별(discrimination)과 구별(distinction)이다. 팬들은 팬덤 안과 바깥에 놓인 경계선을 확연하게 긋고 자신들이 선호하는 문화영역이 다른 영역과 다르다는 차별성을 강조하면서 평범한 대중들과 구별되고자 하는 특성을 보인다.

둘째, 생산성(production)과 참여(participation)이다. 팬은 문화산업의 생산물을 단순하게 수용하기만 하는 것이 아니라 적극적으로 참여함으로써 새로운 대중문화를 생산한다. 이것은 기호학적 생산성, 언술행위적 생산성, 텍스트적 생산성으로 나누어 설명할 수 있다. 기호학적 생산성(semiotic productivity)은 스타들의 다양한 문화상품의 기호학적 자원들로부터 팬들이 갖게 되는 사회적 정체성과 사회적 체험의 의미를 만드는 것이며, 언술행위적 생산성(enunciative productivity)은 기호적 생산성에 의해 형성된 의미가 팬이나 팬클럽 간의 대화와 이야기를 통해 새롭게 만들어지는(발화) 것이다. 텍스트적 생산성(textual productivity)은 팬 공동체 안에서 팬들에 의해 쓰여지고 생산되어 유통되는 텍스트를 제작하는 것이다.

셋째, 자본축적(capital accumulation)은 팬들은 스타와 관련된 문화상품을 수집하고 소유함으로써 그들만의 자본을 축적한다는 것이다. 그러나 슈커(Shuker, 1994)는 모든 팬들이 이러한 사회적 위치를 갖는 것은 아니라고 제시하기도 하였다.

한편, 디지털미디어의 새로운 혁신과 확산 속에서, 청소년의 팬클럽문화는 새로운 모습을 진화하기도 한다. 초기 팬클럽은 매스컴을 통해 맹목적이며 상업자본에 휘둘리는 일방적이며 종속적인 수동적 수용자로서의 부정적 측면이 부각되었다(이상화, 2006). 1세대 팬덤에 있어 스타는 우상이다. 스타에 대한 애정은 특정 스타에 배타적으로 집중되어 있으며, 스타를 향유하는 방식은 스타에 대한 절대적인 환호와 열광이다. 특정 스타가 의미화되는 방식은 경쟁 스타와 대립을 통해서이다. 다른 스타의 팬클럽을 의식해서 다른 스타의 팬들을 기죽이기 위한 실천이 있었다. 그러나 2세대 팬덤은 아이돌 스타들이 대부분 거대 기획사에 소속되어 있으며 누나팬, 이모팬, 오빠팬, 삼촌팬 등 다양한 연령층이 포함되어 있다. 스타를 매개로 한 다양한 팬 창작물을 생산해냄으로 문화소비와 문화생산을 동시에 행하는 팬덤의 문화실천 양상이 보다 확장되었다.

2세대 팬덤은 1세대 팬덤과의 연속과 단절을 통하여 새로운 양상을 보여주고 있다. 1세대 팬덤과의 연속성 속에서 스타가 출연하는 공연이나 방송을 관람하고 팬미팅 및 팬사인회에 참여하는 등 스타와의 일차적 관계를 추구하고 있다. 또한 팬들이 공유하는 동영상, 사진, 화보 등을 통해 스타와의 이차적 관계를 형성하고 있다. 반면 2세대 팬덤에서는 스타를 향유하는 지배적 방식이 스타에 대한 열광에서 스타에 대한 관리로 변화되었으며 스타를 유동적으로 선택하고 향유하는 고객인 동시에 육성하고 관리하는 매니저로의 역할도 수행하고 있다(정민우 이나영, 2009; 김용석, 2011).

3. 청소년의 팬클럽 유형과 참여

청소년이 팬클럽에 참여하는 이유는 스타에 대한 정보를 얻기 위해서이다. 팬들은 오프라인 공간이나 팬클럽 게시판을 통해 스타에 대한 정보를 다른 회원들에게 제공하기도 하고 다른 회원들로부터 정보를 얻기도 한다(소은영, 2004).

1) 청소년 팬클럽 유형

청소년의 팬클럽은 공식성을 기준으로 공식 팬클럽과 비공식 팬클럽, 온-오프(on-off)를 기준으로 한 온라인 팬클럽과 오프라인 팬클럽, 팬들이 좋아하는 스타의 국적을 기준으로 국내 팬클럽과 국외 팬클럽 등으로 구분될 수 있다.

(1) 공식 팬클럽과 비공식 팬클럽

팬클럽은 공식 팬클럽과 비공식 팬클럽으로 구분된다. 공식 팬클럽은 스타가 소속된 기획사에서 공식적으로 관리하는 경우이며, 비공식 팬클럽은 팬들이 자발적으로 조직하고 운영하는 경우이다.

우리나라에 초기의 팬클럽은 주로 영국이나 미국의 가수나 그룹이 대상이며, 이들은 스타와 직접적인 관계를 맺지 않고 정기적으로 모여 음악을 듣거나 정보를 교환하는 자발적인 집단으로 비공식 팬클럽이 대부분이다. 1990년 후반에 접어들면서 스타가 소속된 기획사에서 좀 더 다양한 활동을 추구하는 십대를 대상으로 팬클럽을 형성하면서 공식적으로 관리하는 공식 팬클럽이 다양하게 활동하고 있다.

공식 팬클럽과 비공식 팬클럽을 비교하면 다음과 같다. 비공식 팬클럽은 이야기의 주제가 구성원들에게 집중되어 있거나 스타의 활동이 팬의 활동에 영향을 덜 미치는 등 구성원 중심의 커뮤니케이션을 하고 있다. 공식 팬클럽 회원의 활동은 스타의 활동에 따른 경향을 보인다. 스타의 활동량이 많아지면 온라인 공간에서도 게시판의 글이 증가하며 오프라인 공간에서의 만남도 잦아진다. 반면 비공식 팬클럽들은 스타의 활동이 회원들의 활동에 크게 영향을 미치지 않는다. 비공식 팬클럽의 회원들은 스타보다는 구성원들에게 보다 많은 관심이 있기 때문이다. 비공식 팬클럽은 별도의 사이트를 두고 운영되는 것이 아니라, 일반 커뮤니티 사이트 안에 있는 수많은 커뮤니티 중 하나로 운영되며 사이트에 가입한 사람이라면 누구나 커뮤니티 활동을 할 수 있다. 비공식 팬클럽은 기획사의 손에서 벗어난 집단이기 때문에, 스타와 무관하게 자유롭게 운영된다(소은영, 2004).

표 12-1 팬클럽 유형별 커뮤니케이션

유형	공식 팬클럽	비공식 팬클럽
특징	• 스타가 회원으로 등록됨 • 스타 중심 • 스타 활동의 영향이 큼 • 팬클럽 행사 중심 • 기존 회원과 신규 회원 공존	• 스타가 회원으로 미등록됨 • 구성원 중심 • 스타 활동의 영향이 적음 • 비공식적인 모임 중심 • 기존 회원 중심

출처: 소은영(2004).

(2) 온라인 팬클럽과 오프라인 팬클럽

온라인 커뮤니케이션이 일반화되자, 오프라인의 조직이나 활동 장소 없이도 쉽게 커뮤니티를 조직할 수 있다는 점에서, 온라인 비공식 팬클럽이 증가하고 있다. 비공식 팬클럽은 스타의 참여와 무관하게 구성원들을 중심으로 커뮤니케이션이 이루어지고 일반 사이트에서 개설된다는 점에서 비공식적인 분위기를 지니고 있다. 공식 팬클럽에 가입되어 있는 사람들도 자신과 비슷한 관심과 취미를 가진 사람들을 찾아 비공식 팬클럽을 찾기도 한다.

표 12-2 오프라인과 온라인 팬덤의 차이

구분	오프라인	온라인
정보	중앙집권적 정보원에 의해 제공	다양하게 정보 접근
팬의 태도	무조건적 협조	비판적 태도가능
권력층	정보를 많이 가진 팬	홈페이지 운영자

출처: 김현지(2004).

오프라인 팬클럽은 중앙집권적 정보원에 의해 정보가 제한적으로 제공되며, 스타에 대한 무조건적인 협조와 정보를 가진 팬에 의해 영향을 받았다. 온라인에서 팬들은 다양한 경로에서 정보에 접근하고, 스타에 대한 무조건적인 협조가 아닌 비판적 태도를 취하는 것이 가능해졌다. 기획사의 운영방침에 대해 관여하기도 하며 스타의 이미지 관리, 언론 대처 등 직접적인 영향을 미치며 대중문화에 영향력을 미치는 주체로 성장하였다.

온라인 팬클럽에서 스타는 선망의 대상일 뿐만 아니라 놀이와 즐기기의 소재가 되고 있다. 스타의 다양한 이미지를 새롭게 재해석하여 UCC를 제작하거나, 팬픽을 쓰기도 하며, 스타에 관한 여러 가지 이야기를 나누기도 한다.

이러한 온라인 팬클럽은 거래, 관심, 환상 또는 재미, 관계 등의 가상커뮤니티의 특징을 나타내기도 한다(Hagel and Armstrong, 1997; 황인창, 2003).

첫째, 거래커뮤니티는 재화나 서비스의 판매를 용이하게 하며, 관련된 정보를 전달해준다 참여자들은 커뮤니티의 다른 구성원으로부터 제공된 특별한 거래에 참여하기 위해 상호작용을 한다. 팬클럽의 가입단계에서부터 입회비를 받고 회원임을 증명할만한 여러 물품을 제공하며, 팬클럽을 통해 앨범, 공연티켓 등을 판매하게 된다.

둘째, 관심커뮤니티는 참가자들의 특정 주제에 대해 서로 상호작용할 수 있는 기능이다. 취미, 전문분야 등 특정주제에 관심이나 전문지식을 공유하기 위해 형성된다. 팬클럽은 스타에 관한 관심을 바탕으로 이에 관해 광범위한 상호작용을 하게 된다.

셋째, 환상커뮤니티는 참여자들이 새로운 환경, 개성 혹은 이야기를 창조하는 것이다. 역할게임과 엔터테인먼트 등 환상체험과 관련된 욕구에 의해 형성된다. 참가자들이 새로운 환경, 인격, 이야기를 만들어가는 오락적 기능에 초점을 두고 있으며 사람들은 같은 공간에 모이게 하고 환상과 즐거움의 세계를 탐험할 수 있는 기회를 제공한다.

넷째, 관계커뮤니티는 구성원들이 매우 강하고 깊은 사람의 연결을 이끌어낼 수 있는 어떤 삶의 경험을 토대로 서로 모이려는 필요를 느낀다. 관계는 비슷한 경험을 가진 많은 사람들이 모여 의미 있는 인간관계를 형성하고자 하는 필요성에 의해 형성된다. 구성원들에게 서로 모이고 서로의 개인적인 삶의 경험을 공유하는 기회가 된다. 스타를 중심으로 강한 연결을 이끌어내고 외부 집단에 대해서 차별성을 추구한다(황인창, 2003).

인터넷팬덤 활동은 청소년에게 적극적인 프로슈머로서의 경험을 갖게 한다(장경진, 2009). 인터넷팬덤은 나이, 직업, 성별에 대한 틀에 벗어나기도 하며, 새로운 친분을 형성하기도 한다. 스타의 정보를 수시로 공유하면서, 자신에게 필요한 자료를 구축해 나가며 자신이 소유한 정보를 다른 팬들에게 제공하는 공급처의 역할을 하기도 한다. 다양하고 독립적인 문화 생산자로서 세상과 소통하며 스타의 서포터로서의 역할을 한다. 또한 인터넷팬덤은 다양한 콘텐츠를 생산하는 중심이 되는 매개체가 된다. 팬덤의 구성원들이 스타에 대해 갖고 있는 다양한 욕망과 감정들은 다양한 생산콘텐츠를 통해 표출된다. 스타를 존중함과 동시에 본연의 성향을 따라 자의적으로 활동하며, 새로운 텍스트와 문화를 만들어나간다. 소비자이면서 단순한 수용자였단 팬덤의 구성원들에게 자발적인 참여를 통한 능동적인 팬덤으로 성장할 수 있게 한다.

2) 청소년 팬클럽 참여와 특성

(1) 청소년 팬클럽 참여모습

팬클럽에 참여하는 회원들은 부모의 반대, 시간 및 용돈의 부족 등으로 인해 활동을 지속하는 데 어려움을 경험하기도 한다(전종희, 2005). 부모의 반대로 인해 속상해하면서도 부모의 걱정을 어느 정도 이해하고 있다. 학교에서의 학업성취에 대해서도 민감하며 시험기간에는 시험 준비를 하며 웹상이나 활동도 자제하는 모습을 보이고 있다. 이것은 팬클럽활동이 학업성취능력이 떨어지는 일부 학생들의 활동이라는 기존의 사회적 편견과는 다르게 우리 주변의 평범한 청소년의 활동으로 이해될 수 있다. 회원들은 팬클럽에서 정해진 규칙을 지키지 않으면 활동에 제약이 뒤따르게 되므로 규칙을 지키는 데 엄격하다.

> "성적이 떨어지기는 떨어졌어요. 근데 그냥 그렇게 많이 떨어지지 않고 그냥. 성적보다는 집에 늦게 들어오고 그러니까 그런 것 때문에 걱정을 많이 하시고 부모님과 갈등을 일으키고. 너무 자주 가다 보니까 자주 가는 건 좀 싫어하시는 거예요. 그런 것 때문에 갈등이 많았죠.(중3)"

팬클럽회원들은 거의 비슷한 연령대이며 개인적으로 고민하거나 어려움을 겪는 문제가 비슷하다. 굳이 말로 표현하지 않더라도 다른 친구가 겪는 문제는 동시에 자신이 겪었거나 겪고 있는 어려움이 된다. 회원들은 공연이나 행사를 기다리는 동안 스타에 대한 이야기뿐만 아니라 개인적인 이야기와 고민 등을 나눔으로써 자신의 정서를 표현하고 위로받고 이해받고자 한다.

> "공감 가는 게 있고 통하는 게 있잖아요. 같은 사람을 좋아하니까. … 아무래도 팬클럽 친구들이 활달하고 성격은 큰 차이가 없어요. 똑같아요. 진짜 다 중요한 친구들이에요. 가끔씩은 학교 친구들보다 더 좋을 때가 있어요. …"

(2) 청소년 팬클럽 참여자 특성

팬클럽에 대한 부정적인 시각을 담은 일반의 이해와는 달리 청소년들은 팬클럽활동을 하면서 집단 구성원과 스스로를 하나라고 생각하며 적극적으로 집단의 특성을 수용하는 가운데 자기정체성을 형성한다. 대중매체를 통해 전파된 스타의 외형적 이미지보다는 이상화된 가치들을 자기 일상의 가치관으로 더 깊이 받아들이며 스스로의 삶을 성찰적으로 구성하고, 선택과 결정의 권리를 실현하고 있다. 스타를 위해 만들어졌지만 스타가 없어도 팬클럽의 존재기반이 흔들리지 않는다.

팬클럽의 팬들은 첫째, 적극적이다. 자신들이 좋아하는 스타와 텍스트에 대한 정보를 나누는 일에 적극적이며 그와 관련된 자료를 수집하는 일에도 적극적이다. 둘째, 비판적이다. 팬들은 텍스트 읽기의 즐거움에 방해되는 상황에서는 비판적인 자세를 취한다. 셋째, 생산자의 역할을 한다. 텍스트를 해체하고 변용함으로써 그들만의 새로운 텍스트를 창조한다. 넷째, 조직적인 활동을 한다. 팬들은 소비자운동의 관점에서 조직된 힘을 토대로 그들의 뜻을 전하기 위해 노력한다. 다섯째, 대안적 사회공동체를 형성한다.

청소년 팬클럽 참여자의 경향을 다음과 같이 제시할 수 있다. 첫째, 청소년의 팬클럽은 소수, 여성, 청소년을 중심에서 하던 활동에서 점차 대다수, 남성 청소년들의 참여가 많아지고 있으며 실제 기성세대들의 팬클럽 참여도 증가하고 있다. 둘째, 청소년의 팬클럽은 가수나 연예인을 중심으로 전개되었으나, 최근에는 스포츠, e-스포츠, 정치인 등으로 팬클럽이 점차 확대되고 있다. 셋째, 청소년은 소극적인 수용자로서 소비자의 역할이 주를 차지하였으나, 점차 능동적이며 적극적인 수용자로서 소비와 생산에 참여하는 생비자로서 역할로 확대되고 있다. 넷째, 청소년의 팬클럽 참여는 기획사가 운영하는 스타시스템이나 오프라인 팬클럽을 중심으로 하는 활동에서 점차 능동적이며 자발적인 운영의 온라인 팬클럽을 중심으로 다양하게 이루어지고 있다. 다섯째, 청소년의 팬클럽 참여는 자신이 좋아하는 스타에 대한 정보를 수집하거나 이야기를 나누는 수준에서 점차 스타에 대한 정보를 능동적이며 종합적으로 해석하고 이를 사회적으로 생산하는 형태로 확대되고 있다.

4. 청소년 팬문화의 과제

청소년의 팬문화는 초기의 아날로그미디어의 일방적인 전달을 수용하는 소극적인 수용자의 부정적이며 왜곡된 인식으로 이해되어 왔으나 디지털미디어의 출현은 쌍방향적인 작용과 적극적이며 능동적인 팬문화를 전개하고 있다. 청소년 팬문화의 과제를 다음과 같이 제시할 수 있다.

첫째, 청소년 팬클럽에 대한 부정적 인식보다는 팬클럽 참여에 대한 있는 그대로의 이해가 필요하다. 초기 청소년 팬클럽은 남성보다는 여성, 성인보다는 청소년, 상류층보다는 하류층에서 많이 발견되었다. 이러한 이유들 때문에 청소년의 팬덤은 긍정적인 방식으로 평가받지 못한 것이 사실이다. 팬문화를 일부 청소년의 극복 하거나 억제해야 할 문제적 접근보다는 다수의 청소년들이 즐기는 생활의 일부이거나 삶의 방식으로 바라보고 이해하려는 노력이 요청된다.

둘째, 청소년의 건강한 팬문화를 만들어가기 위해 청소년 스스로의 적극적인 노력과 함께 이를 지원하는 부모, 학교 및 사회적 지원이 이루어져야 한다. 청소년의 팬문화는 건강하고 다양하게 펼쳐지는 가운데 과도한 팬클럽활동 참여로 인한 부모와의 갈등, 학교생활 및 일상생활에서의 어려움, 팬클럽 회원 간 갈등이나 팬클럽 간의 갈등과 충돌이 나타나기도 한다. 팬문화는 자신이 좋아하는 스타에 대한 집중적이며 지속적인 활동이 특징이므로 이러한 일상생활이나 주위 관계에서 어려움을 겪을 수 있다. 따라서 청소년 스스로 절제적이며 적극적인 개선노력이 요청되며, 청소년과 함께 생활하는 부모, 교사 등이 지속적으로 이야기를 나누며 건강한 팬문화가 형성되도록 이끌어 주어야 한다.

셋째, 청소년들의 팬문화에 숨겨진 현실에의 억압을 이해하고, 청소년들의 능동적인 에너지의 발휘할 수 있도록 촉진해 나가야 한다. 청소년의 팬 및 팬문화에 대한 과도한 참여는 현실에서 억제된 욕망을 발산하는 과정으로 이해될 수 있다. 청소년들이 일상생활을 해나가면서 자신들의 삶의 에너지를 다양한 일상생활의 영역에서 능동적으로 발휘할 수 있는 프로그램이나 기회가 확대되어야 한다.

제Ⅲ부

청소년 문화의 지도와 방향

제13장 청소년의 비행문화

제14장 청소년지도의 과제

제13장 청소년의 비행문화

최근 우리나라는 정치적, 사회적, 경제적 혼란을 거듭하면서, 사회의 기강이 어지러워지고 대중매체의 범람과 급진적인 서구 사조로 오늘의 청소년들에게 불안과 불신 그리고 갈등을 초래하고 있으며, 이러한 요소들이 여러 가지 범죄를 유발하고 있다. 오늘날 청소년의 범죄는 양적인 증가 현상과 더불어 질적으로 폭력화, 저연령화, 도시화, 성범죄의 격증, 집단화되어가는 실정이다. 오늘날 이와 같은 청소년들의 비행문제를 살피고 그 대책마련을 모색해 보고자 한다.

1. 청소년과 비행

1) 비행청소년의 개념

비행청소년이라 함은 성인범죄에 상대되는 개념으로 범죄인의 연령을 기준으로 하여 구별되는 유형이다. 비행의 개념은 논자에 따라, 혹은 보는 시각에 따라 제각기 상이하나, 일반적으로 제법을 위반행위와 도의에 어긋나는 반사회적 행위까지 포함하는 포괄적인 개념인 것이다. 청소년 비행이란 청소년이 사회적 규범을 위반한 여러 행위 등을 가리키는 것으로, 청소년에 의한 모든 반사회적 행위를 포괄하는 법적인 개념이다(강영자, 1995; 이미숙, 2001).

청소년 비행을 법적으로 개념화하는데 국가마다 다르지만 우리나라의 경우 소년법 제4조에 따른 비행에 대한 법률적인 의미로 보면 청소년 비행이라 함은 범죄소년, 촉법소년, 우범소년의 세 가지를 말한다. 첫째, 범죄소년은 범죄를 저지른 14세 이상 20세 미만의 소년으로 형사책임이 부과된다. 둘째, 촉법소년은 형벌법령에 저촉되는 행위를 했지만, 12세 이상 14세 미만의 소년으로 연령이 어리기 때문에 형사책임을 지지 않는 소년을 말한다. 즉, 12세 이상 14세 미만의 촉법소년이 행한 행위는 그것이 일반적인 범죄 행위라 할지라도 형사책임 연령이 14세 미만이므로 범죄가 아니라, 형벌법령에 저촉되는 행위로 보며, 형사제재는 물론 처분도 가할 수 없음을 말한다. 셋째, 우범소년은 12세 이상의 소년으로, 소년의 성격이나 환경에 비추어 장해 형벌법령에 저촉되는 행위를 할 우려가 있는 소년을 말한다.

2) 비행청소년의 특징

비행청소년의 범죄는 몇 가지 특징을 가지고 있다.

첫째, 청소년 비행과 범죄의 건수가 급증하고 있다는 점이다.

둘째, 비행이나 범죄의 동기가 일차적(생리적, 신체적, 안전욕구)인 것에서 이차적(쾌락적, 심미적, 사회적 욕구)인 것으로 점차 변모하고 있다는 점이다. 옛날에는 빈곤, 신체적 위협에서 비행을 저질렀지만 오늘날은 유흥비 마련, 야심, 출세, 재미(쾌락)를 위한 비행과 범죄가 점차 많아지고 있다.

셋째, 비행이나 범죄가 사회의 여러 계층에 골고루 분산되어 나타난다는 점이다. 즉 빈곤층의 청소년 비행자가 다른 사회계층에 비해 유별나게 많다고 볼 수는 없다는 말이다.

넷째, 청소년 비행이나 범죄자의 저연령화 현상이다. 최초의 비행이나 범죄를 저지르는 연령이 점점 낮아진다.

다섯째, 트랙현상(Tracking phenomena)을 보인다. 즉 한번 비행을 저지른 청소년은 비행자의 굴레를 벗어나기가 무척 힘들다는 것이다. 최근 소년비행은 양적으로 증가일로에 있고 질적으로도 조폭화, 집단화, 연소화, 도시 집중화 등 악화일로에 있기 때문에 청소년지도, 보호는 중대한 사회문제로 대두되고 있다.

3) 비행청소년의 발생요인

청소년 비행은 한 가지 요인에 의해서 발생되지 않고 있다. 비행의 발생요인은 매우 다양하나 여기에서는 주요한 3가지 영역인 가정환경적 요인, 학교환경적 요인, 사회환경적 요인으로 나누어 살펴보기로 한다.

(1) 가정환경적 요인

가정은 인간이 출생하면서 최초로 갖는 인간관계이고 가장 기본적인 사회집단이다. 또한 가정은 양친과 자녀를 그 구성원으로 하고 애정, 존경, 신뢰를 정신적 요소로 하여 상호협동하며 살아가는 혈연적 공동단체이다. 이러한 가정의 기능은 인간과 사회를 연결하는 매개체로서 작용할 수 있고 사회형성을 위한 중재요소로 볼 수 있으며 이러한 가정은 더 큰 사회에 의해 지배를 받을 때에만 제대로 존속할 수 있다(김창남, 1991).

최근 우리 사회는 산업화 과정에서 가정의 기반이 토지중심에서 임금중심으로 옮겨감으로써 대가족에서 핵가족으로 전환이 있어왔으며 우리나라에서 지난 20년 사이에 3세대 가족은 절반으로 떨어지고 1세대 및 부부와 미혼자녀로 구성된 핵가족이 급속히 증가하는 현상을 보여주고 있다.

이와 같이 핵가족화와 더불어 가족구성에 있어서 취업여성의 증가, 이혼의 증가, 자녀수 감소, 주거생활변화 등으로 인하여 문제가정이 많이 생겨나고, 그런 가정 속에서 자란 청소년들은 자신도 모르는 사이에 초보적인 범행을 저지르게 된다. 그리고 가출·방황 등 점점 더 많은 범행을 저지르게 되고, 가정·학교·사회에도 적응하지 못하게 된다(최충옥, 1993).

(2) 학교환경적 요인

청소년기의 학교는 가정만큼이나, 때로는 가정보다도 더 중요한 의미를 갖는다. 부모의 보호를 떠나서 장래의 독립적인 생활을 할 수 있는 준비기로서의 의미도 중요하지만 청소년들에게 있어서 학교는 바로 그들의 생활자체이기도 하다(이상만, 1988).

특히 학령기 아동은 취학하면서 종래 사회성의 발달이 적은 가정이라는 혈육적 단체생활에서부터 동년배와의 공동단체로 들어가 비로소 사회의 일원이 된다. 따라서 학교는 장래의 사회적·문화적 활동의 기본적 태도의 수련장이라고도 할 수 있다. 그러나 현실하의 학교는 지식전달의 장이 되고 말았다. 우리의 교육은 고학력 편중의 사회적 경향으로 인해 전인교육이 아닌 지식위주의 교육과 편의주의, 요령주의 등이 문제점으로 부각되고 있으며 기타 정신적 가치를 부인하는 풍조와 비대해진 학교규모, 과밀학급실태 등 부적절한 환경조건은 비행의 요인이 되고 있다.

(3) 사회환경적 요인

청소년이 가정과 학교를 떠나 새로운 사회적 환경 속에서 사회관계를 가지고 인간으로 시작한다(이제동, 1990). 따라서 이 새로운 환경이 청소년들에게 주는 모든 사회적, 심리적 자극은 그들의 태도에 많은 영향을 미친다.

청소년 시기는 감수성이 예민하여 사회현상의 물질만능주의, 이기주의, 요령경법주의 등 불건전한 가치관이 사회를 지배하게 되어 그들로 하여금 물질에 대한 희망을 증대시켜 문제를 일으키고 있다(김충기, 1988).

그리고 유흥업소의 남발풍조, 대중매체의 영향, 약물남용이 청소년들에게 그대로 자극시켜 폭력, 강간, 강도 등의 요인이 된다.

청소년의 여가시설의 부족은 학생들에게 거리를 방황하게 되거나 때로는 전자오락실, 만화가게, 노래방 등을 찾게 되어 비행의 요인이 되고 있다.

또한 대중매체의 역기능은 청소년들에게 학교와 가정에서의 올바른 가치관과 윤리관을 심어 주는데 커다란 장애요인이 되고 있다(박풍규, 2012).

4) 청소년 비행의 제이론

사회학에서 청소년의 비행을 설명하는 이론은 아노미 이론, 차별 교제 이론, 사회통제 이론, 낙인 이론, 하위문화 이론, 긴장 이론 등이 있다. 이들 이론에 대해 설명하면 다음과 같다(김채윤 외, 1989; 이장현, 1985; 이홍탁, 1981; 정철수, 1989).

(1) 아노미 이론

아노미 이론은 일탈을 무규범 상태, 규범 혼란 상태로 설명하는 이론이다. 아노미(anomie)란 무규범 상태, 규범의 혼란 상태를 말하는데, Merton에 의하면 아노미는 문화적인 가치(목표)와 합법적인 사회적 수단 간의 불일치가 원인이 되어 사회적 통합이 깨진 상태를 의미한다. 사회적으로 제도화된 수단에 의하여 사회적으로 승인된 목표에 접근할 수 있어 구성원에게 만족감을 줄 수 있을 때에는 사회적 균형이 이루어지나, 수단과 목표의 괴리가 있을 때에는 아노미나 무규범상태를 초래하여 구성원의 일탈이 일어난다는 것이다.

(2) 차별 교제 이론

차별 교제 이론은 청소년 비행을 사회적 긴장이나 잘못된 사회화의 결과가 아니라 정상적으로 학습된 행위유형으로 규정하는 이론이다. 이 이론의 창시자인 Sutherland와 Cressy(1966)는 모든 인간은 서로 다른 또는 상극되는 가치관과 규범체제를 지닌 집단이나 개인과 접촉을 하게 되는데, 그들은 가장 빈번한 접촉을 하거나 가장 의미 있는 타자의 가치나 규범을 내면화하는 경향이 있다고 하였다. 개인은 비행과 관련된 가치관을 개인이 차별적으로 교제하는 일차집단에 의해 배운다는 것이다.

(3) 사회통제 이론

사회통제 이론은 비행이나 범죄를 사회통제력의 약화현상을 반영하는 것으로 설명하는 이론이다. 이 이론은 다른 이론과 달리 범죄를 저지르는 것을 당연한 현상으로 여긴다. 어떤 개인이 법을 준수하거나 준수하지 않는 것을 결정하는 것은 사회에서 범죄를 억제하는 사회적 연대의 강도에 의해 결정된다는 것이다. 사회통제 이론의 대표적인 학자 Hirschi는 비행은 사회에 대한 개인의 연대가 약화되거나 파괴되었기 때문에 발생하는 것으로 파악하면서 개인이 사회의 인습적 질서에 순응하게 하는 사회적 연대의 기본 요소로서 부모, 교사, 동료와 같은 일차집단에의 연계의 정도를 나타내는 애착, 인습적 행위의 수행, 인습적 활동에 대한 개입, 인습적 태도에 대한 믿음 등의 4가지를 들어, 이를 통하여 개인이 사회 법규를 준수하는 과정을 설명하고자 하였다(구창모, 1999; 기광도, 1996; 이상현, 1985).

(4) 낙인 이론

낙인 이론은 개인의 자아는 타인들과의 상호작용 속에서 형성된다는 상징적 상호작용 이론을 일탈행위에 적용한 이론이라 할 수 있으며, 실제적 범죄행위보다는 범죄자로 낙인되는 과정과 결과에 더 많은 관심을 갖는다. 별로 중요하지 않은 비행이 한번 사회나 집단이 비행이라고 낙인을 찍어버리면 그러한 낙인을 받은 개인은 정말로 비행자나 일탈자로 발전한다는 것이다. 낙인 이론은 상습적으로 일탈을 저지르면서도 남의 눈에 잘 띄지 않기 때문에 낙인찍히지 않는 경우는 설명하지 못하며, 무산 계층에 지나치게 동정적이며, 최초에 일어난 일탈의 원인을 설명하지 못한다는 한계를 갖는다(김경식 외, 2006; 김옥태, 2001; 이장현, 1985; 이홍탁, 1981).

(5) 하위문화 이론

하위문화 이론은 비행을 어떤 특정한 하위문화로 설명하는 이론으로 Cohen (1959)은 사회에는 각계각층의 성원들이 공유하고 있는 문화가 있는데, 중산층을 중심으로 형성된 중심문화와 하류계급인 노동자의 자녀들이 가지고 있는 문화 간에는 중대한 갈등이 일어나고 있다고 보고, 이러한 갈등이 비행과 연결된다고 본다. 하류계급의 청소년들은 중산계급의 가치체계가 지배하는 사회체제하에서 지위적 욕구불만과 자아존중의 상실이라는 적응문제에 봉착하게 된다. 그리하여 이들 중 일부는 중간계급의 모든 가치기준을 배척하면서 공격적, 반항적인 행동을 취하는 등 비행을 저지르게 되는데, 이들이 비행적 하위문화를 형성한다는 것이다. 비행집단의 하위문화는 비공리성, 악의성, 부정성, 단기적 쾌락주의 등을 특징으로 한다(Agnew, 1990).

2. 청소년 비행의 실태

지난 5년간 전체범죄자 대비 소년범죄자의 구성비율을 보면 2008년에는

5.5%이었다가 이후 감소세를 나타내 2011년에는 4.4%를 나타내었고, 2012년에는 약간 증가하여 5.1%를 기록하였다.

그러나 소년범 구성비율이 2009년부터 감소한 것은 소년법 개정으로 소년범의 범위에서 19세가 제외되었기 때문인 것으로 풀이된다. 2012년도에 비율이 약간 증가한 것은 학교폭력이 사회적 문제로 다루어지면서 학교폭력에 대한 강력 대응 등이 수치 증가에 영향을 미친 것으로 보인다.

표 13-1 전체범죄인원 중 소년범죄인원의 구성비율

(단위: 명, %)

구분 연도	전체범죄자	소년범죄자	구성 비율(%)
2008	2,472,897	134,992	5.5
2009	2,519,237	113,022	4.6
2010	1,954,331	89,776	4.5
2011	1,907,641	83,068	4.4
2012	2,117,737	107,490	5.1

주: 2008년 소년법 개정으로 범죄소년의 연령이 '19세 미만'으로 변경된바, 2009년도 통계부터는 19세는 성인으로 분류되어 수치에서 제외됨.

자료: 대검찰청(2013). 「범죄분석」.

1) 소년범죄 유형별 분포상황

2012년 소년범죄 유형별 분포상황을 보면 재산범이 47,605명(44.3%)으로 가장 높은 비중을 차지하였고, 다음으로 폭력범이 32,774명(34.7%), 교통사범이 12,103명(11.3%), 강력범이 2,790명(2.6%), 저작권법 위반사범이 759명(0.7%) 순이었다. 재산범이 2008년도에 39,688명(29.4%)이었던 것에 반해, 2012년에 47,605명(44.3%)으로 재산범의 비율이 증가하였고, 특히 재산범 중 절도범의 비율이 지속적으로 약 80% 정도를 차지하고 있는 것으로 보아 생계형 소년범죄에 대한 대책이 필요하다.

표 13-2 소년범죄의 유형별 현황

(단위: 명)

구분 \ 연도		2008	2009	2010	2011	2012
계		134,992	113,022	89,776	83,068	107,490
강력범	소계	3,016	3,182	3,106	3,289	2,790
	흉악범	1,427	1,608	999	1,268	1,104
	성폭력	1,589	1,574	2,107	2,021	1,686
폭력범	소계	34,067	29,488	23,276	22,233	32,774
	공갈	1,046	1,495	1,422	1,509	2,827
	폭행 · 상해 등	33,021	27,993	21,854	20,724	29,947
재산범	소계	39,688	45,774	40,478	37,978	47,605
	절도	33,073	38,494	33,534	31,380	37,256
	횡령 등	1,855	1,664	1,483	1,528	2,448
	장물	571	820	722	454	1,200
	사기	4,189	4,796	4,739	4,616	6,701
교통사범		27,666	18,138	13,842	11,523	12,103
저작권법 위반		20,272	7,720	275	318	759
기타		10,283	8,720	8,799	7,727	11,459

주: 1) 흉악범: 살인, 강도, 방화.
2) 폭행 · 상해 등: 폭행 · 상해의죄+폭력행위등처벌법(공갈죄 제외)+기타.
3) 횡령 등: 횡령+배임+손괴.
4) 교통사범: 도로교통법+교통사고처리특례법+특정범죄가중처벌에 관한 법률(도주차량).

자료: 대검찰청(2013). 「범죄분석」.

2) 소년범죄의 연령별 현황

2012년 전체 소년범의 연령을 보면 16세 소년범이 24.3%에 이르고 있어 가장 높은 비율을 차지하였고, 이어 17세 22.5%, 18세 20.9%, 15세 19.5%, 14세 12.1%, 14세 미만 0.8%의 순이었다. 전년도와 비교할 때 14세 이하 소년범의 비율이 증가하는 것으로 보아 저연령 소년범에 대한 대책마련이 필요하다.

표 13-3 소년범죄의 연령별 현황

(단위: 명, (%))

연도 \ 연령	계	14세 미만	14세	15세	16세	17세	18세	19세
2008	134,992 (100)	3,800 (2.8)	16,638 (12.3)	26,385 (19.5)	26,932 (20.0)	21,784 (16.1)	20,808 (15.4)	18,645 (13.9)
2009	113,022 (100)	1,989 (1.8)	15,431 (13.7)	24,657 (21.8)	26,153 (23.1)	23,307 (20.6)	21,485 (19.0)	–
2010	89,776 (100)	445 (0.4)	8,870 (9.9)	19,280 (21.5)	21,611 (24.1)	19,637 (21.9)	19,933 (22.2)	–
2011	83,068 (100)	360 (0.4)	5,189 (6.2)	17,084 (20.6)	21,815 (26.3)	19,936 (24.0)	18,684 (22.5)	–
2012	107,490 (100)	856 (0.8)	12,978 (12.1)	21,009 (19.5)	26,080 (24.3)	24,140 (22.5)	22,427 (20.9)	–

주: 2008년 소년법 개정으로 범죄소년의 연령이 '19세 미만'으로 변경된바, 2009년도 통계부터는 19세는 성인으로 분류되어 수치에서 제외됨.

자료: 대검찰청(2013). 「범죄분석」.

3) 소년범죄의 전과별 현황

최근 5년간 전과가 있는 소년범죄자의 비율은 계속 증가하는 추세에 있다. 2012년도 전과가 없는 소년범죄자의 비율은 58.4%인데 반해, 전과가 있는 소년범죄자의 비율은 41.6%로 전년도에 비하여 0.9% 상승하였다. 특히 4범 이상 소년범의 비율이 2008년 7.1%에서 2012년 13.6%로 계속 증가하였는데, 이는 소년범죄의 상습화 문제가 심각해지고 있음을 알 수 있고, 재범률이 높은 소년범죄자에 대한 사후관리가 절실하다.

표 13-4 소년범죄의 전과별 현황

(단위: 명, (%))

연도 \ 연령	계	전과없음	1범	2범	3범	4범 이상
2008	114,699 (100)	79,285 (69.1)	15,476 (13.5)	7,553 (6.6)	4,299 (3.7)	8,086 (7.1)
2009	102,573 (100)	65,990 (64.3)	15,103 (14.7)	7,637 (7.4)	4,799 (4.7)	9,044 (8.9)
2010	82,368 (100)	50,830 (61.7)	12,091 (14.7)	6,546 (8.0)	4,070 (4.9)	8,831 (10.7)
2011	75,658 (100)	45,047 (59.5)	11,391 (15.1)	6,254 (8.3)	3,900 (5.1)	9,074 (12.0)
2012	96,728 (100)	55,527 (58.4)	14,403 (14.9)	7,669 (7.9)	5,001 (5.2)	13,128 (13.6)

주: 1) 2008년 6월 소년법 개정으로 범죄소년의 연령이 '19세 미만'으로 변경된바, 2009년도 통계부터 19세는 성인으로 분류되어 수치에서 제외됨.
2) 전체 합계에서 미상은 제외됨.
자료: 대검찰청(2013). 「범죄분석」.

4) 소년범죄의 성별 현황

2012년도 소년범죄의 남녀별 비율을 보면 남자가 83.1%, 여자가 16.9%로 남자의 비율이 4배 이상 많다. 그러나 2008년 남자소년의 범죄율이 80.4%를 기록한 이후 2009년 82.7%, 2010년 80.8%. 2011년 82.8%, 2012년 83.1%로 증감을 반복하고 있다. 반면에, 여자소년의 범죄비율은 2008년부터 2009년까지 약간 감소하여 17.3%가 된 후 2010년에는 19.2%로 소폭 증가하였으나 이후 다시 감소하는 추세에 있다.

표 13-5 소년범죄의 성별 현황

(단위: 명, %)

구분 / 연도	계	남자		여자	
	인원	인원	비율	인원	비율
2008	134,992	108,482	80.4	26,510	19.6
2009	113,022	93,509	82.7	19,513	17.3
2010	89,776	72,461	80.8	17,315	19.2
2011	83,068	68,742	82.8	14,326	17.2
2012	107,490	89,339	83.1	18,151	16.9

자료: 대검찰청(2013). 「범죄분석」.

5) 청소년 마약 사범의 실태

청소년 마약류 사범의 실태를 살펴보면, 마약이란 일반적으로 마약원료인 생약으로부터 추출되는 천연마약(양귀비, 아편, 헤로인, 코데인, 모르핀, 코카인 등)과 화학적으로 합성되는 합성마약으로 분류되고 있다. 전체 마약류 사범은 2009년을 제외하고는 전반적으로 감소하는 추세에 있다. 반면, 청소년 마약류 사범은 2009년 급증한 것을 제외하고 2010년까지 감소하다가 2011년 다시 소폭 증가한 이후 2012년에 다시 감소하였다. 2012년에는 18~19세 청소년의 마약류 범죄가 급격히 증가하였는데, 이들 대상으로 집중적으로 마약류 퇴치 홍보 및 계몽활동의 전개가 필요하다.

표 13-6 청소년 마약류 사범 연령별 현황

(단위: 명, %)

구분 연도	전체 마약류 사범	청소년 마약류 사범			
		15세 이하	16~17세	18~19세	합계
2008	9,705	6 (31.6)	0 (0)	13 (68.4)	19 (100)
2009	11,875	0 (0.0)	15 (18.3)	67 (71.7)	82 (100)
2010	9,732	0 (0.0)	6 (17.1)	29 (82.9)	35 (100)
2011	9,174	1 (2.4)	16 (39.0)	24 (58.6)	41 (100)
2012	9,255	1 (2.6)	9 (23.7)	28 (73.7)	38 (100)

자료: 대검찰청(2013). 마약과 내부통계자료.

6) 청소년 마약범죄의 마약류별 현황

청소년 마약범죄의 마약류별 현황을 보면 향정신성의약품의 비중이 68.4%로 높은 수치를 차지하고 있다. 향정신성의약품이란 오남용 시 인체에 현저한 위해를 가할 수 있다고 인정되는 물질로서, 메스암페타민(속칭 히로뽕), MDMA(엑스터시), LSD(무색 무미 무취 환각제) 등을 가리킨다.

청소년의 경우 전문의약품에 의한 경우보다는 본드 등의 흡입에 의한 경우가 많다. 청소년 마약 중향정신성의약품에 대한 퇴치교육이 집중적으로 이루어져야 할 것이다.

표 13-7 청소년 마약범죄의 마약류별 현황

(단위: 명, %)

연도 \ 구분	전체	청소년 마약류			
		마약	향정신성 의약품	대마	합계
2008	9,898	–	16 (69.6)	7 (30.4)	23 (100)
2009	11,875	2 (2.4)	55 (67.1)	25 (30.5)	82 (100)
2010	9,732	–	16 (45.7)	19 (53.3)	35 (100)
2011	9,174	–	34 (82.9)	7 (17.1)	41 (100)
2012	9,255	–	26 (68.4)	12 (31.6)	38 (100)

자료: 대검찰청(2013). 「마약류 범죄백서」.

7) 학생범죄의 연도별 현황

학생범죄의 현황을 살펴보면 전체 소년범죄 대비 학생범죄 구성 비율은 2008년 65.7%, 2009년 69.1%, 2010년 69.3%, 2011년 69.4%, 2012년 68.5%로, 소년범죄 중 학생범죄의 비율이 2008년부터 2011년까지 계속 증가하다가, 2012년에 약간 감소하였다.

표 13-8 학생범죄의 연도별 현황

(단위: 명, %)

연도	전체범죄(A)	소년범죄		학생범죄	
		인원(B)	구성비(B/A)	인원(C)	구성비(C/B)
2008	2,472,897	134,992	5.5	88,701	65.7
2009	2,519,237	113,022	4.5	78,077	69.1
2010	1,954,331	89,776	4.6	62,173	69.3
2011	1,907,641	83,068	4.4	57,672	69.4
2012	2,117,737	107,490	5.1	73,684	68.5

주: 2008년 소년법 개정으로 2009년도 통계부터 학생범죄의 대상은 7세 이상 18세 이하로 변경됨.
자료: 대검찰청(2013). 「범죄분석」.

8) 학생범죄의 연령별 현황

2012년도 학생범죄자의 비율을 연령별로 보면 16세가 25.0%로 가장 높은 비율을 차지하고 있고, 다음으로 15세(22.7%), 17세(20.6%), 18세(15.4%), 14세(15.3%), 10~13세(0.7%) 등을 나타내고 있다. 2012년도에 14세 이하 학생범죄의 비율이 급격히 증가하였는데, 저연령 학생범죄에 대한 별도의 대책마련이 필요하다.

표 13-9 학생범죄의 연령별 현황

(단위: 명, (%))

연도	계	7~9세	10~13세	14세	15세	16세	17세	18세	19세
2008	88,701 (100)	53 (0.1)	2,029 (2.3)	13,731 (15.5)	20,428 (23.0)	18,456 (20.8)	14,477 (16.3)	11,947 (13.5)	7,580 (8.5)
2009	78,077 (100)	44 (0.1)	1,180 (1.5)	13,022 (16.7)	19,061 (24.4)	17,588 (22.5)	15,116 (19.4)	12,066 (15.4)	–
2010	62,173 (100)	11 (0.0)	191 (0.3)	7,630 (12.3)	15,713 (25.3)	14,620 (23.5)	12,548 (20.2)	11,460 (18.4)	–
2011	57,672 (100)	21 (0.0)	102 (0.2)	4,504 (7.8)	14,077 (24.4)	15,326 (26.6)	12,597 (21.8)	11,045 (19.2)	–
2012	73,684 (100)	40 (0.0)	561 (0.7)	11,281 (15.3)	16,775 (22.7)	18,430 (25.0)	15,244 (20.6)	11,353 (15.4)	–

주: 2008년 소년법 개정으로 2009년도 통계부터 학생범죄의 대상은 7세 이상 18세 이하로 변경됨.
자료: 대검찰청(2013). 「범죄분석」.

9) 청소년의 사이버 비행문제

사이버 비행문제를 살펴보면 청소년들에게는 유선 인터넷이든 무선 인터넷이든 이미 일상생활 속에서 떨어질 수 없는 일부가 되었다. 비행의 일차적인 개념은 사람들이 준수할 것으로 기대되는 규범에서 벗어나 일탈행동을 하는 것이라고 볼 수 있다(김준호, 정혜원, 2009). 사이버 공간을 중심으로 하여 발생하는 해킹, 불법 소프트웨어 다운, 웹상에서 욕이나 폭력적인 언어사용 등의 제반 범죄 및 비행 또는 사회통념상 정상적인 행위를 벗어난 인터넷 활동을 사이버 비행(cyber delinquency)이라 말한다(이성식, 2009; 김소정, 2010; 김경호, 차은진,

2012; 정혜원, 정동우, 2012). 따라서 본 연구에서 청소년의 사이버 비행이란 사이버공간에서 일어나거나 사이버공간과 관련된 청소년 비행을 말한다.

사이버 비행 중에서 사이버 폭력은 인터넷 이용자의 49%가 가해경험이 있으며, 10대 청소년은 76%가 가해경험이 있는 것으로 나타나 청소년의 사이버 비행은 매우 심각한 수준이다(한국인터넷진흥원, 2012). 경찰청 통계에서도 이와 같은 현상을 발견할 수 있는데, 사이버범죄 중 10대 청소년 비율은 2009년에는 3,736명 중 1,141명(30.5%)이었고, 2010년에는 3,370명 중 1,062명(31.5%)이었으며, 2011년에는 2,711명 중 915명(33.7%)으로 꾸준히 증가하는 추세로 나타났다(염동문 외, 2014).

10) 청소년을 위한 유해환경 정화활동

정보통신산업의 발달로 인터넷 및 미디어에 폭력·음란성 매체물이 범람하고, 신종 풍속업소 등 유해업소가 해마다 늘어나면서 청소년 탈선과 이를 조장하는 유해환경은 지속적으로 증가하고 있다.

이에 경찰은 음란·폭력성 각종 매체물과 술·담배 등 청소년 유해약물을 청소년에게 판매하거나 유흥주점·비디오방 등 유해업소에서 청소년을 고용하거나 출입시키는 등의 행위를 하는 「청소년보호」 위반사범에 대하여 지속적으로 단속을 실시하고 있다.

2012년에는 「청소년보호법」 위반사범 총 14,067명을 적발하여 46명을 구속하고 14,021명을 불구속 입건하였다. 이 가운데 청소년에게 술이나 담배를 판매하는 등 유해약물 단속 위반자는 11,158명으로 가장 많았다. 다음으로 청소년을 유해업소에 고용시키거나 출입하게 한 자는 1,414명, 청소년에게 유해한 매체를 통해 판매·대여하거나 포장 표시한 자는 870명, 성적퇴폐나 풍기문란 등 유해행위를 한 자는 625명에 이르렀다.

표 13-10 청소년보호법 위반사범 단속 현황

(단위: 명)

구분 연도	계	단속내용				조치	
		유해업소	유해매체물	유해약물	유해행위	구속	불구속
2008	8,645	1,305	220	6,677	443	9	8,638
2009	8,567	1,544	291	6,230	502	4	8,563
2010	8,154	1,351	442	5,882	479	10	8,144
2011	9,575	1,690	1,039	6,337	509	6	9,569
2012	14,067	1,414	870	11,158	625	46	14,021

자료: 경찰청(2013). 「경찰백서」.

11) 명예경찰소년단 운영 실태

명예경찰소년단은 경찰, 학교, 선도단체의 유기적인 협조하에 스스로가 각종 범죄 및 제반 사고로부터 자신을 보호할 수 있는 능력을 배양하고, 봉사활동과 교통질서 등 기초질서 의식을 함양하기 위해 초등학교 4·5·6학년 중에서 선발하는 제도이다. 1999년 10월 18일 서울지방경찰청에서 '명예경찰 포돌이·포순이 소년단'을 발대한 것을 시작으로, 1999년 12월 3일 명예경찰소년단 전국 확대 및 육성계획을 수립하였다. 이후 전국학교로 선발 대상을 확대하여 2012년 전국 1,422개교 16,935명의 명예경찰소년단이 활동하고 있다.

표 13-11 명예경찰소년단 현황

(단위: 개교, 명)

구분 연도	실시학교(개교)	명예경찰소년단(명)
2008	3,295	25,120
2009	2,153	24,323
2010	1,719	20,053
2011	1,510	19,250
2012	1,422	16,935

자료: 경찰청(2012). 「경찰백서」.

12) 공기관의 학교폭력 예방활동

(1) 우범소년 결연사업

우범소년 결연사업은 학교폭력 등 청소년범죄에 효과적으로 대처하기 위하여 1995년 11월 1일부터 서울·부산·광주·제주지검 및 산하 지청에서 시범적으로 실시하던 중 1995년 12월 6일 국무총리 주관하에 '학교폭력근절대책 추진회의'에서 검찰의 추진과제의 하나로 선정되어 전국적으로 확대 시행하게 되었다.

2012년도 우범소년 결연사업 가운데 선도결연 회의 및 간담회는 2,206회 개최되었고, 범죄예방 위원 교육은 2,348회 이루어졌다. 우범소년 중 결연 대상을 7,049명 선정하여 실제로 7,205명이 결연을 맺었다.

표 13-12 우범소년 결연사업 추진실적

(단위: 회, 명)

구분 연도	선도결연 회의 및 간담회	결연 대상 선정인원	결연인원	지역추진 대회	범죄예방 위원교육
2008	1,825	4,933	4,535	387	563
2009	2,023	6,970	6,389	512	997
2010	1,730	5,336	4,511	460	1,491
2011	1,721	3,546	3,545	386	1,857
2012	2,206	7,049	7,205	473	2,348

자료: 대검찰청(2013). 「검찰연감」.

(2) 학교담당검사제

학교담당검사제는 1995년 11월 27일 대통령의 학교 주변 폭력근절지시에 따라, 「학원폭력방지 및 처리에 관한 지침」에 근거하여, 1996년 7월 1일부터 전국적으로 확대 실시되고 있다.

학교담당검사제는 일정 지역 내의 수개의 중·고교에 대하여 전담검사를 지정, 유관기관이나 민간봉사차원의 학원폭력 예방 및 단속활동과의 유기적인 지원·협조체제를 구축하여 체계적이고 내실 있는 예방·선도활동을 전개하기 위한 것이다.

2012년 학교담당검사의 활동실적을 보면 합동순찰 6,632회, 간담회 2,079회, 우범학생 면담15,360명, 선도강연 1,904회 등이다.

표 13-13 학교담당검사제 활동실적

(단위: 회, 명)

연도 \ 구분	합동순찰	간담회	우범학생 면담인원	선도강연
2008	4,953	1,924	9,052	1,126
2009	5,651	2,063	10,576	1,466
2010	6,691	2,631	11,997	1,176
2011	6,125	1,667	8,971	879
2012	6,632	2,079	15,360	1,904

자료: 대검찰청(2013). 「검찰연감」.

(3) 선도조건부 기소유예제도

선도조건부 기소유예제도라 함은 통상의 기소유예 결정을 함에 있어서 계속 선도할 필요가 있다고 판단되는 범법소년에 대하여 법무부장관의 위촉을 받은 민간 범죄예방위원의 선도를 조건으로 기소유예 결정을 하는 제도를 말한다.

1978년 광주지방검찰청에서 소년에 대한 선도조건부 기소유예제도를 처음 시행하기 시작하여 1981년 1월 20일 법무부훈령 제88호「소년선도보호지침」이 제정되어 전국에 확대 실시된 뒤 수차례에 걸쳐 개정되어 현재는 1996년 12월 27일 개정된 법무부훈령 제373호에 따라 시행되고 있다.

검찰은 1981년부터 선도조건부 기소유예제도를 전국적으로 확대 실시하여 1981년 4,070명에 대하여 선도유예를 실시한 것을 시작으로, 2012년에는 5,812

명에게 선도조건부 기소유예 결정을 하였다.

표 13-14 선도조건부 기소유예 실적

(단위: 명)

연도 \ 구분	소년범죄	선도조건부 기소유예
2008	134,992	5,886
2009	113,022	7,104
2010	89,776	2,967
2011	89,068	1,363
2012	107,490	5,812

자료: 대검찰청(2013). 「검찰연감」.

표 13-15 선도조건부 기소유예자 죄명별 현황

(단위: 명)

연도 \ 구분	계	폭력행위 등	절도	강도	강간	교통사범	재산범죄	기타
2011	1,363	364	603	7	7	196	66	120
2012	5,812	1,680	2,277	25	36	569	275	950

자료: 대검찰청(2012). 『검찰연감』.

표 13-16 선도조건부 기소유예자 연령별 현황

(단위: 명)

연도 \ 구분	계	14세	15세	16세	17세	18세	19세
2011	1,363	176	297	353	267	185	85
2012	5,812	790	1,296	1,388	1,247	701	390

자료: 대검찰청(2012). 『검찰연감』.

기존 검찰에서 시행하고 있는 선도조건부 기소유예 및 보호관찰소위탁조건부 기소유예 이외 다양한 조건부 기소유예를 소년범에게 적용함으로써 선도 및 재범방지의 효과를 제고하고 있다.

그 종류를 보면 소년분류심사원 또는 소년원에서 전문가를 통해 일정 기간 심리검사, 정신교육, 분노조절 훈련교육 등을 받도록 함으로써 재범방지, 인성개발 등의 측면에서 실효성을 거두고 있는 소년분류심사원 교육이수조건부 기소유예제도, 청소년인 자원봉사 대학생이 범죄청소년과 1대1로 결연하여 상담·스포츠·문화활동·봉사활동 등의 일정한 프로그램을 거치면서 대상 청소년을 선도하는 멘토 프로그램 이수조건부 기소유예, 청소년자원봉사센터, 청소년 전문상담가로부터 전문적 상담을 받게 하는 조건으로 소년범을 기소유예 처분하여 청소년 비행문제에 효율적으로 대처하는 사회봉사활동 조건부 기소유예제도 등이 있다.

2007년 12월 21일 소년법의 일부 개정으로 검사결정전조사제도(소년법 제49조의 2)를 도입하여 검사 처분 전에 비행원인 진단을 실시함으로써 비행소년에 대한 교육, 보호자 교육 등을 통해 비행인자를 사전에 제거하여 소년의 교화·개선에 가장 적합한 처분을 할 수 있도록 소년법에 명시하였으며, 이는 2008년 6월 22일부터 시행 중이다.

(4) 보호관찰소 선도위탁

1995년 1월 5일 갱생보호법을 폐지하고 「보호관찰등에관한법률」을 제정·시행하면서 동법 제15조 제3호(검사가 보호관찰소의 선도를 조건으로 공소제기를 유예하고 위탁한 선도의 실시)에 근거하여 1995년 4월 15일 법무부훈령 제332호 보호관찰소선도위탁규정이 제정·시행된 이래, 현재는 개정된 법무부 훈령 제620호(2008. 6. 3.)에 따라 위탁이 시행되고 있다. 보호관찰소 선도위탁제도는 선도보호위원에 의한 선도조건부 기소유예제도와는 달리 보호관찰소의 장이 선도업무를 관장한다. 보호관찰소장은 선도대상자를 담당할 보호관찰관을 지정하여 선도하도록 하고 있다.

보호관찰소는 2012년도에 4,976명을 대상으로 보호관찰소 선도위탁을 실시하였고, 그중 재범 등으로 위탁이 취소된 인원은 408명이다.

표 13-17 보호관찰소 선도위탁 현황

(단위: 명)

연도 \ 구분	기소유예자 전체	선도위탁 상황			
		선도대상	계속(연장포함)	해제	취소
2007	262,823	5,258	12,134	4,218	66
2008	361,907	3,421	3,967	2,614	116
2009	467,132	3,807	3,669	2,382	129
2010	363,106	4,411	34,038	1,915	163
2011	353,564	4,950	6,716	2,833	313
2012	348,146	4,976	7,423	2,912	408

자료: 대검찰청(2013). 「마약류 범죄백서」.

(5) 기소유예 대상자 및 대안교육명령 대상자 등의 대안교육 실시

청소년비행예방센터 등은 해당 지방검찰청과 협의를 통해 기소유예대상자, 선도유예자에 대한 체험교육을 실시함으로써 비행성의 조기개선과 함께 재비행 방지에 노력을 기하고 있다. 이는 소년분류심사원의 전문 진단기법과 교육프로그램을 비행의 초기단계에 있는 청소년 교육에 적극 활용함으로써 청소년 선도 강화 및 재비행을 방지하고자 하는 것이다.

교육은 비합숙 체험교육 방식으로 심리 검사, 심성훈련 등 1~5일 과정의 프로그램으로 운영된다. 또한 2008년부터 소년원법이 개정되면서 「보호소년 등의 처우에 관한 법률」로 명칭이 변경되었고, 제42조의 2에 따라 법원으로부터 대안교육명령을 받은 소년에 대해 1개월의 대안교육을 실시하고 있다.

표 13-18 대안교육 실시 현황

(단위: 명)

연도 \ 구분	계	학교	검찰	법원	기타
2008	11,095	8,798	1,516	211	570
2009	44,959	5,629	1,425	294	37,611
2010	63,513	11,396	1,124	342	50,651
2011	67,471	21,280	1,191	911	44,089
2012	71,796	26,068	2,034	1,274	42,420

주: 2008년 학교대안교육인원에 법교육인원이 포함되었으나 2009년부터 기타인원에 포함됨.
자료: 법무부 범죄예방정책국 소년과 통계자료(2013).

(6) 비행청소년의 사법처리

소년범죄에 대하여는 일반 형사소송절차에 의한 형사처벌 이외에 비행소년의 교육과 선도를 목적으로 한 보호처분 등을 인정하고 있다. 죄질이 극히 불량하여 선도, 교육이 불가능하다고 판단되는 범법소년에 대하여만 형사처벌을 하고, 개선 가능성이 있는 범법소년에 대하여는 선도, 보호 측면에서 교육적인 처우를 실시하고 있다. 비행소년의 처리기관은 경찰, 검찰, 법원 등이 있다.

① 경찰

10세 이상 14세 미만 형사미성년자(촉법소년)가 발견되면 경찰에서는 범죄 내용과 신상관계, 환경 등을 조사하여 가정법원 소년부에 보내고, 14세 이상 19세 미만의 범죄소년은 형사사건으로 검찰에 송치한다.

2003년 2개 경찰서에서 시범운영 이후, 2004년 5개 경찰서, 2005년 45개 경찰서, 2006년부터 2008년에는 52개 경찰서, 2009년에는 60개 경찰서, 2010년 70개, 2011년 100개, 2012년 120개 경찰서로 확대운영 중이다.

2007년부터는 '학교폭력 자진신고 기간' 운영 시, 가해학생 조사에 전문가참여제를 적극 활용하고 있으며 전문가의 분석결과를 기준으로 저위험군 학생은 사랑의 교실과 연계하여 경찰단계에서선도 교육을 받도록 하고, 고위험군 학생은 재범방지를 위해 법원·검찰이 운영하는 선도 프로그램을 연결해 주고 있다. 전문가참여비율은 2008년 5.1%에서 꾸준히 증가하여 2012년도에는 전체 소년범의 9.6%에 해당하는 10,258명이 전문가참여조사를 받았다.

표 13-19 소년범조사시 전문가 참여제 연도별 운영 현황

(단위: 개소, 명, %)

구분 \ 연도	2008	2009	2010	2011	2012
운영관서(개소)	52	60	70	100	120
전체소년범(명)	123,044	118,058	94,862	86,621	107,018
참여소년범(명)	6,266	5,507	7,172	7,639	10,258
참여비율(%)	5.1	4.7	7.6	8.8	9.6

주: 경찰청의 전체소년범 수치와 검찰청의 전체소년범 수치가 다른 것은 검찰단계에서 촉법소년의 수치가 제외되었기 때문임.
자료: 경찰청(2013). 「경찰백서」.

② 검찰

2012년도 검찰이 소년범죄를 처리한 내역을 보면 전체 소년범죄자 102,871명 중 기소유예 41.8%, 소년보호 송치 35.5%, 구공판 4.8%, 구약식 2.9% 등이다. 성인범죄와 비교했을 때 소년범죄의 경우 기소율이 매우 낮고, 기소유예 등의 불기소율이 상대적으로 높은 것이 특징이다. 이는 소년범죄에 대하여 일반범죄와 달리 선도 위주로 처리하고 있음을 보여주는 것이다.

소년부 송치는 2008년도 21.0%를 기록한 것을 제외하면 대체로 증가하는 추세에 있다. 검찰단계에서 소년부송치율과 불기소처분율이 높은 것은 검찰단계에서도 소년범죄에 대하여 비형사 사건화하는 경향이 강함을 나타내는 것이다.

표 13-20 소년범죄 처리 현황

(단위: 명, %)

연도	계	기소			불기소					소년보호송치	가정보호송치	성매매보호송치	참고인중지	기소중지
		소계	구공판	구약식	소계	혐의없음	기소유예	죄가안됨	공소권없음					
2007	88,104 (100)	10,367 (11.8)	2,815 (3.2)	7,552 (8.6)	54,424 (61.8)	3,029 (3.4)	44,689 (50.7)	394 (0.4)	6,312 (7.2)	21,368 (24.3)	22 (0.0)	21 (0.0)	93 (0.1)	1,809 (2.1)
2008	134,992 (100)	15,150 (11.2)	4,823 (3.6)	10,327 (7.6)	88,932 (66.9)	4,944 (3.7)	62,977 (46.7)	2,073 (1.5)	18,938 (14.0)	28,360 (21.0)	30 (0.0)	46 (0.0)	104 (0.1)	2,370 (1.8)
2009	133,022 (100)	7,795 (6.9)	3,929 (3.5)	3,866 (3.4)	71,100 (62.9)	4,684 (4.1)	56,715 (50.2)	1,184 (1.0)	8,517 (7.5)	32,453 (28.7)	37 (0.0)	16 (0.0)	86 (0.1)	1,535 (1.4)
2010	89,776 (100)	5,443 (6.1)	2,913 (3.2)	2,530 (2.8)	52,685 (58.7)	4,801 (5.3)	42,021 (46.8)	339 (0.4)	5,524 (6.2)	30,143 (33.6)	9 (0.0)	11 (0.0)	93 (0.1)	1,392 (1.6)
2011	83,060 (100)	4,691 (5.6)	3,025 (3.7)	1,666 (2.0)	46,224 (56.7)	4,151 (5.0)	36,582 (44.0)	272 (0.3)	5,219 (6.3)	30,587 (36.8)	10 (0.0)	7 (0.0)	86 (0.1)	1,455 (1.8)
2012	102,871 (100)	7,877 (7.7)	4,898 (4.8)	2,979 (2.9)	56,668 (55.1)	6,113 (5.9)	43,013 (41.8)	324 (0.3)	7,218 (7.0)	36,478 (35.5)	21 (0.0)	– (0.0)	141 (0.1)	– (0.0)

자료: 대검찰청(2013). 「범죄분석」.

(7) 보호소년 상담조사제 도입

2003년 7월 새롭게 도입된 '보호소년 상담조사제'는 불구속 송치로 보호자 등에게 위탁되어 있는 소년을 대상으로, 법원 소년부 판사 또는 가정법원 판사가 전문가의 진단이 필요하다고 인정되는 경우 대상소년을 소년분류심사원에 주간에만 3~5일 출석하여, 상담과 조사를 받도록 하는 제도이다. 상담조사제는 서울 소년분류심사원과 7개의 대행소년원(부산 · 대구 · 광주 · 전주 · 대전 · 춘천 · 제주소년원)에서 2008년 5,952명, 2009년 5,106명, 2010년 5,301명, 2011년 5,296명, 2012년 5,148명을 대상으로 실시되었다.

표 13-21 소년보호사건에 대한 조사 현황

(단위: 명, %)

연도 \ 구분	법원보호처분	합계	위탁심사	상담조사	조사비율
2008	30,222	11,150	5,198	5,952	36.9
2009	35,819	10,733	5,627	5,106	30.0
2010	32,416	11,024	5,723	5,301	34.0
2011	35,072	11,303	6,007	5,296	32.2
2012	36,105	10,583	5,435	5,148	29.3

주: 상담조사 인원에는 소년분류심사원과 청소년비행예방센터 및 상담조사기능을 수행하는 소년원의 실적이 포함됨.

자료: 법무부 범죄예방정책국 소년과 통계자료(2013).

(8) 소년법원

소년법원은 가정법원 소년부 또는 지방법원 소년부와 가정지원을 말한다. 소년법원은 경찰, 검찰, 법원에서 보내온 소년사건에 대해 비행원인을 조사·심리하여 보호처분을 결정하고 있다.

현재는 서울가정법원, 대전·대구·부산·광주에 지방법원 가정지원, 인천·수원, 춘천·청주·창원, 의정부, 전주, 제주에 지방법원 소년부 등 13개소가 있다. 2012년도에 접수된 소년보호사건은 53,536건으로, 검사송치가 67.5%(36,133명)로 가장 많고, 다음으로 경찰서장 송치가 23.9%(12,799명), 법원 송치가 5.3%(2,848명), 다른 법원소년부에서 이송된 경우가 2.9%(1,588명)이다.

표 13-22 소년보호사건 접수인원 및 접수구분 인원

(단위: 명, %)

구분 / 연도	계	법원송치	검사송치	경찰서장송치	타법원 소년부에서 이송	보호자 등에 의한 동고 (법제4조제3장)
2008	41,754 (100)	1,745 (4.2)	29,124 (69.8)	10,781 (25.8)	84 (0.2)	20 (0.0)
2009	48,007 (100)	2,050 (4.3)	33,385 (69.5)	11,609 (24.2)	949 (2.0)	14 (0.0)
2010	44,200 (100)	2,212 (5.0)	31,715 (71.8)	9,213 (20.8)	1,026 (2.3)	34 (0.1)
2011	46,497 (100)	2,417 (5.2)	32,803 (70.6)	9,401 (20.2)	1,818 (3.9)	58 (0.1)
2012	53,536 (100)	2,848 (5.3)	36,133 (67.5)	12,799 (23.9)	1,588 (2.9)	168 (0.3)

자료: 법원행정처. 「사법연감」. 2013.

소년법원의 판사는 검찰로부터 송부된 사건기록과 조사관의 조사의견을 종합하여 심리개시 여부를 결정하고 심리도 비공개로 진행한다. 소년법원에서 행한 최근 5년간 보호처분의 현황을 보면, 보호처분의 비율은 2008년 76.4%에서 2012년 71.2%로 5.1% 감소하였다. 검사의 불처분 결정률은 2008년 5.1%에서 2010년 6.9%까지 증가하였다가 2012년 4.5%로 감소한 반면에, 검사 송치율은 2008년 0.4%에서 2012년 1.4%로 계속 증가하였다.

(9) 형사법원

소년법원이 보호사건을 조사 또는 심리한 결과 금고 이상 형에 해당하는 범죄사실이 발견된 경우 그 동기와 죄질이 형사처분할 필요가 있다고 인정된 경우이거나 사건의 본인이 19세 이상인 것으로 밝혀진 경우에는 형사법원으로 이송된다.

2008년부터 2012년까지 5년간 19세 미만자의 제1심 소년형사사건의 재판현

황을 보면 집행유예의 비율이 가장 높고, 부정기형과 벌금형이 다음으로 높은 비율을 차지하고 있다. 소년형사사건에서 사형과 무기형이 선고되는 사례는 거의 없고, 정기형도 매우 낮은 비율로 선고되고 있다.

2012년에 종국처리된 소년범 4,377명 중 사형과 무기형이 선고된 사례는 없었고, 부정기형이 804명(18.4%)으로 가장 높았고, 집행유예가 557명(12.7%), 벌금형이 118명(2.7%), 정기형이 7명(0.2%) 순으로 나타났다.

표 13-23 제1심 소년형사사건 재판 현황

(단위: 명, %)

연도 \ 구분	계	사형	무기	정기형	부정기형	집행유예	벌금	기타
2008	5,026 (100)	–	1 (0.0)	215 (4.3)	531 (10.6)	1,504 (29.9)	554 (11.0)	2,222 (44.2)
2009	6,160 (100)	–	–	462 (7.5)	587 (9.5)	1,828 (29.7)	681 (11.1)	2,602 (42.2)
2010	5,294 (100)	–	–	472 (8.9)	503 (9.5)	1,577 (29.8)	590 (11.1)	2,152 (40.7)
2011	3,499 (100)	–	–	14 (0.4)	492 (14.1)	610 (17.4)	133 (3.8)	2,250 (64.3)
2012	4,377 (100)	–	–	7 (0.2)	804 (18.4)	557 (12.7)	118 (2.7)	2,531 (66.0)

주: 1) '기타'에는 선고유예, 무죄, 소년부 송치 등이 포함됨.
2) 본 통계는 2010년까지는 20세 미만자, 2012년부터는 19세 미만자가 기준임.
자료: 법원행정처. 「사법연감」. 2013.
자료: 2013 청소년 통계.

3. 청소년의 비행문화의 향후 과제

1) 가정환경 개선

양친이 있더라도 관심이 필요한 방황하고 있는 청소년들에게 인생의 선배, 충고자로서 올바르게 성장할 수 있도록 좋은 성품과 사회복지 지식을 지닌 대학생(사회복지학과, 청소년지도학과, 상담학과 등 청소년 관련 학과)들을 관심청소년들과 멘토-멘티로 연결시켜줌으로써 그들의 인생에 긍정적인 도움을 줄 수 있다.

2) 학교환경 개선

첫째, 학교가 이미 입시학원으로 전락한 것은 오래전의 일이며, 학교 폭력 문제가 1순위에 올려져 있음에도 이를 해결하기 위한 제도를 따르고 실천해야 할 학교가 눈을 감고 있는 현실에서 학교 폭력사건이 발생하면 소위 학교의 명예를 위해 파장을 최소화하고 감추는 데에만 급급하고 있다. 학교의 문제를 스스로 들춰내고 문제해결을 위해 최선을 다하는 학교와 교직원에 대해 문제 발생에 대한 불이익 대신 지원과 포상을 확대하는 등의 혜택을 부여하고 그렇지 못한 학교와 교직원에 대해서는 최대한의 불이익이 돌아가도록 하는 제도의 마련과 학교당국의 의식 전환이 필요하다.

둘째, 입시 위주의 교육과 인터넷 매체의 영향력에 비해 인성교육이 마비되거나 소홀한 실정이므로 인성교육시간을 의무적으로 편성함과 아울러 형식적인 인성교육이 되지 않도록 지역 교육청별 전문 강사를 두어, 순회교육을 병행하는 방안이 강구되어야 한다.

셋째, 현실성 있는 학칙 마련과 교사의 학습지도 방법 개선

자율성과 현실을 무시한 무조건적 통제와 규제로 인한 일탈, 공부에 대한 의욕상실은 교육과 학습지도방식에 문제가 있다. 청소년기의 특성을 이해하고 자율성을 존중한 학칙 개정과 적절한 지도방법을 강구하여야 한다. 또한 교사에게 사설학원 강사처럼 코미디언이 되라는 것이 아니라 학생들이 특정과목의 수업을 회피하고 학습의욕을 잃지 않도록 수업운영 방식을 개선하기 위해 노력할 필요가 있다.

3) 사회환경 개선

첫째, 유해환경업소 불법행위에 대한 처벌규정 및 단속활동 강화

유해환경업주의 몰양심과 비도덕인 영업은 청소년들의 일탈을 유도하고 범죄의 유혹에 빠져들게 하고 있다. 특히 청소년 관련 위반 업소에 대해서는 다른 위반행위에 비해 영업 정지 및 허가 취소 등 처벌규정을 강화하고 연중 지속적인 단속활동으로 불법행위를 근절할 수 있도록 해야 한다.

둘째, 교육·복지·문화 인프라 구축

자치단체와 같은 지역사회에서 대학생과 공무원, 공익근무요원, 자원봉사자 등이 함께 참여하는 방과 후 공부방 운영, 특기적성교육, 인성교육은 물론 문화탐방 및 체험학습 프로그램을 운영하는 방안을 강구할 필요가 있다. 또한 청소년을 위한 종합문화시설을 건립하고 지역 공공시설을 최대한 활용하여 영화관, 인터넷 정보방, 노래방, 운동시설 등을 마련함으로써 청소년들이 건전하게 이용하고 쉴 수 있도록 유도하는 방안이 모색되어야 한다.

셋째, 우범 및 유해환경지역에 대한 생활안전보호 체계 구축

지역별로 경찰과 공무원이 합동으로 근무하는 CCTV 통합관제센터를 구축하여 학교와 공원, 스쿨존, 놀이터 등 CCTV를 통해 청소년 유해환경 밀집지역감시 및 우범지대 녹화, 방범 비상벨 설치 등 24시간 사고와 범죄로부터 청소년을 보호함으로써 범죄예방에 기여할 수 있다.

넷째, 전문계 고교 육성 및 지원 확대를 통한 직업교육의 강화

실업계 고등학교(공고, 정보산업고 등)에 대한 사회적 인식 저하로 인해 진학을 앞둔 부모와 자녀들에게 이미 기피 학교로 낙인된 지 오래다. 실업계 고교에 대한 사회적 인식 전환과 재학생들의 자존감을 높여주고 직업교육을 강화하기 위한 방안으로 실업계 고교에 대한 명실상부한 전문계 고교로의 육성과 대폭적인 지원이 이루어져야 한다.

청 소 년 문 화 의 지 도 와 방 향

제14장 청소년지도의 과제

21세기는 문화가 국가경쟁력을 좌우하는 문화의 세기이다. 따라서 현대사회에서 새로운 문화창조의 주도세력인 청소년을 위한 문화전략 개발이 필요하다. 청소년들이 인생을 여유 있게 볼 수 있도록 하기 위해서는, 문화적인 환경이 확대되어야 한다.

1. 청소년지도의 과제

1) 청소년지도사의 과제

(1) 청소년지도자들은 청소년들의 새로운 문화적 기제에 대한 적응력을 이해하고 이들의 사고의 풍부함을 인정해 주어야 한다. 또한, 청소년들이 자기들의 행동 유형을 스스로 문제라고 인지할 때까지 인내해야 하고, 그 후에 행동의 변화를 유도해야 한다.

(2) 청소년 소비 현황에 대한 대책 마련이 필요하다. 청소년들의 소비활동은

앞으로 폭발적으로 증가할 것으로 예측되는데, 이로 인하여 기업의 상업화 전략에 전면적으로 노출될 수 있는 위험성이 있다. 이에 청소년 소비자의 권한 확장과 보호장치 강화를 위한 청소년 소비자 옴부즈맨 시스템 구성, 청소년 소비상품의 시장 정보를 공유하고 청소년들의 불만이나 요구사항을 정리할 수 있는 커뮤니티 구성 등이 필요하다고 할 수 있다.

(3) 주5일제 수업의 정착화 등으로 일반적으로 여가시간은 늘어가는 추세지만, 청소년들의 문화여가활동의 참여 비율은 감소하고 있다. 학업부담으로 인해 토요일 휴일의 증가에도 불구하고 여가시간은 감소하는 것이다. 뿐만 아니라 청소년을 위한 체험활동 프로그램의 부족하다는 점도 심각한 문제다. 이로 인하여 이미 선진국에서 나타나는 청소년 약물 남용 등의 일탈 및 비행 증가 등의 최근 문제가 되고 있는 오토바이 폭주, 집단따돌림, 약물 문제 등이 그 예가 될 수 있다.

(4) 청소년지도자의 연수제도의 강화이다. 경력관리를 통한 청소년지도자 전문성 강화방안이 필요하다(박정배, 2008).

청소년지도자의 경력의 질을 관리하기 위해서는 보수교육은 필요하다. 청소년지도자의 보수교육을 위해서는 연수제도의 대폭적인 강화가 필요하다.

① 연수 참여를 의무화할 필요가 있다.

② 연수내용도 단순히 특정 전문기술을 익히기 위한 내용보다는 자신의 전문 분야 및 경력 등급에 적합한 연수가 되어야 한다. 이를 위해서는 청소년지도자의 직무분석을 통한 표준화된 연수계획이 수립되어야 한다.

③ 연수기관 및 연수방법의 다양화도 필요하다. 현재처럼 학습형태로 이루어지는 획일적인 연수는 청소년지도자의 근무여건이나 상황을 전혀 고려하지 않은 운영방식이다. 청소년지도자의 연수도 각 거점 지역에서 연수를 받을 수 있도록 해야 하며, 특히 출퇴근 연수를 받을 수 있도록

하는 방법 등의 다양한 방법으로 운영방안이 모색되어야 한다.

2) 청소년지도자의 과제

청소년지도와 프로그램은 불가분의 관계에 있는 것으로, 청소년지도란 청소년지도 프로그램을 실행하고 운영하는 과정에 불과하다고도 할 수 있다. 청소년지도 프로그램의 성격은 청소년지도의 과제는 다음의 여섯 가지로 요약될 수 있다(한상철, 1997: 2010).

첫째, 청소년지도 프로그램은 미래지향적인 성격과 현실지향적인 성격을 동시에 포함하고 있다. 즉, 청소년지도 프로그램은 미래의 지도방향을 사전에 수립한 것이지만 이는 획일적이고 경직된 것이 아니라 현실적 상황에 따라 융통성 있게 수정 가능해야 한다.

둘째, 청소년지도 프로그램은 청소년지도의 목적 및 목표를 달성하기 위한 수단적인 성격을 가지고 있다. 청소년지도의 목적을 달성하기 위한 방법은 다양할 수 있는데 프로그램 자체에만 집착하다 보면 다른 어떠한 방법이나 전략도 수용하지 못하는 우를 범할 수 있다. 따라서 청소년지도사는 프로그램이 지도목적을 효과적으로 달성하기 위한 수단임을 염두에 둘 필요가 있다.

셋째, 청소년지도 프로그램은 활동지향적인 성격과 동태적인 성격을 지니고 있다. 따라서 프로그램은 청소년들에게 지식이나 이론을 가르치려고 의도된 것이 아니라, 그들의 실제 활동을 계획되어야 하며, 또 한편으로 청소년들의 역동적인 움직임의 특성들도 고려해야 한다.

넷째, 청소년지도 프로그램은 지도의 결과보다 과정에 초점을 두고 있다. 이것은 청소년들이 프로그램을 경험한 이후 어떤 행동의 변화를 가져왔는가에 초점을 두기보다 프로그램에 참여하고 있는 동안 얼마나 의미 있고 만족스러운 경험을 하고 있는가에 초점을 두어야 한다는 것을 의미한다. 즉, 청소년지도 프로그램은 지도의 결과가 아니라 지도과정 그 자체를 강조한다.

다섯째, 청소년지도 프로그램은 청소년의 관점에서 설계되고 실행되어야 하며 평가되어야 한다. 최근 학교교육과정에서 학생 중심의 교육과정으로 변화하고 있지만, 아직도 교사 중심의 전통적인 교육의 영향에서 완전히 벗어나지 못하고 있다. 그러므로 청소년들이 직·간접적으로 참여하여 그들의 흥미와 욕구가 반영될 수 있도록 설계되어야 하며, 실행과정에서도 청소년들의 체험과 활용이 보장되도록 해야 한다(권이종 외, 2011).

3) 청소년의 역량강화

첫째, 정보화 사회를 주도하는 새로운 청소년문화상을 정립해야 한다.

현대사회는 정보화시대이다. 정보통신의 혁명으로 세계는 지구촌화되어가고 있다. 국제교역과 상호교류가 개방되고 증대되면서 이제 우리 모두는 국제적인 감각을 갖지 않고서는 살아남기 힘들게 되었다. 정보화 시대는 이러한 현상 모두를 촉발시키고 있다. 따라서 정보화·세계화 시대에 사이버 공간을 지배하고 주도하는 것은 자라나는 청소년들의 몫이다.

둘째, 사회적 지원이 필요한 청소년들에게 복지혜택 서비스를 강화한다.

지역사회에서 취약계층인 기초생활수급가정과 차상위계층의 가정 청소년들에 대한 청소년문화와 인성교육을 위한 지원의 확대가 필요하며, 취약계층의 청소년들의 정신 및 육신의 건강과 생활안전의 기반을 강화하는 일과 새터민·다문화가정의 청소년들에 대한 사회적응 훈련지원 등이 더욱 복지적으로 지원되어야 한다.

셋째, 청소년들의 건강한 성장을 위한 사회환경들을 개선한다.

건강한 청소년의 발달을 위해 청소년 유해 사회환경의 개선이 무엇보다 필요하다. 청소년들이 쉽게 접하는 지역사회의 환경들이 건강하고 활기가 있는 긍정적인 방향으로 환경이 조성되어야 하며 건강한 각종 매체환경의 조성과 바람직한 활용능력이 제고되어야 한다. 또한 청소년이 접하는 환경 속에서 사회의 역기능 해소를 위한 대응체계가 마련되어야 하고, 성범죄로부터 청소년 보호 및 건전한 성의식을 함양해야 한다.

4) 청소년문화를 생활영역별로 구분하여 그 문화적 특성 파악

청소년들의 소비 및 문화생활 측면에서 지금까지의 기성세대들에 의한 의존적 문화에서 독립적 문화로 형성하기는 과정이므로, 기성 문화와 연계 또는 주도하여 이끌어가고 있는 한편, 경제생활, 직업 및 가정생활 등에서는 여전히 의존적인 특성을 탈피하지 못한 채 준비기로서의 더욱 연장된 청소년기를 맞이하게 되는 경우가 있다. 예를 들면, 성인과 유사한 문화 및 소비생활을 하는 청소년에게는 자립적 · 자율적 생활 패턴과 개별적 생활관리 및 통제방식들이 나타나야 될 것이고 빠른 사춘기 및 성경험으로 인한 다양하고 개방적인 성문화 등이 나타날 수 있다.

반면 경제적 자립 시기와 결혼 시기 등의 지체로 인해 연장된 청소년기를 보내고 있는 청소년들에게 새로운 고용시스템이나 직업 유형 등이 등장하기도 하며 결혼, 가족, 가정에 대한 변화와 더불어 새로운 형태의 가족의 등장이 예견되기도 한다. 지금까지 청소년들은 주로 미숙한 집단, 준비하는 집단, 보호대상 등으로 간주되어 온 경향이 있었으나, 지금은 기성세대가 청소년들의 직접적인 모델이 되고 있지 못하고 있다. 오히려 문화면에서는 청소년들이 주도권을 가지고 새로운 삶을 시도해 보거나 리더십을 발휘하는 경우가 있다. 이제 청소년문화가 사회를 주도해 갈 수 있는 역동적이고 주도적 잠재력을 지니고 있음을 인정할 필요가 있다.

5) 청소년문화의 현상을 다원화하고, 분화된 시각에서 접근

이미 앞에서도 언급한 바와 같이 학교생활에서 공부를 통해 형성되는 문화 속에서는 규율과 질서, 예절과 준법 등의 가치가 중요시되지만 학교 밖에서의 생활은 또래집단, 종교활동, 동아리 활동, 봉사활동, 자기계발활동 등의 비공식적 활동 등이 중요하다. 청소년들이 호흡하면서 살고 있는 현대사회는 모든 면에서 기성세대와는 아주 다른 공간에서 성장하고 있다. 가치관, 생각표현 등 모든 분야가 그러하다. 어떤 면에서는 1,200만의 한국 청소년들이 각기 다른 개성과 특성을 지니고 있다고 보아도 좋다. 이러한 청소년들은 문화를 기성세대들은 이해하지 못하고 있다. 한 청소년들이 가지고 있는 문화의 다양성과 독특성이 무한정하다고 볼 때 우리 기성세대들은 청소년문화를 활성화시키고 양질의 자생적 문화를 꽃피우기 위해서 적극 지원해 주어야 한다. 따라서 청소년문화는 지나치게 비행문화, 이탈문화 중심으로 바라보거나 또는 이분법적 가치체계를 탈피하여 가치중립적인 문화의 관점으로 정립되어야 한다.

2. 청소년단체시설 운영의 과제

청소년단체나 시설의 운영과 관리에 있어서 다음과 같은 과제가 필요하다.

첫째, 청소년단체나 시설은 제각기 고유의 목표를 가지고 있으나 단체들 또는 시설들 간의 차이가 분명하지 않으며, 목표가 청소년 수련 프로그램을 통해 구체적으로 나타나지 않고 있다. 그러므로 청소년단체나 시설에서는 각 기관의 특성에 맞추어 교육목표와 수련목표를 보다 명확하고, 구체적으로 설정해야 하며, 이러한 목표가 교육과정이나 프로그램 속에 반영될 수 있도록 프로그램 설계에서부터 개발과정에 이르는 전 과정을 보다 체계적이고 전문적으로 수행해야 한다.

둘째, 청소년단체 및 시설에서는 청소년의 요구를 최대한 반영함으로써 청소년 중심의 행정과 지도가 가능하도록 해야 하는 데도 불구하고 많은 단체와 시설에서는 청소년의 욕구와 사회의 변화에 적절히 대응하지 못하고 있다. 그러므로 청소년의 욕구와 사회의 요구를 반영하고 청소년 중심의 실질적인 지도활동이 전개되기 위해서는 무엇보다 청소년을 과학적으로 이해하고자 하는 연구노력이 선행되어야 한다.

셋째, 청소년단체와 시설들 상호 간에 연대의식이나 공동체적 노력이 결여되어 있으며 단체나 시설을 하나로 통합하는 협의체 기구가 미약하다. 그러므로 단체나 시설들 간의 상호 협조체계와 공동활동을 지원하기 위한 다양한 프로그램을 개발해야 하며 이와 더불어 전국적으로 또는 단일 지역 내에서라도 청소년들이 어떤 단체나 시설을 이용하더라도 자신의 욕구를 충족하고 의미 있는 삶을 설계할 수 있도록 하는 연합체제를 구축하는 데 보다 많은 노력을 기울여야 한다.

넷째, 청소년단체 및 시설의 운영은 일부 공공기관을 제외하고는 대부분 열악한 수준에 있으며 적자 상태로 운영되고 있는 곳도 많다. 그러므로 이러한 운영적자를 줄이고 많은 청소년들이 경제적 부담 없이 자유롭게 청소년단체나 시설을 이용할 수 있도록 재정지원의 확대는 물론, 재정지원의 합리성과 투명성 및 공정성이 확보될 수 있도록 다각적인 노력이 필요하다.

3. 청소년정책과 행정의 과제

① 청소년정책과 행정에 관한 문제점을 극복하고, 더욱 발전되기 위해서는 다음과 같은 과제가 필요하다(홍봉선, 남미애, 2013; 이광호, 2010; 허철수, 2011).

첫째, 통합적인 청소년정책의 수립이다. 청소년기는 독특한 발달과업을 욕구를 갖는 발달단계 중 하나이며, 어떤 시기보다 특별한 관심과 지원이 필요한 시기이다. 따라서 문제 위주의 단편적인 정책에서 탈피하여 종합적이고 체계적이며, 통합적인 청소년정책이 수립되어야 한다.

둘째, 청소년지원정책이 성공적으로 이루어지기 위해서는 시설 간, 기관 간 협조적인 연계망이 잘 구축되고 활성화되어야 한다. 지역사회의 청소년정책이 소기의 성과를 거두려면 집행 시설과 기관들이 각자의 고유한 사업들을 추진하면서도 때로는 연합할 때 사업의 효율성을 높일 수 있게 된다. 각자의 사업실적에만 집착한 나머지 사업의 중복성과 반복성으로 그 피해는 고스란히 청소년들에게 돌아간다. 청소년육성정책이 효율적이고 성공적으로 이루어지기 위해서는 지역 내 여러 자원(인적, 시설, 프로그램)들을 최대한으로 성과를 얻을 수 있도록 연계화, 협력화 해야 한다.

셋째, 적정 규모의 청소년 재원의 확보다. 청소년정책은 국가정책의 우선순위에서 뒤처져서는 안 될 주요한 과제이므로 청소년 예산은 현재 결과성 예산이라기보다 미래 투자성 예산으로 파악되어야 한다. 또한 무엇보다도 국가예산의 확보에 있어서는 단기적인 예산 확보, 부처 위주의 예산편성이 아니라 청소년 문제에 대한 변화양상 파악, 문제의 심각성 등을 고려한 과학적이고 체계적인 중장기계획에 의한 예산 확보 및 편성이 필요하다.

넷째, 청소년기본법에서는 일반청소년 대상의 청소년 수련활동이 지나치게 강조되고 있어 요보호 청소년에 대한 배려와 지원이 지나치게 소홀하게 취급되고 있다. 이러한 청소년정책 및 행정은 지나치게 균형을 잃고 있다는 비판을 받고 있으므로 균형 잡힌 청소년정책 및 행정이 필요하다.

② 지방자치단체의 청소년복지 강화

현존 청소년복지는 수도권 지역에 밀집되어 있거나, 수도권 중심으로 정책과 서비스, 프로그램 등이 편향적으로 이루어지고 있다. 특히 지방자치단체의 재정자립도와 지방자치단체장의 의지에 따라서 청소년복지정책과 서비스가 영향을 받게 되는 경우가 많은 것을 볼 수 있다. 따라서 지방자치단체에 따라 청소년복지시설이나 예산, 정책에 일관성이 없고 심각한 불균형을 이루고 있어 이에 대한 개선이 요구된다. 그리고 지방의 독특한 특성을 살리면서 지방에서 나타나고 있는 특수성을 반영한 특성화 시설의 확충이 필요하다(김성이 외, 2010).

③ 청소년사업의 구성을 개선하는 체제개편 병행

우리 사회에서 청소년사업과 청소년정책은 청소년활동 영역 사업을 중심으로 청소년보호와 청소년복지라는 제한된 영역에 국한되었고, 그 사회적 비중과 영향력은 매우 미비한 수준에 머무는 어려움을 자초하고 말았다. 청소년정책은 청소년행정 주무부처에서 고유하게 집행할 수 있는 청소년 활동 영역 중심으로 자리매김하기에 이르렀다. 그 결과 청소년 사업은 학교교육을 보완하는 청소년활동과 보호 영역 중심의 제한한 사회적 역할과 의미를 가질 수밖에 없었다. 이러한 제한된 사회적 역할로 말미암아 우리 사회 청소년활동 영역 사업을 중심으로 한 청소년사업은 구조적으로 주변 부적 지위에 머무른 결과를 초래하고 있다. 이러한 우리 사회의 청소년사업 위기는 기존의 양적 확대 노력이나 제도적 유인전략만으로 극복하기 어렵다. 청소년 사업과 정책을 분리하여 역동성을 불어넣고, 국가 차원에서 범정부적으로 청소년의 생활조건을 개선하고, 자신의 역량을 개발할 수 있는 시대를 열어야 한다. 또한 이를 뒷받침하기 위한 청소년 관련 법령 개편 작업의 일환으로 청소년 사업을 지원하는 법을 신설하거나 기존의 청소년기본법령에 청소년육성정책이 아니라, 청소년 정책과 청소년사업을 분리하여 각각을 규정하는 법령으로 개편할 필요가 있다.

참고문헌

【국내문헌】

강문희 외 공저(1999). 인간관계의 이해. 학지사.

검찰청(2007). 아동 · 청소년백서(2008)에서 재인용함.

국가청소년위원회(2007). 청소년희망세상비전 2030(문화 · 여가 분야).

______________(2007). 2020 미래사회와 청소년연구 I (문화 · 여가분야)－청소년 문화 · 여가 트렌드와 정책 과제.

국정홍보처(2006). 2006년 한국인의 의식 · 가치관 조사.

권미화(2000). 청소년소비자의 소비가치와 소비행동의 합리성. 서울대학교 대학원 박사학위논문.

권상희, 황유지(2004). 문자메시지 매체의 기대가치 연구. 언론과학연구, 4(1), 5-48.

권이종(1996). 청소년학 : 신세대의 이해와 지도. 교육과학사.

권이종, 김천기, 이상오(2010). 청소년문화론. 공동체.

김남순(2003). 발달심리학. 교육과학사.

김성이, 조학래, 노충래(2005). 청소년복지학. 집문당.

김성이 외(2010). 청소년복지론. 양서원.

김신일(1993). 청소년문화의 의미와 성격. 청소년문화론. 한국청소년개발원.

김완래(2010). 청소년복지론. 교문사.

김우성, 허은정(2007). 베이비붐세대, X세대, Y세대 소비자들의 소비관련 가치관과 라이프스타일의 비교. 소비문화연구, 10(4).

김재은, 김상학(2006). 청소년기 사회화 과정의 국제비교 연구. 한국청소년개발원.

김지현 외(2009). 정신건강론. 공동체.

김청송(2009). 청소년심리학의 이론과 쟁점. 학지사.

김혜선, 유안진(2010). 인간발달. 한국방송통신대학교.

김혜숙(2008). 인간관계론. 양서원.

나은영(2001). 이동전화 채택에 영향을 미치는 이동전화 커뮤니케이션의 매체적 속성에 관한 연구. 한국언론학보, 45(4), 189-228.

______(2001). 한국인과 이동전화 커뮤니케이션. 텔레콤 월드, 44(2), 4.

______(2002). 인간 커뮤니케이션과 미디어. 한나래, 242.
노용구(2002). 청소년 여가의 현황 및 대안 모색. 한국여가레크레이션학회지, 22(1).
노용오 외(2005). 청소년복지론. 구상.
녹색소비자연대(1999). 환경・정보・문화시대에서의 청소년 녹색소비. 99'청소년 녹색소비 심포지엄 자료집.
대홍기획 마케팅전략 연구소(1999). 한국사람들 소비행동 및 라이프 스타일 변화 10대편・20대 미혼편.
문화관광부(2005). 체육백서.
_________(2007). 2007여가백서.
박선환 외(2008). 정신건강론. 양서원.
박재흥(2001). 세대연구의 이론적・방법론적 쟁점. 한국인구학, 24(2), 47-78.
박진규(2005). 청소년문화. 학지사.
박철, 전재균(2001). 한국인의 연령・성별에 따른 외식행동 비교. 한국 식생활문화학회지, 16(4), 276-295.
배규한 외(2008). 청소년학개론. 교육과학사.
배규한(2008). 청소년심리학. 교육과학사.
보건복지가족부(2008a). 청소년대상 성범죄의 발생추세와 동향분석 1차. 한국형사정책연구원.
____________(2008c). 청소년성매매 단속 사례집. 청소년보호중앙점검단.
____________(2009). 2008년도 청소년디지털문화 이용실태 조사연구.
____________(2008). 아동・청소년백서.
서병문(2005). 독일의 가족 및 가족 내 사회화 과정연구. 한국청소년개발원.
서순옥(2000). 중학생들의 영양 섭취 실태 조사 : 부속중학교 학생들을 중심으로. 서울사대부속중학교육논문집, 제21집, 149-176.
설진화(2010). 정신건강론. 학현사.
식품의약품안전청(2008). 식품의약품 안전백서.
여성가족부(2005). 미혼모부자종합대책에 관한 연구.
유동주(1999). 음식문화를 통해 본 여성의 정체 : 광고와 일상생활 분석을 중심으로. 한국방송학보, 제12권, 181-218.
유영주(2004). 가족관계학. 교육과학사.
유영주 외(2004). 가족관계학. 교문사.
윤상오, 이해경(2006). 휴대전화 중독 원인분석. 한국정보문화진흥원.
윤진(1993). 청소년 심리학. 도서출판: 서원
이미숙(2012). 외모의 사회적 유용성이 여자 청소년의 신체만족도와 외모관리행동에 미치는 영향. 한국의상디자인학회지, 14(4), 163-177.
이민규(2008). 적응과 정신건강, 교육과학사.

이성식(2010). 청소년의 휴대전화를 이용한 성 비행원인 탐색. 한국청소년연구, 21(2), 153~175.
이세용(2000). 인터넷과 청소년의 성의식. 정보와 사회, 2, 154-183.
이소희 외(2005). 청소년복지론. 나남.
이연세, 유태순, 김영란(2004). 인터넷 쇼핑몰을 통한 의류제품의 구매실태, 구매원인 및 구매만족에 관한 연구. 한국패션비즈니스 학회지, Vol. 8 No. 5, p.20~21.
이연숙, 윤영선, 윤혜경, 김동배, 윤경선(1995). 청소년학 여구. 한국청소년학회.
이위환, 김용주(2010). 현대사회와 인간관계론. 공동체.
이준호, 안수근, 정용조(2004). 청소년들의 이동전화 이용형태와 사회심리적 변인에 관한 연구. 한국언론정보학보, 통권 27호, 248-269.
이춘화, 성윤숙, 조아미(2008). 인터넷채팅에서의 청소년인권침해 현황과 대응방안. 한국청소년정책연구원
임영식, 한상철(2000). 청소년심리의 이해. 학문사.
장연집 외(2010). 현대인의 정신건강. 학지사.
장희순, 김태련(2006). 대중매체 노출이 신체상지각과 신체존중감에 미치는 영향. 한국청소년 연구, 17(2), 57-83.
전인수, 최우원(1996). X세대의 쇼핑가치와 쇼핑정보 이용 특성에 관한 연구. 상품학연구, 15집.
정옥분(2006). 사회정서발달. 학지사.
______(2008). 청년발달의 이해. 학지사.
정하성, 유진이(2010). 신 청소년 문화론. 21세기사.
조정혁(1993). 인간커뮤니케이션의 특성에 관한 소론. 한국커뮤니케이션학, 제1호, 94.
창원대학교 건강증진사업지원단(2006). 패스트푸드가 청소년의 외식문화에 미치는 영향 연구 및 외식문화 지도용 영양교육 컨텐츠 개발.
최병목(2005). 청소년의 휴대전화 사용실태 조사연구. 한국정보문화진흥원 편.
통계청. 사회통계조사보고서. 각 년도.
통계청(2010). 2010한국의 사회동향.
______(2009). 생활시간조사.
______(2010). 2010 청소년 통계.
한국소비자보호원(2000). 청소년의 소비생활 실태 및 의식조사. 조사보고서.
한국인터넷진흥원(2010). 2009년 인터넷이용실태조사.
한국정보화진흥원인터넷중독대응센터(2014). 2014년 인터넷이용실태조사.
한국청소년개발원(2002). 고등학교 청소년의 휴대폰중독에 관한 연구. 한국청소년개발원.
______________(2003). 청소년 생활문화와 소비에 관한 연구Ⅰ : 청소년 의복문화와 소비.
______________(2003). 청소년 소비생활 문제와 대책.
______________(2003). 청소년생활문화와 소비에 관한 연구Ⅱ : 청소년 음식문화와 소비.
______________(2008). 청소년문화론. 교육과학사.

한국청소년연구원(2009). 여성청소년의 인터넷성매매 실태와 대응방안 연구.

한국청소년정책연구원(2009). 청소년의 게임중독 예방을 위한 가족단위 여가프로그램 활성화 방안.

__________________(2008). 청소년의 지역사회 청소년시설 이용실태와 주체적 차여방안 연구·청소년문화의 집을 중심으로.

__________________(2009). 여성청소년의 인터넷성매매 실태와 대응방안 연구.

__________________(2009). 청소년의 게임중독 예방을 위한 가족단위 여가프로그램 활성화 방안

__________________(2009). 청소년의 게임중독 예방을 위한 가족단위 여가프로그램 활성화 방안.

__________________(2010). 2009 한국 아동 · 청소년 활동 문화 조사.

한상철(1997). **청소년지도의 이론과 실제**. 대구한의대학교 출판부.

한상철(1998). **청소년학 개론**. 중앙적성출판사.

______(2010). **청소년학**. 학지사.

행정안전부 · 한국정보화진흥원(2010). 인터넷중독실태조사.

홍봉선(2007). 성매매 피해청소년 교육사업 효과성 검증 및 성과검증. 국가청소년위원회.

홍봉선, 남미애(2007). **청소년복지론**. 양서원.

황상민, 김도환 (2004). 한국인의 라이프스타일과 세대의 심리적 정체성 : '세대 차이' 연구를 위한 심리학적 모델. **한국심리학회지 : 사회 및 성격**, 18(2), 31-47.

【국외문헌】

Bandura, A.(1977). Self-efficacy : Toward a unifying theory of behavioral change. *Psychological Review, 84.*

_________(1986). *Social foundations of thought and action : A social cognitive theory.* Englewood Cliffs, NJ : Prentice-Hall.

_________(1993). Perceived self-efficacy in cognitive development and functioning. *Educational Psychologist, 28*(2).

_________(1997). *Self-efficacy : The exercise of control.* New York : Freeman.

Bronfenbrenner, U.(1977), Toward an experimental ecology of human development, *American Psychologist, 32,* 513-531.

Erikson, E. H.(1968), *Identity : Youth and crisis*, New York : Norton.

Gillbert, N. & Specht, H.(1974). *Dimensions of Social Welfare Policy.* Englewood Cliffs, New Jersey : Prentice-Hall.

Goldberg, I.(1996), Internet Addiction, Psydoc@PsyCom. Net.

Griffiths, M. D.(1996). Internet addiction : An issue for clinical psychology?. *Clinical Psychology Forum, 97,* 32-35.

Havighurst, R. J.(1980). More thoughts on developmental tasks. *Personal and Guidence J., 58.*

Journard, S. M.(1959). Healthy personality and self-disclosure. *Mental Hygine, 43,* 499-500.

Kelly, Harold, H. et al.(1983). *Colse Relationship.* NY : Y. H. Freman and Company, 39.

Kim, K. A., Shim, Y. H.(1995). Cognitive ferformance and hyperactivity in terms of eating behavior and physical growth and among preschoolers;-2; The relationships of several factors(nutritional and social factors, cognition and hyperactivity) on preschoolers-Korean J. *Dietary Culture, 10*(4), 269-279.

Kűbler, L.(1984). *The psychology of moral development : The nature and validity of moral stages*(Vol. 2). New York : Harper & Row.

Lazarus, R. S.(1991). *Emotion and adaptation.* New York : Oxford University Press.

lazarus, R. S. & Folkman(1984). *Stress, apprasal, and coping.* New York : Springer.

Marcia. J.(1966), Development and validation of ego-identity status. *Journal of personality and Social Psychology, 3.*

_______(1991), Identity and self-development. In R. M. Lerner, A. C. Petersen, & J. Brooks-Gunn (Eds.), *Encyclopedia of adolescence*(Vol. 1). New York : Garland.

_______(1994). The empirical study of ego identity. In H. A. Bosma, T. L. G. Graafsma, H. D. Grotevant & D. J. De Levita(Eds.), *identity and development.* Newbury Park, CA : Sage.

Maslow, A. H.(1970), *Motivation and personality*(2nd ed.). New York : Harper abd Row.

Miles, S.(2000). *Youth lifestylesin a charging world.* Philadelphia : Open University Press.

Rogers, D.(1980). Stage theory. In D. Rogers(Ed.), *Issues in life-span human development*(pp. 28-31). Monterey, C.A. : Brooks / Cole Publishing Co.

Seligman, R. L.(1980). *The growth of interpersonal understanding.* New York : Academic Press.

Selye, H.(1956). *The stress of life.* New York : Mcgraw-Hill.

_______(1976). *Stress in health and disease.* Woburn, MA : Butterworth.

Song, Y. J., Joung, H. J., Kim, Y. N., & Paik, H. Y.(2006). The Physical Development and Dietary Intake for Korean Children and Adolescents : Body Composition and Obesity Prevalence. *Korean J Nutrition 39*(1), 50-57.

Sternberg, R. J.(1986). A triangular theory of love. J*ournal of Personality and Social Psychology, 93*(2), 119-135.

Thompson, J. K., & Heinberg, L. J.(1999). The media's influence on body image disturbance and eating disorders: we've reviled them. now can we rehabilitate them?. *Journal of Social Issues, 55*(2), 339-353.

Yoo, S. Y., Song, Y. J., Joung, H. J., & Paik, H. Y.(2004). Dietary assessmet using dietary pattern analysis of middle school students in Seoul. *Korean J Nutrition, 37*(5), 373-384.

Young, K. S. & Rodgers, R. C.(1998), The relationship between depression and internet addiction. *Cyberpsychology and behavior, I*(1), pp. 25-28.

【인터넷사이트】

교육과학기술부 http://www.mest.go.kr
국민건강보험공단 http://www.nhic.or.kr
농림수산식품부 http://www.maf.go.kr
대검찰청 http://www.spo.go.kr
문화체육관광부 http://www.mcst.go.k
법무부 http://www.moj.go.kr
보건복지부 http://www.mohw.go.kr
여성가족부 http://www.mogef.go.kr
지식경제부 http://www.mke.go.kr
통계청 http://kostat.go.kr
행정안전부 http://www.mopas.go.kr

찾아보기

〈인 명〉

Bandura ········ 50
Baumrind ········ 79
Benedict ········ 56
Berndt ········ 85
Bronfenbrenner ········ 55
Cohen ········ 325
Coleman ········ 24
Cressy ········ 324
Erikson ········ 38
Fiske ········ 307
Folkman ········ 23
Freud ········ 37
Gesell ········ 36
Gilligan ········ 49
Gold ········ 110
Goldberg ········ 190
Grossberg ········ 307
Hall ········ 36
Hammen ········ 24
Havighurst ········ 18
Hirschi ········ 324
Kertzer ········ 164
Kohlberg ········ 42
Lasswell ········ 131
Lazarus ········ 22, 23
Loevinger ········ 71
Marcia ········ 39
Maslow ········ 54
Meed ········ 56
Merton ········ 323
MgCandless ········ 36
Murpy ········ 110
Perry ········ 85
Piaget ········ 19, 40
Robertson ········ 117
Rogers ········ 53
Seligman ········ 27
Selye ········ 21
Sternberg ········ 133
Sullivan ········ 20, 38
Sutherland ········ 324
Szali ········ 110
White ········ 90
Young ········ 190

〈내 용〉

ㄱ

가면성 우울증 ········ 88
가출 ········ 100
가출팸 ········ 155
가치 ········ 59
간식 ········ 184
갈등 ········ 25
감성 ········ 77
개별화 ········ 63
거대화 ········ 12
거시체계 ········ 55
검찰 ········ 342
게임세대 ········ 167
결정적 시기 ········ 74

경계 단계 ········ 26
경보반응 단계 ········ 21
경찰 ········ 341
공동체 ········ 12
공업화 ········ 258
공유성 ········ 58
과잉부담 ········ 24
과제동질적 ········ 164
교복 자율화 ········ 169
구별 ········ 307
국가정보화기본법 ········ 148
국제결혼 ········ 286
국제장학프로그램 ········ 289
규범 ········ 60
근대화 ········ 257
글로벌화 ········ 11
기계화 ········ 12

ㄴ

낙인 이론 ········ 324
노인인구 ········ 14

ㄷ

다문화 ········ 275
다문화 사회 ········ 275
다문화 시대 ········ 276
다문화가족 ········ 277
다문화가족지원법 ········ 287
다문화주의 ········ 276
다양성 ········ 58
대인관계 ········ 20
대중문화 ········ 302, 304
도시화 ········ 258
동조성 ········ 19
디지털 미디어 ········ 306, 307
디지털 정보지식사회 ········ 12
디지털형 여가 ········ 125

ㅁ

매니아 ········ 303
매스미디어 ········ 304
멀티 컬쳐 ········ 276
명예경찰소년단 ········ 335
모델링 ········ 51
문제중심적 대처 ········ 30
문제－정서혼합 대처 ········ 31
문화 레퍼토리 ········ 59
미시체계 ········ 55
미혼모 ········ 139

ㅂ

반응으로서의 스트레스 ········ 20
발달과업 ········ 18, 38
방어적 관점 ········ 29
배우자 ········ 136
변동성 ········ 58
보편성 ········ 58
보호관찰등에관한법률 ········ 339
보호관찰소 ········ 340
보호소년 상담조사제 ········ 343
부모 ········ 79
부정적 정체감 ········ 39
비행청소년 ········ 319

ㅅ

사이버 비행 ········ 333
사춘기 ········ 19
사회통제 이론 ········ 324
상징 ········ 60
상호작용의 욕구 ········ 38
상황지향적 관점 ········ 29
새터민 청소년 ········ 285
생산성 ········ 308
생애주기 단계 ········ 164
생활의 변화 ········ 25
선도조건부 기소유예제도 ········ 337

성격 특성의 관점 ········· 29
성역할정체감 ········· 78
성적 만족에 대한 욕구 ········· 20
세계화 ········· 11, 63
세대차 ········· 80
소년범죄 ········· 326
소년범죄자 ········· 325
소년법원 ········· 344
소년분류심사원 ········· 339
소년원 ········· 339
소비세대 ········· 166
소셜 미디어 ········· 307
소아 청소년 우울증 ········· 88
소외 ········· 12
소진 단계 ········· 21
소진증후군 ········· 28
스마트폰 ········· 223
스마트폰중독 ········· 148
스트레스 ········· 20
식약청 ········· 184
신세대 ········· 168
심리사회적 8단계 ········· 38
심리사회적 유예기 ········· 39

ㅇ

아날로그형 여가 ········· 125
아노미 이론 ········· 323
아동 · 청소년의 성보호에 관한 법률 ········· 145
아동복지법 ········· 16
암기 ········· 260
어플리케이션 ········· 224
양육 ········· 79
어린이 먹거리 안전 종합대책 ········· 179
어린이 식생활안전관리 특별법 ········· 179
어플 ········· 254
언어 ········· 60
여가문화 ········· 107
영상세대 ········· 167
오프라인 팬클럽 ········· 311
온라인 팬클럽 ········· 311
외모지상주의 ········· 175
외적 체계 ········· 55
우범소년 결연사업 ········· 336
우울증 ········· 88
유튜브 ········· 224
유해환경업소 ········· 348
이데올로기 ········· 60
인격도야 ········· 136
인생주기상 발달단계 ········· 165
인터넷 ········· 189
인터넷 셧 다운제 ········· 256
인터넷 쇼핑몰 ········· 172
인터넷중독 ········· 190
일탈 ········· 218
입시교육 ········· 260

ㅈ

자기규제 ········· 51
자기표현세대 ········· 167
자기효능감 ········· 51
자살 ········· 91
자아정체감 ········· 74
자아존중감 ········· 115, 193
자율성 ········· 19
재현 이론 ········· 36
저출산고령화 사회 ········· 14
저항 단계 ········· 21, 26
접근－접근 갈등 ········· 25
접근－회피 갈등 ········· 25
정보지식사회 ········· 12
정보통신산업 ········· 334
정보화세대 ········· 165
정서중심적 대처 ········· 30
정체성 ········· 275
제7차 교육과정 ········· 113
좌절감 ········· 24

주5일 근무제 ······ 117
주5일 수업제 ······ 64, 124
중간체계 ······ 55
지식기반사회 ······ 259
진로문제 ······ 112
질풍노도의 시기 ······ 36

ㅊ

차별 ······ 307
차별 교제 이론 ······ 324
참여 ······ 308
창의성 ······ 78
창조성 ······ 57
청소년 동아리 활동 ······ 64
청소년기본법 ······ 16
청소년단체 ······ 354
청소년문화존 ······ 64
청소년문화활동 ······ 64
청소년보호 ······ 334
청소년수련시설 ······ 65
청소년이용시설 ······ 66
청소년지도 프로그램 ······ 351
청소년지도자 ······ 349
청소년활동진흥법 ······ 64
체계성 ······ 58
체험활동 ······ 130
추동 이론 ······ 36
축적성 ······ 57
충동조절 장애 ······ 148
친구 ······ 85
친밀성의 욕구 ······ 20
친족계보 ······ 164

ㅋ

키디키즈 ······ 180

ㅌ

탈지역적 ······ 63
탈진 단계 ······ 26
특별활동 ······ 113

ㅍ

패스트푸드 ······ 185
팬 ······ 302
팬덤 ······ 304
팬문화 ······ 302
팬클럽 ······ 309
포스트모더니즘 ······ 59, 62
퓨전세대 ······ 168
프로슈머 ······ 307

ㅎ

하위문화 이론 ······ 325
학교담당검사제 ······ 336
학교붕괴 ······ 270
학교폭력 ······ 96
학력주의 ······ 257
학습된 무기력 ······ 27
학습주의 ······ 261
학원교육 ······ 272
한국교원단체총연합회 ······ 174
한민족 청소년 ······ 285
한부모가족지원법 ······ 143
핵가족 ······ 321
핵가족화 ······ 79
형사법원 ······ 345
형식적 조작기 ······ 19
회피－회피 갈등 ······ 25
후천성 ······ 57

A-Z, 기타

N세대 ······ 169
X세대 ······ 168
Y세대 ······ 169
1인 가구 ······ 16

저자 소개

성 열 준
한영신학대학교 대학원 졸업(철학 박사)
연세대학교 정경대학원 사회복지석사(국제복지 전공)
현, 경희사이버대학교 NGO학과 교수
청소년지도사 자격검정문제출제위원, (사)국제재난구조복지회 부설 국제행복가정상담소 소장
〈저서 및 논문〉 청소년지도방법론(공저), 사회복지개론(공저), 사회복지법제론(공저) 외 다수

오 진 석
평택대학교 상담학박사
현, 미국 USWA대학교 상담학 교수
뉴라이프 상담코칭센터 대표

강 병 연
원광대학교 대학원 졸업(사회복지학 박사)
전, 광주대학교 사회복지학부 겸임교수, 금강대학교 사회복지학전공 겸임교수
현, 한국청소년인권센터 이사장, 광주북구청소년수련관 관장
〈저서 및 논문〉 청소년 관계법론, 청소년수련활동 강의, 청소년정책의 이해,
청소년육성제도론(공저) 외 다수

이 채 식
서울대학교 대학원 졸업(교육학 박사)
현, 대구한의대학교 청소년교육상담학과 교수
〈저서 및 논문〉 다문화교육: 이론과 실제(공역), 청소년문제행동론(공저) 외 다수

저자 소개

강 세 현
연세대학교 대학원 졸업(문학 박사)
현, 제주한라대학교 사회복지과 교수
〈저서 및 논문〉 사회복지개론(공저), 지역사회복지론(공저),
인간행동과 사회환경(공저) 외 다수

황 수 주
광주대학교 언론홍보대학원 졸업(언론학 석사)
현, 광주북구청소년상담복지센터장
광주북구학교밖청소년지원센터장
〈저서 및 논문〉 청소년육성제도론(공저) 외 다수

김 종 찬
대구대학교 영어영문학 박사과정 수료
대구대학교 사회복지학 석사
현, 제주관광대학교 사회복지과 교수
〈저서 및 논문〉 청소년지도방법론(공저) 외 다수

김 재 원
단국대학교 대학원 행정학 박사(복지행정 전공)
현, 서정대학교 아동청소년보육과 교수
〈저서 및 논문〉 청소년지도방법론(공저) 외 다수

청소년문화론

1판 1쇄 인쇄 2016년 1월 15일
1판 1쇄 발행 2016년 1월 20일

저 자 – 성열준 오진석 강병연 이채식
강세현 황수주 김종찬 김재원

발 행 인 – 강 철 원
발 행 처 – 양 성 원
주 소 – 경기도 고양시 일산서구 송산로 18(구산동)
전 화 – 031-912-3301(代)
팩 스 – 031-912-3304
이 메 일 – tnwpub@naver.com
출판등록 – 2015년 8월 31일 제 2015-000211 호

ISBN 979-11-87118-15-2

정가 18,000원